本书是 2017 年度国家社科基金重大项目《全球海洋治理新态势下中国海洋安全法津保障问题研究》（项目批准号：17ZDA146）的阶段性成果。

美国海军指挥官法律手册

MEIGUOHAIJUN ZHIHUIGUAN

FALÜSHOUCE

——— 李　强◎译 ———

中国政法大学出版社

2022·北京

图书在版编目（CIP）数据

美国海军指挥官法律手册/李强译. —北京：中国政法大学出版社,2022.1
ISBN 978-7-5764-0293-3

Ⅰ.①美… Ⅱ.①李… Ⅲ.①海军－军队指挥－法律－美国－手册 Ⅳ.①E712.26-62

中国国家版本馆 CIP 数据核字(2023)第 074409 号

出 版 者	中国政法大学出版社
地　　　址	北京市海淀区西土城路 25 号
邮寄地址	北京 100088 信箱 8034 分箱　邮编 100088
网　　　址	http://www.cuplpress.com (网络实名：中国政法大学出版社)
电　　话	010-58908586(编辑部) 58908334(邮购部)
编辑邮箱	zhengfadch@126.com
承　　印	固安华明印业有限公司
开　　本	720mm×960mm　　1/16
印　　张	20
字　　数	350 千字
版　　次	2022 年 1 月第 1 版
印　　次	2022 年 1 月第 1 次印刷
定　　价	99.00 元

译者序

————◆————

本书的全称为《美国海军指挥官法律手册》（*The Commander's Handbook on the Law of Naval Operations*），该手册由美国海军部颁布，是一部供美国海军、海军陆战队和海岸警卫队各级指挥官使用的一般性法律指南。尽管手册本身不是具有法律约束力的条例或指令，但因为其系统阐释了美国海军行动的各项法律依据，因此其是各级指挥官及其参谋人员的重要参考，使其能够在执行任务时更好地理解上级命令以及自身根据国内法和国际法担负的职责。该手册的前身最早可追溯至 1955 年美国海军发布的《海战法手册》，当时手册完全基于《海牙公约》《日内瓦公约》和战争习惯法编写。但随着美国海军行动的多元化，单纯的海战法指南已无法满足美国海军的实际需求。在这一背景下，曾任美国第七舰队军法官、太平洋司令部和海军作战部长高级顾问的美国海军战争学院教授理查德·格鲁纳沃尔特（Richard J. Grunawalt）撰写了最初版本的《美国海军指挥官法律手册》，并于 1987 年由美国海军部颁布。这一版手册取代了虽经数次修订但仍已落后于时代的《海战法手册》，首次纳入"平时海军行动法"，使其与"海战法"共同构成手册的两大基本组成部分。更重要的是，手册还提供了交战规则指南。1989 年经过小幅修订后，美国海军部于 1995 年正式颁布了该手册的修订版本。第二版手册除了对既有内容进行了一定扩充外，还新增了"海上执法"和"陆战"两个小节。不过，由于手册未提及相关法律表述的权威来源，为了让各级指挥官及其参谋人员能更好地阅读并理解手册的内容，手册的原著者格鲁纳沃尔特教授于 1997 年发布了一份注释版，对手册中的各项法律表述、立场和主张提供了详细的解释。随后，手册又分别经过 2007 年和 2017 年两次修订，基本保持了十年更新一次的频率。

最新的 2017 年版手册虽然去除了"平时海军行动法"和"海战法"两大

部分的明确划分，但章节编排实质上仍遵循了这种二分法。其中，第一章至第四章属于"平时海军行动法"，分别涉及海洋和空间的基本概念、军用船舶和飞机的国际法律地位及航行制度、海上人员和财产的保护、海上执法、海上维护国家利益的具体措施和机制等内容；第五章至第十二章属于"海战法"，包括武装冲突法的原则和渊源、武装冲突法的实施机制、战时中立、目标的识别与攻击、常规武器和大规模杀伤性武器、被拘留人待遇、武装冲突中的欺骗行为等内容。尽管"平时海军行动法"仅包含四章，但在内容体量和权重上与"海战法"部分基本相同。在前代各个版本的基础上，2017年版手册对海洋法和战争法的相关主题进行了内容更新和扩充。

特别是参照2007年版，2017年版手册主要变化如下：在"平时海军行动法"部分，更新了美国参议院审议《联合国海洋法公约》的历史，包括其2012年听证会的内容；突出强调了岛屿、岩礁和低潮高地是自然形成的，人造工程、构筑物或人工添附无法转变其法律地位；提供了关于美国海上补给司令部租赁的船舶的更详细的主权豁免政策；删除了在军士指挥下的美国海军和海岸警卫队船舶属于辅助船的表述；详述了用于国际航行的海峡的五种类型；增补了美国关于北极地区的西北航道和北海航道法律地位的立场以及中美之间签订和共同参与的关于海上及空中航行安全的双边及多边协定的介绍；更新了外层空间国际义务清单、有关安全港的法律依据和关于视同无国籍的船舶的表述。在"海战法"部分，突出强调了在海上国际性武装冲突中，军舰是唯一可以行使交战权的船舶；将荣誉原则增补为武装冲突法的一项一般原则；更新了关于敌方无特权战斗员的法律、关于目标识别和攻击的相关法律规则以及美国关于杀伤人员地雷的立场；扩充了关于国际刑事法院的讨论；增补了海军部关于武器审查的一些信息。但必须强调的是，各个版本的《美国海军指挥官法律手册》在章节编排上基本一致，分为十二章，详细阐释了美国海军、海军陆战队及海岸警卫队在不同环境、不同背景下开展行动的法律依据及操作指南。

2007年版手册和2017年版手册已于2012年和2019年由海军大连舰艇学院宋云霞教授主持翻译并出版，中文版定名为《美国海上行动法指挥官手册》。本书根据2017年最新版本的手册重新进行了翻译工作，定名为《美国海军指挥官法律手册》，主要原因在于：为了深入了解美国海军各项法律立场和表述的来龙去脉，有必要增补其出处以供我们审视。因此，本书将2017年版手册与 1997 年英文注释版相结合，形成一部中文注释版，意在兼顾手册的"新"与"全"。就本书的注释而言，特作出如下说明：

（1）本书注释依照实际对应的正文内容进行编排。由于 2017 年手册的正文内容有增删或更新，因此注释的顺序号与 1997 年英文注释版不完全相同。

（2）本书注释依照实际对应的正文内容进行删减。对于 2017 年版手册删除的内容，相应注释随之删除；对于 2017 年版手册增加的内容，为忠实反映手册原文，不会增添注释；对于 2017 年版手册表述有所变化但实质含义相同的内容，保留原注释。此外，对于本书正文和注释中各章节之间的相互参照援引，均予以删除，确有必要保留的除外。同时，为了保证阅读的完整性，正文中括号内的说明性文字移至脚注，确有必要保留的除外。

（3）某些注释会在确保准确的前提下依照实际的变化情况进行修正。譬如：1997 年英文注释版中提及的联合国会员国数量截至 1997 年 11 月 1 日，本书会根据当前数据予以更新；原文注释中提到联合国安理会第 829 号决议建立前南斯拉夫问题国际刑事法庭，实际应为第 827 号决议，类似错误本书会予以更正。此外，如果某一注释中提及的本书其他章节的序号发生了变化，也会根据变化后的章节序号进行修正。

（4）注释中描述和说明性的文字会译成中文，纯表明资料来源的内容则保持原貌，以便于读者进行文献追索。注释中涉及的国际条约，有权威或官方中文译本的，名称译为中文；没有上述文本的，保留其英文名称；能在公开渠道查找到公约作准文本的，删除属于美国自行汇编的文本来源。此外，一些相同的英文术语在不同的官方中文本中译法不同，除作为法律依据的直接引用外，本书会使用目前相对通用的译法，以保持一致性。

五、为了保持注释的有效性，注释中不可避免地会出现中英文夹杂的现象，还望各位读者谅解。在可能且必要的情况下，为保证美观，可能会调整同一注释内出现的来源性文献的中英文排列顺序，或者对夹杂其中的公约简称及简短的说明性文字不予译出。本书附中英文缩略语表，对于正文和注释中使用的简称，可通过缩略语表进行查阅。

中国是名副其实的海洋大国，拥有 18 000 多公里的漫长海岸线，内海和边海的水域面积达 470 多万平方公里。中国也是海上安全环境最为复杂的国家之一，维护海洋和平与安全的任务艰巨而繁重。党和国家一直强调，要高度重视海洋安全，坚决维护国家海洋权益，建设海洋强国。中国有两支重要的海上武装力量。其中，中国人民解放军海军担负着海上防卫作战、海外利益保护、人道援助等各类作战和非作战任务，中华人民共和国海警部队则担负着海上维权执法职责。它们在履行自身职责、开展海上行动时也需要国内法和国际法的保驾护航。2021年，我国正式颁布实施《中华人民共和国海警法》即是一个例证。美国既是一个海洋大国也是一个海洋强国，其海军和海岸警卫队在平时和战时担负的任务和职责与我国海上武装力量有诸多相似之处。本书有助于我们快速了解美国海上武装力量开展各类海上行动的经验、做法及其法律依据，为我国进一步强化海上武装力量建设、依法维护海洋权益提供参考。本书展示出的美国海军在国际法方面的态度、观点和立场，也可为院校和科研机构进行对策性研究提供帮助。

最后，感谢我的硕士研究生王子涵、王伟栋、张冰洁、吴墨晗、胡昊、汪易玲对于本书注释的校正工作所付出的辛勤劳动。由于译者水平有限，再加上两个版本手册的整合工作异常繁琐，翻译中难免存在疏漏和不足，敬请各位读者批评指正。当然，一切翻译上的错误和疏漏，亦由译者本人承担。

李　强

2021 年 5 月于北京

前　言

范围

本出版物列举了规制美国海军海上行动的国际法和国内法的那些基本原则。第一章至第四章涉及和平时期的海军行动。这些章节概述并一般性地讨论了海洋法，包括各国对海洋的不同部分行使的管辖权和主权的定义和说明；军舰和军用飞机的国际法律地位及航行权；保护海上人员和财产，以及维护海上国家利益。第五章至第十二章涉及海战。这些章节列举了美国海军从事武装冲突的任何期间内海军指挥官应特别关注的法律原则。尽管这些章节的重点是海战，但也讨论了整个战争法所共有的相关原则和概念。

目的

本出版物主要供各级指挥人员和参谋人员使用。它旨在向指挥人员及参谋人员概述规制和平时期和武装冲突期间海军行动的法律规则。本出版物中的解释和说明是为了让海军指挥人员及参谋人员能够更充分地理解上级下达命令的法律依据，更好地理解指挥人员根据国际法和国内法所负的责任，以便在合法的范围内执行任务。本出版物提供的是一般指南。它既不是对法律的全面讨论，也不是军法官和在法律事务方面为指挥人员提供咨询的其他人员所提供的权威法律指南的替代品。

鼓励作战部队的指挥人员利用本出版物作为对派遣人员的培训辅助资料。

本出版物提供的是一般的信息和指南。它既不是指令，也不会取代指挥系统发布的指南。

国际法

就本出版物而言，国际法被定义为各国认为在彼此关系中具有约束力的规则体系。国际法的制定者是国家。它源于国际舞台上的国家实践以及国家之间缔结的国际协定。国际法既为国际关系提供了稳定性，也为某些行为或不行为将导致何种后果提供了可预期性。如果一个国家违反法律，即可预见其他国家将作出回应。因此，不遵守国际法通常比遵守要付出更大的政治和经济代价。简言之，各国之所以遵守国际法，是因为这样做符合它们的利益。像大多数行为规则一样，国际法处于不断发展和变化之中。本出版物尽力准确描述国际法在本出版物发行时的现状。

国家实践

各国关于特定问题的普遍一致的实践，随着时间的推移被各国普遍接受为一项法律义务，就是习惯国际法。习惯国际法是国际法的主要渊源，对所有国家都有约束力。

国际协定

国际协定是两个或两个以上的国家所做的承诺，反映了它们在彼此关系上受其条款约束的意图。国际协定，无论是双边条约、执行协定还是多边公约，都是国际法的第二大主要渊源。但是，它们仅约束缔约国或同意受其约束的国家。得到广泛适用的多边公约一般是对既有习惯法规则的编纂，从这个意义上说，它们可被视为对缔约国和非缔约国都有拘束力的国际法存在的证据。

美国海军条例

1990年《美国海军条例》要求美国海军指挥官遵守国际法。名为"遵守国际法"的第705条规定："指挥官应始终遵守并确保其命令始终遵守国际法原则。为了履行这项责任，必要时允许背离海军条例的其他规定。"

在本出版物中，援引的其他出版物均为其现行有效版本。

颁布文号

美国海军：NWP 1–14M。

美国海军陆战队：MCTP 11–10B。

美国海岸警卫队：COMDTPUB P5800.7A。

本手册于 2017 年 8 月颁布，于颁布之日起生效，并取代 2007 年 7 月版手册。本手册已解密，批准公开发行，无分发限制。

目　录

第一章

海洋和空域的法律分野

一、导言

世界范围内的海洋传统上被大致划分为内水、领海和公海。空域则被划分为领空和国际空域。[1] 20 世纪后半叶，诸如专属经济区和群岛水域等新的概念逐步形成，极大地扩张了沿海国和岛屿国家对以前被视为公海的广袤海洋的管辖权主张。海事管辖权扩张的现象以及将领海延伸至 12 海里及以外的热潮，自 1973 年起并在 1982 年第三次联合国海洋法会议期间一直是国际谈判的主要话题。第三次联合国海洋法会议产生了 1982 年《联合国海洋法公约》，[2] 该公约于 1994 年 11 月 16 日生效。[3]

1983 年，美国宣布既不会签署也不会批准《联合国海洋法公约》，因为

---

〔1〕 外层空间是从领空或国际空域的外部边界向太空的无限延伸。领空或国际空域属于空气空间，与外层空间的分界点至今尚无定论，通常认为是出现在大气无法维持航空器飞行同时又无法维持人造卫星在轨运行的那个尚待确定的点。Christol, The Modern International Law of Outer Space 522-33 (1982); Fawcett, Outer Space: New Challenges to Law and Policy 16-17 (1984).

〔2〕 《联合国海洋法公约》，1982 年 12 月 10 日开放签署。每个国家都偏好于将自身的海洋利益最大化。那些没有悠久海洋活动历史的国家倾向于将自身利益视为沿海国那样具有排他性而非支持海上航行和飞越自由的国际社会那样更具包容性（Alexander, 8）。美国的利益反映出明显的两极化：作为沿海国，美国力图开发其渔业资源和近海油田；作为海洋强国，美国则依赖于其在全世界范围内和外层空间中不受妨碍的航线（Negroponte, Who Will Protect Freedom of the Seas? Dep't St. Bull., Oct. 1986, at 42）。但是，反映国际社会包容性利益的方法实际上可让所有国家受益，因为海洋的根本重要性在于所有国家都能平等且合理地加以利用它 [Harlow, Book Review, 18 J. Mar. L. & Comm. 150-51 (1987)]。要想正确认识国际法在总体上具有不断演进的性质，要想正确认识在确立和丧失权利方面政府（包括其海军）作为和不作为的重要性，就有必要理解海洋法的历史发展。

〔3〕 参见美国对于公约非缔约国的权利和义务的立场（8 March 1983 Statement in Right of Reply, 17 LOS Official Records 243）。那些区域内的国际航行和飞越以及沿海国的行为将在第二章予以探讨。美国是《领海及毗连区公约》《大陆架公约》《公海公约》和《公海捕鱼和生物资源养护公约》的缔约国。

该公约的深海海底采矿规定存在根本性缺陷。经过进一步谈判,最终形成了关于《联合国海洋法公约》第十一部分的协定,取代了最初的深海海底采矿规定,美国于 1994 年 7 月 29 日签署了该补充协定。[1]该协定对《联合国海洋法公约》的更改具有法律拘束力,要作为单独的条约并结合《联合国海洋法公约》来加以解释和适用。[2]

1994 年 10 月 7 日,美国总统将《联合国海洋法公约》及第十一部分的协定提交参议院,分别就前者征求意见和就后者寻求加入和批准许可。[3]2004 年和 2007 年,美国参议院对外关系委员会均投票支持《联合国海洋法公约》,建议美国参议院给出意见并许可。但这两次全体参议院成员都没有就此问题举行任何听证会。参议院对外关系委员会于 2012 年举行了新一轮听证会,但在 34 名参议员发誓反对提供意见和许可后就停止了对《联合国海洋法公约》的进一步讨论。截至目前,美国尚未就《联合国海洋法公约》采取任何进一步行动。

二、美国的海洋政策

美国尽管不是《联合国海洋法公约》的缔约国,但认为其中航行和飞越方面的规定反映了习惯国际法,因此会遵照《联合国海洋法公约》执行,除了关于深海海底采矿的规定。[4]1983 年 3 月 10 日,里根作出的《海洋政策总统声明》指出:

首先,美国已准备好接受并按照《联合国海洋法公约》中与海洋传统利用相关的利益平衡的规定行事,例如航行和飞越方面的规定。在这方面,美国承认《联合国海洋法公约》中规定的其他国家在其沿海水域中的权利,只要上述沿海国也承认美国和其他国家根据国际法所享有的权利和自由。

---

〔1〕 1994 年 8 月 17 日联合国大会第 A/RES/48/263 号决议及其附件《关于执行 1982 年 12 月 10 日〈联合国海洋法公约〉第十一部分的协定》(*reprinted in* Nordquist, Vol. 1 at 471-91.)。

〔2〕《关于执行 1982 年 12 月 10 日〈联合国海洋法公约〉第十一部分的协定》第 2 条。

〔3〕 Letter of Transmittal, Oct. 7, 1994, Senate Treaty Dot. 103-39. 关于《联合国海洋法公约》的一个很好的概述,参见 Doran, An Operational Commander's Perspective of the 1982 LOS Convention, Int'l J. of Marine & Coastal L., Vol. 10, No. 3 (August 1995) at 335-47. 关于《联合国海洋法公约》涉及的国家安全问题,参见 Department of Defense White Paper, National Security and the Law of the Sea, 2nd ed., January 1996.

〔4〕 See Statement by the President, Mar. 10, 1983.

其次，美国依据《联合国海洋法公约》反映出的利益平衡在全球范围内主张并实施航行和飞越权利及自由。但美国不会默许其他国家旨在限制国际社会在航行、飞越及公海利用方面的权利和自由的单方行为。[1]

三、《联合国海洋法公约》中构成习惯国际法的一般海洋制度

通过确定沿海国对外国商船、军舰和飞机的行为实施控制的程度而进行的海洋和空域的法律分类（法律制度），会直接影响海上行动。这些制度的性质，特别是沿海国在上述区域实施控制的范围，本章随后会加以阐明。

根据美国国防部第 S-2005.01 号指令——《航行自由计划》，美国国防部海洋政策事务代表坚决维护《海洋主张参考手册》，其中包含一份沿海国海洋主张清单以及美国对这些主张的立场。[2]

本章接下来会全面讨论法律分类，图 1-1 则简要总结了影响航行和飞越的主要区域。

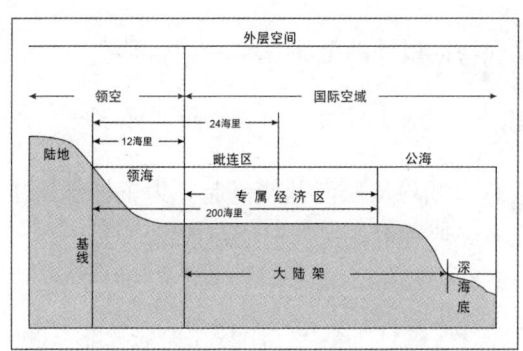

图 1-1　海洋和空域的法定边界

---

〔1〕 美国的实践曾承认过《联合国海洋法公约》中涉及海洋主张的那些规定，并在外交上主张并保护其权利免遭与国际公认的权利和自由相悖的行为的侵害。例如，美国承认 12 海里的领海主张，但不承认在上述水域可以对军舰的无害通过权进行限制。

〔2〕 可访问网址：www. jag. navy. mil/organization/code_ 10_ mcrm. htm.《海洋主张参考手册》表述了不同主张的性质，且包含一套图表，描绘了基线以及国家主张管辖权的区域向海延伸的范围。这些主张也出现在下列文件的某些问题中：Notice to Mariners（e. g., 1/97）, U. S. Dep't State, Limits in the Seas No. 36, National Claims to Maritime Jurisdictions（7th rev. 1995）, and U. S. Dep't State, Limits in the Seas No. 112, United States Responses to Excessive National Maritime Claims（1992）. 这些清单的公布并不构成美国对任何主张有效性的承认。关于过度海洋主张的全面分析，See Roach & Smith.

（一）内水

内水是领海基线向陆一面的水域。

（二）领海

领海是从沿海国领海基线量起向海一侧 12 海里且沿海国享有主权的一带海域。船舶在领海内享有无害通过权。无害通过不包括飞机飞越领海的权利。

（三）毗连区

毗连区是从领海基线量起向海一侧 24 海里的海域，沿海国可在此区域行使必要的管制权，预防并惩治在其领土或领海内违犯其海关、财政、移民和卫生的法律和规章的行为。船舶和飞机在毗连区内享有包括飞越自由在内的公海自由。

（四）专属经济区

专属经济区是邻接领海的一个资源相关海域，一国在此享有特定的主权权利（但并非主权），其宽度自基线量起不超过 200 海里。船舶和飞机在毗连区内享有包括飞越自由在内的公海自由。

（五）公海

公海包括专属经济区以外的全部海域。

四、领海基线

领海及其他所有海域均从领海基线量起。为了计算所主张海域向海一侧的外部界限，首先有必要理解如何划定领海基线。[1]

---

〔1〕《联合国海洋法公约》第 5-14 条规定了目前划定基线的规则。规则区分"正常"基线（沿着海岸的轮廓）和"直线"基线（可用于某些不规则的海岸）。正如国际法院所指出的，直线基线的划定"不能仅仅依赖于沿海国通过其国内法所表达出的意愿……牵涉其他国家的基线划定的有效性还取决于国际法"。*The Anglo-Norweigan Fisheries Case*，〔1951〕I. C. J. Rep. 132. 基线划定规则要考虑全世界海岸现有的各种各样的物理条件。Alexander, at 13-14. 《海洋主张参考手册》列举了沿海国的基线主张。关于基线的国家立法被汇编于：U. N. Office for Ocean Affairs and the Law of the Sea, The Law of the Sea: Baselines: National Legislation With Illustrative Maps, U. N. Sales No. E. 89. V. 10 (1989). 联合国海洋事务和海洋法司对《联合国海洋法公约》中关于基线的规定进行了研究：U. N. Office for Oceans Affairs and the Law of the Sea, The Law of the Sea: Baselines, U. N. Sales No. E. 88. V. 5 (1989). See *also* Atlas of the Straight Baselines (T. Scovazzi et al. eds. , 2d ed. 1989) and Roach & Smith, at 41-91.

本章正文中对海洋区域的探讨均假定邻接的陆地区域主权无争议。但是，某些大陆和岛屿领土的法定所有权是存在争议的，从而会影响沿海区域。例如：委内瑞拉对圭亚那西部的埃塞奎博地区主张所有权；西撒哈拉地区现在被摩洛哥占领，但阿尔及利亚和毛里塔尼亚支持的波利萨里奥阵线主张其

（一）低潮线

除非需适用其他特殊规则，测量一国海洋主张的正常基线是该国官方承

─────────────

（接上页）所有权；南千岛群岛的所有权为日本所主张，但自第二次世界大战结束至今就一直被苏联（现在是俄罗斯）所占领；中国（包括台湾地区）、越南、马来西亚、菲律宾和文莱都主张对南沙群岛的所有权；中日之间对钓鱼岛的归属存在争端；日韩之间对独岛（或竹岛）的归属存在争端；法国和科摩罗对印度洋的马约特岛的归属存在争端；毛里求斯一直争夺英属印度洋领地（包括迪戈加西亚岛）；马达加斯加和法国之间对莫桑比克和马达加斯加之间的莫桑比克海峡中分布的一些小岛的归属存在争端；伊朗和阿联酋之间对波斯湾的阿布穆萨岛（Abu Musa）、小通布岛（Tunb al Sughra）和大通布岛（Tunb al Kabra）的归属存在争端；科威特和沙特阿拉伯之间对库巴尔岛（Kubbar）、卡鲁赫岛（Qaruh）和穆拉德岛（Umm al Maraden）的归属存在争端；巴林和卡塔尔之间对哈瓦群岛（Hawar Islands）的归属存在争端；英国和阿根廷对福克兰群岛/马尔维纳斯群岛的归属存在争端；法国和瓦努阿图之间对新喀里多尼亚以东两个无人居住的岛屿——亨特岛和马修岛的归属存在争端。

此外，尽管有接近400个海洋边界，但相邻或相向国家之间通过协定明确解决的只有不到四分之一。Alexander, 41-44. 这些协定大部分收录于：U. N. Office for Ocean Affairs and the Law of the Sea, The Law of the Sea: Maritime Boundary Agreements (1970-1984), U. N. Sales No. E. 87. V. 12 (1987); 1970 年以前缔结的海洋边界协定作为该条约集的附件予以列明。See also U. S. Dep't State, Limits in the Seas No. 108, Maritime Boundaries of the World, (rev. 1990) and International Maritime Boundaries (Charney & Alexander eds. , 1993 2 Vols.).

美国已和下列国家划定了海洋边界：苏联（现在是俄罗斯）(Sen. Treaty Dot. 101-22 and Sen. Ex. Rep. 102-13, to which the Senate gave its advice and consent on 16 Sep. 1991); 加拿大（在缅因湾）(see 1984 I. C. J. Rep. 345-46 and 23 Int'l Leg. Mats. 1247); 墨西哥（T. I. A. S. 8805, see Dep't State, Limits in the Seas No. 45); 古巴（see Dep't State, Limits in the Seas No. 110); 委内瑞拉（T. I. A. S. 9890, see Dep't State, Limits in the Seas No. 91); 库克群岛和托克劳群岛（T. I. A. S. 10775, see Dep't State, Limits in the Seas No. 100)。和古巴的海洋边界根据行政协定划定，尚待参议院建议并同意这些确立海洋边界的条约。Sen. Ex. H, 96th Cong. 1st Sess. , T. I. A. S. 9732, 32 U. S. T. 840; T. I. A. S. 10, 327; T. I. A. S. 10, 913; T. I. A. S. 11, 853 (Cuba). See also Feldman & Colson, The Maritime Boundaries of The United States, 75 Am. J. Int'l L. 729 (1981); Smith, The Maritime Boundaries of The United States, 71 Geographical Rev. , Oct. 1981, at 395; and Maritime Boundary: Cuba-United States, Limits in the Seas No. 110 (1990). 美国和加拿大之间存在非常突出的海洋边界问题，包括在波弗特海、迪克森海峡和胡安·德·富卡海峡的海域内。美国和加拿大之间关于缅因湾边界延长线的争端已由国际法院解决：the Gulf of Maine Case, 1984 I. C. J. Regs. 347. See International Maritime Boundaries (Charney, & Alexander eds. , 1993 at 401-16. 美国和多米尼加共和国为解决相互之间的海洋边界问题一直在进行谈判。Negroponte, Current Developments in U. S. Oceans Policy, Dep't St. Bull. , Sep. 1986, at 86. 美国已和巴哈马已划定临时执行的海洋边界。

美国与其若干州之间已有相当数量的诉讼涉及这些规则的适用。United States v. California, 332 U. S. 19, 67 S. Ct. 1658, 91 L. Ed. 1889 (1947); United States v. California, 381 U. S. 139, 85 S. Ct. 1401, 14 L. Ed. 2d 296 (1965); United States v. Louisiana, 394 U. S. 11, 89 S. Ct. 773, 22 L. Ed. 2d 44 (1969); United States v. Alaska, 422 U. S. 184, 95 S. Ct. 2240, 45 L. Ed. 2d 109 (1975), on remand 519 F. 2d 1376 (9th Cir. 1975); United States v. California, 432 U. S. 40, 97 S. Ct. 2915, 53 L. Ed. 2d 94 (1977), modified 449 U. S. 408, 101 S. Ct. 912, 66 L. Ed. 2d 619 (1981).

认的大比例尺海图所标明的沿岸低潮线。[1]

(二) 直线基线

如果海岸线极为曲折或者紧接海岸有一系列岛屿，沿海国可采用直线基线。一般规则是直线基线不应偏离海岸的一般方向，且基线内的海域必须接近陆地领土。[2]使用直线基线的沿海国应在其海图上清楚地标明，或者公布基线上各点的地理坐标表 (图 1-2)。[3]美国不使用直线基线，并对其他国家使用的直线基线做限制性解释。[4]

---

[1] 《领海及毗连区公约》第 3 条；《联合国海洋法公约》第 5 条。"低潮线" 被定义为 "低潮水平面与海岸的交界线。该线沿着海水在低潮时退至的海岸或海滩"。为绘制海图而作为低潮的实际水平面也称为海图基准水平面。自 1980 年至今，美国一直将统一的平均低低潮海图基准面应用于美国、波多黎各联邦、关岛、美属萨摩亚群岛、美属维尔京群岛、北马里亚纳群岛联邦及其他领地或属地的所有潮汐水域。45 Fed. Reg. 70296- 97, 23 Oct. 1980; Hicks, Tide and Current Glossary 3 & 15 (NOAA 1989).

正常基线须与正文中阐明的规则相一致。过分的 "正常" 基线主张包括无论位于何处的低潮高地都产生领海以及人工岛屿也产生领海 (埃及和沙特阿拉伯)。Churchill & Lowe, The Law of the Sea 46 (2d ed. 1988).

[2] 《领海及毗连区公约》第 4 条；《联合国海洋法公约》第 7 条。挪威就是一个海岸线极度曲折且边缘遍布岛屿的国家的例子；1935 年，它成为第一个确立由一系列陆地突出各点之间的直线构成的基线的国家。国际法院在其判决中认可了该制度。*The Anglo-Norwegian Fisheries Case*, [1951] I. C. J. Rep. 116; MacChesney 65. 该判决中主张的不依赖低潮线而划定直线基线的标准几乎被一字不差地复制到1958 年《领海及毗连区公约》，在增加了某些规定后又被《联合国海洋法公约》继续沿用。See U. S. Dep't of State, Limits in the Seas No. 106, Developing Standard Guidelines for Evaluating Straight Baselines (1987). 适当划定的直线基线不会让领海的外部界限显著地偏离海岸的轮廓。直线基线不得用于扩张领海以从其他海岸相邻或相向的国家攫取财产利益，或者从共享公海和深海底共同利益的世界所有其他国家攫取财产利益。将《联合国海洋法公约》作为一个整体加以考虑时，美国的立场是直线基线每段长度不得超过 24 海里。如果海岸的比例不符合其中任何一项标准 (极为曲折或边缘遍布岛屿)，在该地就不可能合法地划定各段直线基线，也不得援引从属规则 (涉及可使用的基点、相对于海岸一般认为的直线基线的走向以及所包围水域的必要特征)。此外，沿海国应履行其中一项标准的全部要求，不得将这些要求混淆在一起。例如，一国不得说某处只有轻微曲折的同时，又说该处有一些不在其边缘的岛屿，从而主张在该处划定直线基线。选择任何一项标准都必须完全满足其自身的条件。如果任何一项标准都不符合，那么就应在该处使用低潮标记。但是，在一处不满足这一初始地理标准，并不排除其他地方可以满足该标准。

[3] 《领海及毗连区公约》第 4 条第 6 款；《联合国海洋法公约》第 16 条。

[4] Letters from Sec'y State to Dep't Justice, 13 Nov. 1951 and 12 Feb. 1952, *quoted in* 1 Shalowitz, Shore and Sea Boundaries 354-57 (1962) and 4 Whiteman 174-79. 应严格按照国际法划定直线基线以免单方限缩所有国家的航行权。美国关于使用直线基线立场的准确表述，参见 Commentary in the Transmittal Message at pp. 8-10.

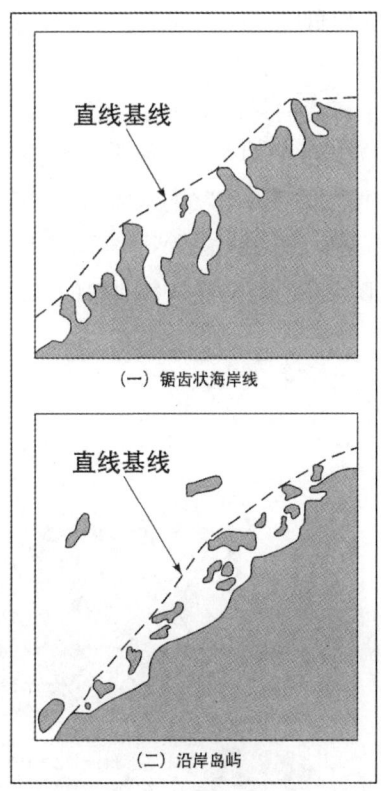

（一）锯齿状海岸线

（二）沿岸岛屿

图1-2 直线基线

1. 不稳定基线

如果基线因自然条件高度不稳定，例如，三角洲或海岸线发生迁移，就可能连接低潮线上各适当点来划定直线基线。尽管海岸线后来发生后退或添附，但在沿海国加以改变前，这些直线基线仍然有效。[1]

2. 低潮高地

低潮高地是在低潮时四面环水并高于水面但在高潮时没入水中的自然形成的陆地。一般而言，除非低潮高地上筑有永久高于海平面的灯塔或类似设

────────────

〔1〕《联合国海洋法公约》第7条第2款。使用关于三角洲规定的国家应首先满足《联合国海洋法公约》第7条第1款规定的最低标准，即允许在海岸线极为曲折或者紧接海岸有一系列岛屿的地方通过连接沿海岸的各适当点划定直线基线。可适用上述规则的三角洲包括密西西比河和尼罗河的三角洲，以及孟加拉国的恒河三角洲。Alexander, at 81 n. 10.

施，直线基线的划定不应以低潮高地为起讫点。[1]

（三）浅海湾、深海湾和历史性海湾

确定一个法律意义上海湾的封口基线有一套复杂的公式。[2]就基线而言，"海湾"是明显的水曲，海岸线的凹入程度和曲口宽度的比例使其有被陆地环抱的水域，而不仅为海岸的弯曲。"海湾"的水曲面积应等于或大于横越曲口所划的直线作为直径的半圆形的面积（图1-3）。[3]如果因有岛屿而水曲有一个以上的曲口，测算该半圆形的直径则是横越各曲口的线的总长（图1-4）。[4]

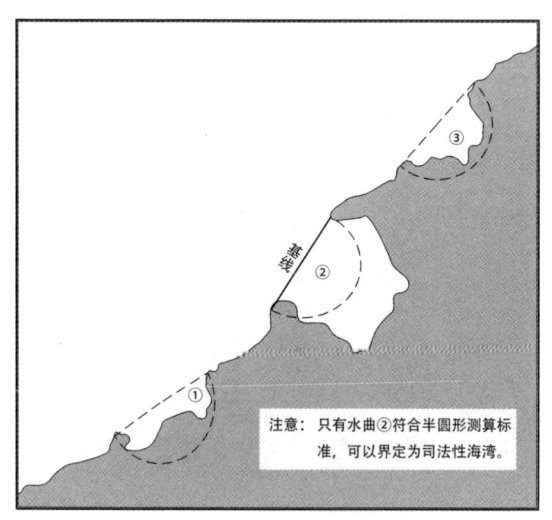

注意：只有水曲②符合半圆形测算标准，可以界定为司法性海湾。

图1-3　半圆形测算标准

---

[1]《领海及毗连区公约》第11条和第4条第3款；《联合国海洋法公约》第13条和第7条第4款。低潮高地是一个法律术语，一般被称为干涸的浅滩或岩礁。在海图上，应使它们区别于岛屿。如果"已获得国际一般承认"，《联合国海洋法公约》也允许使用没有灯塔的低潮高地作为直线基线的基点（《联合国海洋法公约》第7条第4款）。如果低潮高地全部位于从正常基线量起的领海以外，该高地就不得用作划定直线基线的基点。如果低潮高地与大陆或岛屿的距离不超过领海的宽度，该高地还可以用于划定正常基线。参见图1-5。

[2] 很多在地理意义上被称作"海湾"的水体并不是国际法意义上的"海湾"。See Westerman, The Juridical Bay (1987).

[3]《领海及毗连区公约》第7条第2款；《联合国海洋法公约》第10条第2款。为了满足半圆形测算标准，该线向陆一侧的岛屿被视为该水曲的一部分。《领海及毗连区公约》第7条第3款；《联合国海洋法公约》第10条第3款。

[4]《领海及毗连区公约》第7条第3款；《联合国海洋法公约》第10条第3款。

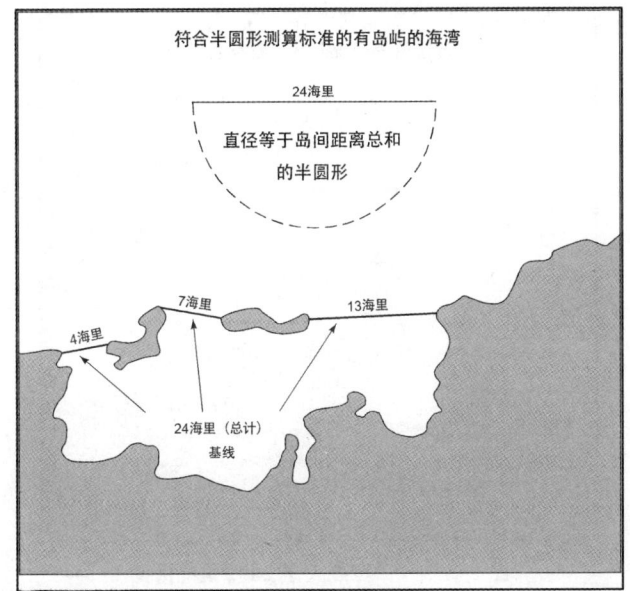

图1-4　有岛屿的海湾

　　横越海湾入口的基线长度不得超过 24 海里。如果入口宽度大于 24 海里，那么 24 海里的基线应划在海湾内以便划入最大水域（图 1-5）。如果符合上述半圆形测算标准且封口线小于或等于 24 海里，那么该水域就是一个法律意义上的"海湾"。[1]

---

　　[1]　被包围的水域因此就是内水。《领海及毗连区公约》第 7 条第 4~5 款；《联合国海洋法公约》第 10 条第 4~5 款。如果曲口宽度大于 24 海里的水曲符合半圆形测算标准，也可被界定为法律意义上的海湾。此种海湾的 24 海里"封口线"向陆一侧的水域不必满足半圆形测算标准。参见图 1-4。《领海及毗连区公约》第 7 条第 2 款和第 5 款；《联合国海洋法公约》第 10 条第 2 款和第 5 款。Westerman，The Juridical Bay 170-76〔criticizing the contrary view in 1 Shalowitz，Shore and Sea Boundaries 223（1962）〕。《联合国海洋法公约》第 10 条第 5 款将这种"封口线"表述为直线基线。符合半圆形测算标准的海湾封口线必须妥为公布，或者在海图上标明，或者列出地理坐标。如果一开始就不符合半圆形测算标准，沿海水域就不是法律意义上的"海湾"，而仅仅是海岸的弯曲。在这种情况下，领海基线只能是海岸线的低潮线，除非海岸的形状证明使用直线基线是合理的（参见本章第四节第二小节）或水域符合"历史性海湾"的判定标准。《领海及毗连区公约》第 3 条和第 7 条第 6 款；《联合国海洋法公约》第 16 条和第 10 条第 6 款。1984 年苏联在北极海岸的直线基线法令中明确规定在其河口包围了 8 个宽度超过 24 海里的海湾。Alexander，at 67-69。美国最高法院认为，位于左起蒙托克角右至沃奇希尔的封口线西侧的长岛和布洛克岛湾构成司法性海湾。*United States v. Maine et al.*（*Rhode Island and New York Boundary Case*），469 U. S. 504（1985）.

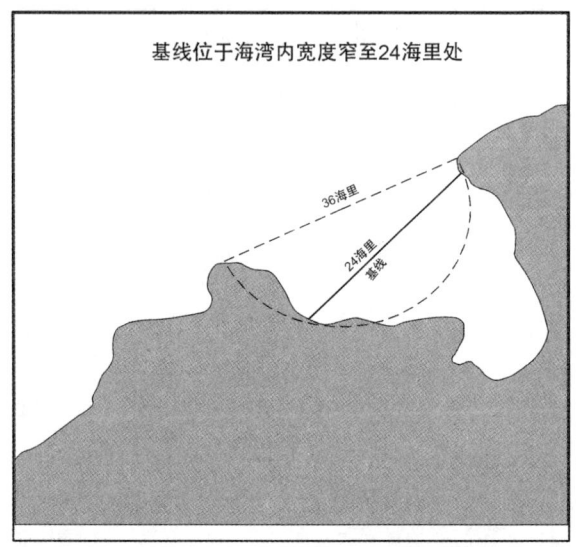

图1-5 入口宽度大于24海里的海湾

所谓的历史性海湾则不通过上述半圆形和24海里封口线规则来确定。[1]要满足主张历史性海湾的国际标准，一国必须对该海湾公开、有效、长期且持续地行使权力，并且在行使该权力时他国予以默认。美国的立场是，需要实际显示出他国对这种主张的默许，而不仅仅是不反对。[2]

---

〔1〕《领海及毗连区公约》第7条第6款；《联合国海洋法公约》第10条第6款。

〔2〕 1973 Digest of U. S. Practice in International Law 244-45 (1974)；Goldie, Historic Bays in International Law: An Impressionistic Overview, 11 Syracuse J. Int'l L. & Comm. 205, 221-23, 248 & 259 (1984). Cf. *United States v. Alaska*, 422 U. S. 184, 200 (1975)（没有外国抗议不构成默认，表明外国国家知道或合理地应该知道领土主权被认定）；*but see Fisheries Case*（*U. K. v. Norway*），195 1 I. C. J. Rep. 116, 138 & 139（仅仅容忍足够）. See also Juridical Regime of Historic Waters, Including Historic Bays, U. N. Dot. A/CN. 4/143, 9 March 1962, in 2 Y. B. Int'l L. Comm. 1 (1964).

美国"只有极少数历史性水域，对国际社会没有任何影响，如果美国选择这样做的话，它们本可以被纳入一个直线基线系统"。Negroponte, Who Will Protect Freedom of the Seas?, Dep't St. Bull. , Oct. 1986, at 42-43. 密西西比湾位于阿拉巴马州和密西西比州大陆以南的浅水区，被美国最高法院裁定为历史性海湾［*United States v. Louisiana et al.* （*Alabama and Mississippi Boundary Case*），470 U. S. 93 (1985)］，像长岛海湾一样［*United States v. Maine et al.* , 469 U. S. 509 (1985)］。美国认为，其他某些美国水域不符合历史性水域的标准。其中包括阿拉斯加州库克湾［*United States v. Alaska*, 422 U. S. 184（裁定为公海）］；加利福尼亚州圣莫尼卡和圣佩德罗湾［*United States v. California*, 381 U. S. , at 173- 75 (1965)］；佛罗里达湾［*United States v. Florida*, 420 U. S. 531, 533 (1975)］；路易斯安那州海岸沿线的众多海湾［*Louisiana Boundary Case*, 420 U. S. 529 (1975)］；以及马萨诸塞州南塔基特湾

（接上页）［*Massachusetts Boundary Case*, 475 U. S. 86（1986）］。"最高法院还指出，特别主事官（Special Master）的事实认定不存在例外，即布洛克岛湾不是一个历史性海湾。"（译者注：在美国司法体系内，特别主事官通常是法官委任的下级官员，其职责一方面是确保法官命令得到遵守，另一方面是就某事项的处理向法官提出建议，报告其对事实的认定和法律结论。）*United States v. Maine et al.*，469 U. S. 509 n. 5. 美国最高法院还在佛罗里达州案和路易斯安那州案中采纳了特别主事官的建议。关于这些水域的主要分析，参见 Reed, Koester and Briscoe, The Reports of the Special Masters of the United States Supreme Court in the Submerged Lands Cases, 1949-1987（1992）. 1965 年，美国最高法院拒绝考虑加利福尼亚州蒙特雷湾是历史性海湾的说法，指出它符合 24 海里封口线的标准。*United States v. California*, 381 U. S.，at 173. 另一方面，虽然切萨皮克湾和特拉华湾符合历史性海湾的标准，并已得到其他国家的承认［2 Restatement（Third），sec. 511 Reporters' Note 5, at 32］，但这两个海湾现在都符合司法性海湾的条件，不依赖历史性海湾地位就能视作内水。

一些国家声称的以及潜在的历史性海湾，美国未予承认。关于其中一些海湾以及其他海湾之地位的讨论，参见 4 Whiteman 233-57, Churchill & Lowe, The Law of the Sea 36-38（2d rev. ed. 1988）; and Roach & Smith, at 23-40.

尽管加拿大自 1906 年至今一直作此主张，但美国不承认拥有 50 英里封口线的哈德逊湾是一个历史性海湾。Colombos, International Law of the Sea 186（6th ed. 1967）; Bishop, International Law 605（3d ed. 1971）; 1 Hackworth 700-01; 4 Whiteman 236-37.

利比亚于 1973 年首次声称拥有约 300 英里封口线的锡德拉湾（苏尔特湾）具有历史地位，但这一主张没有得到国际社会的接受，并经常遭到抗议和相反主张。1974 Digest of U. S. Practice in International Law 293; U. N. Law of the Sea Bulletin No. 6, Oct. 1985, at 40（U. S. protests）. 许多其他国家也拒绝利比亚对锡德拉湾的主权要求，包括澳大利亚（Hayden press conference in Brisbane, 26 March 1986）、法国（FBIS Western Europe, 26 March 1986, at K1）; 德国（FBIS Western Europe 26 March 1986, at J1）; 挪威（FBIS Western Europe 7 April 1986, at P3-P4）; 西班牙（FBIS Western Europe, 26 March 1986, at N1）. 只有叙利亚、苏丹、布基纳法索（前上伏尔塔）和罗马尼亚公开承认这一主张。U. N. Dot. S/PV. 2670, at 12（1986）（Syria）; Foreign Broadcast Information Service（IBIS）Daily Report, Middle East & Africa, 27 Mar. 1986, at Q5（Sudan）; id.，13 Dec. 1985, at Tl（Burkina Faso）; FBIS Daily Report, Eastern Europe, 27 Mar. 1986, at HI（Romania）. 对利比亚主张的详细分析，参见 Spinatto, Historic and Vital Bays: An Analysis of Libya's Claim to the Gulf of Sidra, 13 Ocean Dev. & Int'l L. J. 65（1983）; Francioni, The Status of The Gulf of Sirte in International Law, 11 Syracuse J. Int'l L. & Comm. 311（1984）; Blum, The Gulf of Sidra Incident, 80 Am. J. Int'l L. 668（1986）; Neutze, The Gulf of Sidra Incident: A Legal Perspective, U. S. Naval Inst. Proc.，January 1982, at 26-31; and Parks, Crossing the Line, U. S. Naval Inst. Proc.，November 1986, at 41-43.

美国、日本、英国、法国、加拿大和瑞典抗议苏联在 1957 年声称大彼得湾（封口线 102 海里）是一个历史性海湾。4 Whiteman 250-57; 2 Japanese Ann. of Int'l L. 213-18（1958）; Darby, The Soviet Doctrine of the Closed Sea, 23 San Diego L. Rev. 685, 696（1986）. 洛克伍德号护卫舰（FF-1064）于 1982 年5 月 3 日以及奥尔登多夫号驱逐舰（DD-972）于 1987 年 9 月 4 日开展的行动对苏联在大彼得湾的历史性海湾和直接基线主张提出了挑战。See Roach & Smith at 31.

一些国家抗议越南关于北部湾和泰国湾部分水域为其历史性水域的主张。对关于泰国湾之主张的抗议，参见 U. N. Law of the Sea Bulletin No. 10, Nov. 1987, at 23（U. S.）; U. N. LOS Office, Current Developments in State Practice 147（Thailand）; U. N. LOS Office, Current Developments in State Practice No. II 84-85（Singapore）. 对关于北部湾之主张的抗议，参见 U. N. LOS Office, Current Developments in State Practice 146-47（France and Thailand）. See also Limits in the Seas No. 99, Straight Baselines Vietnam 9-10（1983）and Roach & Smith at 33.

（四）河口

如果河流直接流入海洋，基线就是一条在两岸低潮线上两点之间横越河口的直线。[1]

（五）礁石

礁石是贴近海平面或者低潮时露出水面的大块岩石或珊瑚。一般来说，礁石不得用于划定基线，但在位于环礁上的岛屿或有岸礁环列的岛屿的情形下，礁石的向海低潮线可以作为基线。[2]

（六）海港工程

为了划定基线的目的，构成海港体系组成部分的最外部永久海港工程视为海岸的一部分。海港工程是为保护目的或为了圈起临近海岸的海域以提供锚地和避风港而沿海岸在出海口或河流上竖立的构筑物，例如，码头、防波堤和丁坝。[3]

――――――――――

〔1〕《领海及毗连区公约》第 13 条；《联合国海洋法公约》第 9 条。两公约对这条线的长度没有限制。由于三角湾和海湾必然比河口宽得多，所以横越河口的直线基线不应超过海湾允许的最大长度。这条规则不适用于三角湾。三角湾是河流的潮汐口，在那里潮汐与淡水流汇合。河口采用的基线必须采为公布，或者在海图上标明，或者列出地理坐标。《领海及毗连区公约》第 3 条；《联合国海洋法公约》第 16 条。

如果河流形成三角湾，在封闭河口的问题上应遵循关于海湾的规则。此外，公约并没有明确说明在三角湾沿岸，封闭点应设置在何处。一些国家试图在其向海一侧的范围内隔出一个大型三角湾。例如，委内瑞拉用一条 99 英里的封口线封闭了奥里诺科河的河口，尽管该河的主要河口在该基线向陆一侧 22 英里。这一主张在 1956 年遭到美国和英国的抗议。4 Whiteman 343；Roach & Smith at 74.

对于通过三角洲入海的河流（如密西西比河）或者河流的入海口遍布岛屿，没有特殊的基线规则（即正常基线或直线基线原则均可适用）。

〔2〕《联合国海洋法公约》第 6 条。礁石是"接近海平面或在低潮时露出水面的大块岩礁或珊瑚"。岸礁是"直接附着在海岸或大陆陆块上，或位于其附近的礁石"。环礁是"被开阔海域包围，无论有没有岛屿位于其上，封闭或几乎封闭着一个潟湖的环形礁石"。虽然《联合国海洋法公约》没有规定如何划定环礁开口的封口线，但环礁潟湖内的水域是内水。See Beazley, Reefs and the 1982 Convention on the Law of the Sea, 6 Int'l J. Estuarine & Coastal L. 281（1991）. 在环礁和暗礁遍布的温水区，航海人员可能因此难以准确确定一国领海的外部界限。Alexander, at 14.

〔3〕《领海及毗连区公约》第 8 条；《联合国海洋法公约》第 11 条。其他海港工程包括防波堤、码头和其他港口设施，以及沿海码头、泊船处和为保护目的或为了圈起近海岸的海域以提供锚地和避风港而沿海岸在出海口或河流上修建的海堤。就基线而言，近岸设施和人工岛屿不视为永久性海港工程。尽管有人认为可在沿海一定距离放置的单浮标（油轮的单点系泊系统）还存在不确定性（Alexander, at 17），但美国政府拒绝使用单浮标作为有效基点。美国最高法院认为，"通往港口和海港的疏浚航道"不是"海港工程"。*United States v. Louisiana*, 394 U. S. 11, 36 – 38, 89 S. Ct. 773, 787 – 89, 22 L. Ed. 2d 44（1969）. 此外，公约没有涉及冰岸线，那里的冰层覆盖可能是永久性或临时性的。美国政府认为，沿海冰架的边缘无法支撑起一条合法的基线。

五、国家享有主权的水域

出于行动的目的，世界上的海洋被分为两大部分：一部分包括内水、领海和群岛水域。沿海国对这些水域享有领土主权，国际社会则保留某些航行权。另一部分包括毗连区、专属经济区和公海。这些属于国际水域，所有国家均享有航行和飞越自由。第一章第六节将深入讨论国际水域。

（一）内水

测量领海的基线向陆的一面是内水。[1]湖泊、河流[2]、某些海湾、海港、某些运河以及潟湖都是内水的一些例子。从国际法的角度看，内水与陆地本身具有相同的法律性质。内水中不存在无害通过权，而且在遇险时，如无沿海国许可，船舶和飞机也不得进入或飞越内水。如果按照《联合国海洋法公约》划定直线基线的效果使原来并未认为是内水的区域被包围在内成为内水，则在此种水域内有无害通过权。[3]

（二）领海

领海是从沿海国基线量起向海一侧且沿海国享有主权的一带海域。[4]美国主张 12 海里领海，[5]也只承认其他国家不超过 12 海里的领海主张。[6]

〔1〕《领海及毗连区公约》第 5 条第 1 款；《联合国海洋法公约》第 2 条第 1 款和第 8 条第 1 款。Nordquist，Vol. Ⅱ at 104–8.

〔2〕应当指出的是，在两个或两个以上国家之间流动或流经两个或两个以上国家的河流一般被视为国际河流（例如圣劳伦斯河、莱茵河、易北河、默兹河、奥德尔河、底格里斯河、幼发拉底河）。3 Whiteman 872–1075；Berber，Rivers in International Law（1959）；Vitanyi，The International Regime of River Navigation（1979）.

〔3〕《领海及毗连区公约》第 5 条第 2 款；《联合国海洋法公约》第 8 条第 2 款。

〔4〕《领海及毗连区公约》第 1 条至第 2 条；《联合国海洋法公约》第 2 条。Nordquist，Vol. Ⅱ at 49–86.

〔5〕在 1988 年 12 月 27 日第 5928 号总统公告中，美国将其领海从 3 海里扩展为 12 海里。54 Fed. Reg. 777，9 Jan. 1989；24 Weekly Comp. Pres. Dot. 1661，2 Jan. 1989；83 Am. J. Int'l L. 349；43 U. S. C. A. sec. 1331 note；Annex Al–6（p. l–64）. See also Schachte，The History of the Territorial Sea From a National Security Perspective，1 Terr. Sea J. 143（1990）. 3 海里领海是由美国时任国务卿杰斐逊于 1793 年 11 月 8 日给法国和英国部长的信中确定的。6 The Writings of Thomas Jefferson 440–42（Ford ed. 1895）（"保持……总统指示在他授权下行事的官员未来审议的该最终范围……目前限制在距离海岸一里格或三英里的范围内"）；Act of 5 June 1794，for the punishment of certain crimes against the United States，sec. 6，1 Stat. 384（1850）（赋予联邦地区法院对美国"沿岸一里格范围内发生的"某些案件的管辖权）；Dep't of State Public Notice 358，37 Fed. Reg. 11，906，15 June 1972. See Swarztrauber，generally.

就其条款而言，第 5928 号公告没有改变州或联邦的现行法律。因此，得克萨斯州、佛罗里达州沿岸

(三) 岛屿、岩礁和低潮高地

每个岛屿都有自己的领海，而且也像大陆一样有测算领海的基线。岛屿是四面环水并在高潮时高于水面的自然形成的陆地区域。[1]岩礁是不能维持人类居住或其本身经济生活的岛屿。如果它们高潮时高于水面，它们也拥有根据上文关于基线的讨论所述之原则确定的领海。[2]但岩礁没有专属经济区或大陆架。全部或一部位于领海之内的低潮高地（低潮时高于水面但高潮时没入水中）可用于划定领海，就像岛屿一样。如果低潮高地全部位于领海以外，则该高地没有其自己的领海（图1-6）。[3]

岛屿、岩礁和低潮高地都是自然形成的。随着时间的推移，自然环境的变化可能会让它们相互转换，但人造的工程、构筑物或人工添附无法造成这种转换。

1. 人工岛屿和近岸设施

人工岛屿和近岸设施没有自己的领海。[4]

（接上页）海湾和波多黎各以外9海里自然资源边界以及其他地方的3海里线仍然是联邦渔业管辖权的内部边界，也是各州根据《水淹地法》行使管辖权的范围（43 U. S. C. sec. 1301 *et seq*）。波多黎各自然资源边界是该联邦的管辖范围（48 U. S. C. sec. 749）。See Arruda, The Extension of the United States Territorial Sea: Reasons and Effects, 4 Conn. J. Int'l L. 698（1989）；Kmiec, Legal Issues Raised by the Proposed Presidential Proclamation to Extend the Territorial Sea, 1 Terr. Sea J. 1（1990）；Office of NOAA General Counsel, Effect of the Territorial Sea Proclamation on the Coastal Zone Management Act, *id.* 169；Archer and Bondareff, The Role of Congress in Establishing U. S. Sovereignty Over the Expanded Territorial Sea, *id.* 117.

〔6〕 参见第二章第八节，涉及美国的航行和飞越自由计划。关于领海宽度的历史主张表明，在《联合国海洋法公约》通过之前没有就领海宽度达成任何国际协定，无论是在1930年海牙编纂会议上，还是在第一次和第二次联合国海洋法会议上。今天，大多数国家主张的领海宽度都不超过12海里。《联合国海洋法公约》第3条承认了这一实践，规定"每一国家有权确定其领海的宽度，直至从……基线量起不超过十二海里的界限为止"。

〔1〕《领海及毗连区公约》第10条；《联合国海洋法公约》第121条第1款。关于第121条的缔约准备资料，参见U. N. Office for Oceans Affairs and the Law of the Sea, The Law of the Sea: Regime of Islands（1988）. See also Nordquist, Vol. Ⅲ, at 319-39.

〔2〕 但是，岩礁没有专属经济区或大陆架。《领海及毗连区公约》第10条；《联合国海洋法公约》第121条第3款。See Kwiatkowska & Soons, Entitlement to Maritime Areas of Rocks Which Cannot Sustain Human Habitation or Economic Life of Their Own, 21 Neth. Yb. Int'l L. 139（1990）.

〔3〕《领海及毗连区公约》第11条；《联合国海洋法公约》第13条。"低潮"在公约中没有定义。有各种各样的低潮测量方式，包括平均低潮位和平均较低低潮位。

〔4〕《联合国海洋法公约》第11条和第60条第8款。"近岸码头"和"深水港"在美国法律中被定义为："位于领海以外除船舶外的任何固定或浮动的人造构筑物或任何此种构筑物的组合……被用作或打算用作港口或码头，以装卸及进一步处理运往任何国家的石油。"Deepwater Port Act of 1974, as amended, 33 U. S. C. sec. 1501 & 1502（10）.

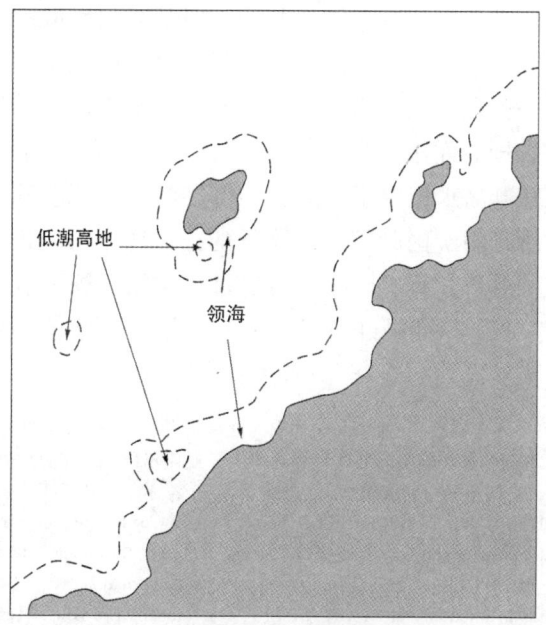

图 1-6　岛屿和低潮高地的领海

2. 泊船处

泊船处通常用于船舶的装卸和下锚，即使其全部或一部位于领海的外部界限以外，也都包括在领海范围之内。沿海国应在海图上清楚地标明泊船处。[1]

（四）群岛水域和海道

群岛国是指全部由一个或多个岛屿群构成的国家。[2]群岛国可划定连接

---

　　[1]《领海及毗连区公约》第 9 条；《联合国海洋法公约》第 12 条和第 16 条。只有锚地本身才是领海；锚地自身并不产生领海。See McDougal & Burke 423-27. 因此，美国不承认德国曾经将其北海赫尔戈兰湾领海扩大到 16 海里的主张。

　　[2]《联合国海洋法公约》第 46 条。第 46 条将群岛国定义为全部由一个或多个群岛构成的国家，并可包括其他岛屿。该条还将"群岛"定义为："一群岛屿，包括若干岛屿的若干部分、相连的水域或其他自然地形，彼此密切相关，以致这种岛屿、水域和其他自然地形在本质上构成一个地理、经济和政治的实体，或在历史上已被视为这种实体。"许多国家属于这一定义的范围，包括安提瓜和巴布达、巴哈马、佛得角、科摩罗、斐济、印度尼西亚、巴布亚新几内亚、菲律宾、圣多美和普林西比、所罗门群岛、特立尼达和多巴哥以及瓦努阿图。

　　其他国家不在公约定义的范围内。根据公约不享有群岛国地位但拥有群岛的大陆国包括美国［夏

最外缘各岛的最外缘各点的直线群岛基线，但基线内水域和陆地面积的比例应在1：1至9：1之间。[1]群岛基线所包围的水域被称为群岛水域。群岛基线也是群岛国向海一侧划定其领海、毗连区和专属经济区的基线。[2]美国承认群岛国按照《联合国海洋法公约》划定包围群岛水域的群岛基线的权利。

　　群岛国可在其群岛水域内指定适当的群岛海道以便船舶和飞机继续不停和迅速地通过。所有用于国际航行和飞越的正常通道均应包括在内。如果群岛国没有指定这种海道，所有国家均可通过正常用于国际航行和飞越的通道行使群岛海道通过权。[3]如果群岛国指定了部分群岛海道，船舶或飞机通过

（接上页）威夷群岛和阿留申群岛]、加拿大（加拿大北极群岛）、希腊（爱琴海群岛）、埃塞俄比亚（达拉克群岛）、厄瓜多尔（加拉帕戈斯群岛）和葡萄牙（亚速尔群岛）。这些岛屿虽然是地理意义上的群岛，但根据公约，它们不是政治法律意义上的群岛。

　　关于群岛概念的详细分析，参见 Churchill & Lowe, The Law of the Sea 98-1 11（2d rev. ed. 1988）；Herman, The Modern Concept of the Off-Lying Archipelago in International Law, Can. Y. B. Int'l L. 1985 at 172；1 O'Connell 236-258；Rodgers, Midocean Archipelagos and International Law（1981）；Symmons, The Maritime Zones of Islands in International Law 68-81（1979）；Dubner, The Law of Territorial Waters of Mid-Ocean Archipelagos and Archipelagic States（1976）；and O'Connell, Mid-ocean Archipelagos, 45 Br. Y. B. Int'l L. 1（1971）. The truvaux preparafoires of the archipelagic articles of the LOS Convention may be found in U. N. Office for Ocean Affairs and the Law of the Sea, Archipelagic States: Legislative History of Part IV of the United Nations Convention on the Law of the Sea（U. N. Sales No. E. 9O. V. 2, 1990）；and in a series of articles by the principal U. S. negotiators: Stevenson & Oxman, The Preparations for the Law of the Sea Conference, 68 Am. J. Int'l L. 1, 12-13（1974）；The Third United Nations Conference on the Law of the Sea: The 1974 Caracas Session, 1, 21-22（1975）；id. , The Third United Nations Conference on the Law of the Sea: The 1975 Geneva Session, 69 Am. J. Int'l L. 763, 784-85（1975）；Oxman, The Third United Nations Conference on the Law of the Sea: The 1977 New York Session, 72 Am. J. Int'l L. 57, 63-66（1978）. See also Nordquist, Vol. II at 397-487.

　　〔1〕《联合国海洋法公约》第47条。该比例是基线内的水域面积与陆地面积（包括环礁）的比值。第47条还要求这种基线的长度不应超过100海里（有限例外的情况下最长125海里）；这种基线不应在任何明显的程度上偏离群岛的一般轮廓；该基线制度不得致使另一国的领海同公海或专属经济区隔断。如果群岛水域的一部分位于一个直接相邻国家的两个部分之间，该邻国传统上在该水域内行使的现有权利和一切其他合法利益，均应继续并予以尊重。

　　1：1至9：1的水陆面积比，可排除大不列颠和新西兰等陆地面积较大的岛屿国家，这些国家的水陆面积比小于一比一，也排除了像基里巴斯和图瓦卢这样分散的岛国，这些国家的水陆面积比大于9：1。

　　一些国家曾在非独立的群岛周围划定直线基线，违反了《联合国海洋法公约》第7条：加拿大（加拿大北极群岛）、丹麦（法罗群岛）、厄瓜多尔（加拉帕戈斯群岛）、埃塞俄比亚（达拉克群岛）、挪威（斯瓦尔巴）和葡萄牙（亚速尔群岛和马德拉群岛）。

　　〔2〕《联合国海洋法公约》第49条。群岛水域，包括上覆空域及水下的海床和底土，均属群岛国的主权范围，但为现有渔业协定和海底电缆保留某些历史性权利。同上，第51条。

　　〔3〕《联合国海洋法公约》第53条。可以指定飞机通过的空中航道。海道中轴线（和分道通航制）应在海图上清楚标明，并予以适当公布。

已确定群岛海道时必须遵守群岛海道通过制度，但在通过该群岛水域的其他部分时，保留通过用于国际航行和飞越的所有正常通道行使群岛海道通过的权利。

六、国际水域

出于行动的目的，国际水域包括任何国家都不享有领土主权的所有海域。领海以外的所有水域都是国际水域，国际社会享有航行和飞越自由。国际水域包括毗连区、专属经济区和公海。

（一）毗连区

毗连区是从基线量起向海一侧不超过 24 海里的领海以外的海域。在该区域内，沿海国可行使必要的管制权，预防并惩治在其领土或领海内发生的违犯其海关、财政、移民和卫生的法律和规章的行为（而不是为了传说中的安全目的）。[1]美国主张 24 海里[2]的毗连区。[3]

（二）专属经济区

专属经济区是邻接领海的一个与资源有关的区域。专属经济区从基线量起不得超过 200 海里。[4]就像名字所暗示出的，专属经济区的核心目的是经

---

〔1〕《领海及毗连区公约》第 24 条；《联合国海洋法公约》第 33 条。Restatement (Third) Foreign Relations Law of the United States, sec. 5 13 Comment f, sec. 511 Comment k. "卫生" 一词，是法语 "sanitaire" 的直译，指 "卫生检疫" 事项。See Lowe, The Development of the Concept of the Contiguous Zone, 1981 Br. Y. B. Int'l L. 109 (1982) and Oda, The Concept of the Contiguous Zone, 11 Int'l & Comp. L. Q. 31 (1962). See also, Nordquist, Vol. II at 266-75.

〔2〕 Dep't of State Public Notice 358, 37 Fed. Reg. 11, 906, 15 June 1972. 现在，这也是美国领海在国际上的外部界限；就美国国内法而言，美国领海仍为 3 海里。

〔3〕 White House Fact Sheet, United States Oceans Policy, March 10, 1983. 根据适当的基线原则，在岛屿和岩石周围宣布毗连区。《联合国海洋法公约》第 121 条第 2 款。低潮高地（不是基线的一部分）和人造物体本身没有毗连区。《联合国海洋法公约》第 11 条和第 60 条第 2 款。人造物体包括石油钻井平台、灯塔、近海码头和泵油设施。

〔4〕《联合国海洋法公约》第 55 条和第 86 条。Sohn & Gustafson 122-23. 该书指出，一些国家坚持认为专属经济区是沿海国的一个特殊区域，受航行和飞越自由的限制。日本认为 "沿海国对 200 海里专属经济区的权利和管辖权尚待确立为一般性的国际法原则"。Japanese Embassy ltr to U. S. Dep't of State (OES/OLP), 15 June 1987. 专属经济区的广泛原则反映在《联合国海洋法公约》第 55 条至第 75 条，根据第三次联合国海洋法会议形成的广泛共识和国家实践已确立为习惯国际法。Continental Shelf Tunisia/Libya Judgment, [1982] I. C. J. Rep. 18; Case Concerning Delimitation of the Maritime Boundary of the Gulf of Maine (Canada/United States), [1984] I. C. J. Rep. 246, 294; Sohn & Gustafson 122; 2 Restatement (Third), sec. 514 Comment a & Reporters' Note 1, at 56 & 62. See also, Nordquist, Vol. II at 489-821.

济性的。美国承认沿海国在专属经济区内以勘探、开发、管理和养护该水域、海床和底土的自然资源为目的，以及为了利用海水、海流和风力生产能而制定并执行法律的主权权利。[1] 沿海国可在该区域内对下述事项行使管辖权：有经济目的的人工岛屿、设施和结构的建造和使用；海洋科学研究（有合理的限制）；海洋环境保护的某些方面（包括执行国际船源污染控制标准）。[2]

---

〔1〕《联合国海洋法公约》第 56 条第 1 款第 1 项和第 157 条；White House Fact Sheet, United States Oceans Policy, March 10, 1983. 这些"主权权利"在性质上是功能性的，仅限于特定的活动；它们不等同于一国对其领陆、内水、群岛水域（受外国船舶的无害通过权以及外国船舶和飞机的群岛海道通过权的限制）和领海（受外国船舶的无害通过以及外国船舶和飞机的过境通行权的限制）行使的"主权"。国际法还赋予沿海国在专属经济区内有限的"管辖权"，用于注释 49 提到的其他目的。2 Restatement (Third), sec. 511 Comment b at 26-27. 1990 年《美苏海上边界协定》第 3 条第 3 款规定，任何一方在"特殊区域"行使主权权利和管辖权，不构成沿海国对专属经济区的管辖权单方面扩展到其海岸线 200 海里以外。Sen. Treaty Dot. 101-22, p. Ⅶ.

〔2〕《联合国海洋法公约》第 56 条第 1 款第 2 项。美国反对巴西的主张，后者认为没有沿海国的同意，任何国家都无权在专属经济区或大陆架上放置或操作任何类型的设施或构筑物。17 LOS Official Records, para. 28, at 40 and U. S. Statement in Right of Reply, 17 LOS Official Records 244.

《联合国海洋法公约》第十三部分涉及海洋科学研究但未具体加以定义。美国认为，海洋科学研究是最常用的一个一般性术语，用来描述在海洋和沿海水域为扩充海洋环境科学知识而进行的活动。海洋科学研究包括海洋学、海洋生物学、渔业研究、海洋科学钻探、地质/地球物理科学测量以及其他具有科学目的的活动。然而，需要指出的是，"测量活动""探矿"和"勘探"主要规定在《联合国海洋法公约》的其他部分，特别是第二、三、十一部分和附件三，而不是第十三部分。"这表明这些活动不属于第十三部分规制的范畴。" U. N. Office for Oceans Affairs and the Law of the Sea: Marine Scientific Research: A Guide to the Implementation of the Relevant Provisions of the United Nations Convention on the Law of the Sea 1 para. 2 [U. N. Sales No. E. 91. V. 3 (1991)]. See also, Law of the Sea: National Legislation, Regulations and Supplementary Documents on Marine Scientific Research in Areas under National Jurisdiction, [U. N. Sales No. E. 89. V. 9 (1989)]. 美国对在其专属经济区内进行的海洋科学研究不主张管辖权，但承认其他国家有权这样做，只要它们遵守《联合国海洋法公约》的规定。See the President's Ocean Policy Statement, 10 March 1983, and accompanying White House Fact Sheet, 10 March 1983.

当与上述海洋科学研究类似的活动是为商业资源目的而进行时，大多数包括美国在内的各国政府都不把它们当作海洋科学研究。此外，水文测量等活动，如果其目的是获取用于制作航海图的信息，以及收集将用于军事目的的信息（无论是否属于保密信息），美国就不认为其是海洋科学研究，因此不受沿海国管辖。1989 State telegram 122770. 另见第二章第六节第二小节第 2 点。在《联合国海洋法公约》关于保护和保全海洋环境的第十二部分中，第 236 条规定，公约关于环境的规定不适用于军舰、海军辅助船以及一国拥有或运营并在当时只供政府非商业性服务之用的其他船舶和飞机。第十三部分关于海洋科学研究的规定同样不适用于军事活动。Oxman, The Regime of Warships Under the United Nations Convention on the Law of the Sea, 24 Va. J. Int'l L. 809, 844-47 (1984). See also Negroponte, Current Developments in U. S. Oceans Policy, Dep't St. Bull., Sep. 1986, at 86. 美国的政策是鼓励海洋科学研究自由。See Statement by the President, United States Oceans Policy, March 10, 1983.

所有国家在专属经济区内都享有航行和飞越自由、铺设海底电缆和管道的自由以及船舶和飞机对专属经济区与资源无关的所有其他利用。[1]1983年3月10日，美国第5030号总统公告宣布建立200海里专属经济区。[2]

（三）公海

公海包括专属经济区外侧的所有海域。如果沿海国未宣告专属经济区，则公海起始于领海的外缘。[3]

（四）沿海安全区

一些沿海国曾主张在领海外建立军事安全区的权利，这些主张的宽度各不相同，旨在通过如下限制措施规制他国军舰和军用飞机的活动：进入前事先通知或取得许可、限制一段时间内进入的外国船舶或飞机的数量、禁止各种作业活动或者彻底驱逐。[4]国际法不承认沿海国在和平时期建立此类区域

---

[1]《联合国海洋法公约》第58条。美国反对巴西的主张，后者认为其他国家"未经沿海国事先知情和同意，不得在专属经济区内进行军事演练或演习，特别是在这些活动涉及使用武器或爆炸物的情况下"。17 LOS Official Records, para. 28, at 40, and U. S. Statement in Right of Reply, 17 LOS Official Records 244.

[2]　Presidential Proclamation No. 5030, 48 Fed. Reg. 10, 601, 16 U. S. C. A. sec. 1453n, 10 March 1983. 美国因此获得了世界上最大的专属经济区（2 831 400平方海里）。Alexander, 88. 尽管拥有9个最大的实际或潜在专属经济区的国家都是发达国家，但专属经济区是由发展中国家提出的。各国关于专属经济区立法的汇编，参见 U. N. Office of the Special Representative of the Secretary-General for the Law of the Sea, The Law of the Sea: National Legislation on the Exclusive Economic Zone, the Economic Zone and the Exclusive Fishery Zone [U. N. Sales No. E. 85. V. 10 (1986)]. 其他关于专属经济区的国家立法，参见最新版本的海洋法公告（LOS Bulletin）。

邻接海岸并从测量领海的基线量起200海里的渔业区和其他资源区已被接受为习惯国际法。美国主张并承认在200海里范围内拥有广泛和专属的渔业管辖权。16 U. S. C. sec. 1811-61. See Hay, Global Fisheries Regulations in the First Half of the 1990s, 11 Int'l. J. of Marine & Coastal L. 459 (Nov. 96). 该文讨论了国际社会近来关于规制专属经济区以外渔业活动的努力，包括：U. N. General Assembly Driftnet Regulations, the Food and Agriculture Organization (FAO) Compliance Agreement, the Straddling Stocks Agreement, the FAO Code of Conduct and the Biodiversity Convention. 对1995年加拿大和西班牙之间渔业争端（"鲽鱼之战"）的全面分析，See Joyner & v. Gustedt, The 1995 Turbot War: Lessons for the Law of the Sea, 11 Int'l J. Marine & Coastal L. 425 (Nov. 96). 能够维持人类居住或经济生活的岛屿可拥有专属经济区。《联合国海洋法公约》第121条。距离最近陆地400多海里的这样一个岛屿可以产生约12.5万平方海里的专属经济区。岩礁、低潮高地和人造物体，如人工岛屿和近岸设施，不能独立拥有自己的专属经济区。《联合国海洋法公约》第60条第8款和第121条第3款。

[3]《联合国海洋法公约》第86条。

[4]　16个国家主张在其领海向海一侧设置安全区。大多数此类主张旨在于毗连区内管控安全问题，但其地理上的宽度不得大于《联合国海洋法公约》允许的范围。但是，安全从来不是公约承认的需要在毗连区内执行的权益。另一方面，朝鲜没有主张毗连区，但在其东海岸的领海外主张一个50海

以限制他国在领海外行使与资源无关的公海自由的权利。因此，美国不承认在领海外主张的旨在限制或规制航行和飞越自由的任何安全区或军事区的有效性。[1]

七、大陆架

法律意义上沿海国的大陆架包括领海以外扩展到大陆边外缘的海底区域的海床和底土，如果从测算领海宽度的基线量起到大陆边外缘的距离不到 200 海里，则扩展到 200 海里的距离。大陆架不应超过从领海基线量起 350 海里或 2500 公尺等深线外 100 海里，以较大者为准。[2]尽管沿海国为勘探和开发

（接上页）里宽度的安全区，以及一个从其西海岸至专属经济区外部界限的安全区。Park, The 50-Mile Military Boundary Zone of North Korea, 72 Am. J. Int'l L. 866 (1978)；Park, East Asia and the Law of the Sea 163-76 (1983)；N. Y. Times, 2 Aug. 1977, at 2；MCRM. The United States protest of this claim may be found in U. N., Law of the Sea Bulletin, No. 15, May 1990, at 8-9; the Japanese protest may be found in 28 Jap. Ann. Int'l L. 122-23 (1985). See also Boma, Troubled Waters off the Land of the Morning Calm: A Job for the Fleet, Nav. War Col. Rev., Spring 1989, at 33.

希腊只主张 6 海里领海但限制飞机飞越的范围为 10 海里，遭到美国抗议；希腊也没有主张拥有毗连区。Schmitt, Aegean Angst: The Greek-Turkish Dispute, Nav. War Coil. Rev., Summer 1996, at 42. 巴西主张 200 海里的领海，同时主张一个 200 海里的安全区；印度尼西亚同样主张，但范围是领海外向海一侧 100 海里。MCRM passim；Notice to Mariners 39/86, pages 111-2. 31 to 111-2. 34.

[1] N. Y. Times, 3 Aug. 1977, at 3（国务院关于朝鲜安全区的声明）；U. N., LOS Bulletin No. 15, at 8-9 (May 1990). 日本政府也持同样观点。28 Jap. Ann. Int'l L. 123 (1985)（testimony in House Foreign Affairs Comm., Sept. 16, 1977）.

[2] 大陆架的地质定义不同于司法定义。从地质学上讲，大陆架是一个缓坡平台，从陆地向海延伸到一个向下倾斜明显增加的地方，就像沿着大陆斜坡向下。倾斜角处断裂带的深度因地而异。在坡脚处是大陆基的起点，第二个缓坡平台逐渐与深海海床的洋底融合。陆架、陆坡和陆基在地质学上被称为大陆边。Alexander, 22~23. 从基线量起超过 200 海里的任何司法性（不同于地球物理意义上的）大陆边的外缘，要么根据沉积岩厚度标准确定（《联合国海洋法公约》第 76 条第 4 款第 1 项第 1 目），要么沿着连接距离大陆坡脚 60 海里的各定点的线（第 76 条第 4 款第 1 项第 2 目）或者 100 海里外 2500 公尺等深线来确定（第 76 条第 5 款）。大陆架制度的广泛原则反映在《联合国海洋法公约》第 76-81 条，根据第三次联合国海洋法会议形成的广泛共识和国家实践已确立为习惯国际法。Case Concerning Delimitation of the Maritime Boundary of the Gulf of Maine (Canada/United States), I9841 I. C. J. Rep. 246, 294; Case Concerning the Continental Shelf (Libya/Malta), (19851 I. C. J. Rep. 13, 55; 2 Restatement (Third), sec. 515 Comment a & Reporters' Note 1, at 66-69; Sohn & Gustafson 158. See also, Nordquist, Vol. II at 837-90.

对于相向或相邻的大陆架，应当按照公平原则划定。《联合国海洋法公约》第 83 条。See also, e. g., North Sea Continental Shelf Cases (W. Germ. v. Denmark; W. Germ. v. Netherlands), 1969 I. C. J. Rep. 3; The United Kingdom-French Continental Shelf (U. K. v. France), 54 I. L. R. 6, 1977; Continental Shelf [Tu-

大陆架自然资源的目的对其行使主权权利，但不影响其上覆水域的法律地位。此外，所有国家都有在大陆架上铺设海底电缆和管道的权利。[1]

八、安全地带

沿海国可设立安全地带以保护位于其内水、群岛水域、领海和专属经济区内或大陆架上的人工岛屿、设施和结构。就位于领海以外专属经济区内或大陆架上的人工岛屿、设施和结构而言，安全地带从相关设施的外缘量起不应超过 500 公尺，但为一般接受的国际标准所许可者除外。[2]

（接上页）*nisia v. Libya*], 1982 I. C. J. Rep. 18; Delimitation of the Maritime Boundary between Guinea and Guinea-Bissau, 25 I. L. M. 251 (1985).

美国于 1945 年 9 月 28 日在杜鲁门总统第 2667 号公告中首次对大陆架资源提出主张。Truman Presidential Proclamation No. 2667, 28 Sep. 1945, 3 C. F. R. 67 (194348 Comp.)；13 Dep't St. Bull. 484-85；4 Whiteman 752-64.

近年来各国关于大陆架立法的汇编，参见 U. N. Offtce for Ocean Affairs and the Law of the Sea, The Law of the Sea: National Legislation on the Continental Shelf [U. N. Sales No. E. 89. V. 5 (1989)]. See *also* Roach & Smith, at 121-9.

〔1〕《大陆架公约》第 1~3 条和第 5 条；《联合国海洋法公约》第 60 条第 7 款、第 76~78 条和第 80~81 条。

应当指出，沿海国对其自然延伸至领海以外的大陆架部分本身没有主权权利，只对其自然资源的勘探和开发拥有主权权利。U. S. Statement in Right of Reply, 8 March 1983, 17 LOS Offtcial Records 244, Annex Al-l (p. l-25). 大陆架上的沉船不应被视为 "自然资源"。Cf. LOS Convention, arts. 33 and 303.

根据《联合国海洋法公约》，"区域"（即司法性大陆架以外的海底）及其资源是 "人类共同继承财产"。任何国家不得对深海海底的任何部分主张或行使主权。《联合国海洋法公约》第 136 条和第 137 条。公约还进一步规定与不发达国家分享从深海海底采矿取得的财政和其他经济利益。

正如《联合国海洋法公约》第十一部分（"区域"）最初制定时那样，美国关于该部分的立场如下：

公约关于深海海底采矿的规定背离了工业化国家的利益和原则，无助于实现发展中国家的愿望。

……

……美国将继续与其他国家合作，建立一个不受不必要的政治和经济限制的制度，在国家管辖范围以外开采深海海底矿物。深海海底采矿始终是合法行使适用于所有国家的公海自由。美国将继续允许其公司勘探并在市场允许的情况下开发这些资源。

Statement by the President, 10 March 1983. See also the United States' 8 March 1983 statement in right of reply, 17 LOS Official Records 243. 美国所期望的对第十一部分的修改，参见 President's statement of 23 January 1982 on U. S. Participation in the Third United Nations Conference on the Law of the Sea, 1 Public Papers of President Reagan, 1982, at 92. 然而，美国国会批准了这一反映在《联合国海洋法公约》第 136 条的法律原则，即深海海底资源是人类共同继承的财产。Sec. 3 (b) (1) of the Deep Seabed Minerals Resources Act, Pub. L. 96-283, 94 Stat. 555, 30 U. S. C. sec. 1402 (a) (1). 1994 年《关于执行 1982 年 12 月 10 日〈联合国海洋法公约〉第十一部分的协定》解决并纠正了有瑕疵的规定。

〔2〕《大陆架公约》第 5 条；《联合国海洋法公约》第 60 条。安全地带不得对国际航行所必需的公认海道的使用造成任何干扰。

九、空域

根据国际法，空域要么是领空（一国领陆、内水、群岛水域和领海的上空），要么是国际空域（毗连区、专属经济区、公海以及任何国家都不享有主权之领土的上空）。[1]除国际海峡和群岛海道上空的飞越权外，每个国家都对其领空享有完全的和排他的主权。[2]除国家另行通过条约或其他国际协定达成合意外，所有国家的飞机均可在国际空域不受他国妨碍地自由行动。[3]

十、外层空间

国家管辖之下的空气空间的上限尚未得到国际法的权威界定。国际实践确立的空气空间的上限是人造卫星不会发生自由落体的近地轨道以下各点。外层空间就开始于该未确定的点。所有国家均享有同等的进入外层空间的自由，任何国家都不得将外层空间纳入其领空范围或独占使用。[4]

---

〔1〕《领海及毗连区公约》第2条；《公海公约》第2条；《联合国海洋法公约》第2条第2款、第49条第2款、第58条第1款和第87条第1款。

〔2〕1944年12月7日《国际民用航空公约》（《芝加哥公约》）第1~2条。美国对于领空主权的声明，参见49 U. S. C. sec. 1508（a）（1982）.

〔3〕See 54 Fed. Reg. 264, 4 Jan. 1989. 由于美国领海延伸至12海里，联邦航空局法规现在适用于美国海岸线以外3至12海里之间的水域上空。

〔4〕AFP 110-31, para. 2-lh, at 2-3.

第二章

军用船舶和飞机的国际地位及其航行

一、主权豁免

作为习惯国际法，一国拥有或运营以及暂时用于政府非商业性服务的一切有人驾驶和无人驾驶的船舶和飞机，有权享受主权豁免。这意味着此类船舶无论位于何处都免于被拿捕、搜查和检查。此类船舶和飞机还享有以下权利：外国税收豁免，免于在外国港口或通过外国领海时悬挂该外国旗帜（尽管根据《美国海军条例》展示外国旗帜是为了致敬），以及对船上人员在船上实施的行为享有绝对控制权。主权豁免的权利包括保护船舶上的人员身份、仓储、武器或其他财产。

（一）美国船舶的主权豁免

美国主张其军舰（USSs）、海军船舶（USNSs）、海岸警卫队巡逻艇（US-CGSs）及其拥有的其他船舶以及海上补给司令部悬挂美国旗帜的定期租船，享有完全的主权豁免。尽管美军海上补给司令部悬挂美国旗帜的航次租船也享有完全的主权豁免地位，但在政策上美国通常只主张此类船舶免于被拿捕和征税。美国不对海上补给司令部悬挂外国旗帜的租赁船舶主张主权豁免。海上补给司令部所有其他悬挂美国旗帜的船舶也坚持完全的主权豁免。美国在互惠的基础上承认其他国家相应的船舶享有完全的主权豁免权。

（二）沉没的军舰、小艇、军用飞机和政府航天器

沉没的军舰、小艇、军用飞机和政府航天器，以及所有其他享有主权豁免的物体，无论沉没是因为事故还是敌方行动造成的（除非该军舰或飞机在沉没前已被敌方俘获），在其所有权被正式让与或放弃之前，仍保留主权豁免地位并且属于国旗国财产。作为一项政策，美国政府不会授权打捞沉没的载有阵亡军人遗体或爆炸物的美国军舰或军用飞机。外国要求其位于美国领水的

沉没军舰或军用飞机应受打捞船同等尊重时，美国对这种请求予以尊重。[1]

二、军舰

(一) 军舰的定义

国际法将军舰定义为属于一国武装部队、具备辨别军舰国籍和特征的外部标志、由该国政府正式委任并名列相应的现役名册的军官指挥和配备有服从正规武装部队纪律的船员的船舶。[2] 即使船员中包含部分平民也不影响军

---

〔1〕 Whiteman 221 & 434. Deputy Legal Adviser, U. S. Dep't of State letter to Deputy General Counsel, Maritime Administration, 30 December i980, reprinted in 1980 Digest of U. S. Practice in International Law 999–1006; Roach, France Concedes United States Has Title to CSS ALABAMA, 85 Am. J. Int'l L. 381 (1991); 29 Jap. Ann. Int'l L. 114–15, 185–87 (1986); 30 id. 182–83 (1987). 根据类似的理由，1976 年 11 月 12 日，日本返还了由维克多·贝连科中尉 (LT Victor I. Belenko) 驾驶的一架米格-25 "狐蝠" 战斗机，该机于 1976 年 9 月 4 日从苏联丘古耶夫卡飞至日本北海道函馆机场，但这架 "狐蝠" 战斗机返还时已被拆解。Barron, MiG Pilot: The Final Escape of LT. Belenko 129, 180 (1980); 28 Jap. Ann. Int'l L. 142–43, 146–47 (1985).

关于放弃在美国境外沉没的美国军舰和飞机的程序的法律和规章，参见 40 U. S. C. sec. 512 (1987 Supp. V), and 41 CFR sec. 10143. 9 (1989). *Hatteras, Inc. v. The U. S. S. Hatteras, her engines, etc., in rem, and the United States of America, in personam*, 1984 AMC 1094 (S. D. Tex. 1981) (未遵循处置程序导致海军部长声明放弃无效)，*aff' d w/o opinion* 698 F. 2d 1215 (5th Cir.), *cert. denied* 464 U. S. 815 (1983). 政府和军用船舶不受下列公约和法律的约束: International Convention for the Unification of Certain Rules Relating to Salvage of Vessels at Sea, 23 September 1910, 37 Stat. 1658, T. I. A. S 576, art. 14; the 1989 International Convention on Salvage, art. 4; and 46 U. S. C. sec. 731 (1982). 美国禁止外国船舶在美国领海或内陆水域内从事打捞作业 [46 U. S. C. App. sec. 316 (d) (1988)]，条约和法律 (46 U. S. C. App. sec. 725) 另有规定的除外。但是，美国要遵从美国领水以外的打捞请求。*Vernicos Shipping Co. v. United States*, 223 F. Supp. 116 (S. D. N. Y. 1963), aff'd, 349 F. 2d 465 (2d Cir. 1965) (拖船阻止了美国军舰 "牵牛星" 号和 "商人号" 在希腊比雷埃夫斯港沉没); *B. V. Bureau Wijsmufler v. United States*, 487 F. Supp. 156 (S. D. N. Y. 1979), aff'd 633 F. 2d 202 (2d Cir. 1980); 8 J. Mar. L. & Corn. 433 (1977) (拖船将美国军舰 "朱利叶斯·富雷尔" 号从荷兰海岸的沙洲中拖了出来). The Abandoned Shipwreck Act of 1987, 43 U. S. C. sec. 2101 et seq. (1988). 该法不适用于尚未确定放弃的沉没军舰。H. Rep. 100–514 (I), at 3, 4 U. S. C. C. A. A. N. 367–68 (1988); H. Rep. 100–514 (B), at 5, 4 U. S. C. C. A. A. N. 374 & 381.

对沉船和沉没飞机的控制不同于对沉没地周边的控制。当享有主权豁免的船舶或飞机位于外国领海或内水时，船旗国保留对该船舶或飞机的处置控制权，而沿海国则控制沉没地的出入权。作为一个现实问题，这种情况可通过合作安排的方式加以解决，以保全或勘察该地点。See, for example, the U. S. –French agreement concerning the CSS ALABAMA, 3 Oct. 1989, 85 Am. J. Int'l L. 381 (1991).

〔2〕《公海公约》第 8 条第 2 款；《联合国海洋法公约》第 29 条；《海牙第七公约》第 2~5 条；《第一附加议定书》第 43 条。美国海军军官现役名册是指美国海军委任军官和士官长登记册以及征召服现役的海军预备役名册 (NAVPERS 15018)；海岸警卫队对应的名册是军官登记册 [COMDTINST Ml427. 1 (series), Subj: Register of Officers].

舰的地位。被界定为军舰的船舶不必一定是武装船舶。在美国海军序列中，那些被命名为"USS"的船舶都是国际法定义的"军舰"。[1]由委任军官指挥并被命名为"USCGC"的美国海岸警卫队船舶也是国际法意义上的"军舰"。[2]

在海上国际性武装冲突中，军舰是唯一可以行使交战权的船舶，包括进行进攻性攻击的权利。其他船舶，例如，辅助船和商船，在国际性武装冲突中无权在进攻性战斗行动中进行攻击。但所有船舶均可自卫（包括对抗敌军的攻击）。这些限制不适用于非国际性武装冲突。

（二）军舰的国际地位

作为一项习惯国际法，军舰享有不受船旗国以外其他国家当局干涉的主权豁免。[3]仅在舰长的许可之下警察和港口当局才可登舰。不得要求军舰必须同意登舰搜查或检查，[4]也不得要求军舰悬挂东道国旗帜。[5]尽管军舰需要遵守沿海国依据《联合国海洋法公约》设置的交通管制、污水处理、卫生和检疫限制，但违反上述限制的行为仅接受外交抗议或服从沿海国立刻离开

---

〔1〕U. S. Navy Regulations, 1990, art. 0406; SECNAVINST 5030. 1 (series), Subj: Classification of Naval Ships and Aircraft. 值得注意的是，不论是《公海公约》还是《联合国海洋法公约》都没有要求必须将武装的船舶视为军舰。但是，依据《联合国海洋法公约》，军舰不再需要属于一国的"海军"部队，不再需要由名列"海军名册"的军官指挥并配备有服从正规"海军"纪律的船员。为了适应各国不同军种的整合、陆军和空军操作海船的情况以及在一些国家将海岸警卫队作为一个单独军种，现在更一般地使用"武装部队"一词。Oxman, The Regime of Warships Under the United Nations Convention on the Law of the Sea, 24 Va. J. Int'l L. 813 (1984).

〔2〕美国海岸警卫队是美国的武力力量。10 U. S. C. sec. 101 (1988), 14 U. S. C. sec. 1 (1988). 美国海岸警卫队的小型武装巡逻艇可通过悬挂的国旗和军旗来加以识别。海岸警卫队为执行美国法律而对一艘船舶采取实际措施，如登船、检查、扣押、截停或拖曳等，就会悬挂海岸警卫队的军旗和三角旗。U. S. Coast Guard Regulations, 1985, sets. 10-2-1, 14-8-2 & 14-8-3; 14 U. S. C. sets. 2 & 638 (1988); 33 C. F. R. part 23 (海岸警卫队船舶和飞机的特殊标志).

〔3〕《公海公约》第8条；《联合国海洋法公约》第32条、第58条第2款、第95条和第236条。关于这一国际法规则的历史基础，参见 The Schooner Exchange v. McFuddon, 7 Cranch 116 (1812).

〔4〕U. S. Navy Regulations, 1990, art. 0828. CNO Washington DC message 0323302 MAR 88, NAVOP 024/88. 在访问外国港口时，如果东道国要求提供船员个人的具体信息，包括船员名册和健康档案，美国不予回应，也不会应要求承诺采取其他措施，指挥官关于这一问题的意见是决定性的。

〔5〕基于政策和国际礼让，美国海军允许在特定仪式期间悬挂外国国旗或军旗。See U. S. Navy Regulations, 1990, arts. 1276-78.

该国领海的命令。[1]此外，军舰在领水和国际水域均豁免于拿捕和扣押，免受外国征税和管制，并对所有乘客和船员在舰上实施的行为行使排他性控制权。[2]美国海军的政策要求军舰主张主权豁免权。

（三）船员名册和检查

美国的政策禁止提供军舰或海岸警卫队巡逻艇（包含军事和文职人员的）船员名册或任何其他舰上乘员的名册，并以此作为进港条件或为满足目的地移民官的要求。[3]

美国的政策是拒绝东道国政府对美国海军和海岸警卫队船舶进行检查、对船员进行健康检查、提供船员个人的具体信息（包括查阅船员病历或开展个人健康问卷调查）或者采取其他超出舰长权限范围的措施等要求。为回应到访美国海军船舶可能存在传染性疾病的疑问，美国外交部门可告知东道国政府，美国海军船舶的舰长按照《美国海军条例》的要求会立刻向当地卫生部门报告船上可能带来向船外输入传染病风险的任何情况。舰长接到请求后，可向东道国保证，保证没有迹象表明从该船舶进入该国的人员会带来此种风险。

（四）检疫

1990年《美国海军条例》第859条要求舰长或机长遵守检疫规章和限制。舰长和机长虽不得许可对其指挥的船舶或飞机进行检查，但在保障军事必要和安全的范围内，可以向美国或外国的卫生官员给予任何其他协助，提供一切必要的信息。为避免检疫规章施加限制，舰长应根据前往该港口的航行路线申请检疫合格证书（授权符合卫生或检疫规章的船舶入港的证明）。

---

〔1〕《领海及毗连区公约》第23条；《联合国海洋法公约》第30条；U. S. Navy Regulations, 1990, art. 0832, 0859, & 0860. 正如本章第五节第二小节第一点所述，必要时也可以使用武力阻止非无害的通过。

〔2〕《领海及毗连区公约》第22条；《公海公约》第8条第1款；《联合国海洋法公约》第32条、第95条和第236条。尽管所在船舶处于外国水域，军舰上的船员也不受当地管辖。他们在岸上的地位，参见SECNAVINST 5820. 4（series），Subj：Status of Forces Policies, Procedure, and Information. 依据部队地位协定，协助逮捕船员并将其移交外国当局的义务确实存在。See AFP 110 – 20, chap. 2; U. S. Navy Regulations, 1990, art. 0822; and JAG Manual, sec. 0609.

〔3〕关于美国政策的更多信息，See CNO WASHINGTON, DC 071719Z JUL 16（NAVADMIN 158/16）.

（五）核动力军舰

核动力军舰和常规动力军舰享有相同的国际法律地位。[1]

---

〔1〕 对比《联合国海洋法公约》第21条第1款、第22条第2款和第23条与《美苏关于无害通过国际法规则的统一解释》（U. S. –U. S. S. R. Uniform Interpretation of Rules of International Law Governing Innocent Passage）第2条。进一步的信息和指南，参见：OPNAVINST C3000. 5（series），Subj：Operation of Naval Nuclear Powered Ships（U）. See also Roach & Smith, at 160-l.

美国国务院曾指出：

因为承认军舰的主权性质，美国允许外国核动力军舰进入美国港口，无需特别协定或安全评估。这种军舰进入美国港口的法律基础与美国核动力军舰进入外国港口相同，即提供船舶操作的安全保证，对操作军舰的反应堆造成的核事故承担绝对责任，以及提供有关船舶安全操作的证明记录……

1979 Digest of U. S. Practice in International Law 1084（1983）. Exec. Order 11, 918, 1 June 1976, 33 C. F. R. part 120（1976）. 尽管不太可能发生，但涉及美国军舰核反应堆的核事故造成伤害或损害时，应提供及时、充分和有效的赔偿［42 U. S. C. sec. 2211n（1988），was issued pursuant to 42 U. S. C. sec. 2211］. 1976 Digest of U. S. Practice in International Law 441-42（1977）.

虽然核动力军舰经常通过巴拿马运河，却很少通过苏伊士运河。1984年11月3日，核动力巡洋舰"阿肯色号"（CGN 41）首次通过苏伊士运河（U. S. Naval Inst. Proc., May 1985, at 48）；1986年4月28日，核动力航母"企业号"（CVN 65）从印度洋经苏伊士运河进入地中海是第二次（U. S. Naval Inst. Proc., May 1987, at 38）。"企业号"经苏伊士运河返回太平洋的请求被埃及拒绝，"因为该国正在审议关于通过的新规则"。Washington Post, 4 July 1986, at A21. 埃及总统在接受报纸采访时指出，必须考虑水道及两岸居民的安全，同时还要考虑核动力船舶通过时可能收取的附加费以及发生核事故时的赔偿保证。核动力航母"艾森豪威尔号"（CVN-69）在1990年8月7日以及"西奥多·罗斯福号"（CVN-71）在1991年1月14日通过苏伊士运河进入红海，以回应伊拉克在1990年8月2日对科威特的攻击。

至于武装的核动力军舰和飞机，美国的政策是既不确认也不否认在特定的美国船舶和飞机上存在核武器。1985年2月，新西兰政府决定拒绝许可"布坎南号"（DDG 14）驱逐舰进入奥克兰港，美国的反应说明了美国政策的坚定性，因为美国不会确认"布坎南号"上没有核武器。美国暂停了与新西兰的所有军事合作，包括澳新美安全条约、训练、对外军售和情报交流。Dep't St. Bull., Sep. 1986, at 87；Note, The Incompatibility of ANZUS and a Nuclear-Free New Zealand, 26 Va. J. Int'l L. 455（1986）；Woodlife, Port Visits by Nuclear Armed Naval Vessels: Recent State Practice, 35 Int'l & Comp. L. Q. 730（1986）；Recent Developments, International Agreements: United States' Suspension of Security Obligations Toward New Zealand, 28 Harv. Int'l L. J. 139（1987）；Chinkin, Suspension of Treaty Relationship: The ANZUS Alliance, 7 UCLA Pac. Bas. L. J. 114（1990）. C' $ Flacco, Whether to Confirm or Deny? U. S. Naval Inst. Proc., Jan. 1990, at 52. See also, Thies & Harris, An Alliance Unravels: The United States and Anzus, Nav. War Coil. Rev.,（Spring 1993）. at 98. 1991年9月27日，布什总统下令美国所有水面舰艇、战术潜艇和海军航空基地拆除所有战术核武器，但保留危机期间恢复这些武器的权利。布什总统还下令清除陆基战术核武器，解除战略轰炸机待命状态，并根据《削减战略武器条约》如期停用所有洲际弹道导弹。See N. Y. Times, 28 Sept. 1991, at Al; id. 29 Sept. 1991, sec. 1, at 1 & 10; Dep't State Dispatch, 30 Sep. 1991, at 715.

三、其他海军舰艇

(一) 辅助船

辅助船是指武装部队拥有或绝对控制之下的军舰以外的船舶。因为辅助船是国家所有或运营并暂时仅用于政府非商业性服务，所以辅助船享有主权豁免。这意味着像军舰一样，辅助船也免于拿捕和搜查。同样，辅助船免受外国征税和管制，并对所有乘客和船员在船上实施的行为行使排他性控制权。[1]

(二) 海上补给司令部船舶的地位

下列海上补给司令部的船舶属于美国的辅助船并且享有主权豁免：美国海军船舶，包括美国政府拥有的船舶或者政府光船租赁后分配给海上补给司令部使用的船舶；海上补给司令部租赁的悬挂美国旗帜的私有船舶，包括定期租船和航次租船；征召并指派给海上补给司令部的美国海事局国防预备役舰队及其预备役部队。[2]

海上补给司令部运营的悬挂美国旗帜的定期租船为私人所有，船员是船主雇佣的私营部门的平民人员，但仅用于政府非商业性服务，完全且始终接受并遵循海上补给司令部的指示（如航行指令）。这些定期租船还经常有政府承包商或国防部人员（军事人员和文职人员）在舰上履行政府职能，包括部队保护部门。这些船舶仅由海上补给司令部运营，仅运送美国政府的非商业货物以及执行美国政府的其他非商业任务。这些悬挂美国旗帜的海上补给司令部船舶就像美国海军船舶一样，有权享受主权豁免，并坚持完全的主权豁免权。正常来说，这些船舶应在进入外国港口前向港口所属国提出外交通关请求。

尽管海上补给司令部悬挂美国旗帜的航次租船有权主张完全的主权豁免特权，但作为一项政策，美国仍然只主张对此类船舶的拿捕和征税豁免（美

---

〔1〕《领海及毗连区公约》第 22 条；《公海公约》第 9 条；《联合国海洋法公约》第 32 条、第 96 条和第 236 条。第四章第四节第三小节阐释的自卫权，适用于辅助船和军舰。用于商业服务的辅助船不享有主权豁免。参见《领海及毗连区公约》第 21~22 条；《公海公约》第 9 条；《联合国海洋法公约》第 27~28 条、第 32 条和第 236 条。

〔2〕 Commander Military Sealift Command Force Inventory, MSC Rep. 3110-4, Pub. 8 (8 Aug. 1988); Whitehurst, The U. S. Merchant Marine 113-27 (1983) （描述了美国政府经营的船运）.

国保留在个案中主张海上补给司令部悬挂美国旗帜的航次租船享有完全的主权豁免的权利）。[1]正常情况下，外国当局可以登临并搜查这些船舶，这些船舶也可以提供诸如船员名册等文件。

对于海上补给司令部悬挂外国旗帜的航次租船或定期租船，美国不主张主权豁免。这些船舶受船旗国专属管辖，但可以向外国当局提供作为商船需要提供的信息。

（三）小艇的法律地位

美国海军和海岸警卫队的大型船舶上配备的鲸型动力艇、气垫登陆艇以及其他所有小船、小艇和航行器享有主权豁免，其地位不依赖于其投放平台的法律地位。

---

〔1〕 1985 SECSTATE Washington DC message 317062, subj: status of MSC vessels. 美国还主张属于商务部国家海洋和大气管理局的船舶享有主权豁免。See Leonard, NOAA and the Coast Guard Ark, U. S. Naval Inst. Proceedings, Dec. 1990, at 81.

商船。在国际法中，商船是指包括渔船在内不享有主权豁免的任何船舶，即除军舰以外从事普通商业活动的私人或政府拥有或控制的船舶。关于商业服务和非商业服务之间区别的精彩讨论，参见：Knight & Chiu, The International Law of the Sea: Cases, Documents, and Readings at 364-69 (1991).

在国际水域（即领海以外）。除国际条约明确规定的例外情况外，商船在国际水域受船旗国的专属管辖。《公海公约》第 6 条第 1 款；《联合国海洋法公约》第 92 条第 1 款。除非依据紧追权，否则未经船长或船旗国同意，外国军舰人员不得在国际水域登临商船，除非有合理的理由怀疑该船从事海盗、未经许可的广播或奴隶贩卖行为，该船没有国籍，或者虽悬挂外国旗帜或拒不展示其旗帜，而事实上却与该军舰属同一国籍。《公海公约》第 22 条；《联合国海洋法公约》第 110 条。第三章第四节讨论了军舰的抵近权和登临权。第七章第六节讨论了交战国的登临权和搜查权。关于方便旗，参见《联合国海洋法公约》第 91 条。Mertus, The Nationality of Ships and International Responsibility: The Reflagging of the Kuwaiti Oil Tankers, 17 Den. J. Int'l L. & Pol'y 207 (1988).

沿海国在专属经济区行使其经济资源权利时，可采取诸如登船、检查、逮捕和起诉外国商船等必要措施，确保其遵守沿海国根据《联合国海洋法公约》第 73 条制定的法律和规章（对比公约第 220 条）。

在领海。在领海行使无害通过权的外国商船有义务遵守本章第五节第二小节第二点讨论的沿海国的法律和规章。沿海国可在通过领海的船舶上行使刑事管辖权，如果通过期间船上发生犯罪，并且：

（1）罪行的后果及于沿海国；

（2）罪行属于扰乱当地安宁或领海的良好秩序的性质；

（3）经船长或船旗国外交代表或领事官员请求地方当局予以协助；或

（4）这些措施是取缔违法贩运麻醉药品或精神调理物质所必要的。

上述情况不影响沿海国为在驶离该沿海国内水后通过领海的外国商船上进行逮捕或调查目的而采取其法律授权的任何步骤的更广泛权利。《领海及毗连区公约》第 19 条。《联合国海洋法公约》第 27 条。See Nordquist, Vol. II, at 237-43.

（四）无人水面航行器

无人水面航行器是自主或遥控航行的水面小艇，可从水面、水下、空中或陆地投放。无人水面航行器具备的隐身性、机动性、部署的灵活性和网络能力使其极具力量倍增器的价值，尤其是在滨海环境中。无人水面航行器预期可执行的任务包括铺设海底传感器网络、实施反潜作战、阻滞行动、支援航母作战区域、反水雷、情报、监视和侦察、海底测绘与测量，以及特种作战支援。

（五）无人潜航器

无人潜航器是可以自主或遥控航行的水下小艇，可从水面、水下、空中或陆地发射。拖曳系统、硬系留装置、如无人水面航行器等不能充分没入水中的系统、半入水航行器或者海底履带牵引装置，均不属于无人潜航器。海事部门可利用无人潜航器执行各种任务，包括但不限于：情报、监视和侦察；扫雷、反潜作战、检查/识别、海洋学、通讯/导航网络节点、有效载荷投送、信息战、限时打击、阻栅巡逻（国土防御、反恐/部队防护）以及阻栅巡逻（海基支援）。

（六）无人水面航行器/无人潜航器的地位

仅供政府、非商业部门使用的无人水面航行器和无人潜航器是享受主权豁免的小艇。无人水面航行器和无人潜航器的地位独立于其发射平台的地位。

四、军用飞机

（一）军用飞机的定义

军用飞机是指一国武装部队运营的任何航空器；涂装有该国的军用标识；由武装部队人员指挥；由遵守正规武装部队纪律的机组人员控制、驾驶或预编程序。[1]

（二）军用飞机的国际地位

军用飞机是 1944 年《国际民用航空公约》（《芝加哥公约》）意义上的"国家航空器"，同军舰一样，享有免受外国搜查和检查的主权豁免。除行使

---

〔1〕 AFP 1l0–31 para. 2–4b, at 2–4 to 2–5. 美国军用飞机的飞行单位被称为中队，是根据有关军种部长的授权建立的。与船舶一样，所有飞机均拥有其注册国的国籍，并标有其国籍的符号或名称。军用飞机的标志应区别于其他国家航空器和民用航空器的标志。AFP 110–31, para. 2–4d.

过境通行权、群岛海道通过权和避难外，国家航空器未经授权不得进入他国领空或领陆。[1]未经机长同意，外国官员不得登机。如果机长未能证明遵守了当地海关、移民或检疫要求，该军用飞机可能被命令立即离开该国领土和领空。[2]

（三）国家航空器

国家航空器包括一国政府仅为非商业目的而运营的军队、海关、警察以及其他航空器。国家航空器享有主权豁免。由国防部完全承包并用于美国军事部门的平民拥有并运营的航空器，视同国家航空器，[3]但作为一贯的政策，美国一般不把空中机动司令部租用的飞机视为国家航空器。

（四）无人驾驶飞机的定义和地位

无人飞机是不搭载人类操作员的飞机，能够通过人类的遥控飞行，甚至不通过人类遥控也能飞行。它们可以从水面、水下、空中或陆地发射。美国国防部运营的所有无人飞机都被视为"军用飞机"并保留反映在《联合国海洋法公约》中的习惯国际法下的飞越权。既然美国国防部运营的无人飞机被认为是"军用飞机"，所有关于"军用飞机"的国内和国际法就都适用。这包括所有和"军用飞机"及"辅助飞机"相关的公约、条约和协定，以及与"民用飞机"和"民航客机"相关的公约或条约中涉及承认军用飞机特殊地位的某些规定。无人飞机享受有人驾驶飞机享有的一切航行权利。

五、领水中的航行和飞越

（一）内水[4]

沿海国对其内水及上覆空域享有和对领陆一样的管辖与控制权。因为大多数港口和海港均位于领海基线朝向陆地的一侧，进入港口一般都会包括在内水的航行。进入另一国内水在法律上相当于进入该国的领陆，因此需要该

---

〔1〕"国家航空器"包括用于"军事""海关"和"警察"服务的飞机。《芝加哥公约》第3条第2项。

〔2〕AFP 110-31, paras. 2-2a & 2-5a, at 2-3 & 2-5. CNO Washington DC message 0323302 MAR 88, NAVOP 024/88. 该电文强化了美国的立场，即造访外国机场的军用飞机上的详细人员名册不得透露给外国政府。

〔3〕Taylor Fed. B. J., Winter 1968, at 48. 预备役机队不同于军用承包飞机，参见：Bristol, CRAF: Hawks in Doves Clothing? 20 A. F. L. Rev. 48 (1978).

〔4〕《领海及毗连区公约》第5条；《联合国海洋法公约》第8条。

国的许可。为了方便国际海上贸易，在没有相反通知的情况下，许多国家都会给予外国商船进入内水的长期许可。但另一方面，除非已达成其他双边或多边安排，否则军舰和辅助船以及所有飞机都必须事先获得专门的准入许可。[1]

因不可抗力或海难等原因，[2]非经沿海国许可不得进入其内水的规则也会有例外，包括专门例外与默示例外。此外，如果划定直线基线的效果使原来被认为是领海或公海的水域被包围在内成为内水，[3]船舶也可以行使无害通过权。[4]

（二）领海[5]

1. 无害通过

为了继续不停和迅速地穿过领海或者驶往或驶出内水的目的，所有国家的船舶（不含飞机）均享有无害通过权。无害通过包括停船和下锚在内，但以通常航行所附带发生的或由于不可抗力或遇险所必要的或为救助遇险或遭难的人员、船舶或飞机的目的为限。[6]通过只要不损害沿海国的和平、良好秩序或安全，就是无害的。[7]应视为损害沿海国的和平、良好秩序或安全，因而不构成无害通过的活动包括：

（1）对沿海国的主权、领土完整或政治独立进行任何武力威胁或使用武力，或以任何其他违反《联合国宪章》所体现的国际法原则的方式进行武力威胁或使用武力；

（2）以任何种类的武器进行任何操练或演习；

---

〔1〕 For further information and guidance, see OPNAVINST 3128. 3 (series), Subj: Visits by U. S. Navy Ships to Foreign Countries, and OPNAVINST 3128. 10 (series), Subj: Clearance Procedures for Visits to United States Ports by Foreign Naval Vessels.

〔2〕 不可抗力包括因遇险或恶劣天气被迫进入内水的船舶。遇险必须是由无法控制的事件引起的，而该事件引发了入港的绝对必要性，否则船舶及其所载货物就有灭失的风险。See The New York, 3 Wheat. 59 (16 US. 59) (1818); see *also* O'Connell 853–58; Restatement (Third) sec. 48.

〔3〕 《联合国海洋法公约》第 8 条第 2 款。

〔4〕 同上。

〔5〕 外国船舶在领海的航行制度包括无害通过制、因救助而进入领海、过境通行制和群岛海道通过制。

〔6〕 《领海及毗连区公约》第 14 条第 2 款、第 3 款和第 6 款；《联合国海洋法公约》第 18 条。为救助遇险或遭难的人员、船舶或飞机而停船或下锚也是允许的。

〔7〕 何者构成《领海及毗连区公约》第 14 条第 4 款意义上的妨害，公约未予界定。《联合国海洋法公约》尽力消除《领海及毗连区公约》规定的无害通过制度产生的主观解释困难。

（3）任何目的在于搜集情报使沿海国的防务或安全受损害的行为；

（4）任何目的在于影响沿海国防务或安全的宣传行为；

（5）在船上起落或接载任何飞机；

（6）在船上发射、降落或接载任何军事装置；

（7）违反沿海国海关、财政、移民或卫生的法律和规章，上下任何商品、货币或人员；

（8）违反《联合国海洋法公约》规定的任何故意和严重的污染行为；

（9）任何捕鱼活动；

（10）进行研究或测量活动；

（11）任何目的在于干扰沿海国任何通信系统或任何其他设施或设备的行为；

（12）与通过没有直接关系的任何其他活动。[1]

---

〔1〕《联合国海洋法公约》第19条。这是一个"导致非无害通过的全面的活动清单"。Joint Interpretation of the Rules of International Law Governing Innocent Passage, attached to the Joint Statement by the United States of America and the Union of Soviet Socialist Republics, Jackson Hole, Wyoming, 23 September 1989, Dep't St. Bull. , Nov. 1989, at 25, 28 Int'l Leg. Mat'ls 1445 (1989). 84 Am. J. Int'l L. 239 (1990). 另一方面，奥康奈尔指出该清单可能并不完整，因为该清单并没有说"只有"所列的活动是有妨害的 (1 O'Connell 270)。《领海及毗连区公约》没有包含类似的清单。See Stevenson & Oxman, The Third United Nations Conference on the Law of the Sea: the 1975 Geneva Session, 69 Am. J. Int'l L. 763, 77 1–72 (1975); Froman, Uncharted Waters: Non-innocent Passage of Warships in the Territorial Sea, 21 San Diego L. Rev. 625, 659 (1984); Grammig, The Yoron Jima Submarine Incident of August 1980: A Soviet Violation of the Law of the Sea, 22 Harv. Int'l L. J. 331, 340 (1981). See also Nordquist, Vol. Ⅱ, at 164–178.

由于这些活动必须发生"在领海内"（《联合国海洋法公约》第19条第2款），关于船舶属于非无害地通过的任何决定都必须以其在领海内实施的行为为依据。因此，货物、目的地或航行的目的不能作为判断非无害通过的标准。Professor H. B. Robertson testimony, House Merchant Marine & Fisheries Comm. , 97th Cong. , hearing on the status of the law of the sea treaty negotiations, 27 July 1982, Ser. 97-29, at 413–14. Accord Oxman, at 853. 拥有被动特性，例如军舰固有的作战能力，不构成该枚举清单所指的"活动"。

1983年苏联制定的《外国军舰在苏联领海、内水和港口航行及逗留规则》（Rules for Navigation and Sojourn of Foreign Warships in the Territorial Waters and Internal Waters and Ports of the USSR），与《联合国海洋法公约》的相关规定不完全一致。Butler, Innocent Passage and the 1982 Convention: The Influence of Soviet Law and Policy, 81 Am. J. Int'l L. 331 (1987). 特别是，苏联声称将军舰的无害通过限定在五条"通常用于国际航行的航线"上，这与公约的条款和谈判历史以及苏联此前的立场不符。Neubauer, The Right of Innocent Passage for Warships in the Territorial Sea: A Response to the Soviet Union, Nav. War Coll. Rev. , Spring 1988, at 49; Franckx, Further Steps in the Clarification of the Soviet Position on the Innocent Passage of Foreign Warships through its Territorial Waters, 19 Ga. J. Int'l & Comp. L. 535 (1990).

外国船舶，包括军舰在内，行使无害通过权时应遵守沿海国依既定的国际法原则制定的法律和规章，特别是与航行安全有关的法律和规章。[1]无害通过权不包括飞越的权利。水下航行的潜艇，或者从事旨在搜集情报而使沿海国的防务或安全受损害之行为的任何船舶，不享有无害通过权。

《联合国海洋法公约》并不禁止属于无害的通过，如飞越或从水下穿过领海。但是，沿海国可以在其领海或领海上空采取果断措施防止有害的通过，包括必要时使用武力。如果外国船舶或飞机进入领海或领海上空并从事有害的活动，包括依习惯国际法行使自卫权在内的适当救济措施，首先是告知该船舶或飞机沿海国质疑其无害通过的理由，然后提供合理的机会让其在合理的较短时间内阐明意图或更正行为。[2]

2. 允许实施的限制措施

为了资源养护、环境保护和航行安全的目的，沿海国可以对外国船舶的无害通过权施加某些限制。如果限制措施合理且必要，国际法并不禁止对无害通过领海的权利施加此种限制；这种限制不得产生否定或损害无害通过权的实际后果；也不得对任何国家的船舶或者对载运货物来往任何国家的船舶或对为任何国家载运货物的船舶，有形式上或事实上的歧视。此外，这些限制措施不能禁止核动力船舶过境或损害其无害通过权和过境通行权。如果考虑到航行安全并认为必要时，沿海国可以要求行使无害通过权的外国船舶使用指定的海道或分道通航。[3]

（接上页）1983 年规则的这一部分经修正后于 1989 年 9 月 23 日生效，以遵守《美苏关于无害通过国际法规则的统一解释》。

既然沿海国有权监管其领海内的捕鱼活动，从事违反沿海国法律或规章之活动的外国渔船的通过属于非无害通过。《领海及毗连区公约》第 14 条第 5 款；《联合国海洋法公约》第 21 条第 1 款第 5 项。

〔1〕《领海及毗连区公约》第 16 条第 1 款和第 17 条；《联合国海洋法公约》第 21 条第 1 款和第 4 款。

〔2〕 这一习惯国际法上的概念被纳入《美苏关于无害通过国际法规则的统一解释》。See also Kinley, The Law of Self-Defense, Contemporary Naval Operations, and the United Nations Convention on the Law of the Sea, 19 L. Sea Inst. Proc. 10, 12–15（1987）。该解释讨论了沿海国根据《联合国宪章》和海洋法，特别是《联合国海洋法公约》第 25 条、第 27 条、第 28 条和第 30 条，可以选择的执行措施。

〔3〕《联合国海洋法公约》第 21 条。沿海国出于安全理由，可以要求油轮、核动力船舶或载运危险或有毒物质的船舶使用指定航道。《联合国海洋法公约》第 22 条第 2 款。这些管控措施可随时实施。

3. 暂时停止无害通过

如为保护国家安全而有必要，沿海国可暂时停止在其领海的特定区域内的无害通过，但应当事先向国际社会公布且不得在外国船舶之间有形式上或事实上的歧视。[1]

4. 军舰和无害通过

所有军舰，无论是运输舰还是作战舰艇，也不论推进方式为何，依据国际法均享有无害通过领海的权利，既无需事先通知，也不需要获得批准。[2]

（接上页）《联合国海洋法公约》第21条授权沿海国对下列八项或任何一项（不包括安全事项，但公约第25条第3款允许出于安全目的而暂时关闭领海）制定关于无害通过领海的法律和规章并妥为公布：

1. 航行安全及海上交通管理；
2. 保护助航设备和设施以及其他设施或设备；
3. 保护电缆和管道；
4. 养护海洋生物资源；
5. 防止违反沿海国的渔业法律和规章；
6. 保全沿海国的环境，并防止、减少和控制该环境受污染；
7. 海洋科学研究和水文测量；
8. 防止违反沿海国的海关、财政、移民或卫生的法律和规章。

这一列表详尽无遗。

沿海国应将其所知的在其领海内对航行有危险的任何情况妥为公布。《领海及毗连区公约》第15条；《联合国海洋法公约》第24条。

〔1〕《领海及毗连区公约》第16条第3款；《联合国海洋法公约》第25条第3款。在国家紧急状态期间，总统有权暂停美国领海内的无害通过。50 U. S. C. sec. 191（1988）. See also 33 C. F. R. part 127. "安全"包括因武器试验和演习而暂停无害通行。暂停无害通过的例子，参见 4 Whiteman 379-86. 各公约并没有定义可暂时予以关闭的领海面积有多大。《联合国海洋法公约》确实明确将领海的最大宽度限制在12海里，因此暂停无害通过期间任何国家主张关闭超过12海里的区域都违反国际法。除了《联合国海洋法公约》中补充的"武器操练"的例子外，各公约没有解释何谓"保障本国安全"。此外，"暂时"是多长时间也没有定义，但很明显，它不可能是真正永久性的。Alexander, 39-40; McDougal & Burke 592-93. 禁止"在外国船舶间有形式上或事实上的歧视"显然是指在船旗国之间的歧视，在美国看来，这包括基于货物、出发港或目的港或者推进手段在内的直接和间接歧视。《联合国海洋法公约》明确涉及核动力船舶和载运核物质的船舶的规定（第22条第2款和第23条）强化了这一立场。

〔2〕《领海及毗连区公约》第14条第1款；《联合国海洋法公约》第17条。一些国家认为，仅仅是外国军舰通过其领海本身就是有妨害的（例如，由于该船的军事性质、悬挂的旗帜、核动力或武器或其目的地），坚持外国军舰通过其领海前应事先通知和/或取得授权。美国的立场与《领海及毗连区公约》和《联合国海洋法公约》的缔约准备资料一致，即军舰拥有与领海内任何其他船舶相同的水面无害通过权，这一权利不以事先通知沿海国或取得通过之授权为条件。Oxman, at 854; Froman, at 625; Harlow, Legal Aspects of Claims to Jurisdiction in Coastal Waters, JAG J., Dec. 1969-Jan. 1970, at 86; Walker, What is Innocent Passage? Nav. War Coil. Rev., Jan. 1969, at 53 & 63, reprinted in 1 Lillich &

《联合国海洋法公约》列举了可致非无害通过的全部行为。通过领海且没有从事任何这些行为的船舶就是在无害通过。如果军舰不遵守沿海国制定的符合既定国际法原则的规章，且不顾沿海国向其提出的遵守规章的要求，沿海国可要求该军舰立即离开其领海，在这种情况下该军舰就必须立即离开。[1]

5. 无人系统和航行权

无人水面航行器和无人潜航器均享有领海内的无害通过权。无人水面航行器和无人潜航器可由正进行无害通过的较大船舶部署，只要它们的使用也遵守无害通过的航行制度即可。

6. 因救助进入领海

在领海制度确立之前的很长一段时间里，海员们都承认救助遇险人员的人道义务。现今，船舶和飞机的指挥人员同样有救助遇险人员的义务。特别是，如果（基于最可靠的信息）可以合理地确定有人遇险、合理地获知他们所处的方位而且救援工具也已准备好提供及时和有效的救助，船舶有权利进入某一外国领海而无需沿海国许可。此外，如果（基于最可靠的信息）可以合理地确定有人遇险、合理地获知他们所处的方位而且救援工具也已准备好提供及时和有效的救助，飞机也有权进入相应领空而无需沿海国许可。尽管进行救助的船舶或飞机不得要求沿海国批准其进入该国领海实施救助行动，但应及时通知沿海国搜救机关。因救助进入某一沿海国领海不包括开展

（接上页）Moore, at 365 & 375. 苏联（现在的俄罗斯）已经接受了美国的立场。参见《美苏关于无害通过国际法规则的统一解释》第 2 条；Franckx, Innocent Passage of Warships: Recent Developments in US-Soviet Relations, Marine Policy, Nov. 1990, at 484 - 90. For the earlier Soviet views, see Franckx, The U. S. S. R. Position on the Innocent Passage of Warships Through Foreign Territorial Waters, 18 J. Mar. L. & Corn. 33 (1987), and Butler, Innocent Passage and the 1982 Convention: The Influence of Soviet Law and Policy, 81 Am. J. Int'l L. 33 1 (1987). 在第三次联合国海洋法会议期间，要求船舶在无害通过时事先通知或取得授权的尝试主要针对军舰。所有的尝试均告失败: 3d session, Geneva 1975; 4th session, New York 1976, 9th session, New York 1980; 10th session 1981; 11th session, New York 1982; and 1 lth resumed session, Montego Bay 1982. 美国关于领海内无害通过的观点载于 1983 年 3 月 8 日美国基于答复权的声明（17 LOS Documents 243-44）。

〔1〕《领海及毗连区公约》第 23 条；《联合国海洋法公约》第 30 条。因此种行为被要求离开领海的军舰应遵守"立即离开领海"的要求。《美苏关于无害通过国际法规则的统一解释》第 7 条。依据《联合国海洋法公约》第 23 条，外国核动力船舶和载运核物质或其他本质上危险或有毒物质的船舶在行使无害通过权时，必须"持有国际协定为这种船舶所规定的证书并遵守国际协定所规定的特别预防措施"，例如，1974 年《国际海上人命安全公约》第 8 章（核动力客轮和货轮安全证书）。这些规定明确地不适用于军舰。

搜索行动、抢救财产、救助未遇险人员或者过境进入沿海国内水或飞越沿海国国土。[1]假定人员遇险且如有必要须进入沿海国领海开展救助行动，就必须解决对局势紧迫性和严重性的合理怀疑。

（三）国际海峡

1. 国际海峡的类型

国际法承认五种不同类型的用于国际航行的海峡。每种类型的海峡都有独特的关于通过的法律制度：

（1）连接公海或专属经济区的一个部分和公海或专属经济区的另一部分之间的海峡（如霍尔木兹海峡、马六甲海峡、直布罗陀海峡、曼德海峡）：适用过境通行制度。

（2）受长期存在的条约规制的海峡（如土耳其海峡、丹麦海峡、麦哲伦海峡）：适用条约的规定。

（3）与领海不完全重叠的海峡（即存在公海航道）：在航道内适用公海自由制度。

（4）由海峡沿岸国的一个岛屿和该国大陆形成的海峡而且该岛向海一面有同样方便的一条航道（如墨西拿海峡）：适用不中断的无害通过制度。

（5）在公海或专属经济区的一个部分和外国领海之间的海峡（即"死胡同"海峡，如头部海港通道和洪都拉斯湾）：适用不中断的无害通过制度。

2. 在公海或专属经济区的一个部分和公海或专属经济区的另一部分之间的国际海峡

在公海或专属经济区的一个部分和公海或专属经济区的另一部分之间用于国际航行的海峡适用过境通行制度。[2]过境通行适用于整个海峡（从海岸

---

[1]　Art. 0925 U. S. Navy Regulations, 1990; COMDTINST 16100. 3, Subj: Search and Rescue in Foreign Territory and Territorial Seas, 3 December 1987; National Search and Rescue Manual, vol. I, COMDTINST M16120SA, para. 1222 (1991). 美国国务院认为，飞机因救助而进入领海的权利并没有像船舶那样得到充分发展。进行紧急救助的努力必须善意地进行，而不是一种借口。See Statement of Policy by The Department of State, the Department of Defense, and the United States Coast Guard Concerning Exercise of the Right of Assistance Entry. 这一政策声明将因救助而进入领海的权利扩大到群岛水域，在国防部内部实施，See CJCSI 2410. 01A, Subj: Guidance for the Exercise of Right of Assistance Entry, of 23 April 1997.

[2]　依据《领海及毗连区公约》，与领海重叠的国际海峡只适用不可中断的水面无害通过制度。《领海及毗连区公约》第14条和第16条第4款。《联合国海洋法公约》第三部分为与领海重叠的国际海峡建立了过境通行制度。过境通行制度也适用于穿过公海或专属经济区的航道不适合国际航行的国际海峡。参见《联合国海洋法公约》第36条和第37条。See *also* Nordquist, Vol. II at 279-396.

（接上页）美国对于过境通行制度作为现行法的地位的看法体现在其 1983 年 3 月 3 日基于答复权所作的声明和第 5928 号总统公告中。委内瑞拉与荷兰于 1978 年 3 月 21 日签订的划界条约（Annex 2 to U. S. Dep't of State, Limits in the Seas No. 105, Maritime Delimitations）第 4 条，以及委内瑞拉与特立尼达和多巴哥于 1991 年 4 月 18 日签订的海洋和水下区域划界协定（U. N. LOS Bull., No. 19, Oct. 1991, at 24）第 6 条，均充分承认了过境通行权。尽管英国将领海扩大至 12 海里时所作的声明中没有使用"过境通行"一词［显然是为了排除因参照整个海峡制度而有任何的纳入的暗示，See 37 Int'l & Comp. L. Q. 415（1988）］，但法国和英国发表的一项关于多佛海峡航行制度的宣言以及两国于 1988 年 11 月 2 日签订的一项确定多佛海峡领海边界的协定中，均使用了"过境通行"制度。U. K. White Paper, France No. 1, Cm. 557（1989）; FCO Press Release No. 100, 2 Nov. 1988.

用于国际航行的海峡：按照国际法院在"科孚海峡案"中的意见，确定国际海峡的决定性标准不是通过海峡的交通量或者它对国际航行的相对重要性，而是它连接公海两个部分的地理特征，以及它"正用于国际航行"的事实。这一地理判定方法在《领海及毗连区公约》（第 16 条第 4 款）和《联合国海洋法公约》（第 34 条第 1 款、第 36 条和第 45 条）中都有所体现。地理定义似乎只考虑了天然的而非苏伊士运河这种人工开凿的运河。更明确地定义"用于国际航行"这一概念的努力未获成功。Alexander, 153-54. 美国认为，所有能够用于国际航行的海峡都包括在这一定义中。GrunaWalt, United States Policy on International Straits, 18 Ocean Dev. & Int'l L. J. 445, 456（1987）.

《联合国海洋法公约》第三部分涉及五种不同类型的用于国际航行的海峡，每一种都适用不同的法律制度：

1. 连接公海/专属经济区的一个部分和公海/专属经济区的另一部分的海峡（第 37 条，适用过境通行制度）。

2. 连接公海/专属经济区的一个部分和外国领海的海峡（第 45 条第 1 款第 1 项，适用不可中断的无害通过制度）。

3. 连接公海/专属经济区的一个部分和公海/专属经济区的另一部分的海峡，如果海峡是由海峡沿岸国的一个岛屿和该国大陆形成，而且该岛向海一面有在航行和水文特征方面同样方便的一条穿过公海/专属经济区的航道（第 38 条第 1 款，适用不可中断的无害通过制度）。这种海峡如意大利大陆与西西里岛之间的墨西拿海峡。关于定义"大陆"和可选航道方面各种难题的讨论，参见 Alexander, 157-61.

4. 全部或部分由国际公约规制的海峡（第 35 条第 3 项）。《联合国海洋法公约》没有改变由专门针对这些海峡的长期有效的国际公约所规定的法律制度。尽管还没有此类海峡的公认完整清单，但土耳其海峡和麦哲伦海峡通常包括在内：

● 土耳其博斯普鲁斯海峡和达达尼尔海峡：Montreux Convention of 20 July 1936, 173 L. N. T. S. 213, 31 Am. J. Int'l L. Supp. 4;

● 麦哲伦海峡：article V of the Boundary Treaty between Argentina and Chile, 23 July 1881, 82 Brit. Foreign & State Papers 1103, 159 Parry's T. S. 45（麦哲伦海峡永久中立，保证所有国家的船舶自由航行），and article 10 of the Treaty of Peace and Friendship between Argentina and Chile, 29 November 1984, 24 Int'l Leg. Mat'ls 11, 13（1985）（本协议约定的划界，绝不影响 1881 年边界条约的规定，即根据条约第 5 条的规定，麦哲伦海峡永久中立，保证所有国家的船舶自由航行）。

Alexander 140-50 and Moore, The Regime of Straits and the Third United Nations Conference on the Law of the Sea, 74 Am. J. Int'l L. 77, 111（1980）also list in this category The Oresund and the Belts, governed by the Treaty for the Redemption of the Sound Dues, Copenhagen, 14 March 1857, 116 Parry's T. S. 357, 47 Brit. Foreign & State Papers 24（1851 年 4 月 1 日赋予所有国家的船舶自由通过卡特加特海峡与水道的权利），and the U. S. - Danish Convention on Discontinuance of Sound Dues, 11 April 1857, 11 Stat. 719, T. S. 67, 7 Miller 5 19, 7 Bevans 11（保证"美国船舶永久自由且不受妨碍地航行通过卡特加特海峡与水道"）。军舰永远无须支付所谓的"海峡捐税"（Sound Dues），因此可以说这些"长期有效的国际公约"

（接上页）的规定都不适用于军舰。7 Miller 524-86；2 Bruel, International Straits 41（1947）. 美国认为，军舰和国家航空器穿过厄勒海峡和水道，要么基于公约"自由且不受妨碍地航行"权利，要么基于习惯性质的过境通行权。结果是相同的：一项不受沿海国干涉通过的国际权利。但是，丹麦的观点正好相反。Alexandersson, The Baltic Straits 82-86 & 89（1982）. 丹麦和瑞典都坚持认为，通过波罗的海海峡的军舰和国家航空器要遵守沿海国的限制措施。两国主张被长期有效的国内立法"修正"的"长期有效的国际公约"适用。美国不同意上述主张。See Alexander, 140-50.

瑞典和芬兰主张，波的尼亚湾16海里宽的入口奥兰海（Aland's Hav）是过境通行制的例外，因为该海峡内的通过制度某种程度上由《关于奥兰岛不设防和使其中立的公约》（Convention relating to the Non-fortification and Neutralization of the Aaland Island, Geneva, 20 Oct. 1921, 9 L. N. T. S. 211）第5条规定（"禁止派遣军舰进入奥兰岛水域或在该处驻扎的规定不应妨碍无害通过领水的自由。这种通过应继续由现行有效的国际规则和惯例加以规制。"）1982年12月10日签署《联合国海洋法公约》时所作的声明。应当指出的是，根据上述1921年公约第4条第11款的规定，奥兰岛的领海从低潮线量起仅"3海里"，在任何情况下都不得超出《联合国海洋法公约》第4条第1款规定的直线段的外部界限。因此，1921年公约不适用于已构成国际海峡的剩余水域。美国并非该公约的缔约国，也从未承认这一海峡属于《联合国海洋法公约》第35条第3项规定的范畴。1921年公约的缔约国包括丹麦、芬兰、德国、意大利、波兰、瑞典、英国、爱沙尼亚和拉脱维亚。

人们可能注意到，直布罗陀海峡的自由通行是在20世纪初法国、西班牙和英国之间缔结的一系列协定中确定的。Article Ⅶ of the Declaration between the United Kingdom and France respecting Egypt and Morocco, London, 8 April 1904, 195 Parry's T. S. 198, acceded to by Spain in the Declaration of Paris, 3 Oct. 1904, 196 Parry's T. S. 353；Declarations on Entente on Mediterranean Affairs, Paris, 16 May 1907, 204 Parry's T. S. 176（France and Spain）and London, 16 May 1907, 204 Parry's T. S. 179（United Kingdom and Spain）; and art. 6 of the France–Spain Convention concerning Morocco, Madrid, 27 Nov. 1912, 217 Parry's T. S. 288.

5. 穿过群岛水域适用群岛海道通过制度的海峡（第53条第4款）。

有许多海峡连接公海/专属经济区与被主张的历史性水域。这些主张最好的情况也只是有效性不确定。关于这种海峡通过制度的讨论，See Alexander, at 155.

运河。用于国际航行的人工运河，顾名思义，不是"用于国际航行的海峡"，一般由相关国家之间的协定控制。它们对所有国家的船舶开放，但可能对其使用征收通行费。这些运河包括：

● 巴拿马运河：1977 Panama Canal Treaty, 33 U. S. T. 1, T. I. A. S. 10, 029（无论平时还是战时，运河应保持安全，并在完全平等的条件下允许所有国家的船舶和平通过……所有国家的军舰和辅助船，不论其内部操作、推进手段、始发地、目的地或火力配备如何，均有权随时通过运河）；

● 苏伊士运河：Convention respecting the Free Navigation of the Suez Canal, Constantinople, 29 October 1888, 79 Brit. Foreign & State Papers 18, 171 Parry's T. S. 241, 3 Am. J. Int'l L. Supp. 123（1909）（无论战时还是平时，苏伊士海上运河始终对每一艘商船或军舰自由开放，不分国籍），reaffirmed by Egypt in its Declaration on the Suez Canal, 24 April 1957, U. N. Dot. A/3576（S/3818）, and U. N. Security Council Res. 118, S/3675, 13 Oct. 1956（应自由和开放地通过运河，没有显性或隐性的歧视——这包括政治和技术两个方面），Dep't St. Bull. , 22 Oct. 1956, at 618；and

● 基尔运河：art. 380 of the Treaty of Versailles, 28 June 1919, T. S. 4, 13 Am. J. Int'l L. 128, Malloy 3329, 2 Bevans 43, 225 Parry's T. S. 188（基尔运河及其航道应在完全平等的条件下对与德国和平相处的所有国家的商船和军舰自由开放）. 德国认为《凡尔赛和约》不适用于基尔运河。Alexander, at 181. See also The SS Wimbledon, P. C. I. J. , Ser. A, No. 1, 1923.

关于运河的进一步讨论，参见 Alexander, at 174-81. 其他运河可能只涉及内水，如美国的近岸内航道（Intracoastal Waterway）、科德角运河（Cape Cod Canal）和伊利运河（Erie Canal）。

线到海岸线），而不仅仅是与沿海国领海重叠的区域。根据国际法，所有国家的船舶和飞机，包括军舰、辅助船、无人水面航行器、无人潜航器和军用飞机（包括无人机）在内，均享有不受阻碍地过境通行此种海峡及其航道的权利。[1]

过境通行是指通过海峡的船舶和飞机专为以通常方式继续不停和迅速过境的目的而行使航行和飞越自由。[2]船舶和飞机在行使过境通行权时应：（1）毫不迟延地通过或飞越海峡；（2）不对海峡沿岸国的主权、领土完整或政治独立进行任何武力威胁或使用武力；（3）除因不可抗力、遇难或者为了救助遇险或遇难的人员、船舶或飞机而有必要外，不从事其继续不停和迅速过境的通常方式所附带发生的活动以外的任何活动。[3]水面舰艇可以符合正常的航行惯例以及部队安全要求的方式通过，包括使用诸如雷达、声呐和回声测深仪等电子探测和导航装置、编队航行以及起降飞机等。[4]潜水艇可以从水下过境国际海峡，因为这就是它们航行的通常方式。

和平时期，沿岸国不得以任何目的阻碍或停止过境通行国际海峡。[5]这项国际法原则也适用于与沿岸国处于和平状态但与其他国家存在武装冲突的国家过境的船舶（包括军舰）。[6]

---

　　〔1〕　绝大多数具有重要战略意义的海峡，即直布罗陀海峡、曼德布海峡、霍尔木兹海峡和马六甲海峡都属于这一类。过境通行制也适用于以前根据《领海及毗连区公约》规定适用不可中断的无害通过制度的那些宽度小于 6 海里的海峡，例如，新加坡海峡和桑德拉海峡。应当指出的是，过境通行适用于整个海峡，而不仅仅是与沿岸国领海重叠的区域。Navy JAG message 0616302 JUN 88〔Annex A2-5，(pp. 2-59)〕.

　　〔2〕　《联合国海洋法公约》第 38 条第 2 款和第 39 条第 1 款第 3 项。Moore, The Regime of Straits and The Third United Nations Conference on the Law of the Sea, 74 Am. J. Int'l L. 77, 95-102（1980）；1 O'Connell 331-37. 对比第 53 条第 3 款，该款将群岛海道通过这一平行概念定义为"专为在公海或专属经济区的一部分和公海或专属经济区的另一部分之间继续不停、迅速和无障碍地过境的目的，行使正常方式的航行和飞越的权利"。第 38 条第 2 款中没有上述加着重号的措辞，但它以复数形式出现在 39 条第 1 款第 3 项中；第 39 条也可参照适用于群岛海道通过。

　　〔3〕　《联合国海洋法公约》第 39 条第 1 款。

　　〔4〕　Burke, Submerged Passage Through Straits: Interpretations of the Proposed Law of the Sea Treaty Text, 52 Wash. L. Rev. 193（1977）；Robertson, Passage Through International Straits: A Right Preserved in the Third United Nations Conference on the Law of the Sea, 20 Va. J. Int'l L. 801（1980）；Clove, Submarine Navigation in International Straits: A Legal Perspective, 39 Naval L. Rev. 103（1990）. *But see* Reisman, The Regime of Straits and National Security: An Appraisal of International Lawmaking, 74 Am. J. Int'l L. 48（1980）. See *also*, Nordquist, vol. II at 342.

　　〔5〕　《联合国海洋法公约》第 44 条。

　　〔6〕　与相邻沿岸国发生武装冲突的国家的军舰和其他可作为攻击目标的船舶，在与交战的沿岸国领海重叠部分的国际海峡内，可被攻击，在海峡本身内部可能存在的所有公海或专属经济区水域内也是一样。

领海与国际海峡重叠的沿岸国可指定海道和规定分道通航制以促进航行安全。但是,这种海道和分道通航制必须由主管国际组织(国际海事组织)依据一般接受的国际标准予以批准。[1]商船和政府运营的用于商业目的的船舶必须适当尊重指定海道和分道通航制。[2]军舰、辅助船和专用于政府服务的政府船舶,即主权豁免船舶,从法律意义上说在过境通行时不必遵守这种海道和分道通航制。不过,主权豁免船舶必须适当顾及航行安全。如果与军事任务不抵触且实际可行,军舰和辅助船可以而且也通常会在国际海峡自愿遵守国际海事组织批准的例行措施。如果自愿使用国际海事组织批准的分道通航制,这类船舶必须遵守1972年《国际海上避碰规则》的相关规定。

3. 与领海不完全重叠的国际海峡

与领海不完全重叠的用于国际航行的海峡,如果存在一条适合此种航行的公海或专属经济区航道,过境通行或飞越该海峡的船舶和飞机在该航道中或航道上空享有航行和飞越的公海自由。因此,只要还在领海外,所有国家的所有船舶和飞机都有不受妨碍地航行通过或飞越此种水域的权利,只需适当顾及其他国家船舶和飞机的相应权利。[3]在与领海不完全重叠的国际海峡中,所有船舶在领海外的公海航道中航行时均享有公海自由。如果公海航道不具备同样的便利性(譬如在公海航道中航行不符合正常的航行惯例),则此种船舶享有不受阻碍地过境通行该海峡的权利。

4. 在公海或专属经济区的一个部分和沿岸国领海之间的国际海峡("死胡同"海峡)

在连接公海或专属经济区的一个部分和沿岸国领海之间的用于国际航行的海

---

[1] 《联合国海洋法公约》第41条第1款和第3款。曼德海峡(Bab el Mandeb)、霍尔木兹海峡、直布罗陀海峡和马六甲—新加坡海峡,均采用了分道通航制。

[2] 为商业目的而营运的商船及政府船舶,必须尊重妥为指定的航道及分道通航制。军舰、辅助舰和政府运营的用于非商业目的的船舶,例如享受主权豁免的船舶,于过境通行时在法律上不要求其遵守这种海道和分道通航制。但是,享受主权豁免的船舶必须适当注意航行安全。军舰和辅助舰可以,并且通常会自愿遵守国际海事组织批准的在国际海峡中的航路选择措施,只要实际可行并且符合军事任务的要求。当自愿使用国际海事组织批准的分道通航制时,这些船舶必须遵守1972年《国际海上避碰规则》的可适用规定。

[3] 《联合国海洋法公约》第36条。如果沿海国继续主张小于12海里的领海,就存在宽度小于24海里但可能有公海航道的其他海峡。虽然在理论上,如果航道不适合通行,就适用过境通行制,但亚历山大(Alexander)发现没有这种海峡。Alexander at 15 1-52. 对比吃水很深的油轮通过波斯湾南部阿布·穆萨岛附近水域时通行的适宜性。

峡中，适用无害通过制而非过境通行制。沿岸国不得停止对此种海峡的无害通过。[1]此外，军舰、辅助船和专为政府服务的船舶，即主权豁免船舶，从法律意义上说在无害通过时不必遵守指定海道和分道通航制，但必须适当顾及航行安全。

5. 全部或部分由国际公约规制的海峡

由长期存在的国际公约规制的海峡中适用的航行制度是具体规定在可适用的公约中的制度。

(四) 群岛水域

1. 群岛海道通过

包括军舰和军用飞机在内的所有船舶和飞机，经由正常用于国际航行和飞越的所有通道通过或飞越群岛水域及邻接的领海时，均享有群岛海道通过权。群岛海道通过是指专为在群岛水域继续不停、迅速和无障碍地过境的目的，行使航行和飞越自由。[2]群岛海道通过权与通过国际海峡的过境通行权实质上是一致的。[3]

群岛海道通过权可由船舶和飞机以正常方式行使。这就意味着潜水艇可

---

〔1〕《联合国海洋法公约》第45条。这些所谓的"死胡同"海峡包括头港航道（Head Harbour Passage）、巴林-沙特阿拉伯航道（Bahrain-Saudi Arabia Passage）和洪都拉斯湾（Gulf of Honduras）。Moore, The Regime of Straits and the Third United Nations Conference on the Law of the Sea, 74 Am, J. Int'l L. 112 (1980). Alexander, 154-55 & 186 n. 46. 作者认为，能够从浅水区通过的胡安·德·富卡海峡（Strait of Juan de Fuca），当美国主张12海里领海时（就像现在一样），应该属于这种海峡。至少在以色列和埃及之间，蒂朗海峡（Strait of Tiran）受1979年3月26日埃及和以色列之间缔结的和平条约（18 Int'l Leg. Mat'ls 362）第5条第2款规制（双方认为，为了不受妨碍且不可中断的航行和飞越自由，蒂朗海峡和亚喀巴湾（Gulf of Aqaba）是向所有国家开放的国际水道）。"如同我国区域内或对我国有利益的某些海峡一样，对于给予其使用者更广泛权利的特定海峡的通过制度，在特殊规定和理解得到保护的范围内"，以色列不反对《联合国海洋法公约》第三部分。17 LOS Official Records 84, para. 19. 埃及于1983年8月26日批准《联合国海洋法公约》时所作的声明中表示，"1979年埃及和以色列签订的和平条约中关于通过帝朗海峡和亚喀巴湾的规定，属于《联合国海洋法公约》第三部分所述的构成海峡之水域的一般制度框架，其中规定一般制度不影响构成海峡之水域的法律地位，并应包括关于海峡沿岸国安全和维持秩序的某些义务"。在1982年1月29日举行的一次新闻发布会上，美国负责《联合国海洋法公约》谈判的大使马龙（Malone）说："美国完全支持埃及和以色列和平条约中规定的帝朗海峡和亚喀巴湾的航行和飞越自由的持续可适用性及效力。美国认为，和平条约完全符合《联合国海洋法公约》，并将继续优先适用。《联合国海洋法公约》的缔结不会对这些条款产生任何影响。" 128 Cong. Rec. S4089, 27 April 1982. Compare Lapidoth, The Strait of Tiran, the Gulf of Aqaba, and the 1979 Treaty of Peace Between Egypt and Israel, 77 Am. J. Int'l L. 84 (1983) with El Baradei, The Egyptian-Israeli Peace Treaty and Access to the Gulf of Aqaba: A New Legal Regime, 76 id. 532 (1982).

〔2〕《联合国海洋法公约》第53条第3款。

〔3〕《联合国海洋法公约》第54条。

以从水下通过，[1]水面舰艇可以从事在通过此种水域期间属于正常进行的活动，包括对舰艇安全来说必要的活动，如编队航行、起降飞机以及使用雷达、声呐和回声测深仪等装置。

群岛国可指定通过其群岛水域的适当的群岛海道，以便船舶和飞机继续不停和迅速通过。用于国际航行和飞越的所有正常航道均包括在内。如果群岛国没有指定此种海道，那么通过用于国际航行和飞越的正常航道的所有国家均可行使群岛海道通过权。

如果群岛国指定了适当的群岛海道，还须适用下列补充规则：

（1）每一条这种指定的海道，应是从邻接群岛水域的领海的入口点，通过群岛水域，到领海外的出口点之间的一条连续不断的中心线。[2]

（2）经由这种指定海道通过群岛海道的船舶和飞机必须保持在中心线两侧25海里的范围内，与海岸的距离不得小于海道边缘各岛最近端点之间距离的10%（图2-1）。[3]

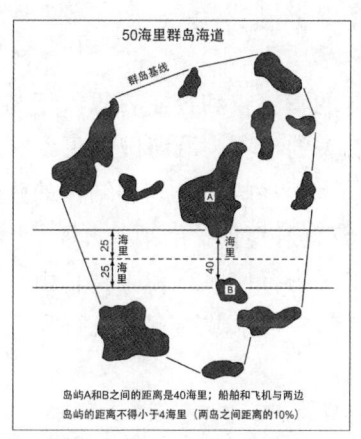

图2-1　指定的群岛海道

群岛国不得以任何目的阻碍或停止经由指定海道以及所有正常航道的群岛海道通过权。[4]如果群岛国仅有部分被指定的海道，在这种情况下群岛海

---

[1]　Nordquist, Vol. Ⅱ at 342［para. 39. 10（e）］and 476-77［paras. 53. 9（c）& 53. 9（d）］.

[2]　《联合国海洋法公约》第53条第5款。

[3]　《联合国海洋法公约》。

[4]　《联合国海洋法公约》第53条第3款。See also Nordquist, Vol. Ⅱ at 476-77.

道通过制度也适用于那些海道。但是，如果没有指定的海道，船舶和飞机保留使用所有其他正常航道过境群岛水域的权利。

2. 群岛水域内的无害通过

在群岛海道以外，包括军舰在内的所有船舶，在群岛水域享有的是像在领海一样限制更多的无害通过权。[1]在群岛海道以外，群岛水域上空不存在飞越权。[2]

六、国际水域的航行和飞越

（一）毗连区

毗连区由国际水域构成，在该水域内和水域的上空，包括军舰和军用飞机在内的所有国家的船舶和飞机均享有航行和飞越的公海自由。尽管沿海国可以在这些水域采取必要的控制措施预防并惩治在其领土（包括领海）内发生的违反海关、财政、移民和卫生法律的行为，但不得妨碍在毗连区内和毗连区上空的国际航行和飞越。[3]

（二）专属经济区

沿海国对专属经济区的管辖权和控制权只限于与勘探、开发、管理和养护这些国际水域的资源有关的事项。沿海国还可以在该水域内对下列事项行使管辖权：有经济目的的人工岛屿、设施和结构的建造和使用；海洋科学研究（遵从合理的限制）；海洋环境保护的某些方面。因此，沿海国不能不适当地限制或阻碍在专属经济区内行使航行和飞越自由。既然包括军舰和军用飞机在内的所有船舶和飞机都在该水域内享有航行和飞越的公海自由以及与那

---

[1]《联合国海洋法公约》第52条第1款。

[2] 在非群岛水域的国际海峡中实施过境通行制度的大多数基本要素适用于构成群岛海道一部分的海峡。《联合国海洋法公约》第54条，参照适用第39条（过境通行期间船舶和飞机的义务），第40条（研究和测量活动），第42条和第44条（海峡沿岸国关于过境通行的法律、规章和义务）。无论海峡是连接公海/专属经济区与群岛水域（如龙目海峡），还是将两个群岛水域相互连接（如威塔海峡），这项权利都存在。Alexander, 155-56. 但是，理论上在群岛水域内不构成群岛海道一部分的海峡中只存在无害通过制度；《联合国海洋法公约》第52条第1款。Alexander, 156. 既然群岛海道"应包括所有正常通道……和所有正常航行水道"（第53条第4款），群岛海道通过制度也就有效地适用于这些海峡。如果一个国家符合所有标准但没有主张群岛国地位，那么在各岛屿领海以外的所有海域就存在公海自由；过境通行适用于能用于国际航行的海峡；无害通过适用于领海的其他区域。See also U. S. Statement in Right of Reply.

[3]《领海及毗连区公约》第24条；《联合国海洋法公约》第33条。

些自由有关的其他对海洋的国际合法利用，在海军行动区域内存在专属经济区没必要自动成为海军指挥官的行动考量。[1]

1. 海洋科学研究

沿海国可监管其管辖海域范围内进行的海洋科学研究。其管辖范围包括专属经济区和大陆架。[2]海洋科学研究包括在海洋和沿海水域从事的旨在为和平目的扩充关于海洋环境的一般科学知识的活动，包括：海洋物理学和海洋化学、海洋生物学、渔业研究、科学海洋钻探、地质/地球物理科学勘测以及为了科学目的的其他活动。海洋科学研究的成果一般应公开发布。美国的政策是鼓励海洋科学研究自由。因此，美国不要求其他国家在美国专属经济区内从事海洋科学研究时事先获得同意。

2. 水文测量和军事测量

尽管在沿海国的专属经济区进行海洋科学研究必须获得该国同意，但沿海国不得监管在其领海外进行的水文测量或军事测量，也不得要求就此类活动进行通知。[3]

水文测量是为了制作海图以及保障航行安全的类似产品而在沿海或相对较浅的水域获取信息。水文测量包括测量水深、自然海底的构造和性质、洋流的方向和力度、潮汐的高度、次数和水位以及航行的危险性。[4]

军事测量是为军事目的收集海洋数据，无论保密与否，通常不会对外公开发布。军事测量可包括收集海洋学的、水文学的、海洋地质学的、地球物理学的、化学的、生物学的、升学的数据以及相关数据。[5]海洋数据收集是一个一般用语，指代所有类型的测量或海洋科学活动（即军事测量、水文测

---

〔1〕《联合国海洋法公约》第56条、第58条和第60条。少数国家明确主张，在其专属经济区内对外国船舶航行的规制权超出了《联合国海洋法公约》反映的习惯法所许可的范围：巴西、圭亚那、印度、马尔代夫、毛里求斯、尼日利亚、巴基斯坦和塞舌尔。See Attard, The Exclusive Economic Zone in International Law 51-52, 81 & 85-86 (1987); Rose, Naval Activity in the EEZ-Troubled Waters Ahead? 39 Naval L. Rev. 67 (1990). 美国反对这些主张。US. Statement in Right of Reply, and 1983 Oceans Policy Statement.

〔2〕《联合国海洋法公约》第246条。

〔3〕 See Commentary Accompanying Letter of Transmittal, Oct. 7, 1994, Senate Treaty Dot. 103-39, at 80. The Commentary may be found in U. S. State Department, Dispatch, Vol. 6, Supp. No. 1 (Feb. 1995).

〔4〕 Roach, Research and Surveys in Coastal Waters, Vol. 20 Center for Oceans Law and Policy, UVA, Annual Seminar (1996), at 187.

〔5〕 Id., at 187-88. See also Roach, Marine Scientific Research and the New Law of the Sea, 27 Ocean Dev. & Int'l L. 59 (1996) at 61.

量和海洋科学研究)。[1]

（三）公海自由和警戒区

包括军舰和军用飞机在内的所有船舶和飞机在公海内和公海上空都享有完全的活动自由和行动自由。对军舰来说，这包括特遣部队机动、作战飞行、军事演习、监视、情报收集活动、实弹射击和测试。所有国家还享有在公海海床和领海外大陆架上铺设海底电缆和管道的权利，但大陆架上管道的路线须经沿海国批准。[2]所有这些活动必须适当顾及其他国家的权利以及其他船舶和飞机的安全通行和活动。[3]

---

[1] 确定海军部海洋数据收集部门从事相应活动的要求和程序的指南，参见 Chief of Naval Operations Instruction（OPNAVINST）3128.9F，Diplomatic Clearance for U.S. Navy Marine Data Collection Activities in Foreign Jurisdictions.

[2] 海底电缆包括电报、电话和高压电力电缆。Commentary of the International Law Commission on draft arts. 27 and 35 on the law of the sea, U. N. GAOR Supp. 9, U. N. Dot. A/3159, II Int'l L. Comm. Y. B. 278 & 281（1956）. See also, Commentary accompanying Letters of Transmittal and Submittal in U. S. Department of State, Dispatch, Vol. 6, Supp. No. 1（Feb. 1995）at 19. 所有国家都有权在公海海底以及本国和其他国家的大陆架上铺设海底电缆和管道。因此，可以在领海以外其他国家的大陆架上合法铺设声呐监听系统阵列，而无需通知或获得批准。《联合国海洋法公约》第 79 条。根据大多数国家的法律，故意或过失损坏海底电缆或管道，除非是在合法救助人命或救助船舶的情况下，否则是应受惩罚的犯罪。此外还规定，为了避免损坏电缆而损失的锚、网或其他渔具，电缆所有者应予赔偿。军舰在调查此类事件时，对涉嫌对海底电缆造成损害的船舶可以抵近并登临，但该船也是一艘军舰则除外。Convention on the Protection of Submarine Cables, Paris, 14 March 1884, 24 Stat. 989, T. S. No. 380, as amended, 25 Stat. 1414, T. S. Nos. 380-I. 380-2, 380-3, *reproduced* in AFP 1 lo-20 at 36-1; Franklin, The Law of the Sea: Some Recent Developments 157-178（U. S. Naval War College, International Law Studies 1959-1960, v. 53, 1961）[讨论了美国"罗伊·黑尔号"驱逐舰于 1959 年 2 月 26 日登临苏联拖网渔船"新罗西斯克号"。40 Dep't St. Bull. 555-58（1959）]. The 1884 Submarine Cables Convention is implemented in 47 U. S. C. sec. 21 *et seq.*（1982）.

[3]《公海公约》第 2 条；《大陆架公约》第 4 条；《联合国海洋法公约》第 79 条和第 87 条；《芝加哥公约》第 3 条第 4 项（军用飞机）。行使这些自由中的任何一项都必须遵从的条件是，根据所有相关情况，依《公海公约》应"合理顾及"或者依《联合国海洋法公约》应"适当顾及"其他国家的利益。"合理顾及"或"适当顾及"标准完全是一回事，要求任何使用国在利用公海区域时应认识到其他国家的利益，且避免实质上会妨碍其他国家行使公海自由的非必要和排他性的利用。禁止一国在公海行使主权的任何企图，因为该海洋空间被定为开放给所有国家使用。《公海公约》第 2 条；《联合国海洋法公约》第 87 条和第 89 条。See MacChesney 610-29.《深海海底矿场资源法》第 101 条第 3 项 [Section 101（c）of the Deep Seabed and Hard Minerals Resources Act, 30 U. S. C. sec. 1411（c）（1988）]要求持有许可证的美国公民在公海行使其权利时，应合理顾及其他国家行使公海自由的利益。第 111 条（Section 111, codified at 30 U. S. C. sec. 1421）要求持有许可证的美国公民按照国际法一般原则所承认的方式行事，不得无理妨害其他国家行使公海自由的利益。《联合国海洋法公约》关于公海航行条款（第 87 条、第 89~94 条和第 96~98 条）的立法史，See U. N. Office for Oceans Affairs and the Law of the Sea, The

警戒区

任何国家都可以在国际水域和空域宣布建立临时警戒区，忠告其他从事那些尽管合法但危及航行和/或飞越的活动的国家。美国和其他国家定期会宣布建立此种区域，用于导弹测试、实弹演习、航天器回收以及可能导致其他国家对海洋的其他合法利用遭受某些危险的其他目的。建立此种区域必须以如下形式事先发布公告，即对海员进行特别示警、通知海员、通知飞行员、大西洋/太平洋水电信息系统以及全球海上遇险和安全系统。

其他国家的船舶和飞机不必始终保持在宣告的警戒区以外，但有不得妨碍警戒区内活动的义务。因此，一国的船舶和飞机可以在其他国家于国际水域和空域内宣布建立的警戒区内航行，收集情报并观察相关活动，但必须遵守适当顾及宣告国出于合法目的使用国际水域和空域之权利的要求。[1]宣告国可采取包括使用相称性武力在内的合理措施保护其活动免受妨碍。

（四）宣布建立安全和防卫区

作为一项一般规则，国际法不承认任何国家在和平时期有在领海外限制外国军舰和军用飞机航行和飞越的权利。尽管若干沿海国已坚定主张禁止军舰和军用飞机在延伸至领海外的所谓安全区内活动，但这种主张没有平时国际

（接上页）Law of the Sea: Navigation on the High Seas, U. N. Sales No. E. 89. V. 2 (1989). See also Commentary accompanying Letter of Transmittal, Oct. 7, 1994, Senate Treaty Dot. 103-39, at 17-19; Nordquist, Vol. Ⅲ at 72-86.

〔1〕 Franklin, at 178-91; SECNAVINST 2110. 3 (series), Subj: Special Warnings to Mariners; OPNAVINST 3721. 20 (series), Subj: The U. S. Military Notice to Airmen (NOTAM) System.

例如，为了回应1983年4月18日和10月23日驻黎巴嫩美国人员遭受的恐怖袭击（袭击中恐怖分子使用了异常强大的气体增强型爆炸装置，这些装置重量轻到可以装在汽车和卡车、单引擎私人飞机或小型快艇上），驻黎巴嫩外地中海海域以及波斯湾的美军采取了一系列防御措施，旨在警告意图不明的不明身份的船舶和飞机不要靠近，致使美军处于自杀式袭击的致命范围。警告通过航行通信代码语NOTMARS和NOTAM发布，要求不明身份的联系人以适当的国际遇险呼救频率进行通信，反映出美国国家指挥中心（NCA）授权指挥官可采取必要和合理的措施，以防止美军遭受恐怖袭击。See 78 Am. J. Int'l L. 884 (1984).

1983年10月23日，位于贝鲁特国际机场的美国海军陆战队司令部大楼（USMC BLT l/8 Headquarters building）遭遇爆炸威力至少相当于有效当量为12 000磅TNT炸药的汽车炸弹的袭击，该事件牢固地确立了这种袭击的有效性。Report of the DOD Commission on Beirut International Airport Terrorist Act, October 23, 1983 (Long Commission Report), 20 Dec. 1983, at 86; Frank, U. S. Marines in Lebanon 1982-1984, at 152 (1987); Navy Times, 15 Dec. 1986, at 11.

法基础，美国也不予承认。[1]

《联合国宪章》和国际法一般原则承认一国可在遭受武力攻击或迫在眉睫的武力攻击威胁时采取单独和集体自卫措施。这些措施可能包括建立"防卫海域"或"海上管制区"，而受威胁的国家试图对外国船舶或飞机进入这些区域实施某种程度的管制。历史上，建立这种延伸至领海以外的区域仅限于战争时期或者由于战事爆发而宣布进入国家紧急状态。这种区域的地理范围和沿海国可以合法地行使管制权的程度与国家安全和国防需求相比必须合理。[2]

（五）极地

1. 北极地区

美国认为，超出沿岸国合法宣称的领海范围的北极地区的水域、浮冰群和空域具有国际地位，开放给所有国家的船舶和飞机航行。北极地区是一片海洋区域；既然如此，现有与海域相关的政策和机制继续沿用。尽管若干国家基于发现、历史用途、族群、毗连（接壤）或所谓的"扇形"理论，不时地尝试对北极主张主权，但国际法并不承认这些主张。特别是，西北航道是

---

[1] Leiner, Maritime Security Zones: Prohibited Yet Perpetuated, 24 Va. J. Int'l L. 967, 980 & 984-88 (1984). 美国抗议利比亚在的黎波里方圆 100 海里范围内设立"管制区"（restricted area），参见 1973 Digest of U. S. Practice in International Law 302-03. See also 1975 id. 451-52; 1977 id. 636; Note-Air Defense Zones, Creeping Jurisdiction in the Airspace, 18 Va. J. Int'l L. 485 (1978). 罗奇和史密斯讨论了所谓的"安全区"（Roach & Smith, at 104-106）。

[2] 防卫区。本小节提到的保护性管辖措施，可附有一项特别公告，定义管制范围并说明在其内实施的管制措施的类型。一般来说，只有存在交战状态时才这样做，例如在第二次世界大战期间。此外，所谓的"防卫海域"，虽然在过去的实践中通常限制在领海以内，但偶尔也包括公海区域。See U. S. Naval War College, International Law Documents, "Blue Book" series, 194849, v. 46 (1950) at 157-76, MacChesney 603-04 & 607. 授权总统利用行政命令来建立防卫海域的制定法 [18 U. S. C. sec. 2152 (1988)] 没有将这些区域限制在领海以内。建立防卫海域的行政命令由海军部在《海军作战部条令》[OPNAVINST 5500. 11 (series)] 和《联邦法规汇编》（32 C. F. R. part 761）中予以公布。还应指出的是，在领海以外建立特别管制区域，无论是建立"防卫海域"还是"海上管制区"，实践中都限于战时或者宣布国家进入紧急状态时。另一方面，在和平时期，美国根据 1958 年《领海及毗连区公约》第 24 条及《联合国海洋法公约》第 33 条认可的权力，已对并且继续对毗连区内的外国船舶行使管辖权。当然，这一有限的管辖权无需在这种水域内建立特殊的防卫海域或海上管制区就能行使。NWIP 10-2, art. 413d n. 21. See Woods, State and Federal Sovereignty Claims Over the Defensive Sea Areas in Hawaii, 39 Nav. L. Rev. 129 (1990). 封闭海域与和平地带。不同的时代都曾有人提议非沿海国的军舰不得进入诸如黑海或波罗的海等水域出入有限制的"封闭"海域，或者不得进入作为指定"和平地带"的整个印度洋。这些主张没有获得显著的法律或政治上的驱动力或支持，美国也不予承认。苏联关于封闭海域的观点，See Darby, The Soviet Doctrine of the Closed Sea, 23 San Diego L. Rev. 685 (1986). 关于提议的印度洋和平地带的讨论，See Alexander, at 339-40.

用于国际航行的海峡，而北海航道则包括用于国际航行的海峡。通过这些海峡适用过境通行制度。[1]

2. 南极地区

美国不承认其他国家对南极地区任何部分之主张的有效性。[2]美国是1959 年《南极条约》的缔约国。[3]《南极条约》旨在鼓励对南极大陆的科学探索并促进在南极洲的研究与实验，不涉及相互冲突的领土主权要求，它规定条约有效期内在该区域内从事的任何活动都不构成主张、支持或否定此类领土的要求。[4]

---

〔1〕 关于北极行动的描述，See Lyon, Submarine Combat in the Ice, U. S. Naval Inst. Proc. , Feb. 1992, at 33；Allard, To the North Pole! U. S. Naval Inst. Proc. , Sept. 1987, at 56；LeSchack, ComNavForArctic, U. S. Naval Inst. Proc. , Sept. 1987, at 74；Atkeson, Fighting Subs Under the Ice, U. S. Naval Inst. Proc. , Sept. 1987, at 81；Le Marchand, Under Ice Operations, Nav. War Coll. Rev. , May–June 1985, at 19；and Caldwell, Arctic Submarine Warfare, The Submarine Rev. , July 1983, at 5. Alexander, Navigational Restrictions 311– 19 & 358–59. 亚历山大在其文中指出，下列单方面主张对通过北极海峡的航行自由产生不利影响：

–4–苏联主张白海和乔什卡亚湾向东是历史性水域，并沿北极海岸划定了一系列直线基线来封闭其他沿岸水曲，并将沿海岛屿和岛群与大陆连接起来，从而声称要封闭东北航道的主要海峡。See Franckx, Non-Soviet Shipping in the Northeast Passage, and the Legal Status of Proliv Vil'kitskogo, 24 Polar Record 269 (1988).

–5–挪威在斯瓦尔巴群岛周围划定了不符合《联合国海洋法公约》第 7 条的直线基线。

–6–加拿大声称用直线基线封闭整个北极群岛，并宣布基线内的水域（包括西北航道）属于内水。24 Int'l Leg. Mat'ls 1728 (1985). 美国未曾接受该主张。See the Agreement between the Government of Canada and the Government of the United States of America on Arctic Cooperation, 11 January 1988, 28 Int'l Leg. Mat'ls 142 (1989). 关于这项协定的谈判，参见：Howson, Breaking the Ice: The Canadian-American Dispute over the Arctic's Northwest Passage, 26 Colum. J. Trans. L. 337 (1988). 1988 年 10 月，美国海岸警卫队"北极星号"破冰船根据该协定过境，相关讨论参见：83 Am. J. Int'l L. 63 and 28 Int'l Leg. Mat'ls 144–45 (1989). 关于"北极星号"1989 年 8 月的过境，参见：West, Breaking Through the Arctic, U. S. Naval Inst. Proc. , Jan. 1990, at 57. 关于加拿大主张的讨论，参见：Pullen, What Price Canadian Sovereignty? U. S. Naval Inst. Proc. , Sept. 1987, at 66（加拿大退役海军上校普伦认为，西北航道是连接大西洋和美洲北部太平洋的航道，并列举了 1906~1987 年间该航道的 36 次过境）. See MacInnis, Braving the Northwest Passage, Nat'l Geog. , May 1989, at 584–601 and Roach & Smith, at 207–215.

其他北极直线基线的划定均不符合《联合国海洋法公约》，包括冰岛周围的直线基线，以及丹麦划定的格陵兰岛和法罗群岛周围的基线。

〔2〕 尽管美国完全有理由根据它在南极洲一个或多个地区广泛和持续的科学活动而对这些地区主张主权，但美国从未这样做。See Joyner, Maritime Zones in the Southern Ocean: Problems concerning the Correspondence of Natural and Legal Maritime Zones, 10 Applied Geog. 307 (1990)；Hinckley, Protecting American Interests in the Antarctic: The Territorial Claims Dilemma, 39 Naval L. Rev. 43 (1990).

〔3〕《南极条约》1959 年 12 月 1 日在华盛顿通过（402 U. N. T. S. 71）. 其规定适用于南纬 60 度以南。

〔4〕《南极条约》第 4 条第 2 款。

《南极条约》为南极洲建立了特殊制度，停止相互冲突的领土主权要求，但也包含影响航行自由和飞越的规定。它规定南极洲"应仅用于和平目的""禁止任何军事性措施，如建立军事基地和设防工事，举行军事演习，以及试验任何类型的武器"。[1]南极洲的所有工作站和设施，以及在南极洲的货物或人员装卸点的所有船舶和飞机，要接受指派的外国观察员的视察。[2]因此，美国在南极洲不从事保密活动，美国的船舶和飞机在登临该大陆之前会移除所有保密材料。[3]此外，条约禁止在南纬 60 度以南的任何地方进行核爆炸和处理核废料。[4]但是，《南极条约》不会以任何方式影响在南极地区航行和飞越的公海自由。美国不承认对南极洲的任何领土、领海或领空要求。

美国也是 1991 年《关于环境保护的南极条约议定书》的缔约国，该议定书将南极洲指定为自然保护区，仅用于和平与科学，并列明了适用于南极洲人类活动的基本原则和详尽的强制性规则，包括优先考虑科学研究的义务。

（六）无核区

美国是 1968 年《不扩散核武器条约》[5]的缔约国，该条约承认国家集团为建立无核区而缔结区域性条约的权利。[6]这些区域性条约只约束缔约国或包含建立无核区规定的议定书的缔约国。在其他国家的权利和自由，包括航行和飞越的公海自由未受到侵害的范围内，此类条约并不违背国际法。[7]

---

〔1〕《南极条约》第 1 条第 1 款。

〔2〕《南极条约》第 7 条第 3 款。

〔3〕 For further information and guidance, see DOD Directive 2000.6, Subj: Conduct of Operations in Antarctica, and OPNAVINST 3120.20 (series), Subj: Navy Policy in Antarctica and Support of the U. S. Antarctic Program.

〔4〕《南极条约》第 5 条和第 6 条。

〔5〕《不扩散核武器条约》1968 年 7 月 1 日分别在莫斯科、伦敦、华盛顿开放签署（729 U. N. T. S. 161）。

〔6〕《不扩散核武器条约》第 7 条。

〔7〕 因此，美国并不反对建立无核区，只要在其适用的地区内保留某些基本权利。这些基本权利包括不干涉领海外的公海航行和飞越自由、领海和群岛水域的无害通过权、国际海峡的过境通行权以及群岛水域的群岛海道通过权。但是，这些协定的缔约国可在其各自的领陆、内水和领空内，对于非缔约国的核动力和载运核物质的船舶及飞机，给予或拒绝给予过境特权，包括停靠港口和飞越特权。Dept St. Bull., Aug. 1978, at 46-47; 1978 Digest of U. S. Practice in International Law 1668; 1979 Digest of Practice in International Law 1844. See also Rosen, Nuclear - Weapon - Free Zones, Nav. War Coil. Rev., Autumn 1996, at 44.

1967 年《拉丁美洲禁止核武器条约》（《特拉特洛尔科条约》）〔1〕就是一个
完全符合国际法的无核区安排的例子，美国批准了它的两个议定书就是明
证。〔2〕这决不影响美国在《特拉特洛尔科条约》所涵盖的水域内行使航行权

---

〔1〕《拉丁美洲禁止核武器条约》（《特拉特洛尔科条约》），1967 年 2 月 14 日在墨西哥城通过
（64 U. N. T. S. 281），1968 年 4 月 22 日生效。《特拉特洛尔科条约》由条约和两个附加议定书组成。该
条约的缔约国列表参见：28 Int'l Leg. Mat'ls 1404（1989）. 依据其条款，美国不能成为《特拉特洛尔科
条约》的缔约国，因为美国不在其适用的地区内。然而，美国是两个附加议定书的缔约国。

〔2〕《特拉特洛尔科条约第一附加议定书》（634 U. N. T. S. 362），1969 年 12 月 11 日生效（1981
年 11 月 23 日对美国生效），呼吁条约适用地区以外的核武器国家对其位于该区的领土适用该条约的无
核化规定。截至 1997 年 1 月 1 日，法国、荷兰、英国和美国都是第一附加议定书的缔约国。在拉丁美
洲无核武器区内，有巴拿马运河、位于古巴的关塔那摩海军基地、维尔京群岛和波多黎各。自第一附
加议定书于 1981 年 11 月 23 日对美国生效之日起，美国不得在这些地区储存或部署核武器，但其船舶
和飞机仍可到访这些港口和机场，或在其上空飞越，无论这些船舶和飞机是否载有核武器。在这方面，
另见 1977 年《关于巴拿马运河永久中立和运营的条约》（Treaty Concerning the Permanent Neutrality and
Operations of the Panama Canal, 33 U. S. T. 1；T. I. A. S. 10029）第 3 条第 1 款第 5 项和第 6 条第 1 款，其
中明确保证美国军用船舶过境运河的权利，不论其载运的货物或火力配备如何。军用船舶包括潜艇和
水面舰艇。如果在过境时发生事故，美国还有权在维尔京群岛、波多黎各和关塔那摩的港口维修和保
养运载核武器的船舶。此外，美国保留在紧急状态或作战需要时在这些港口从船舶上卸载核武器的权
利，只要这种卸载是临时性的，并且是在过境该地区的过程中所需要的。

美国批准第一附加议定书（以及下文讨论的第二附加议定书）时附有谅解和声明，即《特拉特洛
尔科条约》不影响第一附加议定书的缔约国给予或拒绝给予本国或任何其他国家的船舶或飞机过境和
运输特权的权利，不论其所载货物或火力配备为何，而且该条约不影响第一附加议定书的缔约国行使
海洋自由或者通过或飞越缔约国主权范围内水域的权利。See 28 Int'l Leg. Mat'ls 1410-12（1989）.

该条约没有定义"过境和运输"这两个用语。这些用语应在个案基础上加以解释，同时牢记这样
一个基本理念，即条约无意禁止与核武器通过该地区相关的合理活动。美国和法国在批准第二附加议
定书时发表正式声明确认了过境和运输权，拉丁美洲各缔约国均没有表示反对。拉丁美洲各缔约国也
从未依据条约或其议定书拒绝给予过境或运输特权，尽管事实上美国军用船舶和飞机经常在该地区过
境、靠港和飞越，美国的政策是在这种情况下既不承认也不否认存在核武器。1978 Digest at 1624；Pro-
hibition of Nuclear Weapons in Latin America, Hearing before Sen. For. Rel. Comm. , 97th Cong. , 1st Sess. , 22
Sept. 1981, at 18-20.

《特拉特洛尔科条约第二附加议定书》（634 U. N. T. S. 364），1969 年 12 月 11 日生效（1971 年 5
月 12 日对美国生效）。核武器国家有义务尊重该地区的无核化地位，不助长违反缔约国义务的行为，
不对缔约国（即拉丁美洲国家）使用或威胁使用核武器。美国批准第二附加议定书时附有谅解和声明
〔22 U. S. T. 760；28 Int'l Leg. Mat'ls at 1422-23（1989）〕，即条约及其议定书不影响领土主张的国际地
位；条约不影响缔约国给予或拒绝给予非缔约国运输和过境特权的权利；美国"认为一个缔约国在核
武器国家协助下进行武装攻击，不符合缔约国根据条约第 1 条承担的相应义务"；而且，尽管未被要求
这样做，美国仍将对第一附加议定书的缔约国位于条约适用地区内的领土采取行动，就像第二附加议
定书要求它对拉丁美洲的条约缔约国领土采取行动一样。中国、法国、苏联、英国和美国都是第二附
加议定书的缔约国 28 Int'l Leg. Mat'ls 1413（1989）. See also id. at 1414-23.

利和自由。[1]

七、空中航行

(一) 领空[2]

根据国际法, 每个国家对其领空, 也就是其领土、内水、领海的上覆空

---

[1] 1985 年《南太平洋无核区条约》和 1995 年《非洲无核武器区条约》都寻求与《特拉特洛尔科条约》相同的目标。《南太平洋无核区条约》(《拉罗汤加条约》), 1985 年 8 月 6 日在拉罗汤加通过 [24 Int'l Leg. Mat'ls 1442 (1985)], 1986 年 12 月 11 日生效。《拉罗汤加条约》由条约和三个议定书组成。条约本身只对南太平洋论坛成员国 (澳大利亚、库克群岛、斐济、基里巴斯、马绍尔群岛、密克罗尼西亚、瑙鲁、新西兰、纽埃、帕劳、巴布亚新几内亚、所罗门群岛、汤加、图瓦卢、瓦努阿图和西萨摩亚) 开放, 除其中三个国家 (马绍尔群岛、密克罗尼西亚和帕劳) 外, 其余都是条约的缔约国。《拉罗汤加条约》以《特拉特洛尔科条约》为范本, 在其适用的地区内不妨碍国际航行和飞越自由。

——《拉罗汤加条约第一议定书》(截至 2021 年 5 月 1 日尚未生效) 呼吁各缔约国对其在该地区内负有国际责任的领土适用条约的禁止性规定。第一议定书对法国、英国和美国开放, 这些国家都是签署国。

——《拉罗汤加条约第二议定书》(截至 2021 年 5 月 1 日尚未生效) 呼吁各缔约国不对条约的任一缔约国使用或威胁使用核武器。第二议定书对中国、法国、苏联、英国和美国开放, 这些国家都是签署国。

——《拉罗汤加条约第三议定书》(截至 2021 年 5 月 1 日尚未生效) 呼吁各缔约国不要在该地区内试验任何核爆炸装置。第三议定书对中国、法国、苏联、英国和美国开放, 这些国家都是签署国。

《非洲无核武器区条约》(《佩林达巴条约》), 1996 年 4 月 11 日在开罗通过 [35 Int'l Leg. Mat'ls 698 (1996)], 2009 年 7 月 15 日生效。《佩林达巴条约》由条约和三个议定书组成。该条约对所有非洲国家开放。截至 2021 年 5 月 1 日, 该条约已有 41 个缔约国。《佩林达巴条约》明确维护国际社会在条约适用地区的航行和飞越自由。

——《佩林达巴条约第一议定书》(截至 2021 年 5 月 1 日尚未生效) 呼吁各缔约国在非洲地区内不使用或威胁使用核武器。第一议定书对中国、法国、俄罗斯、英国和美国开放, 除俄罗斯外, 这些国家都是签署国。美国尚未批准该议定书。

——《佩林达巴条约第二议定书》(截至 2021 年 5 月 1 日尚未生效) 呼吁各缔约国不要在该地区内试验任何核爆炸装置。第二议定书对中国、法国、俄罗斯、英国和美国开放, 除俄罗斯外, 这些国家都是签署国。美国尚未批准该议定书

——《佩林达巴条约第三议定书》(截至 2021 年 5 月 1 日尚未生效) 适用于在该地区拥有属地的国家 (如法国和西班牙), 并呼吁它们在这些领土上遵守条约的某些规定。截至 2021 年 5 月 1 日, 只有法国成为缔约国。

[2] 根据国际法, 空气空间分为两大类: 领空 (一国陆地、内水、群岛水域和领海的上覆空域) 和国际空域 (毗连区、专属经济区和公海以及无主地 (即不在任何国家的主权之下地区, 如南极洲) 的上覆空域)。空气空间在垂直的方向上, 向上有一个界限 (但尚未予以定义), 界限的上方就是外层空间。

域，以及群岛国对群岛水域的上覆空域，享有完全和排他的主权。[1]不同于所有国家的船舶享有的无害通过权，飞机不能在领海和群岛水域上空无害通过。[2]除过境通行权和群岛海道通过权以外，飞机无权进入外国领空。因此，除非参加的国际协定有相反的规定，否则所有国家都有监管或禁止在其领空内飞行的自由裁量权，只有过境通行或群岛海道通过的飞机是例外。除上述情况以外，希望进入领空的外国航空器都必须报告身份，寻求或确认着陆或过境许可，并且必须遵守一切合理的命令，着陆、返航或者按指定航线和/或高度飞行。

根据1944年《国际民用航空公约》（《芝加哥公约》），遇险的民用航空器有权得到特别考虑并且应被给予入境和紧急着陆权。[3]习惯国际法承认遇险的外国国家航空器，包括军用飞机在内，享有同样的进入领空并紧急着陆的权利而无需事先得到沿海国许可。此类航空器的全体机组成员有权迅速离境，航空器也必须予以返还。在这种情况下，尽管停留在地面上，国家航空器也继续享有主权豁免。

1. 在公海或专属经济区的一个部分和公海或专属经济区的另一部分之间的国际海峡

包括军用飞机和无人机在内的所有航空器，在与领海重叠的国际海峡上空享有不受阻碍的过境通行权。[4]此种过境必须是继续不停和迅速的，相关航空器不得对海峡沿岸国的主权、领土完整或政治独立使用武力或以武力相威胁。[5]在和平时期，不得以任何目的阻碍或停止过境通行国际海峡的航空器行使飞越权。[6]

在与领海不完全重叠的国际海峡内，包括军用飞机和无人机在内的所有

---

〔1〕《领海及毗连区公约》第2条；《芝加哥公约》第1条；《联合国海洋法公约》第2条。1988年12月27日，美国将领海扩大到12海里，联邦航空管理局也随之将管制空域和适用某些空中交通规则的外部界限向海一侧延伸。Amendment 91‑207, 54 Fed. Reg. 265, 4 Jan. 1989, amending 14 C. F. R. parts 71 and 91, and 54 Fed. Reg. 34292, 18 Aug. 1989.

〔2〕在内水和领陆也不存在飞越权。

〔3〕《芝加哥公约》第5~16条。

〔4〕《联合国海洋法公约》第38条第1款。

〔5〕《联合国海洋法公约》第38条第2款。但是，所有飞机在过境通行时，必须监听国际上指定的空中交通管制线路或遇险呼救无线电频率（第39条）。

〔6〕《联合国海洋法公约》第44条。

航空器，在领海外的公海航道飞越时享有公海自由。如果公海航道不具有相同的便利性（譬如停留在公海航道内不符合正常的航行惯例），此种航空器在通过海峡上空时享有不受阻碍的过境通行权。[1]

2. 群岛海道

包括军用飞机和无人机在内的所有航空器，在群岛海道上空享有不受阻碍的通过权。飞越此种海道的权利本质上与过境通行与领海重叠的国际海峡上空的权利相同。[2]

（二）国际空域

国际空域是指不在国家主权之下的毗连区、专属经济区、公海和领土（如南极洲）的上覆空域。所有国际空域都对所有国家的航空器开放。[3]因此，包括军用飞机和无人机在内的航空器，可以自由飞越国际空域而不受沿海国当局干预。军用飞机可从事航空行动，包括实弹射击和测试、监视和情报收集以及其他海军活动支援。从事所有这类活动都必须适当顾及其他国家的权利以及其他飞机和船舶的安全。[4]（但是要注意，《南极条约》禁止在南极上空进行军事演习或武器测试。）飞越构成不与领海重叠的国际海峡的一个部分的公海或专属经济区的航道，也适用这些相同的原则。[5]

1.《国际民用航空公约》

同大多数国家一样，美国是1944年《国际民用航空公约》的缔约国。该多边条约通常又被称为《芝加哥公约》，适用于民用航空器。[6]它不适用于军用飞机或其他国家航空器，仅要求它们行动时"对民用航空器的航行安全予以应有的注意"。[7]《芝加哥公约》建立了国际民用航空组织，旨在发展国际航空的原则和技术，并促进国际航空飞行安全。[8]

---

〔1〕《联合国海洋法公约》第38条第1款。See also Nordquist, Vol. Ⅱ at 312-315.

〔2〕《联合国海洋法公约》第53条。与过境通行的情况一样，飞越群岛海道的所有飞机必须监听国际上指定的空中交通管制线路或遇险呼救无线电频率。《联合国海洋法公约》第39和第54条。

〔3〕《公海公约》第2条；《领海及毗连区公约》第24条；《联合国海洋法公约》第87条、第58条和第33条。

〔4〕《联合国海洋法公约》第87条第2款；《芝加哥公约》第3条第4项。

〔5〕《联合国海洋法公约》第35条第2项、第87条和第58条。

〔6〕《联合国海洋法公约》第3条第1项。

〔7〕《联合国海洋法公约》第3条第4项。

〔8〕《联合国海洋法公约》第44条第8项。

　　许多行动场景不宜适用国际民用航空组织的飞行程序。这些情况包括军事突发事件、保密行动、政治敏感行动或日常的航母行动。非依据国际民用航空组织飞行程序进行的行动则必须遵循"适当注意"标准。[1]

　　2. 飞行情报区

　　飞行情报区是一个为提供飞行情报服务和告警服务而划定的空域。飞行情报区由国际民用航空组织为了民用航空安全而建立，由领空和国际空域共同组成。通常，但也只是作为一项政策，日常点对点飞越国际空域的美国军机都会遵循国际民用航空组织飞行程序并使用飞行情报区服务。如上所述，这项政策的例外包括军事应急行动、保密或政治敏感行动以及日常的航母行动或其他训练活动。如果美国军机不遵守国际民用航空组织飞行程序，那它们在飞行时必须"适当注意"民用航空安全。[2]

　　但某些国家主张，要求在其飞行情报区内国际空域的所有军用飞机都遵守飞行情报区程序，无论它们是否使用飞行情报区服务还是意图进入领空。[3]美国不承认沿海国在这种情况下将飞行情报区程序适用于外国军用飞机的权利。因此，无意进入一国领空的美国军机不必亮明身份或者遵守其他国家建立的飞行情报区程序，除非美国明确同意这么做。[4]

　　3. 国际空域的防空识别区

　　国际法不禁止国家在邻接其领空的国际空域建立防空识别区。防空识别

　　〔1〕 更多信息，See DoDI 4540. 01, Use of International Airspace by U. S. Military Aircraft and for Missile and Projectile Firings; OPNAVINST 3770. 2K, Airspace Procedures and Planning Manual; and Coast Guard Commandant Instruction (COMDTINST) M3710. 1G, Coast Guard Air Operations Manual.

　　〔2〕《芝加哥公约》第3条第4项；DOD Directive 4540. 1；9 Whiteman 430-31；AFP 110-31, at 2-9 to 2-10 n. 29. 一国政府接受在国际空域内对飞行情报区的责任，并不赋予该国政府在国际空域的主权权利。因此，军用飞机和国家航空器仅仅在位于飞行情报区内的国际空域过境时，免于支付航路费用或飞越费用，包括飞行情报区提供的服务费用。各国的正常做法是，即使军用飞机在领空内飞行或在领土内着陆时，也免除其此类费用。可以对国家航空器适当收取的唯一费用是那些可能与下列服务直接相关的费用，这些服务是应机长的特别请求提供的，或者是由运营航空器的国家的其他适当级别的官员提供的。1993 State message 334332.

　　〔3〕 美国已抗议古巴、厄瓜多尔、尼加拉瓜和秘鲁提出的这种主张，并坚持美国有权在它们位于飞行情报区的国际空域内操作其军用飞机，无需事先通知或者获得它们空中交通管制机构的授权。See Roach & Smith at 23 1-34.

　　〔4〕《芝加哥公约》第3条第1项、第11条、第28条；OPNAVINST 3770. 4 (series), promulgating DOD Directive 4540. 1, Subj: Use of Airspace by U. S. Military Aircraft and Firings Over the High Seas. 还应查阅可适用的交战规则。See also ALLANTFLT 016/97 (CINCLANTFLT MSG 1019002 OCT 97).

区制度的法律基础是一国建立合理的入境该国之条件的权利。因此，作为一项批准入境的条件，一国可以要求接近领空但仍在国际空域的航空器亮明身份。美国颁布的防空识别区规章适用于飞往美国领空的航空器，要求它们提交飞行计划和定期位置报告。[1]美国不承认沿海国将防空识别区程序适用于无意进入该国领空的外国航空器的权利，也不承认美国将其防空识别区程序适用于无意进入美国领空的外国航空器的权利。因此，无意进入一国领空的美国军机不必亮明身份或者遵守其他国家建立的防空识别区程序，除非美国明确同意这么做。[2]

应当强调的是，前述内容考虑的是和平时期或者非敌对环境。如果战事迫在眉睫或已实际发生，一国可以采取将会影响到飞越国际空域的必要的自卫措施。

（三）《开放天空条约》

1955年由时任总统艾森豪威尔首次提议，旨在推动在北约（NATO）和华约组织成员国之间进行双边和合作性质的空中侦察，《开放天空条约》于1992年通过，2002年1月1日正式生效。条约要求各缔约国接受其他缔约国装备有相互同意的传感器的非武装航空器飞越其全部领空。飞越的数量根据参加国与美国和俄罗斯/白俄罗斯的实际面积大小按照比例调整，每一成员国有义务接受每年此种飞行的上限为42次。

尽管自1992年条约谈判以来欧洲的安全环境已发生显著变化，但它在欧洲安全框架中仍然是一个有用的组成部分，为成员国之间建立透明度、相互理解和合作提供了进一步的手段。条约成员国包括白俄罗斯、比利时、保加利亚、加拿大、捷克、丹麦、法国、格鲁吉亚、德国、希腊、匈牙利、冰岛、

---

〔1〕 美国的防空识别区依据美国联邦航空管理局的规章（14 C. F. R. part 99）建立：美国毗连区的防空识别区（14 C. F. R. part 99.42）；阿拉斯加的防空识别区（14 C. F. R. part 99.43）；关岛的防空识别区（14 C. F. R. part 99.45）；夏威夷的防空识别区（14 C. F. R. part 99.47）。为了使行政官员恰当地履行部门职责，行政官员的权力已经扩展到美国领土以外的空域。美国法律（49 U. S. C. sec. 1510）赋予总统依照国际协定或安排中规定的必要授权下令进行这种域外扩张的权力。总统通过第10854号行政命令［Exec. Order 10, 854, 27 November 1959, 3 C. F. R. part 389（1959-1963 Comp.）］行使此项权力。See also MacChesney 579600；NWIP 10-2, art. 422b.

〔2〕《芝加哥公约》第11条；OPNAVINST 3770. 4（series），promulgating DOD Directive 4540. 1, Subj：Use of Airspace by U. S. Military Aircraft and Firings Over the High Seas；OPNAVINST 3772. 5（series），Subj：Identification and Security Control of Military Aircraft；General Planning Section, DOD Flight Information publications. 还应查阅适当的交战规则。

意大利、卢森堡、荷兰、挪威、波兰、葡萄牙、罗马尼亚、俄罗斯、斯洛伐克、西班牙、土耳其、乌克兰、英国和美国。

美国海军部的政策是，既遵守《开放天空条约》的所有规定，同时也遵守海军及海军陆战队的安全指令。[1]在进行飞越时，除宣告有紧急情况或实际处于紧急情况中的航空器外，开放天空机制下的航空器在空中交通管制系统中相比其他所有空中运输享有优先权。开放天空机制下的航空器可以飞越签署国的全部领土，除了飞行安全问题外没有空域限制。开放天空机制下的航空器有权进入所有美国海军部和其他部门的军事设施、基地和相关单位的上覆空域，以及美国领土内的任何其他空域。

八、航行和飞越权利与自由的行使和维护

1983 年 3 月 10 日，里根总统发布的《美国海洋政策声明》宣布：

美国将在遵守《联合国海洋法公约》中反映的利益平衡的基础上，在世界范围内行使并维护美国的航行和飞越权利与自由。但美国不会默许其他国家旨在限制国际社会在航行和飞越以及其他相关公海利用方面的权利和自由的单方面行为。

如果各国似乎默许过度的海洋诉求并且在面对国际航行和飞越受到的限制时没有积极地行使其权利，那些诉求和限制可能就会适时地被认为已得到国际社会接受，反映了国家实践并对所有海洋及其上覆空域的使用者有拘束力。因此，海洋国家有义务对沿海国的一切过度声索进行外交抗议，并在面对此类声索时行使其航行和飞越权。《美国海洋政策声明》清楚地表明，美国已将这项责任作为其国家政策的基本组成部分。[2]

---

〔1〕　美国海军部关于执行《开放天空条约》的指南，参见 Secretary of the Navy instruction（SEC-NAVINST）5710. 26, Compliance and Implementation of the Treaty on Open Skies.

〔2〕　See U. S. Dep't State, GIST: US Freedom of Navigation Program, Dec. 1988; and DOD Instruction C2005. 1, Subj: U. S. Program for the Exercise of Navigation and Overflight Rights at Sea（U）. See also Roach & Smith, at 255; National Security Strategy of the United States, August 1991, at 15; and Rose, Naval Activity in the Exclusive Economic Zone—Troubled Waters Ahead? 39 Naval L. Rev. 67, 85–90（1990）. 1989 年 9 月 23 日，美国和苏联发表的一项联合声明中承认"有必要鼓励所有国家将其国内法律、规章和惯例"与《联合国海洋法公约》的航行条款保持一致。

《联合国海洋法公约》从某种程度上旨在阻止沿海国逐渐扩大的管辖权主张或海洋圈地运动。虽然

（接上页）这一努力似乎取得了某些成功，但是很明显，很多国家目前以各种各样既不符合《联合国海洋法公约》也不符合习惯国际法的手段声称限制航行自由。See Negroponte, Who Will Protect the Oceans? Dep't St. Bull. , Oct. 1986, at 41–43; Smith, Global Maritime Claims, 20 Ocean Dev. & Int'l L. 83 (1989). 亚历山大警告说，海洋圈地运动将会继续下去。他尤其见证了对军舰、军用飞机及"可能有污染"的船舶在领海和专属经济区内的活动以及在国际海峡的过境通行所施加的更多未经授权的限制。Alexander 369–70. 对于海上管辖权的某些主张与《联合国海洋法公约》之规定的一致性问题，美国的观点可参见：3 March 1983 Statement in Right of Reply.

自 1948 年以来，美国国务院向其他国家就其过分的海洋主张发出了大约 150 份抗议照会，并与许多国家进行了大量双边讨论。Negroponte, Current Developments in U. S. Oceans Policy, Dep't St. Bull. , Sept. 1986, at 84, 85; Navigation Rights and the Gulf of Sidra, Dep't St. Bull. , Feb. 1987, at 70; Roach, Excessive Maritime Claims, 1990 Proc. Am. Sot. Int'l L. 288, 290; Roach & Smith, at 4. 美国对过分海洋主张的回应，参见：Limits in the Seas No. 112（1992）.

关于海洋法中抗议重要性的讨论，参见 1 O'Connell 38–44; Colson, How Persistent Must the Persistent Objector Be? 61 Wash. L. Rev. 957, at 969（1986）. 对比如下：

第一，各国不应将法律上的立场声明视为挑衅的政治行为。它们是国际律师行业的必要工具，超越了政治目的，因为偶尔国家确实会将其法律争端提交法庭裁决。

第二，不要求以特定的形式或语气发表立场声明。一个温和的语气和谦和的措辞仍然可以有效地作出必要的法律声明。

第三，当一国以其他方式清楚地表明其法律立场时，可能没有必要采取单方行为来保护该国作为持续反对者的法律立场。然而，单方行为会促使形成与该行为相一致的法律，而且在某些情况下行为对于减缓习惯法演谴责的侵蚀可能是有必要的。

第四，不是每一个法律行动都需要一个对等且相反的反应来维持在法律世界中的地位

第五，一个国家在其法律观点上越孤立，它就必须越积极地重申并阐明其立场。

"在全世界的海洋上行使航行自由权，并不意味着是一种挑衅行为。相反，在习惯国际法的框架内，这是一种合法且和平的法律立场主张方式，仅此而已。"Negroponte, Who Will Protect the Oceans? Dep't St. Bull. , Oct. 1986, at 42. 美国在行使航行权利和自由时，"将继续严格按照国际法行事，我们对其他国家也不会期望过低"。Schachte, The Black Sea Challenge, U. S. Naval Inst. Proc. , June 1988, at 62.

"通过不会仅仅因为其目的是检验或主张一项与沿海国有争议或被沿海国错误否定的权利而变得有害。"Fitzmaurice, The Law and Procedure of the International Court of Justice, 27 Br. Y. B. Int'l L. 28 (1950). 文中评论了"科孚海峡案"，国际法院在该案中认为，英国没有义务放弃行使被阿尔巴尼亚非法拒绝的无害通过权。1949 ICJ Rep. 4, 4 Whiteman 356. 美国国际法学会关于海洋主张的特别工作委员会曾建议：

定期行使权利的计划应当只是"定期的"，而不是不必要的挑衅。在高度紧张的时候，军舰多年来首次突然出现在争议地区，这不太可能被视为一场仅仅与维护根本法律立场相关的基本上无害的演习。负责处理与特定沿海国关系的人应认识到，只要行使权利的计划是保护根本法律立场所必需的，出于目前的政治顾虑而拖延行使就可能会在以后引起更严重的争端。

Am. Sot. Int'l L. Newsletter, March–May 1988, at 6.

美国对各种可能遭受异议的主张行使了其权利和自由，包括：未获承认的历史性水域主张；不恰当地划定衡量海上主张的基线；超过 12 海里的领海主张；以及对任何类型船舶的无害通过施加不被允许的限制的领海主张，例如，要求事先通知或取得授权。自 1979 年这项政策实施至今，美国已对包括苏联在内超过 35 个国家提出的可能遭受异议的主张行使了权利，平均每年约 3040 次。Department of State Statement, 26 March 1986, Dep't St. Bull. , May 1986, at 79; Navigation Rights and the Gulf of Sidra, Dep't St. Bull. , Feb. 1987, at 70. See also, Roach & Smith, at 6.

　　自 20 世纪 70 年代初以来，美国通过国防部第 S－2005.01 号指令——《航行自由计划》，已重申其在世界范围内行使并维护其航行自由和飞越权的一贯政策。根据《航行自由计划》，美国会通过国务院外交抗议和美国部队以行动维护的方式，应对其他国家过度海洋声索带来的挑战。美国《航行自由计划》中的主张旨在保持政治中立以及不挑衅，鼓励其他国家修正其诉求并在实践中遵守《联合国海洋法公约》。各级指挥官应参考作战指挥的战场指南和针对具体指南的适当作战命令，以便在某一行动区域内计划并实施航行自由行动。

（接上页）可能最广为人知的反对行为发生在锡德拉湾（海湾的封口线划在北纬 30 度 30 分）。关于美国的行动，参见：Spinatto, Historic and Vital Bays: An Analysis of Libya's Claim to the Gulf of Sidra, 13 Ocean Dev. & Int'l L. J. 65 (1983); N. Y. Times, 27 July 1984, at 5; and Parks, Crossing the Line, U. S. Naval Inst. Proc. , Nov. 1986, at 40. 公众知道的其他例子还包括：1984 年 11 月和 1986 年 3 月（Washington Post, 19 March 1986, at 4 & 21; Christian Science Monitor, 20 March 1986, at 1, 40）以及 1988 年 2 月（N. Y. Times, 13 Feb. 1988, at 1 & 6）过境黑海以反对苏联对无害通过的限制；1987 年 5 月（Washington Post, 22 May 1987, at A34），过境彼得罗巴甫洛夫斯克的阿瓦查湾（直线基线）。然而，大多数反对行为都没有公开宣扬，相关沿海国也没有提出抗议或有其他反应。

　　关于黑海行动的一些公众评论错误地将这一通过定性为有害的。Rubin, Innocent Passage in the Black Sea? Christian Sci. Mon. , 1 Mar. 1988, at 14; Carroll, Murky Mission in the Black Sea, Wash. Post Nat'l Weekly Ed. , 14-20 Mar. 1988, at 25; Carroll, Black Day on the Black Sea, Arms Control Today, May 1988, at 14; Arkin, Spying in the Black Sea, Bull. of Atomic Scientists, May 1988, at 5. Authoritative responses include Armitage, Asserting U. S. Rights on the Black Sea, Arms Control Today, June 1988, at 13; Schachte, The Black Sea Challenge, U. S. Naval Inst. Proc. , June 1988, at 62; and Grunawalt, Innocent Passage Rights, Christian Sci. Mon. , 18 Mar. 1988, at 15. See also, Note, Oceans Law and Superpower Relations: The Bumping of the Yorktown and the Caron in the Black Sea, 29 Va. J. Int'l L. 713 (1989); Franckx, Innocent Passage of Warships, Marine Policy, Nov. 1990, at 484-90; Rolph, Freedom of Navigation and the Black Sea Bumping Incident: How "Innocent" Must Innocent Passage Be? 135 Mil. L. Rev, 137 (1992); and Aceves, Diplomacy at Sea: U. S. Freedom of Navigation Operations in the Black Sea, Nav. War Coll. Rev, Spring 1993, at 59. 仅仅是偶然的观察海防不足以使并非为此目的而进行的通过变得有害。Fitzmaurice, 27 Br. Y. B. Int'l L. 29, n. 1, *quoted in* 4 Whiteman 357.

　　美国《航行自由计划》要解决的对航行和飞越自由产生不利影响的其他不符合《联合国海洋法公约》的主张还包括：

　　—对 12 海里以外海域的管辖权主张，声称限制无关资源的公海自由，例如专属经济区或安全区；

　　—不符合《联合国海洋法公约》的群岛国主张，或者不允许符合《联合国海洋法公约》的群岛海道通过，包括潜艇的水下通过和军用飞机的飞越，以及以符合有关部队安全的部署方式过境；以及

　　—领海主张与国际海峡重叠，但不允许过境通行，或者要求军舰和辅助船事先通知或取得授权，或者对此类船舶适用歧视性要求，或者将未获国际法承认的要求适用于核动力军舰或有核能力的军舰及辅助船。

　　See*also* Boma, Troubled Waters off the Land of the Morning Calm: A Job for the Fleet, Nav. War Coil. Rev. , Spring 1989, at 33.

九、船舶和飞机的航行安全规则

（一）国际规则

大多数涉及包括军舰在内的水面舰艇和潜水艇航行安全的规则都规定在1972年《国际海上避碰规则》中。这些规则适用于一切国际水域（即公海、专属经济区和毗连区），除沿海国确立不同规则以外，这些规则也适用于该国领海、群岛水域和内水。1972年《国际海上避碰规则》已被纳入美国法。[1] 1990年《美国海军条例》第1139条指令所有负责海军舰艇运行的海军服役人员"应勤勉地遵守"1972年《国际海上避碰规则》。海岸警卫队人员必须遵守一切联邦法律和规章。[2]

（二）美国内河航行规则

许多国家都已为领土主权之下的水域（即内水、群岛水域和领海）制定了特殊规则。包括军舰在内的美国政府船舶违反了这些规则，可能会使美国政府因碰撞或其他损害而被起诉、为外交抗议提供了理由、导致美国进入外国港口受到限制或者促使外国采取其他行动。[3]

美国已为此目的制定了特殊的内河航行规则，[4]在美国法律确定的基线向陆一侧的美国水域中适用。[5]1972年《国际海上避碰规则》适用于基线向海一侧的美国领水、毗连区、专属经济区和公海。

（三）飞机航行规则[6]

国际民用航空组织有相同的标准化技术原则和政策，可适用于国际空域和大多数外国空域，在美国内陆也是有效的。因此，美国飞行员可以遵照相同的一般空中规则，使用相同的航空装备以及通讯惯例和程序，在他们所熟

〔1〕 See Title 33, United States Code (U. S. C.), Sections 1601 to 1606 (33 U. S. C. 1601 and 1606).

〔2〕 See COMDTINST M5000.3B, Coast Guard Regulations.

〔3〕 See U. S. Navy Regulations, 1990, art. 1139.

〔4〕 33 U. S. C. sec. 2001 et seq. (1988), implemented in 33 C. F. R. parts 84-90.

〔5〕 这种分界线不一定与内水或领海的边界重合。对美国来说，它们是在美国海岸和地理调查局发布的航海图上标明的。See COMDTINST M16672.2D, Navigation Rules, International—Inland; Title 33, Code of Federal Regulations, part 80; and 33 U. S. C. 2001 to 2073.

〔6〕 民用航空器在国际空域中的航行规则，参见 Annex 2 (Rules of the Air) to the Chicago Convention, DoD Flight Information Publication General Planning, and OPNAVINST 3710.7V Naval Air Training and Operating Procedures Standardizations General Flight and Operating Instructions.

悉的相同的空中交通管制系统规制下，飞行所有主要国际航线。尽管国际民用航空组织还没有建立一套"国际航空语言"，但国际上已约定俗成使用英语进行空中交通管制。

十、促进航空和海上安全的军事协定及合作措施

（一）美国和俄罗斯《关于防止公海水面和上空意外事件的协定》

为了在海上相遇期间更好地保证各自军舰和军用飞机的航行和飞行安全，美国与苏联于1972年缔结了《关于防止公海水面和上空意外事件的协定》。苏联解体之后，俄罗斯继承了该条约。这项对海军的协定，通常被称为《海上意外事件协定》，旨在尽可能避免美苏部队在海上接近时的相互骚扰和较劲式航行。尽管该协定只说适用于"公海"水面和上空航行的军舰和军用飞机，但由于它出现于专属经济区建立之前，因而也适用于领海以外的水域和国际空域。[1]

《海上意外事件协定》的主要规定包括：

（1）船舶应严格遵守1972年《国际海上避碰规则》的文本和精神。

（2）船舶应彼此保持距离以避免碰撞风险，并且在从事监视活动时运用良好船艺以避免情况复杂化或给被监视船舶带来危险。

---

〔1〕　OPNAVINST C5711. 94（series），Subj：US/USSR Incidents at Sea and Dangerous Military Activities Agreements；and U. S. Addendum to volume II of ATP 1. The 1972 INCSEA Agreement，23 U. S. T. 1168，T. I. A. S. 7379，and its 1973 Protocol，24 U. S. T. 1063，T. I. A. S. 7624，are reproduced in AFP 110-20，at 36-4.

美苏《海上意外事件协定》（INCSEA Agreement）没有规定船舶或飞机之间的最小固定距离，适用关于审慎航海技术和飞行技巧的规则。

同样引入《海上意外事件协定》之规定和特殊信号的类似协定，于1986年7月15日在苏联和英国之间生效［U. K. T. S. No. 5（1987）］，1988年10月28日在苏联和德国之间生效，1989年11月20日在苏联和加拿大之间生效，1989年7月4日在苏联和法国之间生效，以及1989年11月30日在苏联和意大利之间生效。

1990年1月1日，美国和苏联签订的一项防止两国武装部队在和平时期相互接近时进行危险军事活动的协定生效。该协定提供了处理意外事件的程序，涉及："由于不可抗力，或者由于此类人员的无意行为"而进入包括领海在内的他国领土；若其光线可能给他国人员或装备造成伤害，仍以这样的方式使用激光；以可能给他国人员造成伤害或给其装备造成损害的方式，妨碍该国在特别警告区的活动；以可能给另一方人员造成伤害或给其装备造成损害的方式，干扰该方的指挥和控制网络。该协定的文本，名为《关于防止危险军事活动的协定》，于1989年6月12日在莫斯科签署［28 Int'l Leg. Mat'ls 879（1989）］。See also Leich，Contemporary Practice of the United States Relating to International Law--Prevention of Dangerous Military Activities，83 Am. J. Int'l L. 917（1989）.

（3）船舶应利用专用信号表明其行动和意图。

（4）一方的船舶不使用枪支、导弹发射器、鱼雷发射管或其他武器对他方的船舶和飞机进行模拟攻击，不向船舶航向发射任何物体，也不照射其舰桥。

（5）与下潜的潜水艇进行演习的船舶应发出适当信号，警告该区域内有潜水艇。

（6）船舶在接近他方船舶时，尤其是那些进行补给或飞行行动的船舶时，要采取适当措施，不妨碍此类船舶的操作并保持距离。

（7）飞机在接近他方的飞机和船舶时，尤其是正在起降飞机的船舶时，要格外谨慎，不得假装使用武器进行模拟攻击，不在他方船舶上空进行特技飞行或向其附近投掷物体。

1973年议定书修正了《海上意外事件协定》，将某些规定扩大适用于非军用船舶。具体而言，1973年议定书规定，美国和苏联的军用船舶和飞机不得使用枪支、导弹发射器、鱼雷发射管或其他武器对他方的非军用船舶进行模拟攻击，也不得向他方非军用船舶附近发射或投掷任何物体，从而给这些船舶带来危险或危及航行。

该协定还规定，两国的海军代表召开年度审查会议以审查协定的执行情况。[1]《海上意外事件协定》继续适用于美国和俄罗斯的船舶和军用飞机，在美国和乌克兰之间也现行有效。[2]

（二）美国和俄罗斯《关于防止危险军事活动的协定》

为避免和平时期各自的军队之间彼此接近开展行动时产生的危险局面，美国和苏联（现在是俄罗斯）于1990年签订了《关于防止危险军事活动的协定》。该协定通常被称为《危险军事活动协定》，具体涉及四类活动：

（1）无意中或因遇险（不可抗力）进入他方领土；

（2）以对他方构成危险的方式使用激光；

（3）在"特别警告区"以对他方构成危险的方式妨碍行动；

---

〔1〕 每次年度审查会议的结果由海军作战部长向作战指挥官宣布。关于详细指南，请查阅适当层级的舰队指挥官发布的指示（instructions）和作战命令（OPORDS）。

〔2〕 美国和俄罗斯《海上意外事件和危险军事活动协定》（OPNAVINST 5711.96C），规定了与《海上意外事件协定》（INCSEA Agreement）有关的情报和问题程序，包括授权美国和俄罗斯根据《海上意外事件协定》在沟通期间使用的《附加信号表》（Table of Supplementary Signals）。

（4）以对他方构成危险的方式干扰指挥和控制网络。

《危险军事活动协定》继续适用于美国和俄罗斯的武装部队。[1]

（三）中国和美国《海上军事安全磋商协定》

美国国防部长和中国国防部长于 1998 年 1 月签署了《海上军事安全磋商协定》，为中美之间交换看法以加强海上和空中安全提供了一个平台。《海上军事安全磋商协定》并未在两国间建立有法律拘束力的程序，但提供了一个方便各自海军和空军进行磋商的机制。《海上军事安全磋商协定》涉及如下促进海上活动安全的措施：

（1）搜救活动；

（2）船舶相遇时的沟通程序；

（3）《国际海上航道规则》的解释；

（4）避免海上事故。

（四）《海上意外相遇规则》

2014 年《海上意外相遇规则》是一项国际守则，旨在于海军船舶、潜水艇、辅助船和飞机之间降低不确定性、提升安全性、方便沟通并促进标准化操作惯例。它由航行安全规则、通讯程序和信号组成。尽管没有法律拘束力，但《海上意外相遇规则》利用现有的国际程序，提供了一个协调的通讯手段和操作惯例，尽可能保证一个不习惯正常使用操作和信号手册的海军的海上安全。《海上意外相遇规则》的参加国包括美国、澳大利亚、文莱、柬埔寨、加拿大、智利、中国、法国、印度尼西亚、日本、马来西亚、新西兰、巴布亚新几内亚、秘鲁、菲律宾、韩国、俄罗斯、新加坡、泰国、汤加和越南。

（五）中国和美国《关于海空相遇安全行为准则谅解备忘录》

2014 年 11 月，中国和美国签署了《关于海空相遇安全行为准则谅解备忘录》。谅解备忘录虽然没有法律拘束力，但努力加强对现有国际法的遵守；促进海上和空中航行安全；提升军事互信；发展中美之间新型军事关系。谅解备忘录由三个附件组成。

---

〔1〕《海上意外事件和危险军事活动协定》（OPNAVINST 5711.96C）为海军部所属各部队提供了《危险军事活动协定》（DMA）的实施指南。参谋长联席会议条令（CJCSI 2311.01）、参谋长联席会议主席关于《危险军事活动协定》的指令已作废，但《海上意外事件和危险军事活动协定》仍继续有效。

附件一是准则术语。

附件二是《舰舰相遇安全行为准则》。该附件通过重申国际法的要求（如《国际海上避碰规则》）以及先前存在的义务（如《海上意外相遇规则》），旨在避免中美水面舰艇之间发生意外事件并建立互信。此外，《舰舰相遇安全行为准则》鼓励在空中相遇期间主动及时沟通，强化在警告区的航行自由和飞越权。这些规则不鼓励模拟攻击、特技飞行、发射武器、照射舰桥和座舱、使用激光、小艇的非安全接近以及其他可能被解读为受到另一国舰艇威胁的行为。

附件三签订于2015年9月，即《空中相遇安全行为准则》。该附件旨在避免中美军用飞机在国际空域出现航空意外事件。该附件同谅解备忘录的其余部分一样，没有法律上的拘束力，也不会创设任何新的实质性义务。该附件中达成的大多数谅解已经有国际法上的拘束力了，它要求军用飞机在切实可行的范围内依据适用于民用航空器的规则飞行，在空中相遇时履行适当注意义务。此外，《空中相遇安全行为准则》鼓励空中相遇期间主动沟通；要求拦截飞机避免鲁莽操作；强化在警告区的航行自由和飞越权；要求飞机避免作出可能被他国飞机视为挑衅的行为。

十一、外层空间军事活动

（一）外层空间

除了进行过境通行或群岛海岛通过，未经领土所属国同意，外国飞机无权飞越其领空。但是，人造卫星和其他位于地球轨道的物体可以自由飞越外国领土。尽管领空的上限和外层空间的下限之间没有法律上明确的界线，但国际法承认在地球轨道高度及以外的人造空间物体有过境自由。[1]一个普遍接受的定义是，外层空间始于地球空气空间的不确定上限并向宇宙无限延伸。

（二）外层空间法

包括《联合国宪章》在内的国际法适用于国家的外层空间活动。外层空间开放给所有国家探索和利用，但是，外层空间不得被国家据为己有，必须

---

〔1〕 See Schwetje, The Development of Space Law and a Federal Space Law Bar, Fed. B. News & J., Sep. 1988, at 316.

用于和平目的。[1]"和平目的"一语并不禁止外层空间的军事活动和军事用途（包括作战）。虽然禁止违反《联合国宪章》的侵略行为，但可以合法地部署天基系统以履行必要的指挥、控制、通信、情报、导航、环境、监视和预警功能，从而支援陆地、空中及海上的军事活动。[2]外层空间的使用者必须适当顾及其他使用者的权利和利益。

1. 外层空间法的一般原则

规制空间活动的国际法既涉及活动的性质，也涉及具体规则适用的空间的位置。一般而言，外层空间由月球和其他自然天体以及这些自然天体之间的浩瀚空间组成。

适用于外层空间的国际法包括如下规则：

（1）所有国家都可以自由进入外层空间。[3]

（2）各国不得对外层空间提出主权要求或者据为己有。[4]

（3）外层空间用于和平目的。[5]

（4）外层空间的每一使用者都必须适当顾及其他使用者的权利。[6]

---

〔1〕尽管许多国家坚称"和平目的"不包括军事措施，但美国一贯将"和平目的"解释为非侵略性的目的。不构成对另一国的主权、领土完整或政治独立的使用武力的军事活动，以及没有以其他方式违反联合国宪章的军事活动，是允许的。国际法中普遍适用的自卫权在外层空间也同样适用。美国对"和平目的"的解释和相关问题的讨论，参见：De Saussure & Reed, Self-Defense——A Right in Outer Space, 7 AF JAG L. Rev. （No. 5）38 （1985）, and Reed, The Outer Space Treaty：Freedoms——Prohibitions——Duties, 9 AF JAG L. Rev. （No. 5）26 （1967）.

〔2〕支撑国家安全目标的海军行动越来越依赖空间系统支援服务。现在，实际上每一支舰队都在某种程度上依赖空间支援系统，对空间技术的军事利用也在稳步增长。See Holland, The Challenge in Space：The Navy's Case, U. S. Naval Inst. Proc. , Feb. 1990, at 37；Skolnick, The Navy's Final Frontier, id. Jan. 1989, at 28；Howard, Satellites and Naval Warfare, id. April 1988, at 39；Jones, Photographic Satellite Reconnaissance, id. , June 1980, at 41；U. S. Naval Space Command：Supporting the Fleet, Aviation Week & Space Technology, March 21, 1988, at 38-51；Burrows, Deep-Black：Space Espionage and National Security （1986）；Yost, Spy-Tech （1985）；Karas, The New High Ground：Strategies and Weapons of Space-Age War （1983）；Canan, War in Space （1982）；Stine, Confrontation in Space （1981）; and Jane's Spaceflight Directory （annual）.

〔3〕《关于各国探索和利用包括月球和其他天体在内外层空间活动的原则条约》（《外层空间条约》）, 1967 年 1 月 27 日开放签署 （610 U N T S 205）, 第 1 条。

〔4〕《外层空间条约》第 2 条。

〔5〕《外层空间条约》第 3 条和第 4 条。

〔6〕《外层空间条约》第 9 条。

（5）不得在外层空间放置核武器或其他大规模杀伤性武器。[1]

（6）禁止在外层空间进行核爆炸。[2]

（7）探索外层空间应避免污染外层空间环境和地球生物圈。[3]

（8）宇航员必须尽一切可能援助其他遇险的宇航员。[4]

（9）外层空间的物体必须在一国登记。[5]

（10）外层空间物体的登记国对该物体造成的损害承担责任。[6]

---

〔1〕《外层空间条约》第4条。

〔2〕《禁止在大气层、外层空间和水下进行核武器试验条约》（《部分禁止核试验条约》），1963年8月5日通过（480 U. N. T. S. 43），第1条。

〔3〕《外层空间条约》第9条。

〔4〕《外层空间条约》第5条。

〔5〕《关于登记射入外层空间物体的公约》（《登记公约》），1975年1月14日开放签署（1023 U. N. T. S. 15）。为了提高空间活动的安全性，《登记公约》已为登记从地球发射的外空物体规定了双重登记制度。第一个义务是，每一发射国应保存一个包含每一个发射外空物体的特定信息的登记册。第二个义务是，应"在切实可行的范围内尽速"向联合国秘书长供给这一基本信息，并于该物体已不复在地球轨道内时通知秘书长。由此，联合国就保有了一个记载着所有从地球发射的外空物体的登记册。外空中的物体仍然受登记国的管辖和控制。《外层空间条约》第2条第1款、第2条第2款、第3条、第4条和第8条。如果有两个以上的发射国，其中一国必须同意作为登记国（第2条第2款）。《登记公约》没有定义"在切实可行的范围内尽速"这一用语。国家实践已确立的做法是，如国家安全有此要求，给出的有关太空任务信息的范围和及时性可予以限制。

〔6〕《外空物体所造成损害之国际责任公约》（《责任公约》），1971年11月29日通过。"发射国"要对损害负责。就国际责任而言，发射国是指发射或促使发射外空物体，或外空物体自其领土发射的国家。因此，对于任何特定的外空物体来说，可能有两个以上的国家要为其造成的损害承担责任。即使发射完全由私人商业企业进行，发射国也要对其造成的损害承担国际责任。外空物体对地面或者飞行中的航空器所造成的损害，发射国应当承担绝对责任。只有在能够证明主张权利的一方有重大过失时，发射国的责任才可能免除。对于外空物体在地球表面以外的任何地方相互之间造成损害的责任问题，则根据当事各方各自的过失或过错程度来确定。《责任公约》在其第1条第1项、第2条、第3条和第6条中详细阐释了《外层空间条约》第7条中载明的国际损害责任的一般原则。《责任公约》第4条和第5条涉及连带责任和个别责任。1978年1月24日，苏联"宇宙-954号"卫星在加拿大的北极地区坠毁，关于这一事件的讨论，参见：Galloway, Nuclear Powered Satellites: The U. S. S. R. Cosmos 954 and the Canadian Claim, 12 Akron L. Rev. 401（1979）, and Christol, International Liability for Damage Caused by Space Objects, 74 Am. J. Int'l L. 346（1980）. The Canadian claim is set forth in 18 Int'l Leg. Mat'ls 899–930（1979）; its resolution is at 20 Int'l Leg. Mat'ls 689（1981）（苏联同意赔付300万加元）. See also Lee & Sproule, Liability for Damage Caused by Space Debris: The Cosmos 954 Claim, 26 Can. YB. Int'l L. 273（1988）. 外层空间没有"交通规则"来确定哪一艘航天器享有优先通行权。《责任公约》没有区分民用和军用外空物体。如果涉及军用武器，受害国可能会认为，要适用自卫原则而非《责任公约》。在美国国务院向参议院作出保证，《责任公约》不适用于故意造成的损害后，参议院才就批准该公约作出意见并同意。Christ01 at 367 citing Senate Comm. on Foreign Relations, Convention on International Liability for Damage Caused by Space Objects, S. Exec. Rep. 92–38, 92d Cong. , 2d Sess. 10（1972）.

2. 自然天体

自然天体包括月球，但不包括地球。根据国际法，不得在自然天体上建立军事基地、设施和工事，也不得进行武器试验或军事演习。此外，自然天体上的所有设备、驻地和飞行器，在互惠的基础上开放给其他缔约国代表视察。对位于天体之间的空间中的人造物体，则不存在相应的实际视察权。可在自然天体上使用军事人员进行科学研究或为和平目的的其他活动。

（三）宇航员的援救和送还

《外层空间条约》和《营救协定》[1]确立了援助宇航员的具体要求。条约不区分平民宇航员和军人宇航员。

从事外空活动的一国宇航员应向发生意外或遇险的他国宇航员提供一切可能的援助。如果一国获悉宇航员遇险或者紧急或无意中降落其境内、公海或其他国际区域（如南极洲），它必须通知发射国和联合国秘书长，立即采取措施援救处于其境内的人员，或者如果有能力这样做的话，将搜救援助范围扩展至其降落的公海或其他国际区域。被援救人员应立即且安全地予以送还。[2]

如果发现对宇航员构成危险的外层空间现象，国家还有义务通知给《外层空间条约》的其他缔约国或联合国秘书长。[3]

（四）外层空间物体的送还

《营救协定》的缔约国如果获悉返回地球的外层空间物体处于其境内、公海或其他国际区域，还必须通知联合国秘书长。如果该物体位于某一主权国家境内并且发射当局请求领土所属国协助，后者应采取其认为可行的步骤，寻获并送还该物体。同样，如果此类物体在国际区域被发现，如经发射当局请求，应送还发射当局或留待发射当局处置。在任何一种情况下协助发射当局而产生的费用由发射当局承担。如果一国发现此种物体"具有危险或毒害性质"时，发射当局有权立即采取行动，将损害危险从其领土消除。[4]

---

〔1〕《关于援救航天员，送回航天员及送回射入外空之物体之协定》（《营救协定》），1968年4月22日在华盛顿、伦敦、莫斯科开放签署（672 U. N. T. S. 119）。

〔2〕《外层空间条约》第5条；《营救协定》第1~4条。如果宇航员在着陆地国家和发射国之间正在进行武装冲突的时候着陆，武装冲突法同样适用，可以根据1949年《日内瓦公约》对宇航员采取留置措施。

〔3〕《外层空间条约》第5条。

〔4〕《营救协定》第5条。

第三章
海上人员和财产的保护及海上执法

一、引言

和平时期，美国海军在海上对美国和外国的人员及财产的保护受国际法、美国国内法和政策以及政治因素的约束。海上的船舶和飞机及其装载的人员和货物，受制于海洋本身、暴风雨、机械故障以及诸如海盗、恐怖分子和叛乱分子等人的行动带来的危险。此外，外国当局和当前的政治局势可能会影响船舶或飞机以及其上的人员，譬如让其牵涉难民营救工作、政治避难申请、执法行动或对他们无端使用武力。

鉴于利用海军在海上保护平民及其财产可能带来的法律、政治和外交方面的复杂性，作战指挥系统颁布的作战计划、作战命令和最重要的交战规则通常要求现场指挥官立即将这种情况报告上级机关，并在这种情况下尽可能在使用武力之前请求指示。

若根据国际法有坚实的管辖权基础，一国可在海上执行其国内法。由于美国海军指挥官可能会被要求协助海上执法行动或以其他方式保护海上人员和财产，因此对海上执法程序有一个基本的了解至关重要。

二、援救、安全港和检疫

习惯和传统长期以来一直承认海员有义务向海上遇险人员提供援助。习惯国际法也承认紧急进入沿海国领海以躲避极端海洋危险（不可抗力）的权利。[1]但是，紧急进入权并不是绝对的。沿海国可以对船舶进入其领海以及由于紧急

---

〔1〕 See 2 O'Connell 853-58, MLEM 2-9. 不可抗力因素，或者说天灾（Act of God），包括遇险或恶劣天气。遇险尤其可能由设备故障或导航错误，以及食物或饮水短缺，或其他紧急情况导致。

情况而进入的船舶的移动和停船下锚施加合理的限制。此外，沿海国可颁布必要和适当的检疫规章与限制措施。[1]

（一）援助遇险人员、船舶和飞机

习惯国际法长期以来一直承认海员有向遇险人员提供援助的坚实义务。1958 年日内瓦《公海公约》和 1982 年《联合国海洋法公约》将该习惯编纂为成文法，规定每个国家都应要求悬挂其国旗之船舶的船长，在不致对其船舶、船员或乘客构成严重危险的范围内，向在海上被发现有失踪之危险的任何人提供援助，并在得知遇险人员需要援助时，在其合理的能力范围内，尽一切可能迅速地援救。这项权利在受到一定限制的情况下也延伸到外国领海或群岛水域及相应的领空，而在向遇险或受困人员提供紧急援助时无需沿海国给予许可。船舶发生碰撞后，船长还必须向另一艘船舶及其上的船员[2]和乘客提供援助，并在可能的情况下，告知另一艘船自己的船名、注册港口以及将要停靠的最近港口。[3]

---

〔1〕《国际卫生条例》，2005 年 5 月 23 日第 58 届世界卫生大会修订。

〔2〕《公海公约》第 12 条；《联合国海洋法公约》第 98 条。"第 98 条体现了所有海员以及海事法律的普遍传统和实践，即援助海上遇险人员或船舶，也体现了基本的人道考量。"Nordquist, Vol. Ⅲ at 571.

第 18 条（通过的意义）也涉及提供援助的义务。根据该条第 2 款，行使无害通过权通过领海的船舶必要时可以停船和下锚，但以为救助遇险或遭难的人员、船舶或飞机的目的为限……第 98 条第 1 款第 1 项规定了救助"在海上"（即在海洋的任何地方）遇险人员的一般义务。根据第 58 条第 2 款的规定，第 98 条适用于专属经济区。因此，结合第 18 条，在整个海洋中，无论是在领海、用于国际航行的海峡、群岛水域、专属经济区内还是在公海上，都存在提供救助的义务。

Nordquist, Vol. Ⅲ, at 176-77.

另见《关于统一海上救助若干法律规则的国际公约》，1910 年 9 月 23 日在布鲁塞尔通过（就缔约国而言，该公约被 1989 年《国际救助公约》所取代）；《国际救助公约》第 2 章第 10 条；46 U. S. C. sec. 2304（1994）. 美国于 1992 年 3 月 27 日批准了 1989 年《国际救助公约》。See Senate Treaty Dot. 12, 102d Cong. , 1st Sess. （1991）. 此外，1979 年《国际海上搜寻救助公约》要求各缔约国确保海上遇险人员和财产会得到救助。通过建立全国搜寻救助系统，这项义务已在国内得到履行。See National Search and Rescue Manual, US. Coast Guard, COMDTINST M16120. 5A and . 6A（vols. 1 & 2）. 对比 1949 年《日内瓦第二公约》第 21 条关于冲突各方得呼吁"中立国商船、游艇或其他中立国船只之船长以慈善精神收容与照顾伤者、病者或遇船难者于其船上，并收集死者"，以及给予响应此项呼吁之船舶以特别保护。

〔3〕46 U. S. C. sec. 2303（1994）.

1. 船长的义务

美国是 1974 年《国际海上人命安全公约》的缔约国。该公约要求海上船舶的船长在从任何来源收到遇险人员的信息时，应以最快的速度向其提供援助，但前提是该船舶能够提供援助。[1]不论遇险人员的国籍或地位或其所处的环境为何，这项提供援助的义务均适用。

2. 海军指挥官的义务

1990 年《美国海军条例》第 0925 条要求，在得知遇险人员需要援助时，在不致对军舰或船员构成严重危险的范围内，现场的指挥官或高级军官应酌情以最快的速度进行救援，向在海上被发现有失踪之危险的任何人提供援助，并在船舶发生碰撞后，向另一艘船舶、其上的船员和乘客提供援助，并在可能的情况下，告知另一艘船自己的身份。[2]海岸警卫队也有类似的义务。[3]

（二）安全港/无害通过

历史上，沿海国不会拒绝一艘有效主张不可抗力（除非采取立即矫正措施，否则其严重性足以威胁到船舶生存、货物或船员的某种力量或状况）并要求一处安全港（一个船舶可以采取措施稳定其状况并减少航行危险，同时保护人命和环境的地方）的船舶进入，以免生命受损失或严重危害船舶。但是，遇险船舶紧急进入外国领海或内水以寻找安全港的权利不再是绝对的。在不可抗力条件下的紧急进入权是一个人道概念，它是在遇险船舶对沿海国无伤害但在公海上救助遇险船舶的船员存在难题时才出现的。随着超级油轮和海上危险货物运输的出现以及先进搜救能力的发展，就要求在领海和内水内获得安全港的遇险船舶的待遇而言，现代国家实践已经发展起来。一些沿海国拒绝确实遭遇不可抗力但会对其海洋生态系统构成威胁的遇险船舶进入。国际海事组织的指导原则指出，准予一艘船舶进入一国领海内的安全港主要是一项政治决定，在平衡遇险船舶的人道需求与船舶靠近海岸造成的环境风

---

〔1〕 1974 年《国际海上人命安全公约》第 5 章，规则 2 和规则 10。根据美国法律，船长或船舶负责人在其能力所及范围内（对其自身船舶没有严重危险），未向在海上被发现有失踪之危险的每一个人提供援助，构成犯罪，可处 1000 美元以下罚款和/或两年以下监禁［46 U. S. C. sec. 2304 (1994)］。这部分不适用于公务船舶［see 46 U. S. C. sec. 2109 (1994)］。

〔2〕 除了《联合国海洋法公约》明确规定的这些义务外，1990 年《美国海军条例》第 0925 条还要求向遇险船舶和飞机提供一切合理的援助。根据第 0925 条采取的措施要迅速向海军部长和其他适当的上级汇报。See Harry, Failure to Render Aid, U. S. Naval Inst. Proc. , Feb. 1990, at 65.

〔3〕 See U. S. Coast Guard Regulations, Section 4-2-5, Assistance (COMDTINST M5000. 3B).

险的基础上逐案作出。在某些情况下，如果沿海国拒绝给予船舶进入安全港并进行修理的机会，或者将决定推迟至没有任何选择，沿海国可能实际上增加了自身的风险。仅当沿海国可以找到可行且风险较低的替代给予安全港的方法时，才应拒绝船舶进入。这种替代方法可能包括继续航行（独立地或在协助下），将船舶引导到另一个邻近地区的特定安全港，或在预期后果相对较低的地方凿沉船舶。

由于遇险而进入外国领海、群岛水域或内水的船舶，若在进入时违反了沿海国的国内法，通常享有执法豁免。例如，船舶如果确实因遇险而必须入境，则不受沿海国的海关或入境通知等法律的约束。对沿海国家执法权的这项豁免仅适用于与船舶入境有关的法律；它不会使遇险船舶全面豁免于沿海国执行其他国内法。

无害通过领海和群岛水域包括通常航行所附带发生的或由于不可抗力或遇险所必要的停船和下锚。为了援助处于类似危险或困境中的其他人，在这些水域内停船和下锚，国际法也是允许的。[1]

（三）检疫

1990 年《美国海军条例》第 859 条要求，军舰或飞机的指挥官必须遵守检疫规章和限制措施。尽管指挥官不得允许其船舶或飞机接受检查，但他们应向美国或外国的卫生官员提供其他一切协助，并在军事必要和军事安全要求允许的范围内提供一切必要信息。[2]为规避检疫规章施加的限制，指挥官应根据该港口的航路指南要求免检。[3]

三、庇护和临时避难

（一）庇护

国际法承认一国有权向已经在其领土内或谋求进入其领土的外国国民提供庇护。[4]美国将庇护定义为：

---

〔1〕《领海及毗连区公约》第 14 条；《联合国海洋法公约》第 18 条和第 22 条。

〔2〕 See also SECNAVINST 6210. 2（series），Subj：Medical and Agricultural Foreign and Domestic Quarantine Regulations for Vessels, Aircraft, and Other Transports of the Armed Forces.

〔3〕 在符合卫生或检疫规章的前提下允许船舶通行进港。

〔4〕 美国政府承认的庇护权是领土庇护，有时也被称为"政治庇护"。Christopher, Political Asylum, Dep't St. Bull. , Jan. 1980, at 36. 1948 年联合国《世界人权宣言》宣告"人人有权在其他国家寻求

　　美国政府向在美国境内的外国国民提供的保护，该外国国民由于其种族、宗教、国籍、特定社会群体的成员身份或政治见解而受到迫害或有充分理由担心遭受迫害，不能或不愿意再接受国籍国的保护（或者，如果是无国籍人，则是最后的经常居住地国）。[1]

　　军事指挥官无权提供庇护。该决定只能由国务院作出。

（接上页）和享受庇护以避免迫害"。See Declaration on Territorial Asylum, 22 U. N. GAOR, Supp. No. 16, at 81, U. N. Dot. A/6716 (1968). 给予庇护的决定属于被请求国自由裁量的范围。1980 年《难民法》(Pub. L. No. 96-212, 94 Stat. 102, codified as amended in scattered sections of 8 U. S. Code) 首次对身处美国境内逃避迫害的外国人给予实质性保护。对该法案的详细分析，参见 Anker, Discretionary Asylum: A Protection Remedy for Refugees Under the Refugee Act of 1980, 28 Va. J. Int'l L. 1 (1987). 关于来自海地的非法移民，参见 Agreement Relating to Establishment of a Cooperative Program of Interdiction and Selective Return of Persons Coming from Haiti, 33 U. S. T. 3559; T. I. A. S. 10, 241, *reprinted in* 20 Int'l Leg. Mat'ls 1198 (1981), entered into force 23 Sept. 1981. See also Leich, Contemporary Practice of the United States Relating to International Law——Illegal Haitian Migrants, 83 Am. J. Int'l L. 906 (1989).

　　[1] 这个定义来源于 1951 年《关于难民地位的公约》(189 U. N. T. S. 150) 第 1 条（涉及 1951 年以前的事件造成的难民），但该公约第 2 条到第 34 条已经并入 1967 年《关于难民地位的议定书》(606 U. N. T. S. 267)，使其规定的适用不再有时间限制。美国是 1967 年议定书的缔约国。美国法律对难民的定义与公约实质上相似，参见 8 U. S. C. sec. 1101 (42) (A) (1982).

　　寻求庇护者所在国家的政府负有庇护责任。美国政府不承认在国外或海上的外交使团或其他政府设施中给予"外交庇护"或长期庇护的实践，认为这种行为违反国际法。但是，这一政策也曾有例外。例如 1956 年，美国驻布达佩斯大使馆接纳了红衣主教敏真谛，并给予他受保护地位长达六年左右。6 Whiteman 463-64. 1978 年至 1983 年间，几名基督教五旬节派成员在美国驻莫斯科大使馆待了五年。1 Restatement (Third), sec. 466 Reporters' Note 3, at 488-89.

　　军事人员处理政治庇护和临时避难申请的指南，参见 DoDD. 2000. 11; SECNAVINST 5710. 22 (series), Subj: Procedures for Handling Requests for Political Asylum and Temporary Refuge; U. S. Navy Regulations, 1990, art. 0939; and applicable operations orders. 这些指令是在西马斯·库尔迪卡事件后颁布的。See Mann, Asylum Denied: The Vigilant Incident, Nav. War Coll. Rev. , May 1971, at 4, *reprinted in* Lillich & Moore, Vol. 60 (1980) at 598; Goldie, Legal Aspects of the Refusal of Asylum by U. S. Coast Guard on 23 November 1970, Nav. War Coll. Rev. , May 1971, at 32, *reprinted in* Lillich & Moore, Vol 60 (1980) at 626; Fruchterman, Asylum: Theory and Practice, 26 JAG J. 169 (1972). 在本地进行的特别程序适用于南极洲和关塔那摩湾。

　　另一方面，一些难民可能寻求重新定居而没有明确地请求庇护。处理难民重新定居请求的指南，可参见认知行动命令，例如：CINCPACFLT OPORD 201, Tab E to Appendix 6 to Annex C, para. 3 (b).

　　关于难民和流离失所者的法律保护，可参见 1988 年《红十字国际评论》(Int'l Rev. Red Cross 325-78) 中的下列 4 篇文章：Hacke, Protection by Action, at 325; Krill, ICRC Actions in Aid of Refugees, at 328; Mumtarbhorn, Protection and Assistance for Refugees in Ground Conflicts and Internal Disturbances, at 351; and Patrnogic, Thoughts on the Relationship Between International Humanitarian Law and Refugee Law, their Protection and Dissemination, at 367.

1. 在处于美国专属管辖的领土内和国际水域提出庇护请求

在国际水域或美国专属管辖的领土和内水（包括美国领海、波多黎各联邦、北马里亚纳群岛联邦、美国管理的领土以及美国领地）寻求庇护的任何人，任何美国海军或海军陆战队的飞机、船舶、活动场所或驻地均可予以接收。寻求庇护的人应得到情况所允许的一切合理照顾和保护。在任何情况下，除非海军部长或更高层级机关亲自指示，在美国领土或国际水域寻求庇护的人都不会移交给外国管辖或控制。

就海岸警卫队而言，除非在极端情况下，否则海岸警卫队各单位不得接收寻求庇护的人，并且无论如何都不得在海岸警卫队的飞机上接收。但是，一旦此类人员被接收到海岸警卫队的船上，除非指挥官/主管军官确定该单位或海岸警卫队人员面临的风险变得不可接受或者寻求庇护的人自愿离开该部队，否则未经司令批准，不得移交给外国管辖。[1]

2. 在外国管辖的领土内提出庇护请求

在外国管辖领土[2]内的美国军舰、军用飞机和军事设施的指挥官无权接收寻求庇护的外国国民。此类人员应转送至美国大使馆或者美国在该国、外国领土或外国领地内最近的领事馆（如果有的话），以协助与东道国政府协调庇护申请。但是，如果存在可能危及该人生命或安全的特殊情况，则可给予临时避难。

3. 驱逐出境或移送

1951 年《关于难民地位的公约》第 33 条规定，不得以任何方式将难民驱逐或送回至其生命或自由因为他的种族、宗教、国籍、政治见解或属于某一社会团体成员而受威胁的一国边境或领土，除非有正当理由认为他危害庇护国的安全，或已被判犯有严重罪行从而构成对该国社会的危险。[3]这项义

---

〔1〕　See SECNAVINST 5710. 22（series），Political Asylum and Temporary Refuge；and COMDTINST M16247. 1D，U. S. Coast Guard Maritime Law Enforcement Manual（MLEM）for specific guidance.

〔2〕　包括外国领海、群岛水域、内水、港口、领土和领地。

〔3〕　这项被称为不推回的义务由下述法律实施：8 U. S. C. sec. 1231（b）（3）（1997）. See 2 Restatement（Third），sec. 711 Reporters' Note 7，at 195—96，and 1 id，sec. 433，Reporters' Note 4，at 338—39.

这项义务不适用于根据海地移民拦截计划在海上截获的海地移民。根据 1981 年 9 月 23 日美国和海地之间签订的这项行政协定（33 U. S. T. 3559，T. I. A. S. 10241），如果美国海岸警卫队有理由相信任何悬挂海地国旗的船舶可能参与非法运送从海地出境的乘客，海地授权美国海岸警卫队人员在公海或海

务仅适用于已进入美国专属管辖领土内的人员。它不适用于在国外给予的临时避难。

（二）临时避难/终止或移交

长期以来，国际法和习惯已经认可为在危险持续期间面临迫在眉睫的人身危险的任何人提供临时避难的人道做法，不论其国籍为何。[1]

美国将临时避难定义为：

> 在紧急情况下，为了使一个人的生命和安全免遭迫在眉睫的危险，例如被暴徒追赶，出于人道原因，在外国属地管辖内或国际水域[2]内的国防部所属海岸装置、设施或军用船舶中为外国国民提供保护。[3]

美国的政策是，仅出于人道原因，在极端或特殊情况使一个人的生命或安全面临迫在眉睫的危险时，例如，被暴徒追赶，才会在一个外国给予该国国民或第三国国民临时避难。不得在海岸警卫队飞机上给予临时避难。船舶、飞机（海岸警卫队飞机除外）、驻地或各单位的指挥官必须决定可以谨慎地采取哪些措施以提供临时避难。在决定可以谨慎地采取哪些措施来提供临时避难时，必须考虑到美国人员及分遣部队的安全。海军或海军陆战队各单位收到的所有临时避难请求应立即上报，并在适当时以最快的方式报告给海军作战部长或海军陆战队司令。海岸警卫队各单位应通过指挥系统报告此类请求，

（接上页）地领水登临该船，调查船上人员的身份，并在涉嫌存在已违反或正在违反美国移民法律或海地相关法律的犯罪时扣留该船舶，并将该船舶和船上人员送回海地。根据该协定，美国"无意将美国当局确定有资格获得难民地位的任何海地移民遣返海地"。See Presidential Proclamation 4865, 3 C. F. R. 50（1981 Comp.）（暂停无证件的外国人从公海入境）；Executive Order 12324, 3 C. F. R. 180（198 1 Comp.）（禁止未经总统同意就遣返难民并要求遵守我们的国际义务）；5 Op. Off. Legal Counsel 242, 248（1981）（讨论了美国在《关于难民地位的议定书》项下的义务）；and *Haitian Refugee Center, Inc. v. Baker*, Sec. of State, 953 F. 2d 1498（11th Cir. 1991）（第33条不具备自执行性；海上拦截不受司法审查），*cert. denied*, 112 S. Ct. 1245（1992）. See also *Safe v. Haitian Centers Council*, 113 S. Ct. 2549（1993）.

〔1〕 See Article 0939, U. S. Navy Regulations, 1990; SECNAVINST 5710. 22（series）; and the Coast Guard's MLEM.

〔2〕 该定义源自1972年3月3日第2000.11号国防部指示（DoDD 2000. 11）。实际定义使用的措辞在相关部分是"公海"。替代性用语"国际水域"等同于领海以外的海洋区域，在《联合国海洋法公约》和专属经济区出现之前被视为公海。

〔3〕 See SECNAVINST 5710. 22B.

以便根据《海上执法手册》与国务院进行协调。[1]

尽管在实际危险期结束时应终止临时避难，但指挥官不会作出终止保护的决定。海军或海军陆战队某一单位一旦给予临时避难，就只能在海军部长或更高层级机关的指示下终止保护。就海岸警卫队而言，未经司令批准，不得终止临时避难，除非指挥官/主管军官确定该单位或海岸警卫队人员面临的风险变得不可接受或者请求临时避难的人自愿离开该单位。[2]

如果外国当局向海军指挥部和活动场所请求遣返处于临时避难保护之下的人，应立即予以上报，[3]然后告知请求国此事已移交上级机关。收到此类请求的海岸警卫队各单位应通过海上执法办公室、海事法和国际法办公室、美国海岸警卫队司令部快速反应小组等将该问题提交给美国海岸警卫队司令部。[4]

（三）邀请申请庇护或避难

美国武装部队人员不得直接或间接邀请他人寻求庇护或临时避难。[5]

（四）保护美国公民

对庇护和临时避难的限制不适用于美国公民。

四、抵近和登临权

作为一项一般原则，国际水域内的船舶豁免于船旗国以外的任何国家管辖。但根据国际法，军舰、军用飞机或其他经正式授权的船舶或飞机可以抵近国际水域内的任何船舶以核实其国籍。[6]除非相遇的船舶本身就是另一国

---

〔1〕 SECNAVINST 5710. 22（series）. 未经负责公共事务的国防部助理部长或更高级别当局的事先批准，海军或海军陆战队各单位或活动场所不得向公众或媒体发布任何信息。海岸警卫队各单位和活动场所同样受《海上执法手册》的约束（E-17-8）。

〔2〕 See Article 0939, U. S. Navy Regulations, 1990; SECNAVINST 5710. 22（series）, Asylum and Temporary Refuge; and COMDTINST M16247. 1D, MLEM, for specific guidance.

〔3〕 See SECNAVINST 5710. 22（series）.

〔4〕 海岸警卫队各单位和活动场所根据《海上执法手册》（MLEM, E-17-8）报告此类请求。

〔5〕 U. S. Navy Regulations, 1990, art. 0939; SECNAVINST 5710. 22（series）; MLEM, 12-3.

〔6〕 *Mariana Flora*, 24 U. S. （11 Wheaton）1, 43-44（1826）; 4 Whiteman 5 15-22; 2 O'Connell 802-03. See also Zwanenberg, Interference with Ships on the High Seas, 10 Int'l & Comp. L. Q. 785（1961）; 1 Oppenheim-Lauterpacht 604; McDougal & Burke 887-93; 2 Moore 886; and 1 Hyde sec. 227. This customary international law concept is codified in art. 110, 1982 LOS Convention. 这一习惯国际法概念已编纂为《联合国海洋法公约》第 110 条。

的军舰或政府船舶，否则可以要求其停船，并上船检查船舶文件，如果有正当理由怀疑该船舶正在：

（1）从事海盗行为；

（2）从事奴隶贩卖；

（3）从事未经许可的广播且军舰的船旗国根据《联合国海洋法公约》第109条第3款有管辖权；

（4）没有国籍；

（5）虽悬挂外国旗帜或拒不展示其旗帜，而事实上却与该军舰属同一国籍。[1]

船舶行使抵近和登临权的程序与武装冲突期间行使登临和搜查的交战权利类似。[2]

五、制止海盗行为

国际法长期以来一直承认所有国家都有合作制止海盗行为的一般义务。这项传统的义务后被纳入 1958 年《公海公约》和 1982 年《联合国海洋法公约》，二者均规定"所有国家应尽最大可能进行合作，以制止在公海上[3]或在任何国家管辖范围以外的任何其他地方的海盗行为"。[4]

（一）美国法

《美国宪法》第 1 条第 8 款规定：

美国国会拥有下列权力……定义并惩罚在公海上所犯的海盗罪与重罪以及违反国际法的犯罪行为。

美国国会通过制定法律行使了这项权力，其中规定：

公海上犯有国际法定义之海盗罪并在此后进入美国或在美国被发现的任

---

〔1〕《联合国海洋法公约》第 110 条。

〔2〕 See OPNAVINST 3120. 32D, Standard Organization and Regulations of the U. S. Navy and COM-DTINST M16247. 1D, Coast Guard Maritime Law Enforcement Manual（MLEM）for further guidance.

〔3〕 涉及海盗的国际法也适用于专属经济区。《联合国海洋法公约》第 58 条第 2 款。《公海公约》第 19 条和《联合国海洋法公约》第 105 条允许任何国家扣押海盗船舶或飞机，或者海盗劫持并控制的船舶或飞机，并逮捕船上人员和扣押船上财产。扣押国法院也可在考虑善意第三人权利的基础上，决定施加的刑罚以及对船舶、飞机或财产的处置。

〔4〕《公海公约》第 14 条；《联合国海洋法公约》第 100 条。

何人，应处以终身监禁。[1]

　　美国法律授权总统使用"武装公务船"保护美国商船免受海盗侵扰，并指示此类船舶的指挥官扣押任何在国际水域针对任何美国或外国船舶犯有或企图犯有海盗行为的海盗船舶。[2]

　　（二）海盗行为的定义

　　海盗行为是一项受到普遍管辖的国际犯罪，包括私人船舶或私人飞机的船员、机组成员或乘客为私人目的，在国际水域对另一船舶或飞机或者对另一船舶或飞机上的人或财物实施的任何非法暴力、扣留或掠夺行为。掠夺是指武力盗取、抢劫或劫掠行为。[3]

---

　　[1] 美国国会行使这项权力规定在：18 U. S. C. sections 1651－61（1988）（海盗行为），33 U. S. C. sections 381－84（1988）（制止海盗行为的规章），and 18 U. S. C. section 1654（私掠行为）. 美国法律将国际法禁止的海盗行为定为刑事犯罪的同时，美国国内法的其他规定将相关行为也定为刑事犯罪加以禁止。例如，美国法律将武装私掠或为私掠服务定为犯罪行为（18 U. S. C. sec. 1654），海员攻击船长以阻止他保卫自己的船舶或货物（18 U. S. C. sec. 1655），乘坐海事管辖权范围内的船舶出逃（18 U. S. C. sec. 1656），乘船出逃的海员的腐败行为（18 U. S. C. sec. 1657），接收海盗财产（18 U. S. C. sec. 1660），在海盗船巡弋过程中上岸劫掠（18 U. S. C. sec. 1661）。See Menefee, "Yo Heave Ho!"; Updating America's Piracy Laws, 21 Cal. West. Int'l L. J. 15 1 (1990).

　　[2] 33 U. S. C. sets. 381 & 382 (1988). 这些规定还授权向海军指挥官发布指示，如果任何配有武器或船员配有武器的船本来"企图或实施任何海盗侵略行径、搜查、限制、劫掠或扣押"任何美国或外国的船舶或者美国公民，就将这些船舶解入任何美国港口；夺回在国际水域被非法拿捕的任何美国船舶或美国公民。

　　[3]《联合国海洋法公约》将海盗行为定义如下：

　　下列行为中的任何行为构成海盗行为：

　　1. 私人船舶或私人飞机的船员、机组成员或乘客为私人目的，对下列对象所从事的任何非法的暴力或扣留行为，或任何掠夺行为：

　　（1）在公海上对另一船舶或飞机，或对另一船舶或飞机上的人或财物；

　　（2）在任何国家管辖范围以外的地方对船舶、飞机、人或财物；

　　2. 明知船舶或飞机成为海盗船舶或飞机的事实，而自愿参加其活动的任何行为；

　　3. 教唆或故意便利1或2项所述行为的任何行为。

《联合国海洋法公约》第101条和《公海公约》第15条对海盗行为的定义本质上相同。然而，国内法上的定义则各不相同。《联合国海洋法公约》对涉及海盗的国际法的编纂既不明确也不完整。See the discussions in 2 O'Connell 966－83; Rubin, The Law of Piracy; and Essays on Piracy, 21 Cal. West. Int'l L. J. 105－79 (1990).

　　如果处于主要控制地位的人员意图利用船舶或飞机从事一项海盗行为，该船舶或飞机视为海盗船舶或飞机。如果该船舶或飞机曾被用以从事任何这种行为，在该船舶或飞机仍在犯有该行为的人员的控制之下时，上述规定同样适用。《公海公约》第17条；《联合国海洋法公约》第103条。

　　奥·康奈尔（O'Connell）正确地指出："否定一切权威，这似乎是海盗行为的本质。"2 O'Connell 970.

1. 地点

在国际法中，海盗行为是一项只能在国际水域或其上空实施的犯罪，包括公海、专属经济区、毗连区、国际空域以及任何国家属地管辖范围之外的其他地方（例如，南极洲沿海或无主的岛屿）。在一个国家的内水、领海、群岛水域或领空内实施的相同行为不构成海盗行为，而是被视为在沿海国主权和管辖权范围内的海上武装抢劫行为。[1]

2. 海盗船舶或飞机

海盗行为只能由私人船舶或私人飞机实施。军舰或其他公务船舶或者军用飞机或其他国家航空器不得作为海盗对待，除非它们已由海盗接管并操作或者船员或机组人员叛变并将其用于海盗目的。[2]通过实施海盗行为，海盗船舶或飞机以及海盗本身，将丧失原船旗国的保护。[3]

3. 叛变或劫持乘客

如果船舶或飞机（包括军舰和军用飞机）的船员、机组人员或乘客发生叛变或叛乱并将该船舶、飞机或货物转为己用，则该行为不是海盗行为。[4]但是，该船舶或飞机若此后被用于进行海盗行为，则会变为海盗船舶或海盗飞机，而船上或机上自愿参加此类行为的人将被以海盗对待。[5]

4. 私人目的

要构成海盗罪，必须是为私人目的而实施非法行为。私人目的不必涉及

---

〔1〕 近年来，马六甲海峡、新加坡海峡、泰国湾、西非和加利福尼亚半岛沿海水域、波斯湾和加勒比海地区的海盗活动十分猖獗。关于现代海盗行为对美国海军的影响，参见 Petrie, Pirates and Naval Officers, Nav. War Coll. Rev., May–June 1982, at 15. See also Ellen, Contemporary Piracy, 21 Cal. West. Int'l L. J. 123 (1990).

〔2〕 《公海公约》第 16 条；《联合国海洋法公约》第 102 条。

〔3〕 但是，船舶的国籍不受其用于海盗目的的影响，除非给予船舶国籍的国家法律有相反的专门规定。《公海公约》第 18 条；《联合国海洋法公约》第 104 条。应当指出的是，有关船舶无权悬挂其所展示的旗帜，不是判断海盗行为的先决条件。此外，仅仅是一艘船舶没有悬挂旗帜航行的事实，不足以使其获得海盗船的特征，而是可能被视为一般无国籍船舶。2 O'Connell 755-57; 9 Whiteman 35-37.

〔4〕 但如果它发生在悬挂美国国旗的船舶或飞机上，则构成犯罪（18 U. S. C. sec. 1656）。

〔5〕 在国际法上某些类型的行为，可能在技术上符合海盗行为的定义，但一般不认为是海盗行为。这些行为的一般特征对于国际海上贸易和国际社会来说，根本不具有攻击性和有害性，不足以成为将实施者认定为人类公敌的根据。这里适用了合理性原则。例如，仅仅是渔民之间在国际水域发生争吵后实施的暴力或掠夺行为不应被视为海盗行为。同样，环保主义者扣留或扰乱公海捕鲸船的行为（尽管非法），一般也不应视为海盗行为，但这种行为可能违反美国刑法。See also Gehring, Defense Against Insurgents on the High Seas: The Lyla Express and Johnny Express, 27 JAG J. 3 17 (1973).

利润动机或对金钱收益的渴望；它可能由复仇、仇恨或其他个人原因所驱动。国家资助的掠夺行为一般不构成海盗行为。[1]

（三）用海军制止海盗行为

美国军舰和飞机有义务在国际水域或其上覆空域制止针对任何船舶或飞机的海盗行为，无论其悬挂美国国旗还是外国国旗。只有军舰、军用飞机或其他有清楚标志可以识别的为政府服务并经授权的其他船舶或飞机，才可扣押海盗船舶和飞机。[2]

1. 扣押海盗船舶和飞机

符合上文描述的任何美国船舶或飞机可扣押和扣留在美国领水或国际水域或其上覆空域遇到的海盗船舶或飞机。海盗船舶或飞机以及船上或机上的所有人员，可被押往、送往或带往最近的美国港口或机场，然后移交给美国执法机构，以便根据美国法律进行处置。另一种方式是，既然每个国家根据

---

〔1〕 "只要这些行为一般情况下是交战活动的附带行为，就不会被定性为海盗行为，即使行为人只是对国际权力有着微不足道的诉求……如果叛乱分子的意图是发动战争而不是恣意掠夺，将这些非法行为描述为海盗行为就是一种错误的定性。" 2 O'Connell 975 & 976；2 Restatement（Third），sec. 522，Reporters' Note 2, at 85. See also, Green, The Santa Maria：Rebels or Pirates, 37 Brit. Y. B. Int'l L. 465 (1961). 因此，根据现行国际法，以实现某种政治诉求为唯一目的而对航运进行的恐怖袭击，可以说不是海盗行为。《制止危及海上航行安全非法行为公约》（《罗马公约》）禁止在船上或针对船舶实施恐怖行为。《罗马公约》于 1988 年 3 月 10 日通过 [27 I. L. M. 668 (1988)]，1995 年 3 月 6 日对美国生效 [codified at 18 U. S. C. sec. 2280 (1994)]。《罗马公约》的议定书涉及针对锚定在大陆架上的石油钻机或平台的恐怖主义行为。See Protocol for the Suppression of Unlawful Acts Against the Safety of Fixed Platforms located on the Continental Shelf, 10 March 1988, 27 Int'l Leg. Mat'ls 685 (1988), implemented by the United States in 18 U. S. C. set 2281 (1994). See also Omnibus Diplomatic Security and Anti-Terrorism Act of 1986, Pub. L. No. 99-399, Title IX, sec. 906, codified at 33 U. S. C. sec. 1226 (1994). 该法授权运输部长在包括专属经济区在内的美国水域采取包括建立安全地带和安全区等措施，防止或应对恐怖主义行为。

〔2〕《公海公约》第 21 条；《联合国海洋法公约》第 107 条。美国海岸警卫队的小型武装巡逻艇属于军舰。在许多情形下，情况可能是，没有理由怀疑船舶或飞机的海盗性质。然而，如果情况不太明朗，在对"海盗"采取行动之前，必须首先确认他们事实上就是海盗。军舰可随行使抵近和登临权以核实另一艘船舶的国籍，并且如果有合理理由这样做的话，要确定其是否在从事海盗活动。保护国际水域内的无辜船舶免受海盗袭击属于海军指挥官的一般权力范围。1990 年《美国海军条例》第 914 条和第 920 条详细规定了这项关涉美国公民和美国船舶的权力；关涉外国船舶的权力则源自习惯国际法、条约义务、制定法和《美国海军条例》的集合。处理海盗行为的指南则包含在舰队指挥官基本作战命令和海岸警卫队的《海上执法手册》（MLEM 12-13）中。在这种情况下，指挥官使用武力的具体权力源自作战指挥系统颁布的常备交战规则。在情况允许时，还应征询上级机关的意见。See para. 8c (5), Standing Rules of Engagement for U. S. Forces.

国际法都对任何海盗行为具有管辖权，因此上级机关可与另一国达成协议，由后者接受并起诉海盗以及处置海盗船舶或飞机。[1]

2. 紧追海盗进入外国领海、群岛水域或领空

如果逃避军舰或军用飞机紧追的海盗船舶或飞机从国际水域或空域进入另一国的领海、群岛水域或上覆空域，则应尽一切努力获得对这些区域拥有主权的国家的同意以便继续紧追。主权国家的领土完整不可侵犯，军舰或军用飞机若未经该国同意就决定进入这些区域继续实施紧追，就是一个严重问题。但是，如果不能及时与沿海国建立联系以征得其同意，海盗罪的国际性也允许继续实施紧追。在这种情况下，一经沿海国要求就必须立即停止紧追，如果发生这种情形，扣押海盗船舶或飞机及起诉海盗的权利将转由对该领海、群岛水域或上覆空域拥有主权的国家行使。

不论是否经过沿海国同意，都可以在与领海重叠的国际海峡或其上覆空域或者群岛海道或其空中航线对海盗船舶或飞机实施紧追，但紧追必须迅速和直接并且不得对其他船舶或飞机的过境通行权或群岛海道通过权有不合理的限制。[2]

3. 涉嫌海盗行为的被拘留人的待遇

美国海军和海军陆战队人员可抓捕并拘留海盗嫌疑人。经负责起诉的美国检察官办公室裁定，海盗嫌疑人应仅由美国海岸警卫队或其他执法人员予以正式逮捕。如果海盗嫌疑人被拘留，应受到人道待遇。

六、禁止贩运奴隶

国际法严厉禁止为贩运奴隶的目的利用海洋。[3]每个国家都必须防止和

---

〔1〕《公海公约》第19条；《联合国海洋法公约》第105条；1 Restatement (Third)，sets. 404 & 423 (行使立法和执法的普遍管辖权)，and sec. 404 Reporters' Note 1，at 255.

〔2〕 But see Lowe, The Commander's Handbook on the Law of Naval Operations and the Contemporary Law of the Sea, in Robertson at 126.

〔3〕《废除奴隶制及禁止奴隶贩卖公约》(《禁奴公约》)，1926 年 9 月 25 日在日内瓦通过 (60 L. N. T. S. 253)；Protocol Amending the Slavery Convention of 25 September 1926, New York, 7 December 1953, 7 U. S. T. 479, T. I. A. S. 3532, 182 U. N. T. S. 51; Supplementary Convention on the Abolition of Slavery, the Slave Trade and Institutions and Practices Similar to Slavery, Geneva, 5 September 1956, 18 U. S. T. 3201, T. I. A. S. 6418, 266 U. N. T. S. 3. This obligation is implemented in 18 U. S. C. sec. 1581–88 (1988). See 1 Restatement (Third), sets. 404 & 423, and Reporters' Note 1, at 253; and Sohn, Peacetime Use of Force on the High Seas, in Robertson at 39–59.

惩罚准予悬挂该国旗帜的船舶贩运奴隶。[1]如果遇到这种情况，指挥官应与上级机关保持联系，了解相关的交战规则或《海上执法手册》，并请求指示。

七、制止未经许可的广播

《联合国海洋法公约》规定，所有国家应进行合作以制止从国际水域进行未经许可的广播。未经许可的广播包括船舶或近岸设施违反国际规章播送旨在使公众收听或收看的无线电或电视信号。[2]

仅当军舰所属之船旗国对未经许可广播犯罪具有管辖权时，才能以涉嫌未经许可的广播为由行使登临权。广播船所属的船旗国、近岸设施的注册国、人员的国籍国、可收到播送的任何国家以及合法的无线电通信受到干扰的任何国家均拥有管辖权。指挥官在面对这种情况时应请求上级机关指示。

八、制止贩运麻醉药品

所有国家应进行合作以制止在国际水域从事非法贩运麻醉药品和精神调理物质。国际法允许任何国家如有合理根据怀疑一艘悬挂其旗帜的船舶从事此类贩运，可请求其他国家合作进行扣押。国际法还允许一国如有合理根据相信另一个国家的船舶从事非法贩运活动，可要求其注册国确认，并在得到确认后要求船旗国授权对该船舶采取适当措施。登上海岸警卫队快艇或美国海军舰艇的海岸警卫队人员，可根据与船旗国签订的临时或长期双边协议，

---

〔1〕《联合国海洋法公约》第 99 条。《禁奴公约》、修正议定书和补充公约不允许外国船舶在公海上进行非合意登船。尽管如此，1958 年《公海公约》第 22 条第 1 款仍一般性地授权进行这种非合意登船，1982 年《联合国海洋法公约》第 110 条第 1 款第 2 项予以重申。

〔2〕《联合国海洋法公约》第 109 条。这项规定支持 1973 年 10 月 25 日在马拉加—托雷莫里诺斯通过的《国际电信公约》所附的规则和 1979 年 12 月 6 日在日内瓦通过的《无线电规则》。美国法律规定，从国际水域进行未经许可的广播构成犯罪〔47 U. S. C. sec. 502 (1988)〕。这些规则旨在帮助制止"海盗广播"，20 世纪 60 年代在北海的国际水域范围内，这种广播已成为欧洲国家面临的棘手问题（2 O'Connell 814-19），因此 1958 年《公海公约》第 22 条第 1 款没有涉及。1973 年《国际电信公约》已被 1982 年《国际电信公约》所取代，该公约于 1982 年 11 月 6 日在内罗毕通过，1986 年 1 月 10 日对美国生效。See also Robertson, The Suppression of Pirate Broadcasting: A Test Case of the International System for Control of Activities Outside National Territory, 45. 1 Law & Contemp. Problems 73 (1982).

定期截停、登上、搜查悬挂外国旗帜的船舶并在船上采取执法行动。[1]

九、海上遗失政府财产的回收

在正式转让或放弃所有权之前，一国在海上遗失的财产仍归该国所有。飞机残骸、沉没的船舶、训练用的鱼雷、测试用的导弹和无人机靶机就是几种美国政府财产的类型，是可以回收的对象。如果此类美国财产在海上被外国实体回收，美国的政策是要求其立即归还。在这种情况下，现场指挥官的具体行动指南包含在常备交战规则/使用武力规则和可适用的作战命令中。

十、保护私营和商业船舶及飞机、私有财产和人员

军舰除了有义务和权力制止海盗等国际罪行外，国际法还考虑到和平时期在某些情况下可使用武力以在海上保护私营和商业船舶、私有财产和人员免受非法暴力行为的侵害。单独和集体自卫以及保护国民的法律准则赋予美国武装部队权力，以保护美国以及在某些情况下的外国船舶、飞机、财产和人员不受暴力和他方非法行为的侵害。尽管如此，美国武装部队不应干涉外国当局合法的执法行动，即使这些行动针对的是美国的船舶、飞机、人员或财产。[2]

（一）保护悬挂美国旗帜的船舶和飞机、美国国民及财产

使自卫和国民保护原则具体化的国际法为美国军舰和军用飞机提供了使

---

[1] 《联合国海洋法公约》第108条；《联合国禁止非法贩运麻醉药品和精神药物公约》（《联合国禁毒公约》），1988年12月20日在维也纳通过，1990年11月11日生效，第17条 [28 Int'l Leg. Mat'ls 497（1989），and implemented by the United States in 46 U. S. C. App. sec. 1901－04（1988）49 U. S. C. App. sec. 781－789（1988）and 14 U. S. C. sec. 89（1988）]；《麻醉品单一公约》，1961年3月30日在纽约通过 [520 U. N. T. S. 204, including the protocol amending the Single Convention on Narcotic Drugs, 1961, Geneva, 25 March 1972, 976 U. N. T. S. 3, is implemented by the United States in 22 U. S. C. sec. 2291（1988）]。另见《精神药物公约》，1971年2月21日在维也纳通过（1019 U. N. T. S. 175）；Innis, The U. N. Convention, Fed. Bar News & J., March/April 1990, at 118–19; 2 Restatement (Third), sec. 522 comment d & Reporters' Notes 4 & 8: 1 id., sec. 433, Reporters' Note 4, at 337–39; 2 id., sec. 513, comment f; 1 id., sec. 403, Reporters' Note 9, at 253－54（美国的特别海事管辖权和属地管辖权）. See Sohn, Peacetime Use of Force on the High Seas, in Robertson at 59–79.

[2] 国际法将这些准则视为例外救济措施，在某些紧急的情况下，允许这些措施优先于不干涉外国船舶和飞机和外国领土（包括领海）的不可侵犯性这两条对立的原则所保护的利益。进一步的指南，查阅可适用的常备交战规则和《海上执法手册》。

用相称武力的权力，以在国际水域及其上覆空域保护悬挂美国旗帜的船舶和飞机、美国国民（无论在美国还是外国的船舶或飞机上）及其财产免受非法暴力行为的侵害。参谋长联席会议主席发布给作战指挥系统并纳入可适用之作战命令、作战计划和应急计划中的常备交战规则，为海军指挥官行使这一固有权力提供了指南。这些交战规则经过精心设计，以确保在海上对悬挂美国旗帜的船舶和飞机、美国国民及其财产的保护符合国际法和美国国内法并反映出国家政策。[1]

1. 外国的内水、群岛水域和领海

在外国的内水、群岛水域或领海及其上覆空域针对美国船舶和飞机以及美国国民的非法暴力行为需要特别加以考虑。沿海国主要负责保护其主权领土内所有合法的船舶、飞机和人员。但是，如果该国实际上不能或不愿意这样做，或者在需要立即采取行动以保护人命的情况下，国际法承认另一国有权指示其军舰和军用飞机在这些水域或其上覆空域使用相称武力，以保护其船舶、飞机和国民。[2]由于沿海国可在其内水、群岛水域和领海内对不享有主权豁免的外国船舶和飞机以及外国国民合法地行使管辖权和控制权，所以其他国家的军舰和军用飞机必须特别注意不要干涉该国在这些水域和上覆空域合法地行使管辖权。[3]

2. 外国的毗连区、专属经济区和大陆架

沿海国在其沿海保护外国船运和飞机的主要责任终止于领海外缘。超出

---

〔1〕《公海公约》第4~5条和《联合国海洋法公约》第91~92条，给予船舶悬挂的旗帜所属国家的国籍，并将和平时期在公海对该船行使管辖的专属权利保留给船旗国。1990年《美国海军条例》第0914条、第0915条和第0920条也表达了这项权力。必须承认，出于政策原因，美国政府可能选择只保护悬挂美国国旗的船舶，尽管还有其他悬挂外国方便旗的船舶由美国个人或公司实际拥有。

〔2〕 美国法律〔22 U. S. C. section 1732（1988）〕要求总统寻求被外国政府当局不公正地剥夺自由或处于外国政府当局权力下被不公正地剥夺自由的美国公民获得释放，但须采用战争行为以外的手段，且对于获得或实现他们获释来说是必需和适当的。这项法律在1868年制定时，其目的是确保归化的公民返回其原籍国时，与土生土长的美国人一样免受任意逮捕。因此，该法涉及的是关押行为，而不是关押后的待遇，也不是保护他们的生命。1975 Digest of U. S. Practice in International Law 253-54. 保护该法意义上的国民是美国领事官员的职责之一。See U. S. Consular Officers' Arrests Handbook, 1977 Digest of U. S. Practice in International Law 297-307.

〔3〕 如果事先与沿海国就美军保护该国水域内的航运达成安排，美国军舰和军用飞机就可为此目的采取保护性措施，并服从该协定的限制。这样做构成符合《联合国宪章》第51条规定的集体自卫。关于这项权力的行使，美国海军指挥官应查阅常备交战规则以获得具体指南。

该范围时，每个国家就对保护本国船舶和飞机以及本国公民及其财产负有主要责任。另一方面，在遵守主权豁免原则的前提下，沿海国可在下列区域对外国船舶、飞机和人员适当行使管辖权：在其毗连区内及上覆空域，以防止其海关、财政、移民和卫生法律受到违犯；在其专属经济区内，以执行与自然资源有关的法规和规章；在其大陆架上，以执行与海底资源相关的法规和规章。当沿海国为有效行使上述管辖权而依法行事或对在这些水域或上覆空域或其主权领土内发生违法行为的外国船舶或飞机实施紧追时，船旗国不应予以干涉。[1]

（二）保护悬挂外国旗帜的船舶和飞机以及人员

使集体自卫概念具体化的国际法为我们提供了使用必要的相称武力的权力，以在海上保护悬挂外国旗帜的船舶和飞机以及外国国民及其财产免受非法暴力的侵害，包括恐怖袭击或海盗袭击。在这种情况下，应首先获得船旗国的同意，除非事先已有协议或者立即采取行动挽救人命的紧急需要不允许获得此种同意。[2]如果在第三国的内水、群岛水域或领海或其上覆空域，或在其毗连区或专属经济区或上覆空域，发生袭击或其他非法暴力行为，则第一小节中的两个考虑因素也分别可以适用。[3]

（三）非战斗员撤离行动[4]

美国国防部开展非战斗员撤离行动，美国在国务院的指导下，协助将生命受到威胁的美国公民和国民、国防部文职人员以及指定人员（东道国和第三国国民）从外国撤离至适当的安全港。美国国务卿和国防部长各自负有领导和支持责任，[5]在其一般职责范围内，作战指挥官要准备好支援国务院进

---

〔1〕 关于这项权力的行使，美国海军指挥官应参阅常备交战规则以获得具体指南。

〔2〕 这种同意可以规定在事先与船旗国达成的协议中，也可以认为是船长请求援助时所固有的。如已作出事先安排，则可为了该协议的目的并在服从其限制的前提下采取保护性措施。美国向悬挂非交战国旗、在波斯湾和霍尔木兹海峡已宣布的战区/禁区外且没有载运禁运品或拒绝波斯湾交战国合法登临和搜查的友好且无害的中立国船舶提供遇险援助，就是源自两伊战争的一个例子。Dep't St. Bull. , July 1988, at 61.

〔3〕 美国指挥官应参阅常备交战规则以获得具体指南。

〔4〕 See general& DOD Dir. 3025. 14, Subj: Protection and Evacuation of U. S. Citizens and Designated Aliens in Danger Areas Abroad; JAGMAN sec. 1013; and FMFM 8-1, Special Operations, chap. 7.

〔5〕 Executive Order 12656, Assignment of Emergency Preparedness Responsibilities, 18 Nov. 1988, 3 C. F. R. 585 (1988), sets. 502 (2) & 1301 (2) (f).

行非战斗员撤离行动。[1]

十一、海上执法

海上执法是经授权的海上部队进行的武装干预，以发现、制止和/或惩罚违反可适用法律的行为。美国海军指挥官可被要求协助在海上执行美国法律，主要是制止非法贩运麻醉药品和精神调理物质。在这项任务领域的活动涉及国际法、美国法律和政策以及政治考量。由于这些要素的复杂性，如果时间允许，指挥官应请求上级机关指示。

美国执法机构要在海上执行与渔业、野生动植物、海关、移民、环境保护和海上安全有关的各类美国法律和条约义务。尽管国防部人员无权执行此类法律，但经常被要求协助诸如海岸警卫队之类的执法部门执行这些任务。因此，指挥官及其法律顾问对海上执法有一个基本的了解至关重要。

（一）管辖权

美国进行海上执法行动的能力是以它有权对相关船舶、飞机或人员主张管辖权为前提的。[2]整体的执法管辖权包括三个组成部分：立法管辖权（即一国制定适用于特定个人或活动的法律的权力）；司法管辖权（即一国使特定人员或事项服从其司法程序的权力）；执行管辖权（即一国利用其资源劝导或强迫其法律得到遵守的权力）。下面将依次讨论执法管辖权的各个组成部分。

1. 立法管辖权

国际法一般承认，一国行使立法管辖权有五项基础：

（1）属地管辖；

---

〔1〕 See, e. g., USCINCEUR NEOPLAN 431090 (U). Para. 18 of SM-712-89, Unified Command Plan (UCP), 16 Aug. 1989. 该条将美国中央司令部总司令、欧洲司令部总司令、美国大西洋司令部（后演变为联合部队司令部，2011 年裁撤）总司令、美国太平洋司令部（现为印太司令部）总司令和美国南方司令部总司令的责任分配给国家指挥中心（NCA）以 "根据国防部第 3025. 141 号指令的规定，计划和实施海外美国非战斗员和某些非美国人员的撤离"。未包括在这些总司令的责任分配范围内的非战斗员撤离行动及行动计划必要时根据参谋长联席会议主席发布的《联合作战计划》第 21 条（CJCS. UCP, para. 21）分配。See also the JCS Standing Rules of Engagement. 与实施非战斗员撤离行动相关的法律问题的精彩分析，See Day, Legal Considerations in Noncombatant Evacuation Operations, 40 Nav. L. Rev. 45 (1992).

〔2〕 See Paust, *International Law as Law of the United States* 387-404 (1996). 该书对每一个国际公认的管辖权基础进行了精彩讨论。

(2) 主动属人管辖;

(3) 被动属人管辖;

(4) 保护性管辖;

(5) 普遍管辖。

值得注意的是,国际法规范国家之间的权利和义务。尽管个人可能会从该法律体系的适用中受益,但违反国际法的行为通常不能针对个人提起刑事诉讼。[1]

(1) 属地原则。该原则承认一国有权制定适用于其领土边界内行为的法律,包括其内水、群岛水域和领海内的行为。

(2) 客观属地原则。这一属地原则的变体承认一国可将其法律适用于在其境外实施但效果及于其境内的行为。[2]根据该原则以及保护性原则,就可以合法地管辖所谓的"游弋船"。[3]美国禁毒法的域外适用很大程度上就是基于这一概念。

(3) 主动属人原则。该原则基于的理念是一国可制定适用于具有该国国籍的物体和人员的法律。它是如下概念的基础,即在国际水域内的船舶,除了极少数例外,均受其船旗国专属管辖。根据属人原则,一国可将其法律适用于本国国民而无论该人身在何处,[4]也可将其法律适用于拥有其国籍的船舶和飞机上的所有人员、活动和物体。出于国际礼让和对外国主权的尊重,美国不会在外国领土内主动行使属人管辖权。[5]

---

〔1〕 See 1 Restatement (Third) sets 402 & 404. 在没有其国籍国介入的情况下,个人通常也不能以违反国际法为由提起民事诉讼或作为民事诉讼的抗辩。See Henkin, Pugh, Schachter & Smit, International Law (1993) at 374-78.

〔2〕 *United States v. Postal*, 589 F. 2d 862, 885 (5th Cir. 1979).

〔3〕 See the Hovering Vessels Act of 1935, codified at 19 U. S. C. sets. 1401 (k), 1432a, 1436, 1455, 1581, 1584, 1586, 1587, 1615, 1709 (d) and 46 U. S. C. sec. 91; *Ford v. United States*, 273 U. S. 593, 618-19, 623 (1927) (酒精); *United States v. Gonzalez*, 875 F. 2d 875 (D. C. Cir. 1989) (毒品); and *United States v. Cariballo-Tamayo*, 865 F. 2d 1179 (1 lth Cir. 1989) (毒品).

〔4〕 例如,美军现役人员无论何时何地都要遵守《统一军事司法典》。参见《统一军事司法典》第2条。

〔5〕 在外国领土内要根据与东道国签订的部队地位协定 (SOFAs) 行使《统一军事司法典》对美国军事人员的管辖权。例如,《北约部队地位协定》(NATO SOFA) 第7条第1款第1项规定:

(1) 派遣国军事当局有权在接受国内对受派遣国军事法约束的一切人员行使派遣国法律赋予它们的一切刑事和纪律管辖权。

Art. Ⅶ 1 (a), Agreement Between the Parties to the North Atlantic Treaty Regarding the Status of Forces, Washington, 19 June 1951, 4 U. S. T. 1792, 119 U. N. T. S. 67, T. I. A. S. 2846, *reprinted in* AFP 1 lo-20 at 2-2.

（4）被动属人原则。根据这一原则，一国可基于受害人的国籍适用其法律，无论犯罪发生地或犯罪人的国籍为何。[1]如果美国国民在外国船舶和飞机上被外国人劫为人质，[2]以及如果美国国民已成为外国蓄谋谋杀的预期目标时，[3]则美国法院支持根据这一原则主张管辖权。该原则适用于对国际恐怖分子的逮捕和起诉。[4]

（5）保护性原则。该原则承认一国有权将对其国家安全或政府职能产生重大不利影响的行为定为犯罪。对谋杀因公出国的美国议员进行起诉就是基于这一原则。[5]美国法院已根据这项国际刑事管辖原则成功起诉了在公海的非美国船舶上拘捕的外国毒贩。[6]

（6）普遍管辖原则。该原则承认，某些犯罪是如此恶劣且受到广泛谴责的，以致任何国家都可以代表国际社会逮捕、起诉和惩罚犯罪人，不论犯罪人或受害者的国籍为何。[7]历史上的海盗行为和奴隶贩卖就符合这些标准。晚近，灭绝种族[8]、某些战争罪[9]、劫持人质[10]和劫持飞机[11]也已受到

---

〔1〕　允许被动属人原则作为一种管辖权基础一直饱受争议，"尽管近年来也没有人反对行使这一原则"。Henkin, Pugh, Schachter & Smit, International Law (1993) at 1067.

〔2〕　*United States v. Yunis*, 924 F. 2d 1086, 1091 (D. C. Cir. 1991) (*Yunis* Ⅲ); 18 U. S. C. sec. 1203.

〔3〕　*United States v. Layton*, 855 F. 2d 1388 (9th Cir. 1988) (被告为美国公民); *United States v. Benitez*, 741 F. 2d 1312, 1316 (1 1th Cir. 1984). cert. denied 471 U. S. 1137 (1985) (被告为哥伦比亚人).

〔4〕　See *Yunis* Ⅲ.

〔5〕　*United States v. Layton*, 855 F. 2d 1388 (9th Cir. 1988).

〔6〕　*United States v. Alomia-Riascos*, 825 F. 2d 769 (4th Cir. 1987); *United States v. Romero-Galue*, 757 F. 2d 1147, 1154 (11th Cir. 1985).

〔7〕　*Demjanjuk v. Petrovsky*, 776 F. 2d 571, 582 (6th Cir. 1985).

〔8〕　《防止及惩治灭绝种族公约》，1948 年 12 月 9 日在巴黎通过 (78 U. N. T. S. 277); Restatement (Third) sec. 404; *Demjanjuk v. Petrovsky*.

〔9〕　阿道夫·艾希曼因第二次世界大战期间在德国犯下战争罪和危害人类罪，被以色列根据普遍管辖原则予以审判。Henkin, *et al.*, paragraph 3. 11. 1. 3, note 59 (p. 3-19) at 1085.

〔10〕　《反对劫持人质国际公约》，1979 年 12 月 17 日在纽约通过。See *also* 18 U. S. C. sec. 1203 (1994).

〔11〕　《关于在航空器内的犯罪和犯有某些其他行为的公约》(《东京公约》)，1963 年 9 月 14 日在东京通过 (704 U. N. T. S. 219);《关于制止非法劫持航空器的公约》(《海牙公约》)，1970 年 12 月 16 日在海牙通过;《关于制止危害民用航空安全非法行为的公约》(《蒙特利尔公约》)，1971 年 9 月 23 日在蒙特利尔通过;《制止在为国际民用航空服务的机场上的非法暴力行为的议定书》(《蒙特利尔议定书》)，1988 年 2 月 24 日在蒙特利尔通过。See *also* 49 U. S. C. App. , sec. 1472 (1994).

各种条约的广泛谴责，可以说已成为普遍管辖的罪行。[1]

2. 司法管辖权

美国的法院仅根据美国宪法和法律行使司法管辖权。美国法院无权依外国刑法裁判，也不能对美国并未依法禁止的犯罪行使管辖权。

（二）执行管辖权

执行管辖权是指一国利用其资源来引导或强制其法律得到遵守的权力。在海洋领域，执行管辖权取决于预计在其上开展海上执法行动的船舶或飞机的国籍、位置、地位和活动。

1. 对美国船舶的执行管辖

在美国的船舶上，美国法律在任何时候都适用，并可在世界范围内由美国海岸警卫队加以执行。[2]出于国际礼让和对外国主权的尊重，若未通知另一国或未经该国同意，美国通常不会在另一国的领海、群岛水域或内水之内采取执行措施。

为了执法的目的，美国船舶是指：

（1）根据美国法律登记或编号的船舶；

（2）由美国公民或国民（包括公司实体）全部或部分拥有并且未在其他国家/地区注册的船舶；

（3）曾根据美国法律登记，且未经美国海事管理局批准就已出售给非美国公民或者在外国登记或悬挂外国国旗。[3]

2. 对外国船舶的执行管辖

一国对不享有主权豁免的外国船舶依法主张管辖权的能力在很大程度上取决于外国船舶所处的海域及其正从事的活动。[4]第二章概述了沿海国在各个海域中享有的国际公认的利益。以下各点将讨论对不享有主权豁免的外国船舶主张管辖权时的一般习惯规则和例外：

（1）公海上的执行管辖。公海上悬挂国旗的船舶通常受船旗国的专属执

---

〔1〕 See also 1 Restatement（Third），sec. 404 RN1, at 255-57.

〔2〕 14 U. S. C. sec. 89（1994）.

〔3〕 46 U. S. C. App. sec. 1903（b）（1994）.

〔4〕《联合国海洋法公约》第 108 条第 2 款；1988 年《联合国禁毒公约》第 7 条第 2 款和第 3 款。

法管辖。[1]该原则的一个例外是本章第四节讨论的抵近和登临权。此外，各国在某些情况下还可授权外国执法船登上悬挂该国国旗的船舶。再者，船旗国也可临时或者通过书面安排或国际协定，同意另一国登船并对该船舶行使管辖权。

（2）专属经济区、大陆架和毗连区。在专属经济区内，沿海国享有勘探、开发、管理和养护水体内、海床及其底土的生物和非生物自然资源的主权权利。这些权利使沿海国可以对违反其自然资源相关法律且不享受主权豁免的外国船舶行使管辖权。同样，沿海国享有勘探和开发大陆架上自然资源的专属主权权利，并可对侵犯这些资源权利的不享受主权豁免的船舶行使管辖权。

沿海国在其毗连区内还拥有一定的警察权，可采取执法措施以"行使必要的控制权"，从而防止在其领土或领海内违反其财政、移民、卫生或海关法律和法规的行为。

（3）领海、群岛水域和内水。沿海国有权管理其领海、群岛水域和内水。一般而言，沿海国在这些水域内拥有执行其国内法的绝对权力，但与航行自由相关的国际法原则存在公认限制的情况除外。这些原则包括无害通过、因救助而进入领海、过境通过和不可抗力。此外，沿海国可能会对船舶入港施加合理的、非歧视性的条件。但是，在其领海、群岛水域和内水从事非商业服务的军舰和政府船舶仍保持其主权豁免地位。如果沿海国对主权豁免船舶施加入港条件，危及该船舶地位（例如，要求提供全体船员名单或接受安全检查），则指挥官可决定不进入沿海国港口。

（4）紧追。如果沿海国有充分理由相信一艘船舶违反了该国的法律和规章，而该船未听从停驶命令并服从正当的执法措施[2]，则可开启紧追。[3]

---

〔1〕《公海公约》第 6 条第 1 款；《联合国海洋法公约》第 92 条第 1 款。

〔2〕关于紧追权的广泛讨论，参见 2 O'Connell 1075-93 and Knight & Chiu, The International Laws of the Sea385（1991）. See also Maidmont, Historic Aspects of the Doctrine of Hot Pursuit, 46 Br. Y. B. Int'l L. 365（1972-1973）; Poulantzas, The Right of Hot Pursuit in International Law（1969）; and Nordquist, Vol. Ⅲ 247-260. 紧追权要区别于按照自卫的基本原则，为确保受威胁的部队或领土的安全而有必要采取追逐措施的权利。后者是一个更宽泛的概念，不取决于威胁发生在领水还是毗连区内。这一概念经常被称为"即刻追逐"或"自卫追逐"。

〔3〕《公海公约》第 23 条第 1 款；《联合国海洋法公约》第 111 条第 1 款。《公海公约》和《联合国海洋法公约》都要求有"充分理由"认为这种违法行为已发生。因此很明显，仅仅是怀疑无法触发该权利，但也不要求实际知悉一项犯罪。2 O'Connell 1088.

此项追逐须在嫌疑船舶或其小艇之一在沿海国某一海域内且涉嫌违反与该海域相关的法律时开始。[1]紧追权只可由军舰、军用飞机或其他有清楚标志可以识别的为政府服务并经授权紧追的船舶或飞机行使。[2]紧追的重要性在于，如果正当进行并成功截停被追逐的船舶，即使该船舶已离开其违反沿海国法律或规章的海域，沿海国也仍保留了对该船舶的执法管辖权。

第一，紧追的开始。除非沿海国以可用的实际方法认定被追逐的船舶或其小艇之一或作为一队进行活动而以被追逐的船舶为母船的其他船艇是在其领海、毗连区或专属经济区范围内或在大陆架上，并且已违反了适用于该特定区域的一项或多项法律，紧追不得认为已经开始。追逐只有在外国船舶视听所及的距离内发出视觉或听觉的停驶信号后，才正式开始。[3]发出停驶命令的船舶并无必要与外国船舶或其附属小艇在同一区域内。[4]

第二，连续追逐的要求。一旦成功开始追逐，无论是在视觉效果上还是通过电子手段，紧追都必须连续进行，不能中断。发出停驶命令的船舶或飞机必须本身积极追逐违法船舶，除非沿海国授权的另一艘船舶或飞机前来接替追逐。[5]任何接替追逐都必须满足连续追逐的要求。

第三，紧追的终止。一旦被追逐的船舶进入其本国或第三国领海，紧追权立即终止，除非有关沿海国允许继续追逐。[6]

（5）推定在场。外国船舶可被视为同与其合作从事违法活动的任何其他

---

〔1〕《公海公约》第23条第1款；《联合国海洋法公约》第111条第1款。"其小艇之一"的措辞反映了《公海公约》第23条第1款和第4款以及《联合国海洋法公约》第111条第1款和第4款所承认的推定在场原则。See also 2 O'Connell 1092-93.

〔2〕《公海公约》第23条第4款；《联合国海洋法公约》第111条第5款；Restatement（Third），sec. 513, Comment g. 由于民团概念的限制，紧追权通常不由美国海军或美国空军行使，而是由美国海岸警卫队行使。然而，尽管美国的实践是要为此目的使用海岸警卫队，但根据国际法，所有军舰和军用飞机，不论服役的从属关系为何，都可以适当地行使紧追权。Allen, Doctrine of Hot Pursuit: A Functional Interpretation Adaptable to Emerging Technologies and Practices, 20 Ocean Dev. & Int'l L. 309, 37（1989）.

〔3〕《公海公约》第23条第3款；《联合国海洋法公约》第111条第4款。在无正当理由行使紧追权的情况下，在领海以外被停驶或被逮捕的船舶，对于可能因此遭受的任何损失或损害应获赔偿。《公海公约》第23条第7款；《联合国海洋法公约》第111条第8款。

〔4〕《公海公约》第23条第4款；《联合国海洋法公约》第111条第5款。

〔5〕Allen, at 3 19-20; McDougal & Burke at 897.

〔6〕《公海公约》第23条第2款；《联合国海洋法公约》第111条第3款；2 Restatement（Third），sec. 513 Comment g, at 49.

小艇实际处于同一地点。该原则最普遍地用于母船使用联络艇将禁运品走私到沿海国水域的情况下。为了确立推定在场以行使执法权并开启紧追，必须：

第一，在沿海国行使海上执法管辖权的海域外，有一艘作为母船的外国船舶；

第二，联络艇位于该国可以行使管辖权的海域（即内水、领海、群岛水域、毗连区、专属经济区或大陆架上覆水域）且实施了应受此种管辖的行为；

第三，有充分理由相信这两艘船正在协作违反该国的法律。[1]

（6）抵近和登临权。参见本章第四节。

（7）特别安排和国际协定。长期以来，国际法一直承认一国有权授权另一国执法人员在悬挂其国旗的船舶上执行其中一国或两国的法律。一些条约，例如《制止危及海上航行安全非法行为公约的议定书》和1988年《联合国禁毒公约》，都承认并鼓励国家之间的这种安排，以实现条约的目标。特别安排可采取长期书面协定的形式，也可以由请求国和被请求国的适当代表之间通过外交渠道进行的电报或电话构成。每个协定在范围和细节上都是不同的。通常，寻求登上外国船舶进行执法的国家会要求该船的船旗国证实（或驳回）该船的注册要求，并授权其登上并搜查可疑船舶。如果发现违法的证据，船旗国可以授权执行请求国的刑法，或者可以授权请求国的执法人员以船旗国代理人的身份行事，扣留该船以便船旗国本身采取最后行动。船旗国可能对执法权的授予施加限制，这些限制应予严格遵守。[2]

美国已与世界各国签订了大量双边协定，涉及禁毒、移民禁令、渔业执法及其他执法行动。许多协定都赋予美国海岸警卫队执法人员在国际水域截

---

〔1〕《公海公约》第23条第3款；《联合国海洋法公约》第111条第4款；19 U. S. C. sets. 1401 (k), 1581 (g) & 1587 (1994)（游弋船违反海关法）；McDougal & Burke 909-l8；Lowe 172-73；*The I'm Alone*（*Canada v. U. S.*）3 R. I. A. A. v. 09 (1941). *But see* 2 O'Connell 1092-93.

〔2〕《联合国禁毒公约》第17条；46 U. S. C. App. sec. 1903（c）；19 U. S. C. sec. 1581（h）；*United States v. Quemener*, 789 F. 2d 145 (2d Cir.), *cert. denied*, 479 U. S. 829 (1986)（US-UK agreement of 13 Nov. 1981, 33 U. S. T. 4224, T. I. A. S. 10296）；*United States v. Williams*, 589 F. 2d 210, *rehearing en banc*, 617 F. 2d 1063 (5th Cir. 1980)（special arrangement with Panama). See also 2 Restatement（Third）, sec. 522 RN 8, at 88；and Gilmore, Narcotics Interdiction at Sea: UK-US Cooperation, 13 Marine Policy 2 18-30 (1989). 美国与世界各国已签订许多双边协定，涉及禁毒和外国移民拦截等执法行动。其中许多协定，特别是和加勒比海国家签订的协定，规定美国海岸警卫队执法人员有权在领海外截停、登临并搜查另一方的船舶；让美国执法人员搭乘其船舶并执行其某些法律；追逐逃入另一方领水或领空的船舶或飞机；为支援禁毒行动而飞入其领空。See generally MLEM, encl. 4.

停、登上并搜查另一国船舶的权力。这些协定还允许美国海岸警卫队向该国船舶派遣其人员；执行该国的某些法律；追逐逃入该国领水或领空的船舶或飞机；飞入该国领空以支持禁毒行动。

3. 对无国籍船舶的执行管辖

没有在任何一个国家进行合法注册的船舶没有国籍，通常被称为"无国籍船舶"。它们无权悬挂任何国家的国旗，并且由于它们无权享受任何国家的保护，所以受所有国家的管辖。[1]例如，美国判例法已明确主张"由于无国籍船舶不受另一主权国家的保护，所有国家都可将其视为自己的领土，并要求其服从自己的法律"。因此，军舰或其他政府船舶在国际水域遇到无国籍船舶时可以登临该船舶，无国籍船舶也要服从所有适当的执法措施。[2]可能导致一艘船舶被视为无国籍船舶的其他行为还包括：

（1）船舶没有展示名称、旗帜或其他可识别特征；

（2）船长或负责人没有按照要求声明该船的国籍或为该船进行注册；

（3）注册国否认或没有肯定和明确地承认注册声明或船舶的注册信息。

4. 对视同无国籍的船舶的执行管辖

如果一艘船舶声称有多重国籍（例如，航行时悬挂两个或多个国旗），或者船长声称的国籍与船舶证件的记载不同，则该船舶可被视同无国籍船舶。其他因素可能还包括航行期间未经船旗国批准而更改船旗，或者该船带有可拆卸的标示牌，用以显示不同的船名和/或船籍港。[3]

确定是否属于无国籍船舶或视同无国籍的船舶，通常要求利用既定的机构间协调程序。

5. 不构成行使管辖权的执法措施

军舰、军用飞机和其他经正式授权的政府船舶和飞机（如辅助船）在国际水域航行时，也可以行使抵近权并在双方同意的情况下登船（合意登船），但二者均不构成对相关船舶行使管辖权。但是，此类措施可为指挥官提供情报，这些情报可作为随后海上执法行动的基础。

---

〔1〕《联合国海洋法公约》第110条第1款第4项。

〔2〕 2 Restatement (Third), sec. 522 (2) (b) & Reporters' Note 7, at 87-88.

〔3〕《公海公约》第6条第2款；《联合国海洋法公约》第92条第2款；46 U. S. C. App. sec. 1903 (c) (1) (1994); *United States v. Passos-Paternina*, 918 F. 2d 979 (1st Cir.), *cert. denied*, 499 U. S. 982 (1990).

（1）抵近权。关于在行使登临权之前行使抵近权的讨论，参见本章第四节。

（2）合意登船。应一艘船舶的船长（或负责人）的邀请，可以进行合意登船。船长全权负责其船舶在国际水域航行时的所有相关活动，这一点在国际法上已被充分确立，并且包含允许包括外国执法人员在内的任何人作为其客人登船的权力。但是，有些国家不承认船长有权批准合意登船。

船长的自愿同意只是允许登船，而不是允许主张逮捕或扣押等执法权。因此，合意登船本质上不是行使海上执法管辖权。合意登船的范围和持续时间要遵从船长施加的条件，并且可由船长自行决定终止。但是，这种登船在不会对所登船舶造成不当拖延的情况下，通过获取或确认船舶文件、货物和航行记录，可以迅速核实一艘船舶航行的合法性。[1]

如果该船的船旗国是包含登船规定的双边/多边协定或其他特别安排的当事国，并且有合理的理由怀疑该船正在从事该协定所涉及的非法活动，则登船应根据该协定的条款进行而不是征得船长同意。

（三）行使海上执法管辖权的限制

即使国际法和美国国内法都承认某一违反美国法的行为构成犯罪，也必须考虑美国执法行动面临的法律和政策限制。在美国境内，民团的概念限制了美国的军事活动。在美国境外，指挥官最担心的是国防部对民事执法机构的援助所受到的限制，获得沿海国授权才能在该国领水内执法的要求，以及机构间协调的必要性。

1. 民团（Posse Comitatus）

除非获得美国宪法或国会立法的明确授权，否则将美国陆军或空军的人力或资源用于民团———一支协助民事执法当局维持和平并逮捕重罪犯的部队———或用于以其他方式执行国内法，均为《民团法案》所禁止。[2]此外，国防部应制定规章，确保国防部所有军种，包括海军和海军陆战队，均不直接参与民事执法活动，除非获得法律授权。[3]对军事人员参与民事执法活动

---

〔1〕 2 Restatement (Third), sec. 522 RN 4, at 86.

〔2〕《民团法案》[18 U.S.C. sec. 1385 (1994)] 最初根据 1878 年 6 月 18 日的法案（sec. 15, 20 Stat. 152）制定，以回应南部各州在执行重建法时过度使用美国陆军以及由此产生的滥用行为。See Furman, Restrictions Upon Use of the Army Imposed by the Posse Comitatus Act, 7 Mil. L. Rev. 85, 92 – 96 (1960).

〔3〕 10 U.S.C. sec. 375 (1994). See DoDI 3025. 21, Defense Support of Civilian Law Enforcement Agencies, and SECNAVINST 5820. 7C, Cooperation with Civilian Law Enforcement Officials.

的限制也适用于美国海军犯罪调查局的文职人员。然而值得注意的是，即使作为海军部的一部分行动时，此种限制也不适用于美国海岸警卫队。[1]

2. 国防部协助

尽管《民团法案》和美国国防部第 3025.21 号指令均禁止军事当局执行或直接参与执行民事法律，但根据军事目的原则，可以授权进行某些协助民事执法的军事活动。例如，在正常军事训练或军事行动中附带进行的间接参与或对民事执法当局的协助，并不违反《民团法案》或国防部第 3025.21 号指令。[2]此外，美国国会已特别授权有限制地使用军事人员、设施、平台和设备，以协助联邦执法机关在海上拦截麻醉药品和其他受管制药物，并在某些情况下协助进行国内反恐行动。[3]

(1) 使用国防部人员。尽管国会已通过立法扩大了国防部在协助执法机构方面可发挥的作用，但国防部人员不得直接参与搜查、扣押、逮捕或类似活动，除非法律另有授权。[4]目前允许的活动包括在操作和维护借用装备方面为联邦、州和地方执法人员提供培训和建议。[5]经适当机关授权而参与的国防部人员也可为下列目的自行维护和操作装备，以支持民事执法机构：①空中和海上交通活动的检测、监视和通信；②空中侦察；③拦截在美国陆地区域以外发现的船舶或飞机，以便与他们进行通讯并将他们指引到执法人员指

---

[1] 14 U.S.C. sec. 89 (1994).

[2] Rice New Laws and Insights Encircle the Posse Comitatus Act, 104 Mil. L. Rev. 109 (1984); Meeks, Illegal Law Enforcement: Aiding Civil Authorities in Violation of the Posse Comitatus Act, 70 Mil. L. Rev. 83 (1975). See *also* DoDD. 5525.5 (series) Subj: DOD Cooperation with Civilian Law Enforcement Officials; Posse Comitatus Act, and relevant OPORDERS/OPLANS for current policy and procedures. 海军部长可在个案基础上给予政策豁免。

[3] 10 U.S.C. sets. 371–78 (1994). 该法授权国防部为联邦民事禁毒工作提供支持，前提是这样做不会对军事准备产生不利影响。10 U.S.C. sec. 376 (1994). 尽管有这一限制，但如果国防部长认为提供支持的重要性超过了这样做对军事准备的短期不利影响，那么国防部长仍然可以提供这种支持。See National Defense Authorization Act of Fiscal Year 1991, Pub. L. No. 101–510, sec. 1004 (d), 104 Stat. 1630, codified at 10 U.S.C. sec. 374 note (1994). 这一限制豁免最初仅授权给 1991 年实施的行动，但现在已延长至 1999 财年。See National Defense Authorization Act for Fiscal Year 1994, Pub. L. No. 103–337, sec. 1011 (a), 108 Stat. 2836, codified at 10 U.S.C. sec. 374 note (1994).

[4] 10 U.S.C. sec. 375 (1994).

[5] 10 U.S.C. sec. 373 (1994). 国防部长与司法部长合作，还必须每年向各州和地方执法人员介绍国防部可提供的信息、培训、技术支持以及设备和设施。10 U.S.C. sec. 380 (1994). 国防部长还必须建立各州和地方政府部门从国防部购买适合于禁毒活动的执法装备的程序。10 U.S.C. sec. 381 (1994).

定的地点；④操作装备以便利与执法单位进行通讯；⑤运送民事执法人员；⑥运营民事执法人员的行动基地；⑦将可疑恐怖分子运送到美国，移交给联邦执法人员。[1]

（2）向执法机构提供情报。国防部可以向联邦、州或地方执法人员提供在正常的军事训练或军事行动过程中获得的情报，这些情报可能与这些官员管辖范围内的任何违法行为相关。美国现行法律规定，在计划和开展军事训练或军事行动时，应尽最大可能考虑民事执法人员对情报的需求。[2]国防部掌握以及与禁毒或其民事执法事务有关的情报信息，可以在保证国家安全的范围内提供给民事执法人员。[3]

（3）使用国防部的装备和设施。美国国防部可出于执法目的向联邦、州或地方执法当局提供可用的装备（包括相关耗材或备件）以及基地或研究设施。[4]指定的（水面和空中）平台要和其上所载美国海岸警卫队执法分队例行地巡逻毒品贩运地区。登上任何美国海军船舶的美国海岸警卫队执法分队人员都有权搜查、扣押财产并逮捕涉嫌违反美国法律的人员。[5]

3. 在外国领水内执法

在外国内水、领海和群岛水域的执法只能在沿海国授权的范围内进行。此类授权可以是临时获得的，也可以载入书面协定。

4. 机构间协调

美国海上行动威胁响应计划是总统才能批准的程序，旨在于美国及其海洋领域的利益受到威胁时实现一种政府整体响应。该计划包含协调的要求，以确保情报共享和果断行动，应对除其他外尤其包括海盗、贩毒、渔业违法和偷渡等海上威胁。操作规程通过为特定类型的事件提供流程指南以及为每

---

〔1〕　10 U. S. C. sec. 374（1994）. See SECNAVINST 5820. 7（series）and enclosures 3 and 4 to DoDD 5525. 5. The cognizant OPLAN/OPORDER may provide additional guidance. 明示的作战计划/作战命令可提供额外的指南。

〔2〕　10 U. S. C. sec. 371（b）（1994）. See also 10 U. S. C. sec. 374 note（1994）.

〔3〕　10 U. S. C. sec. 371（1994）. See SECNAVINST 5820. 7C and DoDI 3025. 21. 美国海岸警卫队有关传播和使用情报信息（包括执法情报）以及使用机密调查技术的政策指南，See COMDTINST 3820. 14（series）.

〔4〕　10 U. S. C. sec. 372（1994）. See also 10 U. S. C. sec. 374 note（1994）.

〔5〕　10 U. S. C. sec. 379（1994）. See SECNAVINST 5820. 7（series）and para. A of encl. 3 to DoDD 5525. 5. 明示的作战计划/作战命令可提供额外的指南。关于美国海岸警卫队的权限，See 14 U. S. C. 89（1994）.

个政府机构提供详细的国家级联系信息，补充了上述计划。全球海上行动威胁响应协调中心，通过促进海上行动威胁响应协调并担任该计划的执行秘书处，来支持机构间的协作。[1]

（四）禁毒行动

1. 美国法

受美国管辖的船舶上的任何人，或者在任何美国或外国船舶上的美国公民或拥有美国永久居留权的外国人，制造、分销或以制造、分销的目的而拥有受管制药物，均属违法。[2] 该法适用于：

（1）任何地方的美国船舶；

（2）无国籍船舶；

（3）视同无国籍的船舶；

（4）船旗国授权美国在船上执行美国法律的外国船舶；

（5）位于美国领海或毗连区内的外国船舶；

（6）位于另一国领海或群岛水域的外国船舶，而该国授权美国在上述海域执行美国法律。

《毒品贩运船舶拦截法案》禁止任何无国籍的潜航器或半潜船航行或运载货物，如果它们为避免被发现而正在或已经驶入、航行通过或驶离某一国家领海的外部界限或该国领海与相邻国家的侧向界限以外的水域。[3] 该法将操作潜航器的行为定为犯罪。

2. 国防部在禁毒行动中的任务

国防部已被上述法案指定为联邦政府的牵头机构，负责侦查和监控非法药物从空中和海上转运至美国，包括美国的领地、属地和联邦。[4] 国防部被进一步赋予的任务是将专门用于拦截非法毒品的美国指挥、控制、通信和技术情报资产整合到有效的通信网络中。[5]

3. 美国海岸警卫队在禁毒行动中的职责

海岸警卫队是美国主要的海上执法机构。它也是海上毒品拦截的牵头机

---

〔1〕 See MLEM, encl. 3.

〔2〕 Maritime Drug Enforcement Act of 1986, codified at 46 U. S. C. sets. 70501-70507 (2016).

〔3〕 The Drug Trafficking Vessel Interdiction Act of 2008, codified at 18 U. S. C. sec. 2285 (2008).

〔4〕 10 U. S. C. sec. 124 and note (1994).

〔5〕 10 U. S. C. sec. 124 and note (1994).

构，并与海关和边境保护局共同担任空中拦截的牵头机构。海岸警卫队可以在公海和美国有管辖权的海域进行盘问、检查、搜查、扣押和逮捕，以预防、侦查和制止包括海上毒品贩运在内违反美国法律的行为。海岸警卫队的军官、士官长和军士可以登上受美国管辖的任何船舶，盘问船上的人员，查验船舶的文件和证件，查验、检查和搜查船舶，动用一切必要的力量强制其遵守法律。如果有合理的理由认为已经发生违反美国法律的行为，则可以将违法者逮捕并羁押。如果违法行为可能致使该船或其货物被罚款或没收，则可扣押该船或违法的货物。[1]

美国在海上执行禁毒的主要法律是《海上毒品执法法案》。[2]根据该法案，美国船舶上或在受美国管辖的船舶上的任何人，或者在任何船舶上的美国公民或拥有美国永久居留权的外国人，明知或故意生产或分销受管制药物，均属违法。

海岸警卫队的军官、士官长和军士也会被指派为海关人员，并提供额外的执法权限。[3]在担任海关人员时，海岸警卫队人员会受到与其他海关人员（如海关和边境保护局）相同的规则和规章的约束，包括限定海关执法权限范围的所有规则、规章和政策。因此，有必要与海关执法督察紧密合作，确保所有可适用的规章和政策得到完全遵守。

（五）海上执法中使用武力

无论在美国境内还是境外，海岸警卫队作战指挥或战术指挥下执行海上执法任务的国防部人员，要遵循海岸警卫队的政策进行警告射击和失能射击。但在海岸警卫队作战指挥或战术指挥下的国防部部队，根据美军常备交战规则/常备使用武力规则[4]始终保留自卫权。海岸警卫队的政策为执法和自卫

---

〔1〕 14 U. S. C. sec. 89 (1994).《联合国禁毒公约》第17条（编纂了海上非法贩运方面的习惯法和实践）；46 U. S. C. App. sets. 1901−04 (1994)；Trainor, Coping with the Drug Runners at Sea, Nav. War Coll. Rev., Summer 1987, at 77; Young, Griffes & Tomaselli, Customs or Coast Guard? U. S. Naval Inst. Proc., Aug. 1987, at 67; Lahneman, Interdicting Drugs in the Big Pond, U. S. Naval Inst. Proc., July 1990, at 56. See also Survey of United States Jurisdiction over High Seas Narcotics Trafficking, 19 Ga. J. Int'l & Comp. L. 119 (1989) (survey ends in 1987). Applicable guidance may be found in CINCLANTFLT OPORD 2120 and COMTHIRDFLT OPORD 230.

〔2〕 Maritime Drug Law Enforcement Act of 1986, codified at 46 U. S. C. sets. 70501−70507 (2016).

〔3〕 19 U. S. C. sets. 1401 (1) & 1581 (1994), and 14 U. S. C. sec. 143 (1994).

〔4〕 CJCSI 3121. 01B, Standing Rules of Engagement/Standing Rules for the Use of Force for U. S. Forces.

均规定了使用武力的规则。

无论海岸警卫队使用武力政策还是常备交战规则/常备使用武力规则，均未限制指挥官在保卫自己部队和附近其他美国部队时，使用一切必要手段并采取一切适当措施的固有权利和义务。

警告射击和失能射击

警告射击是一种信号，通常用来警告违法船舶要以特定方式停船或操纵船舶，或其有遭受失能射击或更严厉措施的风险。[1]根据国际法，警告射击并不构成使用武力。失能射击是在可控条件下向不服从指令的船舶的舵或推进设备进行射击，其唯一目的是在口头警告（如果可行的话）或警告射击（如果可行的话）被无视的情况下迫使对方停船。[2]在美国海岸警卫队指挥下的国防部部队在美国境内外开展行动时，要遵循美国海岸警卫队司令颁布的使用武力政策进行警告射击和失能射击。海岸警卫队的政策是，除非警告射击不合理地危及不服从指令的船舶附近的人员或财产，否则指挥官在下令实施失能射击前必须先进行警告射击。

美国武装部队根据常备使用武力规则行事时，除非获得允许，否则禁止在美国领土和领海内使用警告射击。[3]

（六）其他海上执法协助

除了上文讨论的直接行动和专门协助外，海军指挥官还可参与其他支援执法行动的活动，例如，支援美国海关和边境保护局。这种性质的活动通常涉及广泛的事先计划和协调。被派遣至其他联邦机构的国防部部队要按照国防部和牵头联邦机构批准的统一的关于使用武力的任务规则行动。[4]

---

〔1〕 See MLEM, para. 4. J.

〔2〕 See id. , para. 4. K.

〔3〕 Enclosure M to CJCSI 3121. 01B.

〔4〕 See CJCSI 3121. 01B, Standing Rules of Engagement/Standing Rules for the Use of Force for U. S. Forces, Enclosure L.

第四章 维护美国海上国家利益

一、引言

本章会检视广泛的国际法原则，这些原则支配着国家在和平时期保护其海上利益的行为。正如前言所指出的，本书将提供一般性信息。它不是指令性的，也无法取代作战指挥官的指示，特别是他们可能发布的描述情况和限制的任何指示，他们指挥下的部队要据此开始和/或继续使用武力。

历史上，规制国家使用武力的国际法已被分为适用于和平时期的规则和适用于战争时期的规则。[1]然而，20 世纪后半叶并持续至今，"和平"和"战争"的概念已变得模糊不清，[2]以至于将二者进行清楚的划分并非总是可能的。[3]本章特别关注国家在利益受到严重威胁却又并未与威胁其利益的实体爆发武装冲突时维护海上国家利益的问题。除本章第四节第三小节讨论自卫外，涉及美军在实际武装冲突中的行为将在第二部分（海战法）中予以阐释。

---

〔1〕 2 Grotius, De Jure Belli Ac Pacis 832 (Kelsey, tranl. 1925).

〔2〕 McDougal & Feliciano 7-9.

〔3〕 为何国家会在没有正式宣战的情况下进行敌对行动，人们已提出很多原因：（1）希望避免被打上侵略者的标签以及事后被迫支付赔偿；（2）希望避免触发《联合国宪章》第六章和第七章的制裁与执行和平规定；（3）1928 年《巴黎非战公约》和 1945 年《联合国宪章》两个公约的第 2 条将战争"非法化"；（4）第二次世界大战后在纽伦堡和东京进行的战犯审判；（5）担心中立国根据国家立法对战争物资实施禁运；以及（6）受攻击的弱国担心局部冲突扩大化。Stone 311. See also von Glahn, Law Among Nations 712-715 (6th ed. 1992).

二、《联合国宪章》

若各国致力于在和平时期保护其海上国家安全利益，就应以包括《联合国宪章》[1]在内的国际法为指导。首先，《联合国宪章》第2条第3款规定：

各会员国应以和平方法解决其国际争端，避免危及国际和平、安全及正义。

此外，第2条第4款还规定：

各会员国在其国际关系上不得使用威胁或武力，或以与联合国宗旨[2]不符之任何其他方法，侵害任何会员国或国家之领土完整或政治独立。

这两项规定结合在一起，确立了现代国际法的一项基本原则，即禁止国家使用武力或武力威胁将其意志强加给他国或者以此解决它们之间的国际分歧。然而历史已经表明，国家以及非国家行为体，不时地使用武力或武力威胁来实现其目标。预见到国家可能诉诸武力或武力威胁，《联合国宪章》第七章将某些权力授予联合国安理会。例如，第39条规定：

安全理事会应断定任何和平之威胁、和平之破坏或侵略行为之是否存在，并应作成建议或抉择依第四十一条及第四十二条规定之办法，以维持或恢复国际和平及安全。

第41条规定：

安全理事会得决定所应采武力以外之办法，以实施其决议，并得促请联合国会员国执行此项办法。此项办法得包括经济关系、铁路、海运、航空、

---

[1]《联合国宪章》1945年6月26日通过。截至2021年5月1日，联合国会员国有193个国家。少数的联合国非会员国包括罗马教廷、巴勒斯坦。
[2]《联合国宪章》的宗旨载于第1条。这些宗旨包括：
维持国际和平及安全；并为此目的：采取有效集体办法，以防止且消除对于和平之威胁，制止侵略行为或其他和平之破坏；并以和平方法且依正义及国际法之原则，调整或解决足以破坏和平之国际争端或情势……

邮、电、无线电及其他交通工具之局部或全部停止，以及外交关系之断绝。

第 42 条进一步规定：

安全理事会如认定第四十一条所规定之办法为不足或已经证明为不足时，得采取必要之空海陆军行动，以维持或恢复国际和平及安全。[1] 此项行动得

---

[1]《联合国宪章》中关于安理会在维持国际和平及安全方面之作用的重要规定列举如下：

第五章 安全理事会

第 24 条

一、为保证联合国行动迅速有效起见，各会员国将维持国际和平及安全之主要责任，授予安全理事会，并同意安全理事会于履行此项责任下之职务时，即系代表各会员国……

第 25 条

联合国会员国同意依宪章之规定接受并履行安全理事会之决议。

第七章 对于和平之威胁、和平之破坏及侵略行为之应付办法

第 39 条

安全理事会应断定任何和平之威胁、和平之破坏或侵略行为之是否存在，并应作成建议或抉择依第四十一条及第四十二条规定之办法，以维持或恢复国际和平及安全。

第 41 条

安全理事会得决定所应采武力以外之办法，以实施其决议，并得促请联合国会员国执行此项办法。此项办法得包括经济关系、铁路、海运、航空、邮、电、无线电及其他交通工具之局部或全部停止，以及外交关系之断绝。

第 42 条

安全理事会如认第四十一条所规定之办法为不足或已经证明为不足时，得采取必要之空海陆军行动，以维持或恢复国际和平及安全。此项行动得包括联合会员国之空海陆军示威、封锁及其他军事举动。

第 43 条

一、联合国各会员国为求对于维持国际和平及安全有所贡献起见，担任于安全理事会发令时，并依特别协定，供给为维持国际和平及安全所必需之军队、协助及便利，包括过境权。

二、此项特别协定应规定军队之数目及种类，其准备程度及一般驻扎地点，以及所供便利及协助之性质……

第 45 条

为使联合国能采取紧急军事办法起见，会员国应将其本国空军部队为国际共同执行行动随时供给调遣。此项部队之实力与准备之程度，及其共同行动之计划，应由安全理事会以军事参谋团之协助，在第四十三条所指之特别协定范围内决定之。

第 46 条

武力使用之计划应由安全理事会以军事参谋团之协助决定之。

第 47 条

一、兹设立军事参谋团，以便对于安全理事会维持国际和平及安全之军事必要问题，对于受该会所支配军队之使用及统率问题，对于军备之管制及可能之军缩问题，向该会贡献意见并予以协助。

二、军事参谋团应由安全理事会各常任理事国之参谋总长或其代表组织之……

包括联合国会员国之空海陆军示威、封锁及其他军事举动。

但是，这些规定并未排除一国的单独和集体自卫权。《联合国宪章》第
51条规定：

联合国任何会员国受武力攻击时，在安全理事会采取必要办法，以维持
国际和平及安全以前，本宪章不得认为禁止行使单独或集体自卫之自然权
利。……[1]

(接上页) 三、军事参谋团在安全理事会权力之下，对于受该会所支配之任何军队，负战略上之指挥
责任……

第48条

一、执行安全理事会为维持国际和平及安全之决议所必要之行动，应由联合国全体会员国或由若
干会员国担任之，一依安全理事会之决定。

二、此项决议应由联合国会员国以其直接行动及经其加入为会员之有关国际机关之行动履行之。

第49条

联合国会员国应通力合作，彼此协助，以执行安全理事会所决定之办法。

联合国会员国尚未能根据《联合国宪章》第43条和相关条款缔结协定。相反，联合国通过秘书
长不时地要求会员国根据需要自愿组成联合国紧急国际维和部队。以这种方式，联合国已经数十次向
全世界的动荡地区派遣维和部队。See U. N., The Blue Helmets: A Review of United Nations Peace-keeping
(1985); New Zealand Ministry of Foreign Affairs, United Nations Handbook (1991); and Fact Sheet: UN
Peace-keeping Operations, U. S. Dep't of State Dispatch, Sept. 30, 1991, at 722. See also Bowett, United Na-
tions Forces (1964); Boyd, United Nations Peace-Keeping Operations: A Military and Political Appraisal
(1971); Siekmann, Basic Documents on United Nations and Related Peace-Keeping Forces (1985), and Dan-
iel & Hayes, Securing Observance of UN Mandates through the Employment of Military Forces, Strategic Re-
search Department Report 3-95, Nav. War Coil. (1995); Daniel & Hayes, Beyond Traditional Peacekeeping
(1995); Nordquist, What Color Helmet?: Reforming Security Council Peacekeeping Mandates, The Newport
Papers, No. 12, U. S. Nav. War Coil. 1997. The U. N. Dep't of Peacekeeping maintains a useful website at ht-
tps: //peacekeeping. un. org/zh.

[1] 除朝鲜战争 (Stone, at 228-37) 和各种维和行动外，武装部队从未委派给联合国指挥。直
至1990年8月，安理会常任理事国行使的否决权使安理会无法有效地或以宪章制定者所设想的方式，
履行其在维持国际和平及安全方面的职责。因此，各成员国只能依赖自身单独和集体自卫的固有权利
来制止侵略并维持国际和平及安全。关于安理会授权使用武力将伊拉克驱逐出科威特，参见 Walker,
The Crisis over Kuwait, August 1990-February 1991, 1991 Duke J. Int'l L. 25; and Moore, Crisis in the Gulf
(1992). 在一个主权发挥着极其重要作用的水平结构的世界里，国家继续按照自身的利益行事。因此，
正如《联合国宪章》第51条所体现的那样，诉诸单独和集体自卫已成为常态。时任国务卿约翰·福
斯特·杜勒斯 (John Foster Dulles) 在参议院外事委员会就与韩国签订的《共同防御条约》作证时
(Hearings, 83d Cong., 2d Sess., 13 Jan. 1954, at 21) 解释说："我们已缔结的所有安全条约都被认为在
第51条的范畴内。"该条全文规定：

联合国任何会员国受武力攻击时，在安全理事会采取必要办法，以维持国际和平及安全以前，本

下文将讨论国家在和平时期，在遵守《联合国宪章》的前提下，为追求和保护国家利益可以采取的某些措施。

三、非军事措施

（一）外交措施

按照《联合国宪章》的设想，各国通常依靠和平手段解决分歧并保护其利益。外交措施包括一国在国际法框架内为影响另一国的行为而采取的所有政

（接上页）宪章不得认为禁止行使单独或集体自卫之自然权利。会员国因行使此项自卫权而采取之办法，应立即向安全理事会报告，此项办法于任何方面不得影响该会按照本宪章随时采取其所认为必要行动之权责，以维持或恢复国际和平及安全。

杜勒斯进一步作证说：

我们所作的安排基本上是根据第51条作出的，它是广泛且不一定局限于区域范围的安排之一，因为就其本身而言涉及地区联盟之规定（第53条）的这一条款，规定非经安理会同意，不得根据区域办法采取任何强制行动，考虑到苏联在安理会的否决权，如果你直接根据区域办法的条款行事，除非得到苏联同意，否则你就无权诉诸武力或使用武力。

《宪章》第52条和第53条具体规定了"区域办法"：

第52条

一、本宪章不得认为排除区域办法或区域机关、用以应付关于维持国际和平及安全而宜于区域行动之事件者；但以此项办法或机关及其工作与联合国之宗旨及原则符合者为限……

第53条

一、安全理事会对于职权内之执行行动，在适当情形下，应利用此项区域办法或区域机关。如无安全理事会之授权，不得依区域办法或由区域机关采取任何执行行动……

时任国务卿鲁斯克（Rusk）于1966年8月25日在参议院筹备分委员会作证时说：

联合国未能有效地处理对和平的所有威胁，只要某些会员国认为它们必须继续在其公开承认的和平愿望与它们在世界上取得更大权力或地位的短期利益之间妥协，联合国将来也不可能做到……然而，人们从一开始就认识到，联合国也许无法证明自己能够承担集体安全的全部责任。宪章明确规定区域组织的存在，如美洲国家组织，可以处理各地区内的国际和平及安全问题。它还明确承认单独和集体自卫的固有权利。

根据《联合国宪章》，我们已与五大洲的40多个国家签订了多边和双边条约安排。

Quoted in U. S. Cong. House Foreign Affairs Comm. , Collective Defense Treaties, with maps, Text of Treaties, A Chronology, Status of Forces Agreements, and Comparative Charts, 91st Cong. , 1st Sess. , 15 – 17 (Comm. Print 1969).

美国已签订数个共同防御条约，目前仍然有效。《北大西洋公约》和《美洲国家间互助条约》（《里约条约》）都规定，对一个成员国的攻击就相当于对所有成员国的攻击，每个成员国都将协助应对攻击。澳新美安全条约以及与菲律宾、日本、韩国和东南亚条约组织缔结的条约都规定，任何一方遭受武力攻击都会危及其自身的和平与安全，每一方都将"根据其宪法程序"采取行动以应对共同危险。

治行动。这些措施包括谈判、和解或调停，可以是合作性的或强制性的（如断绝外交关系）。[1]侵犯国的行为可以诉诸联合国大会来加以解决，或者如果不法行为危及国际和平与安全，还可以将问题提交联合国安理会。但通常情况下，国家之间产生的分歧可以通过正常的日常国际外交妥协来解决或调解。关键的一点是，美国与其他国家之间由于利益冲突而产生的争端通常是通过外交途径处理和解决的，而不涉及诉诸武力或武力威胁。[2]

（二）司法措施

各国还可以在国内法院和国际法庭上寻求司法解决和平时期的争端。一国或其公民可在其本国法院对另一国提起法律诉讼，倘若该法院对争议事项拥有管辖权（例如，该诉讼针对的是位于法院属地管辖范围内的外国财产）且该外国未提出有效的主权豁免要求。同样，一国或其公民可以在另一国法院或第三国法院对另一国提起法律诉讼，倘若该法院有管辖权且被诉国未援引主权豁免。[3]

---

〔1〕 2 Restatement (Third), sec. 905, Comments & Reporters' Notes.

〔2〕 根据美国宪法，总统负责实施美国的外交政策。在海外地区，总统主要通过美国驻有关国家的首席外交和领事代表（也称为使团长）行使这一职责。在总统的指导下，使团长必须"全权负责指示、协调和监督该国所有政府雇员（美国地区军事指挥官指挥的雇员除外）"，全面、及时地了解"政府在该国的所有活动和行动"，确保该国的所有政府雇员（美国地区军事指挥官指挥的雇员除外）"充分遵守使团长发布的一切可适用的指示"。此外，任何在外国有雇员的美国政府机构都必须"让该国的使团长全面、及时地了解其雇员在该国的一切活动和行动"，并"确保其所有雇员（美国地区军事指挥官指挥的雇员除外）充分遵守使团长发布的一切可适用的指示"。22 U. S. C. sec. 3927 (1994). 这项要求还包含在每一封给使团长的总统指示函中。其中一封信函（1994 年）包括如下内容：

作为总司令，我保留对美国武装部队的权力。作为我的代表，你们有责任指示、协调、监督国防部所有在外国/国际组织履行公务的人员并对他们的安全负责，包括防止恐怖主义，但美国地区军事指挥官指挥的人员除外。你们和地区军事指挥官必须就一切有共同利益的事项互相及时通报并进行合作。任何不能在现场解决的分歧应由你们向国务卿报告；地区军事指挥官应向国防部长报告。

"除国防部长另有指示外，在分配给联合作战司令部的地理区域内行动的所有部队，应分配给该司令部司令并交由其指挥。" See 10 U. S. C. sec. 162 (a) (4) (1994).

1990 年《美国海军条例》为部署的海军部队实施这些要求。第 911 条规定，已部署的海军部队中的高级军官，应尽可能与美国的外交和领事代表保持密切联系。第 912 条还规定，在没有美国的外交或领事代表的情况下，身处外国的高级军官有权除其他做法外，在必要时与外国民政当局沟通或提出抗议。第 914 条进一步规定："如果美国或美国公民受到伤害或伤害威胁，且这种伤害或伤害威胁违反了国际法原则或侵犯了条约或其他国际协定项下的现有权利，在这种情况下，在场的高级军官如有可能，应与美国的外交或领事代表协商，并根据情况的严重程度按要求采取措施。"

〔3〕 关于主权豁免，参见 DA Pam 27-161-1, at chap. 5; Franck & Glennon, Foreign Relations and

各国还可将其争端提交国际法院解决。《联合国宪章》第 92 条建立了国际法院，作为联合国的主要司法机关。任何国家都不得将另一国诉至国际法院，除非首先征得该国同意。同意可以是一般性的并且事先作出，也可以针对特定争议给予同意。各国还可以选择将争端提交特设法庭或其他常设法庭。[1]

（三）经济措施

国家经常使用经济措施来影响其他国家的行动。给予或取消另一国的"最惠国"地位是一种经常采用的经济政策措施。同样，贸易协定、贷款、优惠信贷安排、其他援助及投资机会也是各国根据其国家利益要求给予或可能取消的诸多经济措施之一。[2]强制使用经济措施遏制或是影响其他国家行为的例子还包括中止美国谷物销售、禁止转让美国技术[3]、抵制侵犯国的石油或其他出口[4]以及中止"最惠国"地位。[5]

（接上页）National Security Law: Cases, Materials and Simulations 214-26（1987）；Brownlie, Principles of Public International Law 322-45（4th ed. 1990）. 美国曾在某些类型的案件中放弃主权豁免。See, e. g., the Public Vessels Act, 46 U. S. C. sec. 781 *et seq.*, the Suits in Admiralty Act, 46 U. S. C. sec. 741 *et seq.*, and the Federal Tort Claims Act, 28 U. S. C. sec. 2671 *et seq.* 美国尊重外国的主权豁免主张。Foreign Immunities Act of 1976, Pub. L. No. 94-583, 90 Stat. 2891（1976）[codified as amended at 28 U. S. C. sets. 1330, 1332, 1391, 1441, 1602 *et seq.*（1994）].

〔1〕 关于国际法院的全面分析和对其审理的重大案件的讨论，参见：Rosenne, The World Court: What it is and how it works（5th ed. 1995）. See also the I. C. J. 8 July 1996 Advisory Opinion on the Legality of the Threat or Use of Nuclear Weapons.

〔2〕 关于反报（不友好但合法的行为，不涉及使用武力回应另一国的不良行为）、反击和报复的讨论，参见：12 Whiteman 311-21, 2 Restatement（Third）, Sec. 905 Comment f at 382, and Reporters' Note 8, at 300-01.

〔3〕 除其他外，美国在首次回应 1979 年 12 月 25 日苏联入侵阿富汗事件时采取了这些措施。Presidential Address to the Nation, 4 January 1980, Dep't St. Bull., Jan. 1980, at B. 1981 年 4 月，这项禁令解除。Dep't St. Bull., Oct. 1982, at 42. 美国在 1981 年 12 月也采取了类似措施，以回应苏联授意的在波兰的镇压活动。Dep't St. Bull., Feb. 1982, at 8.

〔4〕 美国针对利比亚采取了这些措施，以回应利比亚连绵不断的加剧不稳定和恐怖主义的活动，这些活动违背了公认的国际行为准则. Exec. Order No. 12, 538, 3 C. F. R. 395-96（1986）；Proclamation No. 5141, 3 C. F. R. 143-44（1984）；Proclamation No. 4907, 3 C. F. R. 21-22（1983）（these presidential documents are *reprinted in* 19 U. S. C. sec. 1862 note（Supp. Ⅲ 1985）.

〔5〕 美国在 1985 年 5 月 1 日根据 1977 年《国际紧急经济权力法》[50 U. S. C. sec. 170 1 et seq.（1982）]和其他制定法赋予的权力，对尼加拉瓜采取了此类措施（Dep't St. Bull., July 1985, at 74-75）. See also Terry, The Iranian Hostages Crisis: International Law and United States Policy, 32 JAG J. 31, 53-56（1982）. 1990 年 8 月 2 日，美国对伊拉克入侵科威特作出的经济方面反制措施包括冻结伊拉克和科威特的资产 [Executive Orders 12722-23, 3 C. F. R. 294-96（1991）]. 更近一点的，包括对古巴实施的制裁 [e. g. 22 U. S. C. sec. 6005（1996）] 和对波黑实施的制裁 [U. N. S. C. Res. 757（30 May 1992）].

四、军事措施

在某些情况下，国家也可以诉诸军事措施保护自己的利益。美国利用军事力量确保美国的生存、安全和活力，维持一个符合美国国家利益的稳定的国际环境。美国的国家安全利益指引着美国的全球目标，即威慑并在必要时挫败针对美国（包括美军）以及在某些情况下针对美国人员及其财产、美国商业资产、被美国羁押的人、接受指派的非美国军事部队以及接受指派的外国人及其财产的武装攻击或恐怖主义行动。

本节将讨论在和平时期可用于维护美国海上国家利益的各种军事措施。首先有必要检视的是自卫法。美国军事指挥官始终享有保卫自己的部队和附近其他美国部队免受敌对行为和明显敌意的固有权利和义务。这一基本原则源自国际法，并且已在美国的军事准则中得到实施。军事指挥官必须对自卫法有透彻的了解，这一点至关重要。

（一）自卫权

《联合国宪章》第51条承认，所有国家都享有单独自卫[1]和集体自卫的固有权利。[2]一国使用武力进行自卫的能力不是无限制的，相反要受到两个重要原则的约束："必要性"和"相称性"。这些术语定义如下：

（1）"必要性"是指在没有其他有效手段来对抗敌对行为或明显敌意的情况下需要使用武力。[3]敌对行为是指针对美国、美军或其他接受指派的人员或财产进行攻击或其他使用武力的情形；它还包括直接用于阻止或妨碍美军执行任务和/或职责的武力。敌意是指对美国、美军或其他接受指派的人员或财产使用武力的紧迫威胁。

（2）"相称性"要求自卫使用的武力的性质、强度、范围和持续时间不

---

〔1〕 See 2 Restatement (Third), sec. 905.

〔2〕 "固有"的自卫权是指《联合国宪章》制定时即存在于习惯国际法中的自卫权。See Brierly, The Law of Nations 416－21 (6th ed. 1963); Stone, at 244; von Glahn, Law Among Nations 129－33 (6th ed. 1992); Harlow, The Legal Use of Force ... Short of War, U. S. Naval Inst. Proc., Nov. 1966, at 89; Fairley, State Actors, Humanitarian Intervention and International Law: Reopening Pandora's Box, 10 Ga. J. Int'l & Comp. L. 29 (1980); Bowett, Self-Defense in International Law (1958). *Compare* Randelzhofer, Article 51, in The Charter of the United Nations, A Commentary 661－78 (Simma ed. 1994).

〔3〕 See 2 Restatement (Third), sec. 905 (1) (a) & Comment 3, at 387.

超出果断应对敌对行为或明显敌意所必需的限度。[1]比例性不要求使用与攻击所用类型相同的武力来进行应对。例如，应对网络攻击并不局限于网络空间中的手段。

　　蕴含在自卫这一自然权利中的是一国保护自身免受迫在眉睫的攻击的权利。国际法承认，如果要求一个受威胁的国家在采取必要的军事措施以阻止迫在眉睫的攻击之前，先承受侵略国的初期而且可能是造成重大损害的第一波打击，将有悖于《联合国宪章》的宗旨。预先防卫就涉及在攻击迫在眉睫并且没有合理的替代手段可用时使用武力。[2]

---

　　[1]　See 2 Restatement（Third），sec. 905（1）（b）& Reporters' Note 3，at 388 - 89. See also Randelzhofer at 667（讨论了相称性原则）. 1990 年《美国海军条例》第 915 条涉及对某一外国使用武力的合法性问题，反映了下列这些原则：

　　1. 除自卫行为外，美国海军人员在和平时期针对另一国或另一国领土内的任何人使用武力是非法的。海军人员针对敌对行为和敌对意图（使用武力的迫在眉睫的威胁）享有自卫权。这项权利包括保卫自身，保卫下级单位，并在适当时保卫附近的美国公民及其财产和美国的商业资产。

　　2. 要求行使自卫权的条件无法事先准确定义，而必须由尽一切可能谨慎和克制地履行这方面职责的负责任的海军人员作出合理判断。使用武力只能作为最后手段，而且只能在达到所需目的所绝对必要的范围内使用。

　　3. 绝不能使用武力对已经实施的行为进行非法惩罚。

　　[2]　这背离了 1987 年版手册（NWP-9）对这个问题的处理方式，当时认为：

　　预先防卫包括在有明显必要性的情况下使用武力，这种必要性是刻不容缓、势不可挡的，且没有合理的和平手段可供选择。

　　这一说法源于美国国务卿丹尼尔·韦伯斯特（Daniel Webster）在 1841 年对诉诸自卫权的阐述，即这种权利源于行为的必要性"刻不容缓，势不可挡，没有其他选择，也没有时间仔细考虑"的情况。See The Caroline Case，2 Moore 409-14，discussed in Bunn，International Law and the Use of Force in Peacetime：Do U. S. Ships Have to Take the First Hit?，Nav. War Coil. Rev.，May-June 1986，at 70；and Jennings，The Caroline and McLeod Cases，32 Am. J. Int'l L. 82（1938）. 今天来看，韦伯斯特的阐述明显限制性太强，特别是考虑到现代武器系统的性质和杀伤力而且使用时可能没有任何警告。确定一个现代武器系统的使用何时是"刻不容缓"或"势不可挡"是最成问题的。此外，正如马里森（Mallisons）所指出的，"可信的威胁可能迫在眉睫，但并非'刻不容缓'，也有作出合法的手段选择所需的'仔细考虑的时间'"。See Mallison & Mallison，Naval Targeting：Lawful Objects of Attack，in Robertson at 263. 麦克杜格尔（McDougal）和费里西亚诺（Feliciano）在评论这一问题时表示："所要求的必要性标准习惯性地用如此抽象的限制性语言来表达，如果从字面来看，几乎无法应用。这明显引入了国务卿韦伯斯特在'卡罗林号案'中的经典总结……必要性和相称性的要求……最终只能接受所有法律最全面和最基本的检验，即在特定背景下的合理性。"McDougal & Feliciano 217-18. See also，Jessup，A Modern Law of Nations 163-64（1948）；Sofaer，Terrorism，The Law，and the National Defense，126 Mil. L. Rev. 89（1989）；Joyner，The Rabta Chemical Factory Fire：Rethinking the Lawfulness of Anticipatory Self-Defense，13 Terrorism 79（1990）；and Lowe，The Commander's Handbook on the Law of Naval Operations and the Contemporary Law of the Sea，in Robertson at 127-30.

1. 美国实施自卫的指导原则

美国已在常备交战规则/常备使用武力规则中纳入并实施了关于合法使用武力的支配性国际原则——必要性和相称性。这些原则为自卫这一固有权利和义务提供了实施指南，也为使用武力完成任务（即"非防御性"使用武力）提供了规则。[1]这些原则共同确立了美国指挥官在军事行动、突发事件应对和履行军事部门日常职能（包括反恐/部队保护）期间决定使用武力的基本政策和程序，无论是为了自卫还是完成任务。

关于使用武力进行自卫的规则是真正的"常备"规则；它们始终适用于所有美军。而关于使用武力完成任务的规则更加灵活，需要不断调整以适应正在谋划中的具体任务。[2]但是，无论一项规则是为了自卫还是为了完成任务，交战规则必须始终与武装冲突法保持一致。[3]

---

〔1〕 Grunawalt, The JCS Standing Rules of Engagement: A Judge Advocate's Primer, 42 Air Force L. Rev. 245 (1997); Roach, Rules of Engagement, Nav. War Coll. Rev. , Jan. -Feb. 1983, at 46-53, *reprinted in* 14 Syr. J. Int'l L. & Corn. 865 (1988); and Hayes, Naval Rules of Engagement: Management Tools for Crisis, Rand Note N-2963-CC (July 1989). See *also* Fleck, Rules of Engagement for Maritime Forces and the Limitations of the Use of Force under the UN Charter, 31 Ger. Y. B. Int'l L. 165 (1988).

〔2〕 自卫对于作为一个国家的美国来说，是保卫美国和美军免受攻击或迫在眉睫的攻击威胁的行为。这一概念涉及可能是前述的长期交战的地区或全球局势，与不稳定的国际关系有关。在美军和卷入国际性武装冲突的外军之间的对抗中，无论美国保持中立或不属于冲突的一方，还是美国就是冲突的一方，也可援引自卫的概念。关于中立及其对海军行动影响的更详细讨论，参见第七章。1986 年 3 月 24 日至 25 日，利比亚袭击了锡德拉湾的美军，1986 年 4 月 14 日，利比亚支持国际恐怖组织袭击的黎波里和班加西，美军均行使了国家自卫权予以回应。U.S. Letter to U. N. Security Council, 25 March 1986, U. N. Dot. S/17938, *reprinted in* Dep't St. Bull. , May 1986, at 80; Presidential Letters to Congress, 26 March 1986, 22 Weekly Comp. Pres. Dot. 423; Presidential Letters to Congress, 16 April 1986, *reprinted in* Dep't St. Bull. , June 1986, at 8; U. S. Letter to U. N. Security Council, 14 April 1986, U. N. Dot. S/17990. See also 80 Am. J. Int'l L. 632 (1986); Lehman, Command of the Seas 357-76 (1988); Weinberger, Fighting for Peace 175-201 (1990); Warriner, The Unilateral Use of Coercion Under International Law: A Legal Analysis of the United States Raid on Libya on April 14, 1986, 37 Nav. L. Rev. 49 (1988).
关于 1988 年 7 月 4 日击落伊朗航空 655 号航班的档案文件，参见: 28 Int'l Leg. Mat'ls 896 (1989); 83 Am. J. Int'l 332 (1989), and *discussed in* Friedman, The *Vincennes* Incident, U. S. Nav. Inst. Proc./Naval Review, May 1989, at 72, and Hearings before the Defense Policy Panel of the House Armed Service Committee, 9 Sep. 1988. See also Linman, Iran Air 655 and Beyond: Free Passage, Mistaken Self-Defense, and State Responsibility, 16 Yale J. Int'l L. 245 (1991).

〔3〕 自卫对美国海军部队来说，是保卫自身部队（包括其中的组成部分）和附近的其他美国部队，或者该部队附近的美国公民或悬挂美国国旗的船舶或其他美国商业资产免受攻击或迫在眉睫的攻击威胁的行为。通常，这一概念涉及局部的、低层级的局势，并非长期交战的开端。1981 年 8 月 14 日，两架美国海军 F-14 战斗机对锡德拉湾上空两架利比亚苏-22 战斗机的攻击所作的回应，就是行使

由于交战规则还反映了作战及国家政策考量，所以它们通常会限制使用国际法原本允许的行动和战术。

2. 常备交战规则或常备使用武力规则——确定何种原则适用

常备交战规则建立了基本的政策和程序来规制美国指挥官及其部队在一切军事行动和突发事件应对期间以及在美国境外（即美国 50 个州、波多黎各和北马里亚纳群岛联邦、美国属地、保护国和领地以外）和美国领海外履行军事部门日常职能（包括反恐/部队保护）期间所采取的行动。除非国防部长另有指示，否则常备交战规则还适用于在美国领土和领海内进行的空中和海上国土防御任务。

常备使用武力规则建立了基本的政策和程序来规制美国指挥官及其部队在美国境内或领水内进行所有国防部的民事支援（例如向民政当局提供的军事援助）期间和履行军事部门日常职能（包括反恐/部队保护）期间所采取的行动。常备使用武力规则还适用于美国境内的陆上国土防御任务，以及国防部部队在所有国防部设施中履行执法和安全职责（履行正式的国防部安全职责时要关闭设施），无论该设施位于何处，除非国防部长另有指示。执行民事支援任务期间适用常备使用武力规则的例子包括保护美国的关键基础设施，无论是开启还是关闭国防部设施；内部动乱期间的国防部支援；国防部与联邦、州和地方执法当局的合作，包括禁毒支援。

3. 常备交战规则和常备使用武力规则共有的自卫原则

自卫时的许多原则是常备交战规则和常备使用武力规则所共有的。本小节将讨论这些共有的原则。随后两个小节将分析这两个规则之间的重大差异。

常备交战规则和常备使用武力规则的核心宗旨是，部队指挥官始终保留实施自卫的固有权利和义务，以应付敌对行为或明显的敌意。敌对行为是指针对美国、美军或其他接受指派的人员或财产进行攻击或其他使用武力的情形，包括直接用于阻止或妨碍美军执行任务和/或职责的武力。敌意是指对美

（接上页）部队的自卫权对抗已实施敌对行为并持续构成迫在眉睫的攻击威胁的敌军。U. N. Dot. S/17938, 25 March 1986；Neutze, The Gulf of Sidra Incident：A Legal Perspective, U. S. Nav. Inst. Proc. , Jan 1982, at 26；Parks, Crossing the Line, U. S. Nav. Inst. Proc. , Nov. 1986, at 40 & 43；Rather, The Gulf of Sidra Incident of 1981：A Study of the Lawfulness of Peacetime Aerial Engagements, 7 Yale J. Int'l L. 59 (1984). 同样，1989 年 1 月 4 日，两架 F-14 战斗机在距利比亚东海岸 40 多英里的地中海国际水域上空击落两架利比亚米格-23 战斗机，就是部队针对明显敌意的自卫行为，当时两架米格反复转向它们，一直没有停止拦截。U. N. Dot. S/20366, 4 January 1989.

国、美军或其他接受指派的人员或财产使用武力的紧迫威胁。确定一项威胁是否迫在眉睫，要基于对美军当时已知的所有事实和情况的评估，这种评估可以在任何指挥层级中进行。

此外，根据这两套规则，军事人员可以实施个人自卫以应付敌对行为或明显的敌意。但是，当个人被分配到部队中并作为部队的一份子时，个人自卫就被视为部队自卫的子集。既然部队指挥官负责实施部队自卫，他或她就要限制部队成员实施个人自卫。

部队自卫和个人自卫都包括对附近其他美国军队的防卫。

4. 根据常备交战规则进行自卫

根据常备交战规则，在有必要时（即发生敌对行为或表现出敌意时），部队被授权使用与威胁相称的武力进行自卫。自卫时可以采取一切可用的必要手段和适当措施。[1]自卫包括有权追击并进攻进行敌对行为或表现出敌意的部队，如果这些部队继续进行敌对行为或表现出敌意的话。如果时间和环境允许，美国部队应向进行敌对行为或表现出敌意的部队发出警告，使他们有机会撤销或停止威胁性行动。

5. 根据常备使用武力规则进行自卫

根据常备使用武力规则，武力通常只能用作最后手段，并且只能使用最小程度的必要武力。在时间和环境允许的情况下，应警告有威胁的人员，给予其撤销或停止威胁性行动的机会。如果需要使用武力，则授权使用非致命武力，可用于保卫美军和/或控制局势，前提是在这种情况下这种做法具有合理性。只有在所有较轻的手段均告失败或无法合理使用时，才能使用致命武力。[2]

在根据常备使用武力规则开展行动时，除非在常备交战规则规定的范围内[3]对美国海军和海军服务船进行适当的部队保护，否则在美国领土内（包

---

〔1〕 接触到对美国、美军、美国船舶、美国公民或其财产实施敌对行为或武力攻击，或表现出敌意或武装攻击威胁的外军时，必须以最快的方式立即向参谋长联席会议、海军作战部长/海军陆战队司令以及适当层级的联合部队和分队指挥官报告（OPREP-1）。若情况允许，应寻求关于自卫时使用武力的指示。但是，如果当时的情况是等待这种指示不现实，现场指挥官有责任根据可适用的交战规则，采取必要和相称的自卫措施保护其部队。

〔2〕 关于在常备使用武力规则下使用致命武力的更多详细信息，参见 CJCSI 3121.01B。

〔3〕 See Enclosure M of the SROE (CJCSI 3121.01B), and Navy tactics, techniques, and procedures (NTTP) 3-07.2.1, Antiterrorism.

括美国领海）不得授权进行警告射击。必须将根据常备使用武力规则进行的警告射击与在美国海岸警卫队战术指挥下并依据其使用武力政策进行海上执法行动期间使用的警告射击区别开来。

（二）海军部署

美国在和平时期用于保护其海上利益的措施之一是海军部署。海军是美国军事能力的关键和独特要素。海上作战部队的机动性，再加上海军构成的多用途性——从单独作战部队到航母战斗群——使总统和国防部长[1]可以根据情况所需灵活地调整美国的军事部署。

海军部署，从靠港访问时展示国旗到部署部队以应对突发事件或危机，都可以进行调整，以施加最符合美国利益的精确影响。视问题的严重性和紧迫性而定，海军可能被派驻在潜在的冲突地区附近，以展示武力或作为支持和关切的象征性表达。与陆军不同，海军的动用没有政治障碍，也不必征得沿岸国的同意。只要停留在国际水域和国际空域，美国军舰和军用飞机就在航行和飞越方面享有完全的公海自由，包括进行海军演习的权利。向紧张地区部署海军战斗群并增派美国海军部队，以遏制武装冲突地区内美国商业运输所受的干扰，形象地说明了和平时期动用美国海军来制止违反国际法的行为和保护美国船舶的情况。[2]和平时期海军的此类任务对于实现 21 世纪的关键战略目标变得越来越重要。

（三）拦截入侵飞机

所有国家都对其本国领空拥有完全和排他的主权。飞机的飞越除了过境通行国际海峡和通过群岛海道、遇险以及援助海上有失踪之危险的人以外，所有飞机必须获得授权方可进入另一国的领空。该授权可以针对具体飞机，例如，对军用飞机访问的外交许可，也可以是一般性的，例如，根据《芝加哥公约》进行的商业飞行。

未经事先许可进入外国领空的飞机，无论军用还是民用，都应服从被侵入国的命令和其他管控机制。如果侵入行为被该国视为触发自卫权，它甚至

---

〔1〕　总统和国防部长或正式代理其职责的副手或继任者，又被称为国家指挥中心（NCA）。Joint Pub. 1–02.

〔2〕　U. S. Navy, Naval Doctrine Publication 1, "Naval Warfare" (1994) at 20–1; Watkins, The Maritime Strategy, U. S. Naval Inst. Proc. Supp. , Jan. 1986, at 7–8; Neutze, Bluejacket Diplomacy: A Juridical Examination of Naval Forces in Support of United States Foreign Policy, 32 JAG J. 81, 83 (1982).

可能成为该国使用武力的对象。

至于军用飞机，从国家实践可知，除非登记国提出相反的证据，否则将假定带有军事标记的飞机正在执行军事任务。对于能够直接攻击被侵入国的战术型军用飞机和能够用于情报收集目的的非武装军用飞机来说都是这种情况。尽管涉及未经授权而侵入他国领空问题的航空条约（尤其是《芝加哥公约》）不适用于军用飞机，但美国的立场是，一国在诉诸军事防御措施应对侵入行为之前，应先适用合理性、必要性和相称性这些习惯国际法标准。

关于民用飞机，如果被侵入国没有提出相反的有力证据，将假定带有民用标记的飞机从事的是非军事商业活动。一国有义务不危及机上人员的生命和飞机本身的安全，除进行自卫外，不得对带有民用标记的飞机使用武器。被侵入国有权要求侵入的飞机降落在某些指定的机场，诉诸符合国际法的适当手段要求侵入的飞机停止违反国际航空法的活动。所有侵入的民用飞机都必须遵守此类命令，而且各国还必须制定法律来强制本国民用飞机遵守。

《芝加哥公约》的所有缔约方都必须禁止故意将民用飞机用于与公约不相符的目的（例如收集情报）。[1]

（四）海上拦截和禁运

各国可能希望通过在海上拦截或禁运船舶的方式来保护其国家安全利益。在海上"拦截"船舶的行为可能包括从盘问船长到截停、登船、检查、搜查甚至扣押货物或船舶等一系列行为。作为一般原则，国际水域内的船舶应受船旗国的专属管辖。干预国际水域内的船舶就侵犯了船旗国的主权权利，除非这种干预得到了船旗国的授权或者为国际法所允许。此外，一国拥有或运营并暂时仅用于政府非商业服务的所有船舶，均有权享受主权豁免。此类船舶无论在何时何地都不受逮捕或搜查。在一国的领海和群岛水域内，沿海国行使主权，但受无害通过权、过境通行权、群岛海道通过权和其他国际法的限制。鉴于国际法的这些基本原则，指挥官应在接到主管当局命令实施海上

---

〔1〕《修订国际民用航空公约的议定书（第三条分条）》1984 年 5 月 10 日在蒙特利尔通过。《芝加哥公约》之附件二《飞行规则》之附件（一）《拦截民用航空器》之第 8 条第 1 款规定："使用曳光弹吸引注意是危险行为，应采取措施避免使用，以免危及航空器内人员的生命和航空器的安全。"关于击落大韩航空 007 航班的档案文件，See 22 Int'l Leg. Mat'ls 1149 (1983); 23 Int'l Leg. Mat'ls 864, 924 & 937 (1984); and 78 Am. J. Int'l L. 213 (1984). See FitzGerald, The Use of Force against Civil Aircraft: The Aftermath of the KAL Flight 007 Incident, 22 Can. Y. B. Int'l L. 1984, at 291, 309.

拦截或封锁行动时，了解其授权进行此类行动的法律依据。

实施海上拦截和禁运的法律依据

进行海上拦截和禁运存在数个法律依据，它们相互之间并不排斥。根据实际情况，可以使用一个或多个法律依据来证明对可疑船舶进行授权干预和非授权干预的正当性。2005 年制定的《制止危及海上航行安全非法行为公约的议定书》极大地加强了对海上可疑船舶进行登船的合法性基础。正如下文所述，在遵守这些限制的前提下，国际法确实允许拦截或禁运悬挂外国国旗的船舶。

（1）根据联合国安理会决议进行海上拦截和禁运。根据《联合国宪章》第 41 条的规定，安理会可授权"经济关系、铁路、海运、航空、邮、电、无线电及其他交通工具之局部或全部停止……"根据该具体权力或《联合国宪章》第七章规定的更一般性的权力，联合国安理会可授权成员国使用海军拦截船舶，并在维持或恢复国际和平及安全所必要时可授权登船、检查、搜查和扣押船舶或船上的货物。第 41 条的措施不涉及动用军事力量。在准确地判断安理会已授权采取何种措施时，必须分析安理会所引用的宪章的具体章节和条款以及决议中执行段落的措辞。

（2）船旗国同意。作为一般规则，船舶受船旗国的专属管辖。就这一点而言，船旗国有权授权另一国官员登上悬挂其国旗的船舶。与执法领域的协定类似，各国也可以谈判缔结双边或多边协定，事先同意出于非执法目的而登上另一国船舶。或者，指挥官可以通过指挥系统寻求登上某一国家船舶的同意。应注意辨别并遵守船旗国同意的范围。同意登船并不自动表示同意检查或搜查该船或扣押船上的人员或货物。在进行海上拦截之前，指挥官需要了解船旗国同意的确切性质和范围。

（3）船长同意。登船可以应船长（或负责人）的邀请进行。船长全权负责其船舶在国际水域航行时的一切相关活动，这一点已在国际法上被牢固确立，它包括允许包括外国执法人员在内的任何人作为客人登船的权力。但是，一些国家并不承认船长有权批准合意登船。

船长的自愿同意只是允许登船，而不是允许主张诸如逮捕或扣押等执法权。因此，合意登船本身并非行使海上执法管辖权。合意登船的范围和持续时间要服从船长设定的条件，并且可由船长自行决定终止。但是，这种登船通过获取或确认船舶文件、货物和航行记录，在不会对所登船舶造成不当拖延的情况下，可以迅速核实船舶航行的合法性。

如果船旗国是某一双边/多边协定或包含登船规定的其他特别安排的当事方，并且有合理的理由怀疑该船舶从事了协定所涉及的非法活动，则登船应根据该协定的条款进行，无需征得船长的同意。

（4）抵近和登临权。作为一般原则，国际水域的船舶不受船旗国以外的任何国家的管辖。但根据国际法，军舰、军用飞机或其他经正式授权的船舶或飞机，可在国际水域抵近任何船舶以核实其国籍。《联合国海洋法公约》第110条所反映的习惯国际法规定，除非遇到的船舶本身是另一国的军舰或政府船舶，否则只要有合理根据认为该船有下列嫌疑，就可以将其截停、登船并检查该船的文件：①从事海盗行为；②从事奴隶贩卖；③从事未经许可的广播而且军舰的船旗国有管辖权；④没有国籍；⑤虽悬挂外国旗帜或拒不展示其旗帜，而事实上却与该军舰属同一国籍。

还有其他区别于习惯国际法的（包括反映在《联合国海洋法公约》中的）法律依据，可以为登上悬挂外国国旗的船舶提供授权（例如自卫、双边国际协定，联合国安理会决议等）。

船舶行使抵近和登临权的程序类似于第七章第六节第一小节所述的武装冲突期间行使登临和搜查的交战权时所用的程序。[1]

（5）无国籍船舶。没有在任何一个国家合法注册的船舶没有国籍，被称为无国籍船舶。此类船舶无权悬挂任何国家的国旗，并且由于它们无权享受任何国家的保护，所以受所有国家的管辖。另外，航行时备有多个国旗并根据方便使用的船舶，不得主张任何相关国籍，可视同无国籍船舶。如果军舰在公海上遇到无国籍船舶或视同无国籍的船舶，可以登船并搜查该船舶而无需船长同意。

（6）入港条件。根据国际法相关规定，沿海国可以对进入其港口或内水的船舶施加任何条件，包括要求所有进入港口的船舶（主权豁免船舶除外）都必须接受登船和检查。因此，有意进入一国港口或内水的船舶可以不经船旗国同意而受到登船和搜查，但前提是该港口国作为入港条件而采取的措施建立在非歧视的基础上。这种登船和检查不必等到船舶入港时——可以在任

---

〔1〕 See OPNAVINST 3120. 32D, Standard Organization and Regulations of the U. S. Navy and COMDTINST M16247. 1D, Coast Guard Maritime Law Enforcement Manual（MLEM）for further guidance.

何地点进行，最好是在船舶进入领海的时候。

（7）武装冲突法下的交战权。武装冲突法赋予交战国在某些情况下拦截其他国家船舶的权力。

（8）固有的自卫权。如果情况允许行使《联合国宪章》第51条承认的单独、集体和国家自卫的固有权利，则各国可根据习惯国际法合法地进行海上拦截行动。

（五）防扩散安全倡议

防扩散安全倡议是一项全球性的努力，旨在阻止大规模杀伤性武器、其运载系统和相关物项运入或运出有扩散风险的国家或非国家行为体。防扩散安全倡议不是一个条约或一个国际组织。相反，这是一项由参加国支持的活动，这些国家承诺遵守停止大规模杀伤性武器扩散的一系列原则。这些原则作为"禁运原则声明"而为公众所知。禁运原则声明敦促各国加强其国内防扩散法律，鼓励参加国签署双边防扩散登船协定，并强调定期、联合及多国防扩散训练的重要性。截至2016年2月，美国已签署11项双边防扩散登船协定。

由于防扩散安全倡议不是正式的组织或具有法律约束力的条约，所以最好将其理解为临时伙伴关系，为有需要时的具体活动合作奠定基础。它没有为参加国创设正式的"义务"，但代表了确立"最佳实践"以停止与扩散有关的船运的政治承诺。防扩散安全倡议寻求利用现有的国家和国际法律授权实施禁运。在许多情况下，可以在双边协定中找到这种法律授权。在没有双边协定的情况下，防扩散安全倡议的禁运原则声明敦促倡议参加国认真考虑同意其他国家登船并搜查悬挂其国旗的船舶，以及如果可以确认的话则扣押这类与大规模杀伤性武器有关的货物。

防扩散安全倡议下的禁运演习和其他行动支持帮助各国以更合作、更协调和更有效的方式共同努力，截停船舶、搜查和扣押船上装运的货物。防扩散安全倡议的重点是让伙伴国之间更加协调，做好在需要进行特定行动时采取有效措施的准备。实际的禁运通常只涉及一个或几个防扩散安全倡议参加国，从地理意义上和行动意义上接近某一防扩散安全倡议下的机会目标。[1]

防扩散安全倡议活动包括：

---

〔1〕 See CJCSI 3520. 02B, Proliferation Security Initiative（PSI）Activity Program.

（1）进行审查，提供目前各国在法律上授权实施海上、空中或陆地禁运的情报，在适当时表明强化授权的意愿。

（2）确认可能有助于实施防扩散安全倡议的具体国家资产（例如情报共享、军事和/或执法资源）。

（3）为防扩散安全倡议下的援助请求和其他作业活动提供联络点，建立适当的政府内部程序来协调防扩散安全倡议下的应对工作。

（4）愿意在机会出现时积极参加防扩散安全倡议下的禁运演习和实际行动。

（5）愿意缔结相关协定（如登船安排）或以其他方式建立与防扩散安全倡议活动进行协作的具体基础。

（六）反恐/部队保护

和平时期的海军无论在港口还是在海上行动时，一个始终不变的根本任务是部队保护。指挥官拥有保护自己的部队和附近其他美国部队免遭敌对行为或明显敌意的固有权利和义务。美国海军的准则提供了战术、技术和程序来预防、发现、防范并削弱恐怖袭击。[1]反恐/部队保护行动属于预防措施，旨在削弱恐怖分子或另一国军队针对美军的敌对行动。部队保护不包括进攻性行动或针对意外事故、天气或疾病的防护。

（七）海上警告区

随着各国努力在和平时期保护其海上利益，海军可部署于存在各种陆地、空中、水面和水下威胁的地理区域内。然后，指挥官要负责确认接近己方部队的人员和物体（例如小船、"低慢小飞行器"、摩托艇、游泳者）的意图。在许多情况下确定他们的意图非常困难，尤其是在沿海地区空中和水面交通繁忙的时候。鉴于行动环境的不确定性，指挥官可能希望在其部队周围建立某种类型的评估、威胁或警告区域，以便帮助对常见的行动场景进行分类，确定入境实体的意图。只要尊重其他船舶、潜艇和飞机的航行权，遵守国际法，就可以在和平时期实现这一目标。具体而言，在国际水域行动时，指挥官可以发出通知（通知飞行员和海员），某个时间段在某个地理区域内将进行危险的军事活动。指挥官可要求通过该地区的实体与其建立通讯并表明其意图。此外，这种通知可能包括提及如下事实：如果通过该地区的船舶和飞机

----

〔1〕 See NTTP 3-07.2.1, Antiterrorism.

被认为对美国海军构成迫在眉睫的威胁，它们可能会遭受相称的自卫措施。船舶和飞机不需要一直在这类区域以外，也不能仅仅因为这类实体进入该地区而对其使用武力。指挥官仅在防御敌对行为或明显敌意时才能对此类实体使用武力，包括它们干扰已宣告的军事活动。

（八）海上隔离

1962年，美国首次并且仅此一次援引海上隔离并将其作为阻止苏联战略进攻性武器（主要是导弹）流入古巴的手段。该隔离措施只适用于向古巴运送进攻性武器的船舶，并且使用了必要的最低限度武力来实现该目的。就其本身而言，该隔离措施通过捍卫西半球的利益和安全而服务于美国的利益，而且最大程度地保护了和平时期的航行自由。

尽管经常被与封锁相比较并作为其同义词使用，但隔离是一项和平时期的军事措施，与真正的封锁几乎没有相似之处。隔离与封锁的区别在于：

（1）隔离是对国家安全威胁或国际危机的适度回应；封锁是针对确定的交战国的战争行为。

（2）隔离的目标是防止事态扩大，恢复原状或其他稳定的安排；封锁的目标是剥夺和削弱敌人的能力，终极状态是击败敌人。

（3）在对潜在威胁采取相称的应对措施时，隔离是有选择地进行；封锁要求不偏不倚地适用于所有国家——实施封锁的交战国如有歧视，会使封锁在法律上无效。

海上隔离是一项旨在应付和平时期危机级别对抗的措施，因为这种对抗给美军或美国的安全利益带来极端威胁，其最终目标是使局势恢复稳定。

五、美国划定的海上区域及采取的其他管控机制

美国根据国内法和国际法划定不同海上区域并采取其他管控机制。这些区域基于沿海国对其领陆内及邻接领陆的水域实施管辖的权利（视目的和确切位置的不同，程度上有所不同）。在所有情况下，制定法上的依据和实施性的规章与政策要符合国际法，特别是《联合国海洋法公约》。根据美国法，只有打算建立这种区域的港口的海岸警卫队负责人才拥有建立该区域的法律授权。因此，在创建这样的区域之前，需要与海岸警卫队进行密切磋商。由于许多这样的区域和其他管控机制的主要目的是限制进入，所以它们可被军方用作提升海上和陆上部队安全性的工具。

部署时，指挥官应注意到其他国家宣告的冠冕堂皇的类似海上区域和管控机制，它们被声称是合法的，但事实上与国际法和《联合国海洋法公约》相悖，非法地阻碍了航行自由。

（一）安全地带

安全地带是由水域或陆地，或者两者结合而构成的区域，出于安全和环境的考虑，进入该区域是受到限制的。除非获得海岸警卫队的授权，否则任何人、船舶或运载工具都不得进入或停留在安全地带内。这类区域可以用固定的地理范围来描述，也可以是船舶周围的规定区域，无论是在下锚、系泊还是在航行中。一般而言，可以在从基线量起向海一侧 12 海里以外的美国可通航水域内设置安全地带。但是，正如《联合国海洋法公约》第 60 条明确允许的那样，也可以设置安全地带来促进专属经济区内人工岛屿、设施和结构上的生命和财产安全。这种安全地带不超过外大陆架设施周围 500 米的范围。

（二）安全区

安全区是由水域或陆地，或者两者结合而构成的基于下列目的而限制进入的区域：

（1）防止由于破坏活动或其他颠覆行为、意外事故或类似原因对船舶、海港、港口或海滨设施造成破坏、损失或伤害。

（2）确保美国的权利和义务得到遵守。

（3）预防或应对针对受美国管辖的个人、船舶或构筑物的恐怖主义行为。

（4）响应总统因战争或战争威胁、叛乱或入侵、干扰或威胁干扰美国的国际关系而宣布的国家紧急状态。

一般而言，可以在从基线量起向海一侧 12 海里以外的美国可通航水域内设置安全区。但是，为了预防或应对针对个人、船舶或构筑物的恐怖主义行为，也可以在专属经济区或外大陆架设施上方设置安全区，前提是该个人、船舶或构筑物受美国管辖。安全区内的执法是海岸警卫队的主要职责。被认定侵犯安全区的人将受到民事和刑事处罚。

（三）海军舰船保护地带

美国海岸警卫队根据法律的授权设置海军舰船保护地带，在美国适航水域内的美国海军舰船附近进行交通管制。[1]美国海军舰船是指美国海军拥有、

---

[1] See 14 U. S. C. sec. 91 (2006).

运营、包租或租赁的任何船舶，以及由美国海军或联合作战指挥官进行作战控制的任何船舶。设置海军舰船保护地带并在其中进行执法，是保护海军部队和人员并确保安全和顺利地进行军事行动的重要工具。

设置了海军舰船保护地带后，美国海军舰船 500 码内的所有船舶都必须以维持安全航向所必需的最低速度航行，并按照"官方巡逻人员"的指示前进。官方巡逻人员是由指挥部的高级海军军官指定并监督的人员，其任务是监控海军舰船保护地带，许可进入该区域，向该区域内的人员或船舶发出合法的执行令，以及采取美国海军授权的其他措施。官方巡逻人员可以是海岸警卫队的军官、准尉或军士，抑或是美国海军舰船的指挥官或其指定人员。

除非官方巡逻人员授权，否则船舶不得出现在美国海军舰船 100 码的范围内。请求在美国海军舰船 100 码范围内通过的船舶必须通过船舶无线电（VHF-FM）16 频道与官方巡逻人员联系。在某些情况下，官方巡逻人员可能允许船舶仅在美国海军舰船 100 码范围内可通航航道内安全航行，确保其按照航行规则安全通过。

在类似条件下，可允许在指定锚泊地下锚的商船在路过的海军舰船 100 码范围内继续保持锚定。

（四）外大陆架设施

根据《外大陆架土地法案》的规定，也可以在海上平台周围的大陆架上设置安全地带。[1]在外大陆架上建造、维护或运营的外大陆架设施周围可以设置外大陆架安全地带，以促进这些设施、附属物和伴随船以及安全地带内这些设施邻接水域上的生命和财产安全。外大陆架安全地带从外大陆架设施的外缘各点或施工场地量起，不应超过这些设施周围 500 米的距离，不得妨碍公认的航行关键海道的使用。下列船舶可被授权进入和停留在外大陆架设施安全地带内：外大陆架设施拥有或运营的船舶，总长小于 100 英尺且不从事拖曳的船舶以及海岸警卫队主管司令批准的船舶。

（五）其他区域

涉及受监管的航行区域、受限制的滨海区域、禁航区、危险地带、海防

---

〔1〕　See 43 U. S. C. sec. 1333（1984）.

海域以及其他管制和执行机制。[1]

六、和平时期的海上被拘留人

有时可能出现这样的情形，海军指挥官可能会在海上拘留既未参与武装冲突又未违反美国国内法的个人。如果发生这种情况，所有在和平时期被海军拘留的人必须根据国际法和美国政策予以人道待遇。[2]

---

[1] For more information, see COMDTINST M16247. 1D Coast Guard Maritime Law Enforcement Manual (MLEM), Appendix O, for specific guidance.

[2] See Department of Defense Directive (DoDD) 2310. 01E, The Department of Defense Detainee Program, for additional guidance.

第五章

武装冲突法的原则和渊源

一、战争与法

历史上，对战争的法律适用被分为两个部分。第一部分（称为"诉诸战争权"）涉及一国决定参与战争的合法性。第二部分（称为"战时法"）为如何进行战争提供了规则和指南。尽管对指挥官来说理解这两个领域都很重要，但一国决定诉诸战争的合法性主要是其政治领导层的责任，而如何进行战争的合法性则是政治领导层、军事指挥官以及军人个人的共同责任。

（一）规制国家何时可合法使用武力的法律

现今关于"诉诸战争权"的法律框架规定于《联合国宪章》。《联合国宪章》第2条第4款规定：

各会员国在其国际关系上不得使用威胁或武力，或以与联合国宗旨不符之任何其他方法，侵害任何会员国或国家之领土完整或政治独立。

《联合国宪章》为这一要求规定了两个例外：其一，如果联合国安理会根据宪章第七章赋予的权力作出授权决定并照例记录在联合国安理会决议中，一国就可以使用武力；其二，习惯国际法和《联合国宪章》第51条均承认，可以在单独或集体自卫时使用武力。[1]

---

〔1〕《联合国宪章》第2条第3款和第4款、第42条和第51~53条。这些关于使用武力的规定构成了现代规制诉诸武装冲突或"诉诸战争权"（*jus ad bellum*）之规则的基础。See also Kellogg-Briand Pact, or the Treaty for the Renunciation of War as an Instrument of NationalPolicy, Paris, 27 August 1928, 46 Stat. 2343, T. S. No. 796, 2 Bevans 732, 94 L. N. T. S. 57. 关于20世纪末的诉诸战争权（jus ad bellum）、战时法（jus in bello）和中立法, See Greenwood, The Concept of War in Modern International Law, 36 Int'l & Comp. L. Q. 283 (1987). See also Dinstein, War, Aggression and Self-Defense (2d ed. 1994) at 155–61;

除了《联合国宪章》规定的两项例外，如果另一国同意，那么在该国领土内的军事行动也不违反第 2 条第 4 款的禁止性规定。

（二）规制武装冲突如何进行的法律

无论使用武力的法律依据为何，任何国家都无权不受限制地参与武装冲突。[1] 这些限制的法律范围（战时法）取决于该国参与的武装冲突的类型。

1. 国际性武装冲突

两个或两个以上相互敌对的国家之间发生的武装冲突被称为"国际性武装冲突"。涉及战时法的条约一般都规定它们适用于国际性武装冲突，并将这些冲突定义为"两个或两个以上缔约国间所发生之一切经过宣战的战争或任

（接上页）Green, The Contemporary Law of Armed Conflict（1993）at 59-60.

〔1〕违反这些原则的战争通常被称为"侵略"战争或"非法"战争。军事人员不可能仅仅因为在武装冲突中作战就被合法地惩罚，即使他们明显属于侵略者一方并且已被联合国所谴责。第二次世界大战后在盟军组织的战犯审判中，该规则得到了坚定的支持。对于策划和进行侵略战争的罪行（定义为破坏和平罪），第二次世界大战后建立的两个国际军事法庭，仅惩罚那些参与制定发动战争之政策的高层军政官员。随后在纽伦堡进行的 12 次诉讼中，法庭拒绝仅仅因为他们参加过第二次世界大战就以该罪惩罚那些低级别官员。See DA Pam 27-16 1-2, at 22 1-5 1.

由于各国习惯声称其战争是自卫战争，所以如果轴心国官员不在政府的决策层，西方同盟国的法院就不愿意以发动侵略战争为由惩罚他们。设在纽伦堡的美国军事法庭之一曾表示："我们无法说应将一个普通公民放在这样一个位置上，即被迫在战争最激烈的时候判断他的政府是正确的一方还是错误的一方，或者说如果开始是正确的，那么是从什么时候开始变成错误的。"The I. G. Farben Case, 8 TWC 1126, 10 LRTWC 39（1949）.

由于现今只能在单独或集体自卫时合法地使用武力（或者作为联合国安理会根据《联合国宪章》第七章授权采取的执行行动），所以非法使用武力构成国际法上的破坏和平罪。《纽伦堡国际军事法庭宪章》第 6 条定义了破坏和平罪。

1945 年《纽伦堡国际军事法庭宪章》授权法庭审判犯有国际罪行的个人，包括作为破坏和平罪的发动或进行侵略战争。1946 年联合国大会［第 95（Ⅰ）号决议］和 1950 年国际法委员会将其确认为一项国际法原则。1974 年，联合国大会以协商一致的方式通过了"侵略"的定义，供安理会在判断是否存在侵略行为时使用：

侵略是指一个国家使用武力侵犯另一个国家的主权、领土完整或政治独立，或以本定义所宣示的与联合国宪章不符的任何其他方式使用武力。

Resolution 3314（XXIX）, 29 U. N. GAOR, Supp. 31, v. 1, U. N. Dot. A/9631, at 142（1974）; Dep't St. Bull. , 3 Feb. 1975, at 158-60; AFP 110-20, at 5-78 & 5-79.

这一表述被一系列使用武力的实例扩大解释，即除非国际法另有规定或安理会认为其性质不够严重，否则安理会当然可以考虑将其界定为潜在的侵略行为。这些例子包括：入侵、一国对另一国领土使用任何武器、实行封锁、一国武装部队攻击另一国武装部队，或者向另一国派遣武装小队、非正规军或雇佣军。尽管国际军事法庭的判决和联合国大会的决议都不是国际法的主要渊源，但它们总体上符合美国目前对侵略的看法。Dep't St. Bull. , 3 Feb. 1975, at 155-58.

何其他武装冲突，即使其中一国不承认有战争状态"。[1] 战争习惯法的适用也可以理解为同样遵循这项标准。

规制国际性武装冲突的法律被称为"武装冲突法"或"战争法"。在美国的军事出版物中，这些用语是同义语。[2] 武装冲突法是调整武装敌对行为

---

[1] 1949 年《日内瓦公约》，共同第 2 条。

[2] Joint Pub. l-02, at 206. 规制武装冲突中实际行为的规则被冠以各种名称，如战时法（*jus in bello*）、武装冲突法（战争法），或者国际人道法。

作为一个国际法问题，武装冲突法在交战国之间适用并不取决于对存在"战争"状态的宣告或其他正式承认，而是取决于是否存在"武装冲突"，以及如果答案是肯定的，武装冲突是"国际性"的还是"非国际性"的。作为一项国家政策，美国武装部队在进行军事行动和武装冲突中的相关活动时必须遵守武装冲突法，"无论此类冲突的性质为何"。DOD Directive 5100. 77, Subj: DOD Law of War Program.

虽然通常难以判断涉及暴力活动的局势何时演变成"武装冲突"，但目前学界普遍赞同，内部动乱和紧张局势不是武装冲突。内部动乱和紧张局势的例子包括：

—暴动（一切从开始就没有首脑指挥也没有共同目的的动乱）

—孤立而不时发生的暴力行为（不同于武装部队或有组织的武装集团开展的军事行动）

—其他类似性质的行为（例如，因其行为或政治见解而大量逮捕人员）。

《第二附加议定书》第 1 条第 2 款。ICRC, Commentary on the Draft Additional Protocols to the Geneva Conventions of August 12, 1949, at 133 (1973), *quoted in* Bothe, Partsch & Solf 628 n. 9. 红十字国际委员会关于《第二附加议定书》的评注（第 1355 页，第 4477 段）区分了内部动乱和紧张局势。"内部动乱"发生时国家使用武力维持秩序。"内部紧张局势"是指使用武力作为预防手段以维持对法律和秩序的尊重的那些情况。

"国际性"武装冲突包括两个或两个以上国家间所发生之经过宣战的战争或任何其他武装冲突，即使其中一国不承认有战争状态（共同第 2 条）。除此之外所有其他武装冲突都是"非国际性武装冲突"，至少受 1949 年《日内瓦公约》共同第 3 条规制，或者对于受《第二附加议定书》约束的国家来说若局势符合其中第 1 条第 1 款规定的标准（必须存在在受《第二附加议定书》约束的国家领土内发生的该方武装部队和在负责统率下对该国一部分领土行使控制权，从而使其能进行持久而协调的军事行动并执行《第二附加议定书》的持不同政见的武装部队或其他有组织的武装集团之间的武装冲突）。美国将《第二附加议定书》解释为适用于共同第 3 条所涵盖的一切冲突，并鼓励所有其他国家也这样做。Letter of Transmittal, Jan. 29, 1987, Senate Treaty Dot. 100-2, at 7. See also International Humanitarian Law and Non-International Armed Conflicts, 1990 Int'l Rev. Red Cross 383-408; Levie, The Law of Non-International Armed Conflict (1987).

最近的国际性武装冲突包括两伊战争（1980~1988 年）、利比亚-乍得战争（1987~1988 年）和苏联—阿富汗战争（1979~1988 年）。虽然有些人将后者归类为外国军队参与的国内冲突，但另一些人则将其归为国际冲突。Reisman & Silk, Which Law Applies to the Afghan Conflict?, 82 Am. J. Inc. 1 L. 459, 485-86 (1988)（忠于阿富汗政府的部队抵抗苏联入侵符合共同第 2 条第 1 款的标准，随后的占领符合共同第 2 条第 2 款的标准）；Roberts, What is Military Occupation?, 55 Brit. Y. B. Intl'l L. 249, 278 (1984)（苏联的占领很可能符合共同第 2 条第 2 款的标准）。当然，英国和阿根廷之间的马岛战争（1982 年）以及 1990~1991 年的海湾战争（伊拉克入侵科威特，然后联合国授权联军作出回应，如沙漠风暴行动）构成国际性武装冲突。美国坚持认为，越南战争（1961~1975 年）是一场国际性武装冲

的国际法的一部分。它包含所有对美国或其公民有拘束力的关于敌对行为的国际法，包括美国参加的条约和国际协定以及可适用的习惯国际法。

指挥官还应认识到，一些国家还受《第一附加议定书》的约束。美国已签署但没有批准《第一附加议定书》，因此不受该议定书的约束。尽管美国不是《第一附加议定书》的缔约国，但美国的盟友通常都是。此外，《第一附加议定书》的某些规定反映了习惯国际法，对美国有拘束力。

2. 非国际性武装冲突

1949 年《日内瓦公约》共同第 3 条将非国际性武装冲突定义为在一缔约国之领土内发生非国际性的武装冲突。一般而言就是指发生在一国领土内的内战或国内叛乱。"小型战争"或有限的军事远征既有可能构成非国际性武装冲突，也有可能构成国际性武装冲突，这取决于冲突的当事方。如果武装冲突不是国家间发生的，就会存在非国际性武装冲突。非国际性武装冲突本身可以仅仅依据武装冲突当事方的地位进行归类，有时会发生在不止一个国家内。仅仅是武装冲突发生在两个以上国家并因此可能"在范围上"被界定为国际性的事实不会使冲突变为"国际性的"。譬如，两个非国家武装团体相互作战或者国家与非国家武装团体作战，就可以被称为"非国际性武装冲突"，即使战斗跨越了国际边界。

在发生非国际性的武装冲突的情况下，适用《日内瓦公约》共同第 3 条和武装冲突的习惯法。此外，对于已签署并批准了《第二附加议定书》的国家，该议定书也适用于非国际性武装冲突。美国已签署但没有批准《第二附加议定书》，因此不受该议定书的约束。指挥官应认识到，在联盟行动中一些盟国可能有义务遵守《第二附加议定书》。习惯国际法也适用于非国际性武装冲突。

无论武装冲突类型为何，作为一项政策，美国在所有武装冲突（无论此类冲突如何界定）期间和其他军事行动中都应遵守武装冲突法。

（接上页）突。U. S. Department of State, The Legality of United States Participation in the Defense of Viet-Nam, 54 Dep't. of State Bull. 474 (March 28, 1966). 由于与越南有关，关于这个问题的广泛讨论，参见 The Vietnam War and International Law, Am. Sot. Int'l L. , 4 ~01s. (Falk ed. 1968-76). 最近的非国际性武装冲突包括尼加拉瓜内战（1979~1990 年）、斯里兰卡内战（1983~2009 年）、车臣分离主义冲突（1991~1997 年）和刚果（金）内战（1997 年）。

3. 战争法适用的其他局势

战争法也适用于不构成国际性或非国际性武装冲突的某些局势。譬如，1949 年《日内瓦公约》共同第 2 条规定，它适用于"一缔约国的领土一部或全部被占领之场合，即使此项占领未遇武装抵抗"。战争法还在交战国与中立方之间建立了规则。某些战争法义务在和平时期也适用。例如，各国应传播有关战争法的信息，根据战争法训练其武装部队，以及采取适当措施准备保护文化财产。

二、武装冲突法及其适用

国防部战争法计划[1]将战争法/武装冲突法定义为调整武装敌对行为的国际法的一部分。它由涉及敌对行为并对美国或美国公民有拘束力的一切国际法构成，包括美国参加的条约和国际协定，以及可适用的习惯国际法。

就国际法而言，交战各方之间适用武装冲突法不取决于宣战或其他正式承认，而是"武装冲突"是否事实上存在，并且如果存在，武装冲突是"国际性"还是"非国际性"的。

美国国防部的政策是在一切武装冲突（无论此类冲突如何界定）期间和其他军事行动中遵守武装冲突法。[2]

三、武装冲突法的一般原则

通过赋予战斗员、非战斗员、平民及其财产的保护标准，武装冲突法旨在控制并减轻敌对行动的有害后果，皆可能减少不必要的痛苦和破坏。[3]为

---

〔1〕 See DoDD 2311. 01（series）.

〔2〕 See DoDD 2311. 01（series）.

〔3〕 只要有战争发生，武装冲突法就始终是国际法一个不可或缺的组成部分。在这种冲突中，武装冲突法为敌对各方提供了理性的共同基础。这一法律体系符合冲突各方在冲突期间的共同利益，是冲突结束后实现新谅解的桥梁。武装冲突法旨在排除无目的、非必要的生命和财产破坏，确保暴力只用于击败敌方的军事力量。武装冲突法禁止战争不必要地影响没什么军事价值的人或事。通过防止不必要的残酷性，武装冲突引起的痛苦和仇恨得以减轻，从而更容易恢复持久和平。一百多年前，尝试编纂战争法的法律和军事专家们宣称，武装冲突的最终目的是"重建交战国之间的良好关系和更加稳固与持久的和平"，就反映了这一点。Final Protocol of the Brussels Conference of 27 August 1874, Schindler & Toman 26. See also Green, Why is There – The Law of War?, 5 Finn. Y. B. Int'l L. 1994 at 99–148.

实现这一目标，武装冲突法基于三项一般原则：军事必要[1]、人道[2]和荣

---

[1] 这一概念通常又被称为"必要性"原则或"军事必要"原则，旨在将武装冲突中军事力量的运用限制在实现合法军事目的实际所需的范围内。See Bothe, Partsch & Solf at 194–95. "军事必要"经常被误解和误用来支持非法的军事力量运用，即错误地理解为完成任务的"军事必要"是非法运用军事力量的正当理由。*The Hostages Case* (*United States v. List et al.*), 11 TWC 1253–54 (1950); McDougal & Feliciano 523–25; AFP 110–31, at 1–5 & 1–6; FM 27–10, at 3 & 4. 关于"军事必要"的定义，另见 De Muliner, Handbook on the Law of War for Armed Forces (1987) at Rule 352. 在"人质案"中，设在纽伦堡的军事法庭对这项原则作了如下解释：

> 被告援引军事必要作为在被占领土内杀害无辜平民、破坏村庄和城镇的正当理由。军事必要允许交战国在遵守战争法的前提下，运用任何数量和任何类型的武力以最小的时间、生命和金钱代价迫使敌人完全屈服。总的来说，它可占领国为保护其部队安全和促使作战胜利而采取的必要措施。它允许剥夺武装的敌人及其他人的生命，如果这种剥夺是武装冲突附带的不可避免的结果；它允许俘获武装的敌人和其他有特殊危险的人，但不允许出于报复或满足杀戮欲望而杀害无辜的居民。破坏财产必须在战争的需要所迫切要求时方为合法。破坏本身作为一种目的是违反国际法的行为。破坏财产和战胜敌军之间必须存在某种合理的联系。破坏铁路、通讯线路或任何其他可能被敌人利用的财产是合法的。如果军事行动需要，私人住宅和教堂甚至也可以被摧毁。它不承认对一个地区的肆意破坏，或仅仅为了让居民受苦而故意对其施加痛苦。

11 TWC 1253–54, *quoted in* 10 Whiteman 386–87.

1943年12月29日，作为地中海地区盟军总司令的艾森豪威尔将军在给"所有指挥官"的信中承认了这一区别：

> 没有什么能反对军事必要这一理由。这是公认的原则。但"军事必要"一词有时被用在实际上是指军事便利甚或是个人便利的场合。我不想让它去掩盖纪律松弛或冷漠……

Historical Research Center, Maxwell Air Force Base, AL, File 622.610–2, Folder 2, 194445, *quoted in* Schaffer, Wings of Judgment: American Bombing in World War II, at 50 (1985) and Hapgood & Richardson, Monte Cassino 158 (1984).

军事必要原则适用于战争行为时，可能并且在很多情况下受到其他习惯或条约规则的限制，也就是说，军事必要不是取代所有其他武装冲突法的理由。少数人认为，一切战争规则都必须服从军事必要原则并受其制约，大多数英美机构都没有接受这种观点。此外，军事法庭也不认可这一观点。事实上，军事法庭认为，军事必要这一辩解不能被视为违反绝对禁止性规则（如禁止杀害战俘的规则）和军事必要不构成例外情况之规则的辩护事由。因此，美国军事法庭在驳斥战争规则始终要服从军事必要的行动这一论点时指出：

> 战争的本质是一方或另一方必定失败，经验丰富的将军和政治家们在起草陆战法规和惯例时就知道这一点。简言之，这些战争法规和惯例专门设计用于战争的所有阶段。它们是应对这种紧急情况的法律。任一交战国认为自身情况危急时都可全权决定恣意漠视这些规则，无异于完全废除了战争法规和惯例。

The Krupp Trial (*Trial of Alfred Felix Alwyn Krupp von Bohlen und Halbach and Eleven Others*), 10 LRTWC 139 (1949).

不过，有一些习惯法和条约法规则虽然通常禁止某些行为，但在例外情况下允许交战国在军事必要时实施这些通常被禁止的行为。在条约规则中，对这一例外的精确表述各不相同。有些规则包含这样的条款，即应在"军事必要（军事利益）允许的范围内"予以遵守。具体例子包括：《日内瓦第一公约》第8条第3款和《日内瓦第二公约》第8条第3款（限制保护国代表或代表团的活动）；《日内

誉〔1〕，这三项原则构成其他武装冲突法原则（例如比例原则和区分原则）以及大多数武装冲突法的条约和习惯规则的基石。这些原则必须共同考虑，因为它们相互影响且相互关联。任何一项战争法原则都不能被孤立地加以考虑。

（一）军事必要原则

武装冲突法无意妨碍敌对行动的进行。其目的在于确保敌对行动中的暴力行为只针对敌方的战争努力，而不是被用于造成不必要的人类痛苦和物质破坏。军事必要原则承认，造成死亡和破坏的武力必须用于实现军事目标，

（接上页）瓦第一公约》第 33 条第 2 款和《日内瓦第二公约》第 28 条（使用缴获的医疗物资）；《日内瓦第一公约》第 32 条第 2 款（中立国人员的返回）、第 30 条第 1 款（被俘医务和宗教人员的送回）；《日内瓦第四公约》第 16 条第 2 款（对搜寻伤病人员给予便利）、第 55 条第 3 款（对检查被占领土内食物及医疗供应品状况的限制）、第 108 条第 2 款（对装运救济物资的限制）；《日内瓦第一公约》第 42 条第 4 款、《日内瓦第三公约》第 23 条第 4 款和《日内瓦第四公约》第 18 条第 4 款（特殊标志的可辨识性）。其他规则允许通常被禁止的行为，如果战争的必要性有此"需要"或者"要求"。具体例子包括：《海牙章程》第 23 条第 7 款、《日内瓦第一公约》第 34 条第 2 款和《日内瓦第四公约》第 53 条（允许破坏或没收财产）；《日内瓦第三公约》第 126 条第 2 款和《日内瓦第四公约》第 143 条第 3 款（限制保护国的代表和代表团访问）；《日内瓦第四公约》第 49 条第 2 款（从被占领土撤离被保护人）、第 49 条第 5 款（将被保护人拘留于特别冒战争危险之区域）。规定军事必要作为例外行动的规则，应仔细考虑有关情况，以判断为保护交战国部队的安全或促进军事行动的胜利，是否有必要使用在其他方面过分的武力。10 Whiteman 302〔citing NWIP 10-2, sec. 220（b）〕.

〔2〕 See FM 27-10, at 3; AFP 110-31, at l-6. 这项原则针对造成不必要的痛苦或过分伤害，又被称为"比例原则"或"人道原则"。偶尔会有这样的观点，即军事必要原则和比例原则是相互矛盾的，因为它们服务于相互对立的目的。事实并非如此。军事必要原则允许在武装冲突中使用足够的武力来实现合法的目的。它补充了比例原则，后者不允许使用任何类型或程度的对实现合法目的没有必要的武力。军事必要原则和比例原则合在一起，将任何不必要地造成或加剧人的痛苦或实际破坏的使用武力非法化。真正的困难不是来自这些原则的实际含义，而是来自它们在实践中的应用。10 Whiteman 302（citing NWIP 10-2, sec. 220 n. 9）.《第一附加议定书》第 51 条第 5 款第 2 项和第 5 条第 2 款第 1 项第 3 目规定了比例原则，禁止：

可能附带使平民生命受损失、平民受伤害、平民物体受损害、或三种情形均有而且与预期的具体和直接军事利益相比损害过分的攻击。

SeeFenrick, The Rule of Proportionality and Protocol I in Conventional Warfare, 98 Mil. Law Rev. 1982 at 91. 第 51 条和第 57 条中使用的"具体和直接"这一用语，是指"来自攻击作为整体的一个部分实施的具体军事行动的预期利益，而不是来自该行动的个别或特定部分的预期利益"。Bothe, Partsch & Solf 311. See also Solf, Protection of Civilians 128-35.

〔1〕 Bothe, Partsch & Solf at 201-207.

但该目标要将苦难和破坏限制在实现有效军事目标的必要范围内。[1]因此，它禁止使用并非以最低限度的时间、生命和物质资源消耗使敌人部分或完全屈服所需要的任何种类或程度的武力。重要的是注意，军事必要原则并不认可武装冲突法所禁止的行为，军事必要也不是明确为武装冲突法所禁止之行为的刑事辩护事由。

在适用军事必要原则时，指挥官应询问攻击对象是否为合法的军事目标，如果是，在当时情况下该攻击对象的全部或部分毁坏、缴获或失去效用是否提供了明确的军事利益。如果一个物体由于其性质（如军舰和军用飞机）、位置（如敌方补给线上的桥梁）、用途（如被用于敌方指挥部的学校建筑）或目的（如建有超长跑道以便紧急状况下用于军用运输机起降的民用机场）对敌方进行作战/维持作战的能力有实际贡献，而在当时情况下其全部或部分毁坏、缴获或失去效用提供了明确的军事利益，那就是合法的军事目标。目的

---

〔1〕 尽管美国海军尚未制定作为准则的"战争原则"，但对海军战术中适用这些原则进行了有益的讨论，参见 Hughes, Fleet Tactics 140-45 & 290-97（1986）；Eccles, Military Concepts and Philosophy 108-13 (1965)；and Brown, The Principles of War, U.S. Naval Inst. Proc., June 1949, at 621. 海军陆战队、陆军和空军已经制定了各自的战争原则作为现役部队准则：U.S. Marine Corps, Marine Rifle Company/Platoon, FMFM 64, para. 1403（1978）；U.S. Air Force, Basic Aerospace Doctrine, AFM 1-1, March 1992, Vol. II at 9-15；Department of the Army, Operations, FM 100-5, at 2-4 to 2-5 (1993)；Armed Forces Staff College, Joint Staff Officer's Guide, Pub 1, para. 101, at pp. 1-3 (1993)；Joint Pub 3-0, Doctrine for Joint Operations, 1 February 1995 at II-1. 战争原则在任何情况下都不是一套僵化的规则，而是"磨砺头脑的良好手段"，是军事行动获得胜利的必要条件。Eccles 113. 目标原则规定，每一项军事任务都必须有一个目标，也就是说，它必须指向一个明确定义的目标，所有活动都必须有助于实现这一目标。无论战时还是平时，军事目标必然要支持国家目标，更直接地说，要在冲突期间支持国家的战争目的。武装冲突法通过帮助定义政治和法律上可达到的目标来支持这项原则。集中原则或优势原则，是指要获取战争的胜利，在正确的方向上具有决定性的时间和地点集中优势兵力，并且只要有需要就在接触点上维持这种优势，这一点至关重要。和武装冲突法相结合，在某种程度上，这项原则用于在具有决定性的时间和地点优化使用兵力，并在实现目标时能够最大限度地运用全部有效武力。武力的经济性意味着不应向一个任务投入比实现目标所必需的更多或更少的努力。这意味着正确选择和使用武器及武器系统，最大限度地发挥可用武器平台的最大效能，并在分配任务时小心地平衡。这项原则与比例性这一基本法律原则是一致的。出其不意产生于制造意想不到的情况或选择最不可能想到的路线——两者都是从敌人的角度考虑，都是为了利用敌人对此缺乏防备。它使得用最少的努力取得最大的效果成为可能。像欺骗这种技巧的合法性就支撑了出其不意。安全包括必须采取的一切措施，以便防范敌人为阻止我方达成目标或实现其自身目标而可能进行的任何形式的反击。安全意味着获得敌人的情报。包括武装冲突法在内的国际法并不禁止监视和间谍行为。其他战争原则是：统一指挥，即确保所有努力都专注于一个共同的目标；机动性，即通过灵活运用战斗力，力图使敌人处于不利位置；进攻性，即周密考虑抢占、保留和利用主动权。

与用途有关，但只涉及一个物体预期的、疑似的或未来可能的用途而非其直接用途和临时用途。

重要的是注意，军事必要原则不禁止对敌方战斗员、部队或物资使用符合区分和比例原则的压倒性武力。

（二）人道原则

人道原则是指在实现一个合法的军事目的时禁止造成不必要的痛苦、伤害或破坏。人道原则是某些武装冲突法规则的基础，例如为落入敌手的人提供基本保护；保护平民居民和民用物体；保护军事医务人员、医疗队和运输工具；禁止目的在于造成不必要痛苦的武器；禁止属于不分皂白性质的武器。

人道原则的基础是禁止造成不必要痛苦。武装冲突法禁止使用旨在造成战斗员不必要痛苦的武器、投射物或物质。由于这项原则在实践中难于适用，它一般通过限制使用特定武器的条约或公约来处理。美国国防部的政策要求在取得新武器或武器系统之前，必须由经授权的法律事务官员进行法律审查，确保新武器符合所有可适用的国内法以及国际协定、条约、习惯国际法和武装冲突法。审查无需预见到武器所有可能的用途或滥用。因此，指挥官应确保合法的武器或弹药不会被改装或滥用从而造成更大的或不必要的痛苦。

（三）比例原则

比例原则要求指挥官采用平衡标准来确定，攻击可能造成的附带伤害（包括对平民的伤害和对民用物体的损害）与攻击带来的预期的具体和直接军事利益相比是否过分。比例原则与区分原则直接相关。要注意，武装冲突法意义上的比例原则不同于自卫权中使用的比例一词。

（四）区分原则

区分原则关注的是区别战斗员和平民、军事目标和民用物体，尽可能减少对平民的伤害和对民用物体的损害。[1]根据区分原则，指挥官有两项职责。首先，必须区别本国部队与平民居民。这就是为什么战斗员要穿着制服或佩戴其他特殊标志。其次，攻击前必须区别合法的军事目标与平民或民用物体。

区分原则，连同军事必要原则，禁止不分皂白的攻击。特别是，不以特定军事目标为对象的攻击（例如，海湾战争期间，伊拉克使用飞毛腿导弹对

---

〔1〕　10 Whiteman 135 (*citing* NWIP 10-2, para. 221a). 参见《海牙章程》第 3 条第 2 款；《第一附加议定书》第 43 条第 2 款。

以色列和沙特阿拉伯城市的攻击），使用不能以特定军事目标为对象的作战方法或手段的攻击（例如，城市中实际存在几个不同的军事目标并且可以分别进行打击，但仍将整个城市宣布为单一军事目标并进行轰炸），或者使用其效果不能按照武装冲突法的要求加以限制的作战方法或手段的攻击（例如，使用化学或生物武器）。

（五）荣誉原则

荣誉原则要求进攻和防守中一定程度的公平性，以及敌对部队之间某种相互尊重。在要求进攻和防守中一定程度的公平性时，荣誉反映出的原则是，冲突各方应接受对其进行敌对行动的能力存在某些限制。荣誉原则禁止以背信弃义的方式杀伤敌人；禁止滥用某些标志；禁止穿着敌方制服进行战斗，从而假装无敌对关系而获取军事优势；强迫敌对方的国民参加反对其本国的战争行动。特别是，荣誉原则要求冲突一方不得利用对手遵守法律而谎称具有法律上的受保护地位。之所以禁止这种类型的行为，是因为它会破坏武装冲突法赋予的保护，削弱交战国之间的非敌对关系，在无法完全消灭对方时损害恢复和平的基础。

荣誉原则要求人道地对待并尊重战俘。荣誉还反映出一个假定，即战斗员是承诺光荣作战的职业人士。这构成了确定谁有权享受战斗员特权之规则的基础。

四、作战环境中的人员

在作战环境中有许多类别和子类别的人员。下文讨论的类别是最经常遇到的主要人员类别。这些类别之所以重要是因为它们决定谁有权享受战斗员豁免，谁可以成为攻击目标，如果被拘留可享受何种待遇。

（一）战斗员

战斗员是武装冲突期间参与敌对行动的人员。战斗员可以是合法的也可以是非法的。将非法战斗员称为"无特权战斗员"可能更加合适，而他们是没有参与敌对行动的法律权利而又参与敌对行动的人员。合法的战斗员拥有在武装冲突期间参与敌对行动的特权，因此不会仅仅因为被俘前合法的作战行为而被俘获他们的国家起诉（即战斗员豁免）。就战斗员豁免而言，合法的战斗员包括：构成冲突之一方的国家正规武装部队人员；属于冲突之一方的国家的民兵、志愿部队和有组织抵抗运动，如果他们在负责人的统率之下、备有可从远处识别之固定的特殊标志、公开携带武器并遵守战争法；自称效忠于未经拘留国承认之政府或当局的正规武装部队人员。

合法的战斗员还包括参加民众抵抗的平民。民众抵抗是未占领地之居民未及组织成为正规部队而拿起武器抵抗侵略军的自发起义。一旦侵略军已占领该领土，民众抵抗的战斗员豁免即终止。[1]

[无特权战斗员] 无特权战斗员包括直接参加敌对行动的平民，以及不符合合法战斗员地位之标准的武装团体成员。无特权战斗员无权享受战斗员豁免或战俘地位。尽管无特权战斗员参与敌对行动的行为本身并不违反国际法，但这种作战行为在国内法上是可以被起诉的。

（二）非战斗员

非战斗员一般指武装部队中的军事医务人员和随军牧师。它还包括因为伤、病或被俘而失去战斗力的战斗员。[2]如果非战斗员直接参加敌对行动，他们就会丧失受保护地位并且可以被攻击。[3]

（三）平民

平民是不属于战斗员或非战斗员的人员。平民不得成为攻击的对象，如果被拘留，他们有权享受人道待遇以及各种其他保护（视冲突的环境而有所不同）。直接参加敌对行动的平民会丧失免受直接攻击的保护。除了那些构成民众抵抗的平民外，直接参加敌对行动的平民不享有战斗员豁免，可以被拘留国依国内法进行刑事起诉。

[伴随武装部队的平民] 获准伴随武装部队的人员通常被认为是平民，但

---

〔1〕 武装冲突之一方的武装部队包括由一个为其部下的行为向该方负责的司令部统率下的一切有组织的武装部队、团体和单位，即使该方是以敌方所未承认的政府或当局为代表。该武装部队应受内部纪律制度的约束，该制度除其他外应强制遵守适用于武装冲突的国际法规则。《第一附加议定书》第 43 条第 1 款。See *also* de Preux, Synopsis Ⅶ: Combatant and prisoner-of-war status, 1989 Int'l Rev. Red Cross 43. 自己主动去打私人战争的人，包括为自己牟利且与遵守国际法的实体没有关联的恐怖分子团伙，不是合法的战斗员。关于非法战斗员，参见：Baxter, So-Called Unprivileged Belligerency: Spies, Guerrillas and Saboteurs, 28 Brit. Y. B. Int'l L. 323 (1951). 关于战斗员和非战斗员的识别，See De Preux, Synopsis Ⅳ: Identification——Fundamental Principle, 1985 Int'l Rev. Red Cross 364. 关于尊重受《日内瓦公约》保护的人员，See Green, Contemporary Law of Armed Conflict, 1993, chaps. 10 & 11; de Preux, Synopsis Ⅸ: Respect for the Human Being in the Geneva Conventions, 1989 Int'l Rev. Red Cross 217.

〔2〕 10 Whiteman 135, *citing* NWIP 10-2, para. 221a n. 12; Kalshoven, Noncombatant Persons, in Robertson, at 304-24; Green, note 11, at chap. 12.

〔3〕 110 Whiteman 135, *citing* NWIP 10-2. para. 221b; Kalshoven, Noncombatant Persons, in Robertson, at 306-07. 关于《第一附加议定书》第 48 条和第 51 条的讨论，参见 Bothe, Partsch & Solf at 280-86 & 296-318.

此类平民与构成平民居民之一部的平民有所不同。例如，获准伴随武装部队的平民被俘时有权获得战俘地位。伴随武装部队的平民在所有军事行动中都发挥了至关重要的作用。平民承担着训练和维护职责，以及情报、计划、后勤和通讯保障职能。《海牙公约》和《日内瓦公约》都承认平民可以支援和伴随武装部队。但是，伴随武装部队的平民不得直接参加敌对行动。如果他们直接参加敌对行动，俘获他们的国家可以依据国内法对其进行起诉；但是，他们保留作为战俘的地位。

在美国海上补给司令部的辅助船或军舰上服务的平民船员，无论属于政府行政部门还是合同雇员，都是伴随美国武装部队的平民，被俘时有权获得战俘地位。在美国海上补给司令部的辅助船上作为正式成员服务或被指派为美国军舰正式成员的文职船员（履行甲板、轮机、管轮或膳食服务职能），履行其正常被指派的职责时不属于直接参加敌对行动。

五、武装冲突法的渊源

总体上与国际法一样，武装冲突法的主要渊源是国家实践反映出的习惯国际法和国际协定。[1]

（一）习惯国际法

涉及武装冲突的习惯国际法源自敌对行动期间国家出于法律义务的考虑而进行的普遍和一致的实践。习惯法会与时俱进。只有在国家实践获得一定程度的一致性并且被普遍认为是法律上的要求时，该实践才能变为习惯法规则。习惯国际法通常对所有国家有拘束力，但在习惯国际法形成期间持续反对该规则的国家不受其约束。经常很难确定战争惯例或实践发展成为习惯法规则的准确时间点。在技术迅猛发展的时期，再加上冲突的范围扩大到包含叛乱行动和国家恐怖主义，国家经常对可接受的武装冲突惯例的准确内容及其习惯法地位持有异议，这丝毫不令人意外。习惯国际法规则在定义和解释方面缺乏精确性，是通过书面协定（条约和公约）将武装冲突法进行法典化

---

〔1〕 参见前言。在各国的军事手册、司法判决、公法学家的著作以及各种国际机构的工作中也可以找到武装冲突法的证据。Documents on the Laws of War 6-9（Roberts & Guelff eds., 2d ed. 1989）. 关于各国军事手册作为武装冲突法证据的重要性，参见 Reisman & Lietzau, Moving International Law from Theory to Practice：the Role of Military Manuals in Effectuating the Law of Armed Conflict, in Robertson, at 7-9；Green, at chap. 2. 关于军事手册的清单，参见 Fleck at app. 3.

之努力的背后主要动机。[1]但是，建立在习惯基础上的法律所固有的灵活性，

---

　　[1]　现行武装冲突法的根源可以追溯至中世纪晚期出现并逐渐兴起的交战实践，主要是受到基督教和骑士精神的影响。See Draper, The Interaction of Christianity and Chivalry in the Historical Development of the Law of War, 1965, 5 Int'l Rev. Red Cross 3; Meron, Henry's Wars and Shakespeare's Laws (1993); Meron, Shakespeare's Henry the Fifth and the Law of War, 86 Am. J. Int'l L. 1 (1992); The Laws of War: Constraints on Warfare in the Western World (Howard, Andreopoulus & Shulman eds. 1994) at 27–39. 与过去的野蛮残酷不同，交战者逐渐接受的观点是，照顾伤者、战俘和没有参加战斗的个人决不会限制战争目标的实现。在17世纪和18世纪，这一观点得到长足发展。雨果·格劳秀斯（Hugo Grotius）在其1642年出版的著作《战争与和平法》中编纂了第一批战争规则。这些规则已被各国广泛采纳，部分是出于道德原因，部分是由于残存的骑士精神在贵族军官中仍然具有影响力。

　　武装冲突法最重要的发展发生在1850年之后的这段时间。法国大革命和拿破仑战争首次引入了公民军队的概念。在17世纪和18世纪，由于缺乏工业能力，破坏手段有限，战斗员只局限于一小部分职业军人，但由于武装部队开始依赖那些留在家里之人的直接支持，战斗员和非战斗员之间的区分日益变得模糊。到19世纪中叶，工业革命的影响开始在战场上显现，破坏手段的有限性也在转变。火炮日益增强的杀伤力，战地医疗手段的不足和过时的步兵战术，这三者的结合导致了战场上前所未有的损失。公众对克里米亚战争（1854~1856年）和美国内战尤为残酷的经历的反应，重新激发了对战争施加限制的动力，并表明需要更精确的关于武装冲突的成文法规则来代替含糊的习惯法规则。1859年发生在意大利北部的索尔费里诺战役的惨烈，导致1863年红十字运动的产生。Dunant, The Battle of Solferino (1861). 正是在这种情况下，1864年在日内瓦订立了第一部救助伤者和病者的公约。See Pictet, The First Geneva Convention, 1989 Int'l Rev. Red Cross 277. 在美国，林肯总统在内战期间委托弗朗西斯·利伯博士（他当时是纽约市哥伦比亚大学的教授）起草了供联邦军队使用的守则。这部守则经军官委员会修订后，于1863年4月24日由林肯总统以第100号一般命令予以颁布，名为《美国陆军战地政府指令》（Instructions for the Government of Armies of the United States in the Field）。See Baxter, The First Modern Codification of the Law of War, 3 Int'l Rev. Red Cross 1963 at 171; Solf, Protection of Civilians 121; Hoffman, The Customary Law of Non–International Armed Conflict: Evidence from the United States Civil War, 1990 Int'l Rev. Red Cross 322. 武装冲突法的进一步编纂和许多国家类似规章的制定都受到《利伯守则》的强烈影响，包括1880年《牛津手册》、1874年《布鲁塞尔宣言》和1900年《美国海战守则》，1899年《海牙第二公约》（后为1907年关于陆战法规和惯例的《海牙第四公约》所取代）的起草者也受到巨大影响。1907年《海牙第四公约》所附的《海牙章程》，已被下列公约所补充：1949年《日内瓦第四公约》、1949年《日内瓦第三公约》、1977年两个《附加议定书》以及经修正的1980年《特定常规武器公约》。这些条约编纂了习惯国际法原则。

　　过去的半个世纪曾有一个显著趋势，许多国家将战争规则的渊源中其认可的某些法律原则纳入其国内立法。《国际法院规约》将其包括进法院应适用的国际法渊源，即"一般法律原则为文明各国所承认者"（《国际法院规约》第38条第1款第3项）。在"人质案"中的判决中，设在纽伦堡的美国军事法庭指出：

　　现在的趋势是，国际法中使用的"文明国家普遍接受的惯例和实践"一语，仅适用于战争法。但该原则本没有这样的限制性含义。同样，它也适用于已为文明国家普遍接受和采用的基本司法规则。在确定这种基本司法规则是否有权被宣告为国际法原则时，审视国际大家庭中各国的国内法就可揭晓答案。如果发现大多数国家在其国内法中普遍接受其作为一项基本司法规则的话，那么将其宣告为一项国际法规则似乎是完全有道理的。

　　United States v. List et al., 11 TWC 1235 (1950).

以及它反映了实际——尽管不断在发展变化——国家实践的事实，凸显了习惯国际法在武装冲突法的发展过程中的重要性。[1]

（二）国际协定

无论是编纂既有的习惯国际法规则，还是创设规制未来实践的新规则，国际协定（条约、公约和议定书）都在武装冲突法的发展中发挥了重大作用，并且是武装冲突法的主要渊源。国际协定仅拘束缔约国，并且仅在条约、公约或议定书本身的条款所要求的范围内约束缔约国，同时还受制于个别国家在批准或加入时提出的保留，如果有的话。[2]没有通过条约规定的签署、批准或加入等方式表示同意接受条约约束的国家，不受条约规定的约束。这里有两个例外：首先，如果条约从一开始就是对习惯国际法的宣告，那么条约中包含的规则就对缔约国和非缔约国（持续反对者除外）均有拘束力；其次，随着时间的推移，条约规定在国家间达到了具有义务性的普遍协商一致的程度，也会同时对缔约国和非缔约国（持续反对者除外）有拘束力。[3]

---

〔1〕 关于习惯法国际法在武装冲突法发展过程中的作用，在介绍各个战争法文件时有中肯的讨论。See Meron, Human Rights and Humanitarian Norms as Customary Law (1989) and Meron, The Geneva Conventions as Customary Law, 81 Am. J. Int'l L. 348 (1987). See *also* Bruderlein, Custom in International Humanitarian Law, 1991 Int'l Rev. Red Cross 579.

〔2〕 1969年《维也纳条约法公约》第21条。大量多边协定都包含一个与1907年《海牙第十三公约》第28条类似的规定，即"本公约的规定应在缔约各国之间，并只有在交战各方均为本公约缔约国时方能适用"。这个所谓的"普遍参加"条款并没有我们想象中那样影响深远。在第一次和第二次世界大战以及朝鲜战争中，交战国经常确认其接受包含普遍参加条款之协定约束的意图，不论是否实际满足了该条款的严格要求。实践中，第一次世界大战期间和战后的捕获法院都没有考虑海战的非交战国没有加入条约的情况。The *Blood* [1922] 1 A. C. 313.

〔3〕 某些公约通常被认为是对先前存在的习惯法的编纂，或者通过广泛遵守被认为代表了法律规则而对所有国家产生约束力。纽伦堡和远东国际军事法庭都认为1907年《海牙第四公约》中的普遍参加条款无意义。两个法庭还宣布，没有包含普遍参加条款的1929年《关于战俘待遇的日内瓦公约》规定的一般原则，对签字国和非签字国均具有约束力。*Nazi Conspiracy and Aggression*：Opinion and Judgment 83, U. S. Naval War College, International Law Documents 1946-1947, at 281-82 (1948)；MTFE, Judgment 28, U. S. Naval War College, International Law Documents 1948-49, at 81 (1950). 1949年四个《日内瓦公约》共同第2条第3款规定：

冲突之一方虽非缔约国，其他曾签订本公约之国家于其相互关系上，仍应受本公约之拘束。设若上述非缔约国接受并援用本公约之规定时，则缔约各国对该国之关系，亦应受本公约之拘束。

《第一附加议定书》第96条和经修正的1980年《特定常规武器公约》第7条也包含类似的规定。对这个问题的详细分析，参见 Meron, The Geneva Conventions as Customary Law, 81 Am. J. Int'l L. 348 (1987)；Meron, Human Rights and Humanitarian Norms as Customary Law (1989). *Cf.* Solf, Protection of Civilians 124, text accompanying nn. 39-41.

　　反映了武装冲突法的编纂和发展的主要国际协定是 1907 年《海牙章程》、1925 年《日内瓦禁止毒气议定书》、1949 年保护战争受难者的《日内瓦公约》、1954 年《保护文化财产海牙公约》、1972 年《禁止生物武器公约》、1980 年《特定常规武器公约》（及其五个议定书）和 1993 年《禁止化学武器公约》。1949 年《日内瓦公约》及其 1977 年《附加议定书》的大部分内容涉及战争受难者的保护，而《海牙章程》《日内瓦禁止毒气议定书》《保护文化财产海牙公约》《禁止生物武器公约》《特定常规武器公约》《禁止化学武器公约》则主要关注控制作战手段和方法。[1]

　　这些国际协定中，有美国签署和批准的、签署但未批准的以及既未签署也未批准的。如果美国签署和批准了一项协定，它就是有拘束力的法律。如

（接上页）关于找出《第一附加议定书》中编纂现行国际法之规定的努力，参见 Penna, Customary International Law and Protocol I: An Analysis of Some Provisions, in Studies and Essays on International Humanitarian Law and Red Cross Principles in Honour of Jean Pictet 201 (Swinarski ed. 1984); Cassese, The Geneva Protocols of 1977 on the Humanitarian Law of Armed Conflict and Customary International Law, 3 UCLA Pac. Bas. L. J. 55-118 (1984) (GP I and II); The Sixth Annual American Red Cross-Washington College of Law Conference on International Humanitarian Law: A Workshop on Customary International Law and the 1977 Protocols Additional to the 1949 Geneva Conventions, 2 Am. U. J. Int'l L. & Policy 422-28 (1987) (remarks of U. S. Department of State Deputy Legal Adviser Matheson); Hogue, Identifying Customary International Law of War in Protocol I: A Proposed Restatement, 13 Loy. L. A. Int'l & Comp. L. J. 279 (1990).

　　[1]　目前还有效的主要海战条约可以追溯至 1907 年，当时在海战中还没有大规模使用潜艇和飞机。1936 年关于潜艇作战的《伦敦议定书》，就是传统主义者们尝试的结果，他们要求浮出水面时通常会被攻击的潜艇，遵守适用于水面战斗员攻击方法的规则。See Levie, Submarine Warfare: With Emphasis on the 1936 London Protocol, in Grunawalt at 41-48. 被《第一附加议定书》部分补充的《日内瓦第二公约》，只有保护海上伤者、病者和遇船难者的规则。在很大程度上，通过国家实践而形成习惯法的海战法，继续以其传统的方式发展。从 1987 年开始，由意大利圣雷莫国际人道法研究所主持的一系列专家会议于 1994 年 6 月通过了《适用于海上武装冲突的国际法圣雷莫手册》（《圣雷莫海战法手册》）。该手册及其所附的条款释义，参见 San Remo Manual on International Law Applicable to Armed Conflicts at Sea, Prepared by International Lawyers and Naval Experts Convened by the International Institute of Humanitarian Law (Doswald-Beck ed. 1995). See Robertson, An International Manual for the Law of Armed Conflict at Sea, Duke L. Msg., Winter 1995, at 14-18.

　　直到现在，有关海战的军事手册还是过时的。See U. S. Navy, Law of Naval Warfare, NWIP 10-2 (1955) (set out in its entirety in the appendix to Tucker), which was replaced by the Commander's Handbook on the Law of Naval Operations, NWP 9 (1987), NWP 9 Revision A/FMFM 1-10 (1989) (set out in its entirety in the Appendix to Robertson) and this present manual. See *also* chaps. 8-11 of the Royal Australian Navy, Manual of the Law of the Sea, ABR 5179 (1983). 最近，包括英国、加拿大、德国、日本、意大利和俄罗斯在内的许多其他国家已颁布或正在筹备关于海战法的新手册。

果美国签署但未批准一项协定，它就不是法律，但美国有义务不妨碍该协定的目的和宗旨，直至明确表态不会成为该条约的缔约国。如果美国既未签署也未批准一项协定，该协定不会对美国创设任何义务。

美国是下列协定的缔约国：

（1）1907 年《陆战法规和惯例公约》（《海牙第四公约》）。[1]

（2）1907 年《中立国和人民在陆战中的权利和义务公约》（《海牙第五公约》）。

（3）1907 年《关于敷设自动触发水雷公约》（《海牙第八公约》）。

（4）1907 年《关于战时海军轰击公约》（《海牙第九公约》）。

（5）1907 年《关于海战中限制行使捕获权公约》（《海牙第十一公约》）。

（6）1907 年《关于中立国在海战中的权利和义务公约》（《海牙第十三公约》）。

（7）1925 年《战争中禁用窒息性气体、毒气体或其他气体及细菌作战方法的议定书》（《日内瓦禁用毒气议定书》）。

（8）1936 年《关于潜艇作战规则的伦敦议定书》（1930 年《伦敦海军条约》第四部分）。

（9）1949 年《改善战地武装部队伤者病者境遇之日内瓦公约》（《日内瓦第一公约》）。★

（10）1949 年《改善海上武装部队伤者病者及遇船难者境遇之日内瓦公约》（《日内瓦第二公约》）。★

（11）1949 年《关于战俘待遇之日内瓦公约》（《日内瓦第三公约》）。[2]

（12）1949 年《关于战时保护平民之日内瓦公约》（日内瓦第四公约》）。★

（13）1954 年《关于发生武装冲突时保护文化财产的海牙公约》（《保护文化财产海牙公约》）。★

（14）1972 年《禁止细菌（生物）及毒素武器的发展、生产及储积以及

---

[1] 《海牙第四公约》的一般原则反映了习惯国际法。See Solf, Protection of Civilians 123 text at n. 41. But see Lowe, The Commander's Handbook on the Law of Naval Operations and the Contemporary Law of the Sea, in Robertson, at 130.

[2] 《日内瓦第三公约》中重述的 1929 年《关于战俘待遇的日内瓦公约》中的一般原则（不是细节规定），被认为是习惯国际法的宣告。See FM 27-10, para. 6.

销毁这类武器的公约》(《禁止生物武器公约》)。

(15) 1980 年《禁止或限制使用某些可被认为具有过分伤害力或滥杀滥伤作用的常规武器公约（包括经修正后的第一条）》(《特定常规武器公约》)。[1]

(15a) 1980 年第一议定书（无法检测的碎片）。

(15b) 1980 年第二议定书（禁止或限制使用地雷、饵雷和其他装置）。

(15c) 1996 年经 1996 年 5 月 3 日修正后的第二议定书。

(15d) 1988 年第三议定书（禁止或限制使用燃烧武器）。★

(15e) 1995 年第四议定书（激光致盲武器）。★

(15f) 2003 年第五议定书（战争遗留爆炸物）。★

(16) 1993 年《关于禁止发展、生产、储存和使用化学武器及销毁此种武器的公约》(《禁止化学武器公约》)。[2]

(17) 2005 年《1949 年 8 月 12 日日内瓦四公约关于采纳一个新增特殊标

---

〔1〕 公约最初包括三个单独的议定书，例如《关于无法检测的碎片的议定书》（第一议定书）《禁止或限制使用地雷（水雷）、饵雷和其他装置的议定书》（第二议定书）以及《禁止或限制使用燃烧武器议定书》（第三议定书）。美国于 1995 年 9 月 24 日成为《特定常规武器公约》及其第一议定书、第二议定书的缔约国，但当时拒绝批准第三议定书。在第一次审议会议上（1995 年 9 月至 1996 年 5 月），第二议定书有了实质性修正，并通过了一个新的《关于激光致盲武器的议定书》（第四议定书）。1997 年 1 月 5 日，克林顿总统向参议院提交了经修正的第二议定书、最初的第三议定书（带有一项有保留）和新的第四议定书，征求其意见并寻求批准的同意。See Nash, Contemporary Practice of the United States Relating to International Law, 91 Am, J. Int'l L. 325 (1997). 截至 2021 年 5 月 1 日，已有 125 个国家（包括美国、英国、德国、意大利、丹麦、法国、荷兰、挪威、澳大利亚、日本、中国、俄罗斯和其他前华约成员国以及中立国）批准了《特定常规武器公约》（以及两个以上的议定书），并且各议定书在共同批准的国家之间发生效力。The travaux préparatoires of the "umbrella" treaty and Protocol I (non-detectable fragments) are set forth in Roach, Certain Conventional Weapons Convention: Arms Control or Humanitarian Law?, 105 Mil. L. Rev. 1; of Protocol II (land mines) in Carnahan, The Law of Land Mine Warfare: Protocol II to the United Nations Convention on Certain Conventional Weapons, id. at 73; and of Protocol III (incendiary weapons) in Parks, The Protocol on Incendiary Weapons, 30 Int'l Rev. Red Cross 535 (Nov. -Dec. 1990). See also Fenrick, The Law of Armed Conflict: The CUSHIE Weapons Treaty, 11 Can. Def. Q., Summer 1981, at 25; Fenrick, New Developments in the Law Concerning the Use of Conventional Weapons in Armed Conflict, 19 Can. Y. B. Int'l L. 229 (1981); Schmidt, The Conventional Weapons Convention: Implication for the American Soldier, 24 A. F. L. Rev. 279 (1984); Rogers, A Commentary on the Protocol on Prohibitions or Restrictions on the Use of Mines, Booby-Traps and Other Devices, 26 Mil. L. & L. of War Rev. 185 (1987); and Symposium, Tenth Anniversary of the 1980 Convention on Prohibitions or Restrictions on the Use of Certain Conventional Weapons, 30 Int'l Rev. Red Cross 469-577 (Nov. -Dec. 1990).

〔2〕 美国已于 1997 年 4 月 24 日批准《禁止化学武器公约》。

志的附加议定书》（《第三附加议定书》）。

星标（★）表明美国的签署或批准附有一项或多项保留或者美国的理解。

下列是美国已签署但尚未批准的武装冲突法条约。美国不是这些条约的缔约国：

（1）1977 年《1949 年 8 月 12 日日内瓦四公约关于保护国际性武装冲突受难者的附加议定书》（《第一附加议定书》）。[1]

（2）1977 年《1949 年 8 月 12 日日内瓦四公约关于保护非国际性武装冲

---

[1] 总统决定不向参议院提交《第一附加议定书》以征求意见并寻求批准的同意。23 Weekly Comp. Pres. Dot. 91（29 Jan. 1987），81 Am. J. Int'l L. 910. France（Schindler & Toman 709）. 以色列也表示不会批准《第一附加议定书》。美国关于《第一附加议定书》的立场, See Senate Treaty Dot. No. 100-2, *reprinted in* 26 Int'l Leg. Mat'ls 561（1987）. 涉及反对美国批准《第一附加议定书》的其他文献还包括：Roberts, The New Rules for Waging War: The Case Against Ratification of Additional Protocol I, 26 Va. J. Int'l L. 109（1985）; Feith, Law in the Service of Terror——The Strange Case of the Additional Protocol, 1 The National Interest, Fall 1985, at 36; Sofaer, Terrorism and the Law, 64 Foreign Affairs, Summer 1986, at 901; Feith, Moving Humanitarian Law Backwards, 19 Akron L. Rev. 53 1（1986）; The Sixth Annual American Red Cross-Washington College of Law Conference on International Humanitarian Law: A Workshop on Customary International Law and the 1977 Protocols Additional to the 1949 Geneva Conventions, 2 Am. U. J. Int'l L. & Policy 460（1987）（remarks of U. S. Department of State Legal Adviser Sofaer）; Sofaer, The Rationale for the United States Decision, 82 Am. J. Int'l L. 784（1988）; Parks, Air War and the Law of War, 32A. F. L. Rev. 1, 89-225（1990）. Contra, Aldrich, Progressive Development of the Law of War: A Reply to Criticisms of the 1977 Geneva Protocol I, 26 Va. J. Int'l L. 693（1986）; Solf, Protection of Civilians Against the Effects of Hostilities Under Customary International Law and Under Protocol I, 1 Am. Univ. J. Int'l L. & Policy 117（1986）; Solf, A Response to Douglas J. Feith's Law in the Service of Terror——The Strange Case of the Additional Protocol, 20 Akron L. Rev. 261（1986）; Gasser, Prohibition of Terrorist Acts in International Humanitarian Law, 26 Int'l Rev. Red Cross 200, 210-212（Jul. -Aug. 1986）; Gasser, An Appeal for Ratification by the United States, 81 Am. J. Int'l L. 912（1987）; Gasser, Letter to the Editor in Chief, 83 Am. J. Int'l L. 345（1989）; Bagley, 11 Loy. L. A. Int'l & Comp. L. J. 439（1989）; Aldrich, Prospects for United States Ratification of Additional Protocol I to the 1949 Geneva Conventions, 85 Am. J. Int'l L. 1（1991）. See *also* Levie, The 1977 Protocol I and the United States, 38 St. Louis U. Law J. 469（1994）*reprinted in* Schmitt& Green at chap. XVII.

截至 2021 年 5 月 1 日，有 174 个国家是《第一附加议定书》的缔约国，包括北约成员国比利时/加拿大、丹麦、德国、希腊、冰岛、意大利、卢森堡、荷兰、挪威和西班牙；韩国、澳大利亚、新西兰、俄罗斯和前华约国家；奥地利、芬兰、瑞典和瑞士（每个国家都宣称自己根据永久中立原则是中立国）；以及中国、古巴、朝鲜和利比亚。《第一附加议定书》在缔约国之间有效。

The *travaux préparatoires* of GP I are organized by article and published in Levie, Protection of War Victims: Protocol I to the 1949 Geneva Conventions（4 vols. 1979-81 and Supp. ）. See also Bothe, Partsch & Solf at 1-603, and ICRC, Commentary（GP I）19-1304.

重要的是，美国的军事行动律师必须意识到，在未来的冲突中，美国的盟友很可能会成为《第一附加议定书》的缔约国并受其条款约束。See *also* Matheson.

突受难者的附加议定书》（《第二附加议定书》）〔1〕

下列是美国既未签署也未批准的武装冲突法条约。美国虽不是这些条约的缔约国，但美国的许多盟国是：

（1）1997年《关于禁止使用、储存、生产和转让杀伤人员地雷及销毁此种地雷的渥太华公约》。

（2）1998年《国际刑事法院罗马规约》（注意：美国实际撤回了2002年5月6日进行的签署）。

（3）1999年《1954年关于发生武装冲突时保护文化财产海牙公约的第二议定书》。

（4）2008年《集束弹药公约》（《奥斯陆/都柏林公约》）。

六、武装冲突法、国际人道法和人权法

武装冲突法又被称为战争法。这两个术语都会在美国国防部守则和训练材料中使用。"国际人道法"是武装冲突法的替代用语，可理解为与武装冲突法有相同的实质含义。但"国际人道法"这一用语无法涵盖武装冲突法的所有方面，而且经常会与人权法混淆。"武装冲突法"这一更传统的用语可以消除这种混淆。尽管存在一些重合领域，但武装冲突法和人权法是各自独立且不同的法律体系。遵守武装冲突法和美国的国内法可以确保遵守人权法。

---

〔1〕 总统已于1987年1月29日向参议院提交《第二附加议定书》，征求其意见并寻求批准的同意。Sen. Treaty Dot. 100–2, 23 Weekly Comp. Pres. Dot. 91；26 Int'l Leg. Mat'ls 561（1987）. 对《第二附加议定书》提出的理解和保留声明，参见：Smith, New Protections for Victims of International〔sic〕Armed Conflicts: The Proposed Ratification of Protocol II by the United States, 120 Mil. L. Rev. 59（1988）.

截至2021年5月1日，《第二附加议定书》的169个缔约国包括北约盟国比利时、加拿大、丹麦、法国、德国、冰岛、意大利、荷兰、挪威和西班牙；萨尔瓦多、菲律宾和新西兰；中立国（奥地利、芬兰、瑞典和瑞士）；俄罗斯和前华约国家。《第二附加议定书》在缔约国之间有效。以色列曾表示不打算批准《第二附加议定书》。

The *travaux preparatoires* of GP II are organized by article and published in The Law of Non–International Armed Conflict: Protocol II to the 1949 Geneva Conventions（Levie ed. 1987）. See *also* Bothe, Partsch & Solf 604–705, and ICRC, Commentary（GP II）1305–1509.

1993年《前南斯拉夫问题国际刑事法庭规约》没有明确提及《第一附加议定书》或《第二附加议定书》，但规定了对严重破坏《日内瓦公约》及其议定书之行为的管辖权。南斯拉夫批准了两个附加议定书，波斯尼亚、克罗地亚和塞尔维亚予以继承。1994年《卢旺达问题国际刑事法庭规约》明确赋予法庭对违反共同第3条和《第二附加议定书》行为的管辖权。

第六章
遵守和执行

一、武装冲突法的遵守

国家遵守武装冲突法不仅是因为它们有这样做的法律义务，[1]还出于非常实际的原因，即受一致和相互认可的行为规则规制符合国家的最大利益。[2]

---

〔1〕 根据共同第 1 条，每一缔约国始终都有不仅要尊重 1949 年《日内瓦公约》的各项要求，而且要确保其武装部队予以尊重的坚实义务。*Nicaragua Military Activities Case*，1986 I. C. J. 114；25 Int'l Leg Mat'ls 1073（para 220）（国际法院认为该义务是一项国际法的一般原则）。此外，根据 1929 年《改善战地伤病军人境遇的日内瓦公约》第 28~30 条和第 49~54 条、1949 年《日内瓦第二公约》第 50~53 条、《日内瓦第三公约》第 129~132 条、《日内瓦第四公约》第 146~149 条和《第一附加议定书》第 85~87 条，对于受条约约束的国家而言，每一国家都有义务找出《日内瓦公约》的违犯者并予以起诉而不论其国籍为何，并以其他方式鼓励任何其他国家或其武装部队，包括其盟国的武装部队，遵守各公约。美国支持《第一附加议定书》第 85~89 条详述的原则，即主管当局应采取一切合理措施，防止违反可适用的人道法规则的行为。The Sixth Annual American Red Cross-Washington College of Law Conference on International Humanitarian Law：A Workshop on Customary International Law and the 1977 Protocols Additional to the 1949 Geneva Conventions，2 Am. U. J. Int'l L. & Policy 428（1987）（remarks of U. S. Department of State Deputy Legal Adviser Matheson）。这种自利性反映在如下论述中：

任何本身没有卷入冲突的政府，如果有能力对违反战争法的某一国政府发挥威慑作用，却没有这样做，就要对违法行为承担共同责任。如果在能够作出反应的情况下不作出反应，很快也会成为类似违法行为的受害者，而不再是不作为的从犯。ICRC Appeal，1985 Int'l Rev. Red Cross 33 & 289-90.

截至 2021 年 5 月 1 日，世界上的所有主权国家都是 1949 年《日内瓦公约》的缔约国。

〔2〕 战斗中的纪律是必不可少的。违反武装冲突法会削弱指挥官完成其作战任务的能力。违反该法律也会对国家和世界舆论产生不利影响。有时，违法行为会煽动对手继续抵抗从而延长冲突。违反根据武装冲突法作出的承诺会严重妨碍盟国支持同盟内外军事活动的意愿和政治能力。对于美国和其他拥有民主政体的国家来说尤其如此。相比之下，主要依赖其军事力量的部署、对国内大众媒体的强力控制且不允许有政治异议的独裁政权，可能无视法律承诺，而这对其总体政治和战略地位没有同等影响。由于我们继续尊重武装冲突法，我们的态势得以加强，而他们的态势在某些情况下由于其为了暂时的战术利益而无视这些法律的意愿，也可能得到加强。因此，对手无视法律并不是美国采取同样冷漠态度的正当理由。相反，我们尊重法律会支持我们尊重盟友的敏感性和个性，而我们的对手则无视盟友和法律的利益，这两者之间的对比越明显，对我们的整体态势就越有利。守法还会确保美国

武装冲突法长久以来就承认，知晓法律的要求是遵守法律并预防违法的前提条件，因此要求对武装部队进行训练。所有美国的服役人员，在其职责和义务的范围内，必须通过出版物、训练、培训项目和演习，接受武装冲突法方面的训练和教育。美国国防部各部门的首长必须在适当层级为美国的军事指挥官配备法律顾问，提供武装冲突法适用方面的建议。

从某种程度上说，武装冲突法被遵守才会是有效的。如果日常的遵从、遵守和执行成为常态，偶尔的违法行为不会在实质上影响法律规则的有效性。

（一）美国的遵守

《美国宪法》第 6 条第 2 款规定，美国参加的条约构成"全国的最高法律"的一部分，与国会制定的法律具有同等效力。[1]此外，美国最高法院一贯主张，如果条约和占主导地位的行政、立法或司法先例没有相反的规定，习惯国际法就是美国国内法的基本组成部分。[2]因此，美国服役人员受习惯国际法和美国参加的所有条约中包含的武装冲突法的约束。[3]

（二）政策

1. 美国国防部

美国国防部战争法计划为美国人员定义了战争法并指令国防部各单位的所有人员以及被指派到或伴随武装部队的美国平民和承包商要在所有武装冲突（无论此类冲突如何界定）期间和所有其他军事行动中遵守战争法（战争法与武装冲突法是同义语）。[4]指挥官负责在各自指挥范围内全面执行国防部战争法计划。

（接上页）占领道德制高点，维持并加强来自盟友的支持，并在中立国中培养对我们事业的同情。简言之，美国军队致力于保护基本价值观，而不是抛弃它们。因此，美国军队的违法行为对美国和世界舆论的影响可能比我们的对手发生类似违法行为时更为显著。See AFP 110-31, para. 1-6; Brittin, International Law for Seagoing Officers 227 (5th ed. 1986).

〔1〕《美国宪法》第 6 条第 2 款。

〔2〕 *E. g.*, *The Paquete Habana*, 175 U. S. 677, 20 S. Ct. 290, 299 (1900); *Reid v. Covert*, 354 U. S. 1, 18, 77 S. Ct. 1222, 1231 (1957). See *also* 1 Restatement (Third), sec. 111, Reporters' Notes 2 & 3, and Introductory Note.

〔3〕 武装冲突法是美国法律的一部分，每个军人都宣誓遵守。这项义务对武装部队的实施，参见 DOD Directive 5100. 77, Subj: DOD Law of War Program, and the Uniform Code of Military Justice.

〔4〕 See DoDD 2311. 01E.

可能、疑似或被控违反武装冲突法的行为（即需报告事件），无论由（还是针对）美国人员、敌方人员或任何其他个人实施的，应立即报告、全面调查并在适当时通过矫正措施进行救济。指挥官必须通过适当的作战司令部和军种部立即报告被指控的违法行为。报告要求是并行的。首份报告必须以可用的最迅速方式作出。

一旦确定美国人员未参与需报告的事件，美国进行的额外调查只应在适当指挥官的指令下继续。合同应要求美国承包商的雇员向他们伴随之部队的指挥官、向他们被指派到的设施或指挥官报告需报告的事件。

2. 美国海军部

美国海军部战争法计划规定，海军部在武装冲突中进行军事行动和其他相关活动时遵守武装冲突法。[1]1990 年《美国海军条例》第 705 条（遵守国际法）规定：

在任何时候，指挥官均应遵守并要求其部下遵守国际法原则。如果是履行职责所必需，准许背离《美国海军条例》的其他规定。[2]

海军部的所有服役人员，在其职责和义务的范围内，必须通过出版物、训练、培训项目和演习，接受武装冲突法方面的训练和教育。

海军和海军陆战队负责向作战指挥官提供建议的军法官，要接受特别训

[1] SECNAVINST 3300.1 (series), Subj: Law of Armed Conflict (Law of War) Program to Ensure Compliance by the Naval Establishment, para. 4a. Similar directions have been promulgated by the operational chain of command, e. g., MJCS 0124-88, 4 August 1988, Subj: Implementation of the DOD Law of War Program; USCINCLANTINST 3300.3 (series), Subj: DOD Law of War Instruction; CINCPACFLTINST 3300.9 (series), Subj: Implementation of the DOD Law of War Program.

[2] 1990 年《美国海军条例》中与国际法和武装冲突中的国际关系有关的其他条文，包括：

条文	标题
0406（5）	医院船和医务飞机的指定
0829	战俘
0854	医院船和医务飞机
0912	与外国官员沟通
0914	违反国际法和条约
0920	保护美国的贸易
0924	对非海军现役人员的医疗和牙科救助
0925	援助遇险人员、船舶和飞机
0939	给予庇护和临时避难
1063	履行医疗或宗教服务人员特遣队
1135	与外国的关系

练以便独立且迅速地向各级指挥官提供武装冲突法方面的建议和帮助。海军作战部长和海军陆战队司令已指令作战部队的各级指挥官，应确保其军法官获得适当许可，能够获取履行其职责所需的情报。[1]

3. 海岸警卫队

在海军部作为军种之一参与作战时，海岸警卫队人员要服从海军部长的命令，遵从海军部的政策。在任何时候，海岸警卫队人员都必须遵守作为美国联邦法律基本组成部分的武装冲突法。海岸警卫队军法官还要接受特别训练，以便向各级指挥官提供武装冲突法方面的建议和帮助。

（三）指挥官责任

海军指挥官可以将其全部或部分权力委托出去；但是，他不能逃避其所指挥之部队的行为造成的责任。[2]根据武装冲突法，指挥官要为命令实施一项战争罪承担刑事责任，并且如果指挥官知道或应当知道其控制的部下将要或已经实施了违反武装冲突法的行为，但没有正确行使其指挥权或者采取合理的措施发现并矫正可能发生的违法行为，那么也要为其部下的行为负责。[3]

---

〔1〕 OPNAVINST 3300. 52, para. 4. k. 2. See JAGINST 3300. 1（series）, Subj: JAG Billets Requiring Special or Detailed Knowledge of the Law of Armed Conflict and Training Objectives for Navy Judge Advocates in Such Billets; and JAGINST 3300. 2（series）, Subj: Law of Armed Conflict Resource Materials. 陆军军法署军法官学校曾为审查作战计划制定了一份对照表，以确保遵守武装冲突法。

〔2〕 U. S. Navy Regulations, 1990, art. 0802. 1.

〔3〕 任何级别的指挥官都要对下属犯下的战争罪承担个人责任，如果该指挥官事先知道违法行为将要发生并且有能力阻止，却没有采取适当的措施这样做。在确定指挥官的个人责任时，如果指挥官掌握的情报使其本应能够根据预计会发生违法行为的情况作出推断，则可以推定其知道。如果非法的战争行为是在上级命令、授权或默许的情况下实施的，指挥官还要对其下属实施的这种行为负个人责任。这些事实中的每一项都会客观地确定。See Green, War Crimes, Crimes Against Humanity and Command Responsibility, Nav. War Coil. Rev. , Spring 1997, 26-68; Levie, Command Responsibility, 8 US-AFA J. Leg. Stu. - （1998）.

一些军事法庭认为，在适当情况下，指挥官的责任可能基于未能获知下属的非法行为。在"人质案"中，美国军事法庭指出：

不知道向他（即负责指挥的将领）提交的报告的内容不是一个辩护理由。向负责指挥的将领报告是为了他们的特殊利益。未能熟悉这种报告的内容，或者在表面信息不充分时没有要求提供补充报告，均构成他无法为自己辩护的玩忽职守行为。*United States v. Wilhelm List et al.*, 9 TWC 127 (1950).

指挥官对下属非法行为的责任并不适用于孤立的违反武装冲突法的犯罪，而只适用于相当规模和持续时间的罪行。即使在后一种情况下，也必须慎重考虑与实施非法行为有关的各种情况：

因为其士兵犯有谋杀或强奸就认为一名指挥官是杀人犯或强奸犯……是荒谬的。但是，如果谋杀、强奸和各种恶意报复行为是普遍的犯罪，而一名指挥官没有有效尝试发现和控制犯罪行为，这样的指

（四）个人责任

所有海军人员都有义务遵守武装冲突法，并在其能力和权力的最大范围内防止其他人违法。[1]他们还有迅速报告所知违法行为的坚实义务。海军人员，像所有国家的军事人员一样，必须迅速且严格地服从上级下达的一切合法命令。[2]根据国际法和美国法律，要求实施一项明显属于犯罪行为的命令[3]（无论直接还是间接、明示还是默示下达的），例如滥杀无辜或虐待被关押者，就属于非法命令，不会免除部下遵守武装冲突法的责任。只有该个人不知道一项命令的非法性，在那种情况下也无法合理地预期该人能够认识到命令为非法，服从命令这一辩护事由才可以使部下免于承担违反武装冲突法的后果。

（接上页）挥官就要对其部队的违法行为负责，甚至承担刑事责任，但要视违法行为的性质和与之相关的情况而定。

　　Trial of General Tomoyuki Yamashita, 4 LRTWC 35 (1948). 指挥官的责任可能仅仅基于不作为。视案件的情况而定，如果可以确定所掌握的情报是其应当知道的，就不总是有必要证明一个上级实际知道其下属所犯的罪行。《第一附加议定书》第 86 条（不作为）确认了这一规则。See Parks, Command Responsibility for War Crimes, 62 Mil. L. Rev. 1 (1973)；Green, Essays on the Modern Law of War 225–37 (1985). 关于指挥官责任的一般讨论和对山下奉文案的分析，另见：Levie, id, at 421–9 and at 156–63. 《前南斯拉夫问题国际刑事法庭规约》第 7 条为"计划、教唆、命令、犯下或协助煽动他人计划、准备或进行"严重破坏 1949 年《日内瓦公约》的行为、严重违反战争法规和惯例的行为、灭绝种族或危害人类罪的人确立了个人刑事责任。第 7 条第 3 款特别规定：

　　如果一个部下犯下……任何行为，而他的上级知道或应当知道部下将有这种犯罪行为或者已经犯罪而上级没有采取合理的必要措施予以阻止或处罚犯罪者，则不能免除该上级的刑事责任。

　　《卢旺达问题国际刑事法庭规约》第 6 条第 3 款使用了实质上一致的措辞。

　　《前南斯拉夫问题国际刑事法庭规约》和《卢旺达问题国际刑事法庭规约》分别由联合国安理会 1993 年第 827 号决议和 1994 年第 955 号决议通过。

　　[1]　如果涉及美国人员，有监督权的军事人员有义务防止犯罪行为。在海军服役的任何人员发现犯罪行为即将实施，都必须尽其最大能力并在其权限范围内予以阻止。10 U. S. Code sec. 5947；U. S. Navy Regulations, 1990, arts. 1131 & 1137. 可能采取的措施包括用道德理由劝阻、威胁举报犯罪行为、重复上级的命令、表明个人的不同意见以及要求在场的上级进行干预，以此作为阻止犯罪行为的手段。在犯罪行为直接并即将危及一个人的生命（包括在其合法羁押下的另一个人的生命）时，可以在必要的范围内使用武力来阻止犯罪。然而，一般不应使用致命武力；只有在保护生命，而且在非致命手段明显不足以保护生命的极端必要的情况下，才可以作为最后手段使用致命武力。*Compare* SECNAVINST 5500. 29 (series), Subj：Use of Deadly Force and the Carrying of Firearms by Personnel of the Department of the Navy in Conjunction with Law Enforcement, Security Duties, and Personal Protection；OPNAVINST 3120. 32 (series), Subj：Standard Organization and Regulations of the U. S. Navy, art. 412b（可以使用武器开火的情况）；and OPNAVINST C5510. 83 (series), Subj：Navy Nuclear Weapons Security Manual.

　　[2]　U. S. Navy Regulations, 1990, art. 1132 and UCMJ, arts. 90–92. 这些条款界定了不服从合法命令的犯罪行为。SECNAVINST 3300. 1 (series) 和 OPNAVINST 3300. 52 均属于合法的一般命令。

　　[3]　命令可以是直接的或间接的、明示的或暗示的。

二、武装冲突法的执行

交战国可依据国际法使用各种手段引导各方遵守武装冲突法。为确定事实，交战国可商定进行特别调查。[1] 如果明显存在违反武装冲突法的情形，受害国可以：[2]

（1）公开事实，从而影响针对侵害国的世界公众舆论。[3] 例如，1990 年

---

〔1〕《日内瓦公约》长期以来一直授权并鼓励交战各方同意对被指控违反公约的行为进行客观调查。1929 年《改善战地伤病军人境遇的日内瓦公约》第 30 条；《日内瓦第一公约》第 52 条；《日内瓦第二公约》第 53 条；《日内瓦第三公约》第 132 条；《日内瓦第四公约》第 149 条。在很大程度上由于相互猜疑和敌对，交战各方从未缔结过这种特别协定。

联合国设立了一个专家小组，调查关于这种违法行为的指控。See, e. g., Prisoners of War in Iran and Iraq: The Report of a Mission Dispatched by the Secretary-General, January 1985, U. N. Dot. S/16962, 22 Feb. 1985; and Report of Group of Experts to Investigate Reports of the Alleged Use of Chemical Weapons, U. N. Dot. S/19823, 25 Apr. 1988（强烈谴责使用化学武器，尽管最后未归责给任何一方）, in Security Council Resolution 612, 9 May 1988, Dep't St. Bull., July 1988, at 69. See also U. N. General Assembly Resolution 46/59 (1991), Declaration on Fact-Finding by the United Nations in the Field of the Maintenance of International Peace and Security, 3 1 Int'l Leg. Mat'ls 235 (1992).

国际实况调查委员会已根据《第一附加议定书》第 90 条设立。See 1991 Int'l Rev. Red Cross 208-09, 411-12. 截至 1997 年 10 月 15 日，已有 50 个国家接受了委员会的管辖权，包括欧洲中立国（奥地利、芬兰、瑞典和瑞士）、10 个北约国家（比利时、加拿大、丹麦、德国、冰岛、意大利、卢森堡、荷兰、挪威和西班牙）以及俄罗斯、白俄罗斯、乌克兰、澳大利亚和新西兰。未经争端当事方的同意，委员会不能采取行动，这种同意可以一次性永久给予，也可以基于特定争端临时性给予。1992 年 3 月中旬选出了委员会成员（ICRC Bulletin, April 1992, at 4）。苏联（在 1989 年 9 月 29 日接受委员会的管辖权之前）及其盟友和委托国最不愿意允许第三方监督实施《日内瓦公约》，是美国拒绝寻求批准《第一附加议定书》的另一个因素。Sofaer, Remarks, 2 Am. U. J. Int'l L. & Policy 470.

不是《第一附加议定书》缔约国的交战国，或者是《第一附加议定书》的缔约国但未接受实况调查委员会管辖权的交战国，也可请求该委员会调查严重破坏或严重违反《日内瓦公约》的指控。Bothe, Partsch & Solf at 543-44; Krill, The International Fact-Finding Commission——The Role of the ICRC, 1991 Int'l Rev. Red Cross 190, at 197; Roach, The International Fact-Finding Commission, id. at 176. See also Kalshoven, Noncombatant Persons, in Robertson at 306-07.

〔2〕 See Sachariew, States' Entitlement to Take Action to Enforce International Humanitarian Law, 1989 Int'l Rev. Red Cross 177. 指挥官通常无需就适当使用文本中规定的一项或多项救济措施作出政策决定，尽管在例外情况下，即使是下级指挥官也被要求作出直接致送违法部队指挥官的抗议和要求。同样显而易见的是，除非所有负责决策的军都了解可采取的救济措施，并迅速向上级机关报告那些有理由采取救济措施的情况，否则政府就不可能明智地作出决策。

〔3〕 东南亚冲突中的经验，足以表明电视在影响普通民众了解美国军队并提供支持方面的特殊效果。Summers, Western Media and Recent Wars, Mil. Rev., May 1986, at 4; Mitchell, Television and the Vietnam War, Nav. War Coll. Rev., May-June 1984, at 42; Rinaldo, The Tenth Principle of War: Information,

伊拉克非法占领科威特期间，安理会邀请所有国家"整理所掌握或获报的关于伊拉克作出……严重违法行为的确凿资料，并将此种资料提供给安理会"。美国提交了报告，努力公开伊拉克实施的严重违法行为。

(2) 向侵害国提出抗议并要求那些应负责任的人受到惩罚和/或支付赔偿。[1]

（接上页）Mil. Rev. , Oct. 1987, at 55；Walker, Truth is the Best Propaganda: A Study in Military Psychological Operations, National Guard Mag. , Oct. 1987, at 26；Paddock, Psychological Operations, Special Operations. and US Strategy, in Special Operations in US Strategy 229（Barnett, Tovar & Shultz eds. 1984）. 关于媒体在"沙漠盾牌行动"和"沙漠风暴行动"期间的作用，参见：Shell, A Portrait of Pentagon's Media Strategy, Public Relations J. , June 1991, at 9-l 1；Zoglin, It Was a Public Relations Rout, Too, Time, March 11, 1991, at 56-57；Holland, Put the Brass on the Tube, U. S. NavaI Inst. Proc. , April 1991, at 48；Watson, The Issue of Media Access to Information, in Military Lessons of the Gulf War 202-l 1（1991）；Smith, How CNN Fought the War（1991）；Arnett, Live From Baghdad（1992）.

在伊拉克非法占领科威特期间，安理会请各国"整理所掌握或获报的关于伊拉克作出……严重违法行为的确凿资料．并将此种资料提供给安理会"。U. N. S. C. Res. 674, 29 Oct. 1990, *reprinted in* U. S. Dep't of State, Dispatch, 5 Nov. 1990, at 239-40. 关于美国根据安理会第 674 号决议提交的报告，参见 U. N. Dot. S/21987, 7 Dec. 1990（USA）. See *also* U. N. Dots. S/22535 and S/22536, 29 April 1991（秘书长的报告）.

此外，个人和非政府组织可能会设法查明和公布与被指控违反《日内瓦公约》的行为有关的事实。其他监督武装冲突法适用的组织尤其还包括：大赦国际、摩纳哥医疗法律委员会（Commission Medico-Juridique de Monaco）、人权观察、红十字国际委员会、国际法律家委员会、国际军事医学和药学委员会、国际法协会和世界退伍军人联合会。所有这些组织都可以就各国政府武装部队在武装冲突中的行为有效地向它们施加私下和公开压力。

〔1〕 这种抗议和惩罚的要求可直接传达给违法的交战国或违法部队的指挥官。另一方面，受害的交战国可以选择通过保护国、履行保护国职责的人道组织或未参与武装冲突的任何国家来提出控诉。

《海牙第四公约》第 3 条规定：

违反该章程规定的交战一方在需要时应负责赔偿。该方应对自己军队的组成人员做出的一切行为负责。

See *Afaire des Biens Britannique au Maroc Espagnol*（Spain v. U. S.），Report III（Oct. 23, 1924），at 2 UNRIAA 645（1949）and Kalshoven, State Responsibility for Warlike Acts of the Armed Forces, 40 I. C. L. Q. 827（1991）. 现在普遍认为，第 3 条规定的原则适用于违反任何规制敌对行为之规则的行为而不仅仅是违反《海牙章程》的行为。See Sandoz, Unlawful Damage in Armed Conflicts and Redress Under International Humanitarian Law, 1982 Int'l Rev. Red Cross 13 1, 136-l 37. 《第一附加议定书》第 91 条重述了这条习惯规则，在有用的细节上进行的讨论，参见：ICRC, Commentary 1053-58. 关于违反与环境损害有关的武装冲突法产生的国家责任和赔偿责任的精彩讨论，参见 Greenwood, State Responsibility and Civil Liability for Environmental Damage Caused by Military Operations, *in* Grunawalt, King & McClain at 397-415；and Green, State Responsibility and Civil Reparation for Environmental Damage, in *id.* at 416-39.

最近涉及美军的赔偿要求包括如下：

伊拉克同意对 1987 年 5 月 17 日攻击美国"斯塔克号"护卫舰造成的"生命损失、人员伤害和物质损害"给予赔偿。Exchange of Notes, 20 & 21 May 1987, 26 Iut'l Leg. Mat'ls 1427-28（1987）. Detailed claims for the wrongful deaths were submitted to Iraq in April 1988, Dep't St. Bull. , Oct. 1988, at 59；Iraq paid $ 27. 3 million, Dep't St. Bull. , May 1989, at 67；28 Int'l Leg. Mat'ls 644, 83 Am. J. Int'l L. 561（1989）.

（接上页）1967 年 6 月 8 日，就在以色列结束六日战争之际，以军飞机和鱼雷艇在加沙地带以西约 15 海里处的地中海公海上袭击了美国"自由号"技术研究船，时间长达近两个小时。1968 年 5 月 27 日，以色列向美国支付了 3 323 500 美元，这是代表在袭击中丧生的 34 名美国海军人员要求的全额赔偿。Dep't St. Bull. , 17 June 1968, at 799. 1969 年 4 月 28 日，以色列在解决美国代表另外 171 名在袭击中受伤的美国海军人员提出的诉求时又支付了 3 566 457 美元。Dep't St. Bull. , 2 June 1969, at 473. 1980 年 12 月 17 日，以色列同意分三期支付 600 万美元，作为对"自由号"技术研究船的损害赔偿（但不承认有责任）。2 U. S. T. 4434, T. I. A. S. 9957；1980 Digest of U. S. Practice in International Law 747–48. 关于袭击带来的事实和法律问题的仔细分析，See Jacobsen, A Juridical Examination of the Israeli Attack on the USS Liberty, 36 Nav. L. Rev. 1 (1986).

1988 年 7 月 11 日，美国表示愿意基于人道主义赔偿 1988 年 7 月 3 日伊朗空客 655 号航班被击落事件中的遇难者家属。24 Weekly Comp. Pres. Dots. 912 (18 July 1988). See Friedman, The *Vincennes* Incident, U. S. Naval Inst. Proc. , May 1989, at 72–79, and Agora: The Downing of Iran Air Flight 655, 83 Am. J. Int'l L. 318–41 (1989). 关于国际民用航空组织的报告和国际民用航空组织理事会的行动，See 28 Int'l Leg. Mat'ls 896 (1989). 伊朗在国际法院对美国提起的诉讼，See 28 Int'l Leg. Mat'ls 842 (1989). See *also* 83 Am. J. Int'l L. 912–13 (1989).

1983 年 10 月 25 日，格林纳达人民革命军将格林纳达圣乔治的马修堡的一群建筑物用作军事指挥所，而距该指挥所 143 英尺处就是里士满山精神病院，某一时刻一架美国海军 A-7 攻击机投掷的炸弹意外击中了精神病院，造成 16 名病人死亡，6 人受伤。美洲人权委员会认为这项针对美国的申诉具备可受理性。See Weissbrodt & Andrus, The Right to Life During Armed Conflict: Disabled Peoples' International v. United States, 29 Harv. Int'l L. J. 59 (1988). 赔偿请求随后被撤回。尽管美国国际开发署基于人道主义向受害者个人提供了赔偿并重建了医院，但美国坚称自己其实没有这样做的法律义务，因为美国的行动符合武装冲突法。*Richmond Hill v. United States*, Case 9213, Report No. 3/96, Inter-Am. C. H. R. , OEA/Ser. L/V/II. 91 Dot. 7 at 201 (1996).

日本接受因日本飞机于 1937 年 12 月 12 日击沉在长江上的美国"帕奈号"炮艇而产生的责任。See also 38 U. S. Naval War College, International Law Situations, with Situations and Notes, 1938, at 129–50 (1940)；Swanson, The Panay Incident: Prelude to Pearl Harbor, U. S. Naval Inst. Proc. , Dec. 1967, at 26). 美国接受因 1945 年 4 月 1 日击沉日本"阿波丸号"邮船而产生的责任，当时该船被允诺可以安全通行。See Agreement and Agreed Terms of Understanding on the Settlement of Awa Maru Claim, Tokyo, 14 April 1949, 9 Bevans 467.

1982 年 6 月 8 日下午，在马岛战争接近尾声时，空载的利比里亚油轮"大力神号"在阿根廷以东约 600 英里、距马尔维纳斯群岛近 500 英里的南大西洋上遭到阿根廷军机三次攻击。炸弹和火箭弹攻击损坏了船的甲板和船体，还在船的右舷处留下一枚未爆的炸弹。船主认为拆除这枚炸弹的尝试过于危险，于是在距巴西海岸 250 海里处将其凿沉。船主和定期租船人在美国联邦地区法院起诉了阿根廷，但法院认为，根据《外国主权豁免法》(28 U. S. C. sec. 1330, 1602–1611)，它对该索赔请求没有属事管辖权。*Amerada Hess Shipping Corp. v. Argentine Republic*, 638 F. Supp. 73 (S. D. N. Y. 1986). 但美国上诉法院推翻了这一裁决，认为指控的事实如果得到证实，构成依据《外国人侵权法》(28 U. S. C. sec. 1350) 可受理的明显违反国际法（例如《公海公约》《海牙第十三公约》）的行为，《外国主权豁免法》并未改变这一点。830 F. 2d 421, 26 Int'l Leg. Mat'ls 1375 (2d Cir. 1987), discussed in Recent Developments, 28 Va. J. Int'l L. 221 (1988) and Morris, Sovereign Immunity for Military Activities on the High Seas: Amerada Hess v. Argentine Republic, 23 Int'l Lawyer 213 (1989). 美国最高法院又推翻了上诉法院的判决，认为《外国主权豁免法》是在美国法院获得对外国司法管辖权的唯一依据，联邦地区法院驳回起诉的做法是正确

147

（3）寻求第三方的干预，尤其是在保护战俘和落入侵害国控制下的其他国民方面。[1]

（4）执行交战报复措施。

（5）在冲突期间或战事停止时惩治犯罪人。

（一）保护国

根据 1949 年《日内瓦公约》，战俘、被拘禁的平民和被占领土居民的待遇应受称为保护国的中立国之监察。[2] 由于找到一个交战各方都认为真正中立的国家十分困难，《日内瓦公约》的缔约国授权国际人道组织，如红十字

（接上页）的。109 S. C. 683, 57 U. S. L. W. 4121, 28 Int'l Leg. Mat'ls 382（1989），83 Am. J. Int'l L. 565（1989）. 在 1990 年第 670 号决议的第 13 段，联合国安理会重申伊拉克"应对其所犯的严重违约行为负责，而作出或下令作出严重违约行为的个人也应负责"。U. S. Dep't of State Dispatch, 1 Oct. 1990, at 129. 联合国安理会在 1990 年第 674 号决议第 8 段提醒伊拉克，根据国际法，它应对"由于伊拉克入侵和非法占领科威特而造成的科威特及第三国、其国民及企业所遭受的任何损失、损害或伤害"承担赔偿责任。Id., 5 Nov. 1990, at 240. 另见联合国安理会 1991 年第 687 号决议，决定成立一个赔偿委员会来管理一个基金，从中支付对伊拉克的索赔。

〔1〕 See, e. g., Report of the Mission Dispatched by the Secretary-General on the Situation of Prisoners of War in the Islamic Republic of Iran and Iraq, U. N. Dot. S/20147, 24 Aug. 1988. 通过中立国或通过国际组织施加外交压力，已成为执行武装冲突法的一个重要元素。例如，在东南亚冲突期间，美国通过中立国进行了成功的外交努力，阻止了对我方战俘的政治"公审"。Levie, Maltreatment of Prisoners of War in Vietnam, 48 Boston U. L. Rev. 323, 344-45（1968），*reprinted* in 2 The Vietnam War and International Law 361, 382-83（Falk ed. 1969）. 对敌方违法行为的准确、彻底调查对于进行这种外交活动会有巨大帮助。

〔2〕 《日内瓦第一公约》第 8 条；《日内瓦第二公约》第 8 条；《日内瓦第三公约》第 8 条；《日内瓦第四公约》第 9 条；《第一附加议定书》第 2 条第 3 款和第 5 条；de Preux, Synopsis I: Protecting Power, 1985 Int'l Rev. Red Cross 86. 美国强烈支持这一原则，即任何冲突开始发生时就毫不迟延地指定和接受保护国。Matheson, Remarks, at 428-29. 这项原则载于《第一附加议定书》第 5 条，但并非清晰明确，而且最后仍然会遭到有关国家的拒绝。因此，在协商制定第 5 条时，美国未能实现其"基本目标"之一。Sofaer, Remarks, at 469-70.

在第二次世界大战之前，美国在欧洲担任英国战俘的保护国。随后，瑞士为美国和英国承担了这项职责。自第二次世界大战至今，由于一些国家不允许实地检查，保护国制度一直效果不佳。在朝鲜战争、东南亚冲突或海湾战争期间，美国战俘没有保护国。事实上，自 1949 年至今，仅在下列情况下任命过保护国（瑞士）：1956 年苏伊士冲突、1961 年果阿冲突和 1971~1972 年印巴战争（尽管在印巴战争中，双方对瑞士的职责范围理解不同）。Hay, The ICRC and International Humanitarian Issues, 1984 Int'l Rev. Red Cross 3, 5. 在马岛战争期间，瑞士和巴西虽然没有被分别正式任命为英国和阿根廷的保护国，但履行了中间人和信息交流的职责。Junod, Protection of the Victims of Armed Conflict, Falkland-Malvinas Islands（1982），at 20（1984）；ICRC, Commentary 77 n. 2.

国际委员会，履行保护国的至少某些职责。[1]

（二）红十字国际委员会

红十字国际委员会是一个总部设在瑞士日内瓦的私营非政府人道组织。红十字国际委员会的领导机构全部由瑞士公民组成，而工作人员则既包括瑞士国民也包括非瑞士国民。[2]（红十字国际委员会不同于而且也不应与各种国家红十字会相混淆，如美国红十字会）[3]

红十字国际委员会的主要目的是向武装冲突受难者提供保护和援助。[4]其活动基于中立和人道原则。《日内瓦公约》承认红十字国际委员会的特殊地位，并为其指定了需要履行的具体任务，包括访问和会晤战俘、被拘留或拘禁的被保护人（平民）而不须有他人在场，[5]向被占领土的平民居民提供救济，[6]搜寻与失踪人员有关的情报，[7]从事斡旋以便于建立医院和安全地

---

〔1〕 如果找不到保护国且拘留国允许，日内瓦公约允许红十字国际委员会履行保护国的某些职责。《日内瓦第一公约》第 10 条；《日内瓦第二公约》第 10 条；《日内瓦第三公约》第 10 条；《日内瓦第四公约》第 11 条；《第一附加议定书》第 5 条。See Peirce, Humanitarian Protection for the Victims of War: The System of Protecting Powers and the Role of the ICRC, 90 Mil. L. Rev. 89 (1980). Levie, Maltreatment of Prisoners of War in Vietnam, 48 Boston U. L. Rev. 323 (1968), reprinted in Schmitt & Green at chap. V; Levie, 2 Code of International Armed Conflict 312; The International Committee and the Vietnam Conflict, 1966 Int'l Rev. Red Cross 399; Activities of the ICRC in Indochina from 1965 to 1972, 1973 Int'l Rev. Red Cross 27. 海湾战争期间，红十字国际委员会还探视过被联军羁押在沙特阿拉伯的伊拉克战俘。但是，伊拉克拒绝让红十字国际委员会探视其羁押的联军战俘。ICRC Bulletin, March 1991, at 2.

〔2〕 鉴于要求红十字国际委员会采取行动的情况有所增加，对红十字国际委员会来说，任命非瑞士国民担任邮政和外勤人员的做法正变得越来越常见。

〔3〕 1986 年《国际红十字与红新月运动章程》第 1 条和第 5 条。红十字国际委员会的活动基于中立和人道原则，是国际红十字与红新月运动的一部分。某些国家红会受政府控制。

〔4〕 《国际红十字与红新月运动章程》第 5 条第 2 款第 4 项。See While & Raymer, A Little Humanity: the International Committee of the Red Cross, 170 National Geographic, November 1986, at 647-79. 红十字国际委员会的责任是致力于保护受国际性和非国际性武装冲突及其直接结果以及内乱影响的受难人员。第 5 条还赋予红十字国际委员会许多其他职责。

〔5〕 红十字国际委员会还被授权探视和会见在国际性武装冲突中被拘留或拘禁的平民。所有这些探视无须他人在旁。《日内瓦第三公约》第 126 条；《日内瓦第四公约》第 30 条第 3 款、第 76 条第 6 款、第 126 条和第 143 条第 2 款。

〔6〕 《日内瓦第四公约》第 59 条、第 61 条和第 142 条。

〔7〕 《日内瓦第三公约》第 123 条；《日内瓦第四公约》第 140 条；《第一附加议定书》第 33 条（仅针对缔约国）。根据这些条款，红十字国际委员会还负责向战俘和被拘禁的平民转递家庭消息。

带。[1]

根据《红十字国际委员会章程》，该组织为忠实适用《日内瓦公约》而努力，努力确保对武装冲突的军方和平民受难者提供保护，并作为交战各方之间中立的调解者。[2]红十字国际委员会可要求冲突各方同意其在发生国际性

---

[1] 《日内瓦第一公约》第23条第3款；《日内瓦第四公约》第14条第3款。红十字国际委员会还有权接收来自被保护人的救济申请（《日内瓦第四公约》第30条）并行使其主动权（《国际红十字与红新月运动章程》第5条第3款）。红十字国际委员会可要求冲突各方同意在发生非国际性武装冲突（共同第3条）和国际性武装冲突（《日内瓦第一公约》第9条、《日内瓦第二公约》第9条、《日内瓦第三公约》第9条、《日内瓦第四公约》第10条）时履行其他人道职能。Hay, at 6. 红十字国际委员会现在还被授权在发生内乱时开展活动（《国际红十字与红新月运动章程》第5条第2款第4项）。

[2] 《国际红十字与红新月运动章程》（第5条第2款第3项）扩大了红十字国际委员会的职责，包含为"忠实执行适用于武装冲突的国际人道法"而努力。See Forsythe, Human Rights and the International Committee of the Red Cross, 12 Human Rights Q. 265 (1990). 红十字国际委员会将"适用于武装冲突的国际人道法"定义为：

条约或习惯所确立的国际规则，专门旨在解决因国际性或非国际性武装冲突而直接引发的人道问题，并出于人道原因，限制冲突各方选择作战手段和方法的权利，或者保护受到或可能受到冲突影响的人员和财产。"适用于武装冲突的国际人道法"这一表述经常缩略为"国际人道法"或"人道法"。

1981 Int'l Rev. Red Cross 76.

这些规则源于海牙法体系和日内瓦法体系。海牙法体系主要涉及武器和作战方法，编纂于1899和1907年两次海牙和平会议。关于保护战争受难者的法律已载入各《日内瓦公约》（1864年、1906年、1929年和1949年）。这两个体系已在《第一附加议定书》中进行了某种程度的融合，因为《第一附加议定书》第三部分涉及作战方法和手段。因此，《第一附加议定书》引入一个新的术语，即"适用于武装冲突的国际法规则"，以包括"冲突各方作为缔约各方订立的国际协议所载的适用于武装冲突的规则和适用于武装冲突的公认国际法原则和规则"（《第一附加议定书》第2条第2项）。虽然这一术语的含义与红十字国际委员会的用语实质相同，但红十字国际委员会的职责并没有延伸至监督敌对行为。

红十字国际委员会发布了下列在发生违法行为时规制其活动的内部方针：

1. 红十字国际委员会主动采取的措施

一般规则：红十字国际委员会应采取一切适当措施，制止违反国际人道法的行为或预防这种违法行为的发生。根据相关违法行为的严重程度，可在不同层面采取这些措施。

但是，采取这些措施必须遵守下列条件：

措施的保密性：原则上，这些措施会始终保密。

公开声明：如果满足下列条件，红十字国际委员会保留对违反国际人道法的行为作出公开声明的权利：

——违法行为严重且反复发生；

——保密情况下采取的措施未能成功制止违法行为；

——这种公开是为了受影响或受威胁的个人或居民的利益；

——红十字国际委员会代表目睹了这些违法行为，或者这些违法行为的存在和范围来自可靠和可证实的消息来源……

（接上页）1981 Int'l Rev. Red Cross 81-83. 红十字国际委员会就两伊战争发表了公开声明。See 1983 Int'l Rev. Red Cross 220-22（1983 年 5 月 11 日的新闻阐述了 1983 年 5 月 7 日向《日内瓦公约》各缔约国发出的呼吁）；1984 id. 113-15（1984 年 2 月 15 日的新闻阐述了 1984 年 2 月 10 日向各国政府发出的呼吁）；1984 id. 357-58（1984 年 11 月 24 日的新闻阐述了向各国政府发出的呼吁）. 红十字国际委员会还发布了如下新闻：关于在黎巴嫩滥用红十字标志（1985 Int'l Rev. Red Cross 316-17）；1984 年 5 月 20 日关于阿富汗冲突（1985 id. 239-40）；以及 1992 年 4 月 10 日关于波黑冲突升级（no. 1705）。

红十字国际委员会内部方针规定：

特别规则：红十字国际委员会通常不对武器或作战方法的使用发表任何意见。但是，如果红十字国际委员会认为使用或威胁使用某一武器或作战方法会产生极其严重的后果，就可以采取措施，并在必要时发表公开声明。

这种情况在两伊战争期间发生过。ICRC, Annual Report 1984, at 60-61（1984 年 3 月 7 日关于使用违禁武器的报告和 1984 年 6 月 7 日关于轰炸伊拉克和伊朗城市的新闻）；1987 Int'l Rev. Red Cross 217（1987 年 2 月 11 日就轰炸城市问题发出的呼吁）；ICRC Bull. , April 1988, at 4（1988 年 3 月 10 日抗议轰炸城市的新闻以及 1988 年 3 月 23 日谴责在苏莱曼尼亚省使用化学武器的新闻）.

红十字国际委员会口头向海湾战争各方发出的呼吁和照会，参见 1990 Int'l Rev. Red Cross 444, 1991 id. 22-30 and 211-14.

红十字国际委员会的内部方针继续规定：

2. 接受和转达申诉

法律依据：根据《国际红十字与红新月运动章程》第 6 条第 3 款，红十字国际委员会有权受理"有关违反人道公约的申诉"。

冲突一方或冲突一方的国家红会提出的申诉：除非没有其他沟通手段，否则红十字国际委员会不得向冲突一方（或其国家红会）转递冲突另一方（或其国家红会）提出的申诉，因此交战双方需要一个中立的协调人。

第三方提出的申诉：第三方（政府、国家红会、政府或非政府组织、个人）提出的申诉也不得转递。如果红十字国际委员会已就申诉采取措施，应尽量予以告知。如果尚未采取任何措施，红十字国际委员会可在随后的措施中考虑该申诉，前提是该违法行为已被红十字国际委员会代表记录在案或是已为公众所周知，且为了受害者的利益在可取的范围内。也可要求此种申诉的提出者直接向冲突各当事方提出。

公开收到的申诉：红十字国际委员会通常不会公开其收到的申诉。如果申诉涉及众所周知的事件，红十字国际委员会可以公开确认收到申诉；如果认为有用处，红十字国际委员会也可以重申其在这一问题上的政策。

3. 调查请求

红十字国际委员会只有在条约规定或所有相关方订立的特别协定有此要求时，才能参加调查程序。但是，红十字国际委员会自身从来没有以调查委员会自居，仅限于从机构外选择有资格参加这种委员会的人员。

此外，如果调查程序不能充分保证公正性，不能为当事方提供辩护的手段，红十字国际委员会就不得参加该调查程序。红十字国际委员会还必须得到一个保证，即未经其同意，不得公开传播某一调查请求或调查本身。

如果调查涉及违反《日内瓦公约》及其 1977 年《附加议定书》的行为，红十字国际委员会通常根据上述条件参与设立一个调查委员会。如果参加一个委员会组织会妨碍或阻止其为武装冲突受难者开展其传统活动，或有损害其公正和中立之声誉的风险，红十字国际委员会就决不参与。

4. 记录违法行为的请求

如果红十字国际委员会被要求记录违反国际人道法行为的结果，只有在考虑到其代表在场将有助于其履行人道任务，特别是有必要评估受害者的要求以便能够帮助他们时，它才会这样做。此外，红

和非国际性武装冲突时履行其他人道职责。

（三）国防部关于报告与红十字国际委员会联络情况的要求

在 2007 年 10 月 5 日题为"关于与红十字国际委员会沟通的修正政策指南"的备忘录中，国防部长要求国防部人员报告与红十字国际委员会的联络情况：

（1）国防部任何级别的军事人员或文职人员收到的所有红十字国际委员会的报告，无论书面还是口头的，应在 48 小时内，通过电子邮件按作战指挥系统发送给作战司令部内负责相关事务的指定代表。作战司令部应在收到报告一天内将该报告发送给国防部负责政策的副部长，并将情报副本抄送联合参谋部主任、国防部总法律顾问和国防部行政秘书。作战司令部行动领域内收到的红十字国际委员会的报告，应同时发送给作战司令部司令。

（2）红十字国际委员会的口头报告应作成书面简报，且应包含下列信息：

（a）与红十字国际委员会沟通的日期和地点；

（b）沟通的主题；

（c）红十字国际委员会和国防部代表的名字；

（d）为应对与红十字国际委员会的沟通，司令部已经或计划采取的行动。

（3）负责与红十字国际委员会进行沟通的高阶指挥官或国防部官员应及时书面回复红十字国际委员会同意沟通，或者在实际可行的范围内，就红十字国际委员会提出的实质事项书面回复该组织，包括响应其获取信息的要求，阐释为解决红十字国际委员会在沟通中提出的解决所谓缺陷已采取的措施。该书面回复应以最初与红十字国际委员会进行沟通的同样方式送交国防部。

（4）所有与红十字国际委员会的沟通均应标记如下表述："提交给国防部的与红十字国际委员会沟通的情况严格保密。"与红十字国际委员会的沟通应使用保密情报渠道按照秘密节点情报相同的方式加以保护。没有国防部部长

（接上页）十字国际委员会只有在得到保证其代表在场不会被用于政治目的时，才会派遣代表前往违法现场。

这些方针未涉及对被拘留人不利的违反国际法或人道原则的行为，而探视被拘留人是红十字国际委员会职责所要求的、它在一国内部发生动乱或紧张局势时所进行的活动的一部分。由于这种类型的活动基于与各国政府订立的特别协定，所以在这类局势中红十字国际委员会要遵守专门的方针。

1981 Int'l Rev. Red Cross 81–83. See also ICRC Protection and Assistance Activities in Situations Not Covered by International Humanitarian Law, 1988 id. 9–37.

或副部长的批准，任何人不得在国防部以外传播与红十字国际委员会的沟通情况。

（四）报复

交战报复是武装冲突法意义上的执行措施，其行为虽然非法，但若为应对敌方先前的不法行为则可以免除行为的不法性。[1]报复的唯一目的是促使敌方停止其不法活动并在未来遵守武装冲突法。报复可针对尚未被缴获或俘获的敌方财产和武装部队行使。根据习惯国际法，敌方的平民居民除在被占领土以外，可以成为合法的报复对象。[2]要注意的是，《第一附加议定书》禁止针对平民和民用物体的报复。美国不是《第一附加议定书》的缔约国，其所秉承的立场是该禁令取消了一个目前来说可以保护冲突所有当事方平民和

---

[1] Kalshoven, Belligerent Reprisals 33（1971）. 麦克杜格尔和费里西亚诺将武装冲突期间的报复定义为：

合法的战争报复是指针对敌人的行为，虽然普遍承认这些行为是非法的，但它们是被授权作出的对敌人先前非法行为的反应，目的是防止这种先前行为再次发生。因此，报复理论允许使用在其他方面非法的暴力回应非法的暴力。

McDougal & Feliciano 679-80.

[2] 对尚未落入实施报复的部队手中的敌人可以合法地进行报复。根据习惯国际法，敌方平民是合法的报复对象。然而美国认为，在大多数情况下，对不构成合法攻击对象的平民采取报复措施是不合适的。对于《第一附加议定书》的缔约国而言，禁止敌方平民和平民居民成为报复的对象。美国认为这一新的禁止性规定在军事上是不可接受的，因为放弃这一攻击的选项相当于"消除了冲突各方目前保护平民和其他战争受难者的重要威慑力量"。Sofaer, Remarks, at 469. 相反的观点，参见 Kalshoven, Noncombatant Persons, in Robertson at 306.《日内瓦第四公约》第 33 条明确禁止被占领土居民集体丧失权利。显然受到关于战时保护平民的禁止。无论在占领国自己的领土还是在占领地，拘禁和指定居所都是仅在仔细考虑每一个案后方能采取的"例外"措施。这些严厉限制是对第一次和第二次世界大战期间发生的滥用行为的直接回应。See 4 Pictet 256-58. See also Terry, State Terrorism: A Juridical Examination in Terms of Existing International Law, 10 J. Pal. Studies 94（1980）. 该文全面讨论了被占领土内非法的集体措施。本小节只涉及交战一方为回应敌方武装部队实施的非法战争行为而采取的报复措施，不涉及占领国为回应平民居民实施的非法敌对行为而对被占领土居民采取的集体措施。虽然《海牙章程》第 50 条规定，不得因为个人行为，而对被占领土居民给以任何罚款和其他的一般性惩罚，"居民对个人的行为并不承担连带责任和由某几个人共同负责"，但真正为确保尊重生效的规则和法令而进行的合理数额的罚款，是合法的（Levie, 2 The Code of International Armed Conflict 743）。《日内瓦第四公约》第 33 条第 1 款规定刑事责任是本人的：被保护人无论男女不得因非本人所犯之行为而受惩罚。集体惩罚……均所禁止。虽然占领国针对被占领土居民采取的集体措施经常被称为"报复"，但这些措施应明确区别于本节所述交战国之间的报复。然而应当牢记，《日内瓦第四公约》第 4 条和第 33 条第 3 款只禁止对被占领土的平民进行报复。因此，那些被允许实施的行为不能等同于刑事处罚或报复。See also Lowe, The Commander's Handbook on the Law of the Naval Operations and the Contemporary Law of the Sea, in Robertson at 133-34.

其他战争受难者的重要威慑手段。

1. 报复的要求

报复措施若为正当，必须遵守下列标准：

（1）报复必须由交战国政府的授权代表命令实施。[1]

（2）报复必须是应对敌方政府、军事指挥官或战斗员实施的应由敌方负责的非法作战行为。不得授权进行预先报复。[2]

（3）如情况允许，实施报复之前必须先要求敌方纠正其不法行为。[3]

（4）报复的目的必须是让敌方停止其非法活动。因此，报复中实施的行为应引起敌方注意以获得最佳效果。[4]禁止为报仇而实施报复。[5]

（5）报复只能作为其他执行措施未达目的或无济于事时的最后手段使用。[6]

（6）每次报复都必须与最初的违法行为成比例。[7]报复行为不必与敌方的非法行为种类相同，但不应过分或者超出遏制敌方继续实施非法行为所需的伤害限度。

---

〔1〕　See AFP 110-31, para. 10-7c（8）.

〔2〕　受害国对被指控的违法行为进行仔细调查，应先于授权采取任何报复措施。这要遵从一个重要的限定条件，即在某些情况下，受害国有理由立即对非法战争行为进行报复，特别是在敌方持续的非法行为已明显危及其武装部队安全的情况下。

〔3〕　采取报复措施前必须进行合理地通知。Green, The Contemporary Law of Armed Conflict（1993）at 119. 所需通知的程度将视个案的具体情况而定。通知通常在敌人实施违法行为后发出，但在适当的情况下，也可早于即将会发生的违法行为。一种通知的例子是呼吁违法者停止其违法行为并惩罚责任人。这种呼吁既可以作为一种守法的请求，否则也可以作为一种给对手的将采取报复行动的通知。See also FM 27-10, para. 497b.

〔4〕　如有必要，也可请中立国注意报复中实施的行为以获取最大效果。既然采取报复措施是为了劝导对手遵守公认的武装冲突法规则，作为报复采取的任何措施就必须被宣布为报复并予以公布，以便让对手认识到其遵守法律的义务并确保报复措施本身不被视为非法行为。See McDougal & Feliciano 689 and AFP 110-31, para. 10-7c.

〔5〕　FM 27-10, para. 4974.

〔6〕　FM 27-10, para. 497b.

〔7〕　这不是一条严格对等规则，因为报复通常比最初导致报复的违法行为更严重一些。但是，必须注意报复的范围是以某种程度的相称性来衡量的，而不仅仅是以效果来衡量的。只有过度的回应措施才能防止进一步的违法行为，这种说法不能作为采取有效但不相称的报复措施的正当理由。Compare McDougal & Feliciano 682-83. 以报复的方式实施的行为在类型上无需与受害国所控诉的行为相一致。所采取的报复措施可能与最初导致报复的行为完全不同，但不应过分或超过制止敌人继续实施最初的非法行为所需的损害程度。McDougal & Feliciano 682. 如果一种行为已是合法的报复，它就不能再作为反报复的合法依据。依据国际法，不能针对合法的报复行为再实施报复。

（7）一旦敌方停止非法活动并且遵守武装冲突法，报复措施必须停止。[1]

2. 免受报复的情形

禁止针对下列人员和物体实施报复：

（1）战俘[2]和被拘禁的平民[3]；

（2）伤者、病者和遇船难者；[4]

（3）被占领土的平民；[5]

（4）医院以及医疗处所、人员[6]和设备，包括医院船、医务飞机和医务车辆。[7]

3. 下令实施报复的机关

只有总统方可授权美国军队采取报复措施。尽管满足前述要求的报复是

---

［1］　例如，如果武装冲突之一方实施了违法行为，但在违法之后紧接着表示遗憾并承诺不会再犯，那么另一方为"纠正"这种情况而采取的任何措施，都不能成为合法报复的正当理由。

［2］　《日内瓦第三公约》第13条第3款；1929年《关于战俘待遇的日内瓦公约》第2条第3款。《日内瓦第三公约》第4条第1项定义了"战俘"。鉴于1949年《日内瓦公约》现在已被世界各国广泛接受，这项禁止性规定已构成习惯法的一部分。Meron, The Geneva Conventions as Customary Law, 81 Am. J. Int'l L. 348（1987）；Meron, Human Rights and Humanitarian Norms as Customary Law（1989）. Compare NWIP 10-2, para. 310e（1）n. 8（战争罪法庭认为，禁止对战俘施以报复的规则则是对现行习惯法的编纂。因此，这项禁止性规定可被视为对所有国家具有约束力，不论它们是否为1949年《日内瓦公约》的缔约国）with Levie, Prisoners of War 366-69（描述了两次世界大战、朝鲜战争和越南战争期间相反的国家实践）。因先前犯下的行为而以报复的方式抓捕战俘（所谓"报复式战俘"），同样予以禁止。

［3］　《日内瓦第四公约》第33条第3款。

［4］　《日内瓦第一公约》第46条；《日内瓦第二公约》第47条。

［5］　《日内瓦第四公约》第33条。这种居民的财产、在交战国自己领土内的敌国平民以及这种平民的财产，依据《日内瓦公约》也免遭报复。不受这些规定的保护而免遭报复的平民包括：不受《日内瓦第四公约》拘束之国家的国民、在交战国领土内的中立国国民，以及其本国与其所在国有正常外交关系的共同作战国国民。《第一附加议定书》由此为缔约国去除了这些例外。

［6］　《日内瓦第一公约》第46条；《日内瓦第二公约》第47条。《日内瓦第一公约》第24~26条和《日内瓦第二公约》第36条定义了医务人员。《日内瓦第一公约》第24条和《日内瓦第二公约》第36条规定的随军牧师，也不得对其施以报复（《日内瓦第一公约》第46条、《日内瓦第二公约》第47条）。See also Green, Essays on the Modern Law of War（1985）at chap Ⅵ.

［7］　规定于《日内瓦第一公约》第19~20条、第35~36条和《日内瓦第二公约》第22条、第24~25条、第27条、第39条的固定医疗所、流动医疗队、医院船、海岸救护艇及其设备、医务运输工具和医务飞机，根据《日内瓦第一公约》第46条和《日内瓦第二公约》第47条的规定，不得对其施以报复。麦克杜格尔和费里西亚诺在评论免于报复的问题时认为：

1949年《日内瓦公约》的累积效应是：所有发现自己处于交战国有效控制之下的敌方人员都免于成为报复的目标。实际上，唯一可以合法受到报复的敌方人员是那些在公海上和在敌国自己领土上的人。

McDougal & Feliciano 684.

合法的，但始终存在这种报复会引发敌方反报复的风险。[1]正是由于这个原

［1］ McDougal & Feliciano 689. 在进行报复之前，各国政府通常会考虑的其他因素包括：

1. 报复可能对未参与武装冲突的政府的态度产生不利影响。

2. 报复可能只会增强敌人的士气和地下抵抗力量。

3. 报复可能只会导致敌人的反报复，在这种情况下，敌人有效反击的能力是一个重要因素。

4. 报复可能导致战事停止后敌方资源不太能够帮助某一地区的重建。

5. 威胁报复比实际报复可能更有效。

6. 报复若要有效，应迅速进行并应加以控制。胡乱的、过度的或者长时间的报复可能没什么效果。

7. 无论如何，通常会作为一项战略决策而作出进行报复的决定。在寻求眼前利益的同时，还必须权衡报复之后可能产生的长期军事和政治后果。

AFP 110-31, para. 10-7d, citing NWIP 10-2, ch. 3, n. 6.

在过去的冲突中，许多未遂的报复都没有正当理由，要么是因为所进行的报复不是为了制止对手的违法行为，要么是因为与先前的非法行为不成比例。除了规制报复措施的法律要求外，各国政府在进行报复之前还会考虑各种实际因素。例如，如果呼吁敌方作出改正失败了，在诉诸报复之前它可能是需要考虑的一个政策事项，敌方部队是否不太可能受到坚定遵守武装冲突法的影响。这些政治和实际因素的相对重要性，取决于武装冲突的程度和类型、对手及其资源的性质以及未参与敌对行动的国家的重要性。See Colbert, Retaliation in International Law (1948); 10 Whiteman 317-39; Kalshoven, Belligerent Reprisals (1971); and Greenwood, Reprisals and Reciprocity in the New Law of Armed Conflict, in Armed Conflict and the New Law (Meyer ed. 1989) at 227 (全面讨论了报复).

下列活动为武装冲突法所禁止，均属于可施以合法报复的活动：

1. 1907 年《海牙公约》以及对缔约国而言《第一附加议定书》中规定的受限制的作战手段和方法，除非作为报复的手段被明确禁止。可能被用于报复的非法作战的手段和方法包括：

（1）使用毒物或有毒武器；

（2）以背信弃义的方式杀、伤或俘获属于敌国或敌军的人员，例如假装因伤或因病而无能力或假装具有平民、非战斗员的身份；

（3）杀、伤已经放下武器或丧失自卫能力并已无条件投降的敌人；

（4）宣告决不纳降；

（5）使用属于引起过分伤害和不必要痛苦的性质的武器、投射体、物质或作战方法；

（6）不正当使用休战旗、国旗、中立国旗帜或敌军军徽和制服以及日内瓦公约所规定的特殊标记；

（7）使用无锚水下触发水雷或者从系泊处松脱或发射后一小时内不能自动失效的水雷和鱼雷。

2. 为军事或其他敌对目的使用 1977 年《禁止为军事或任何其他敌对目的使用改变环境的技术的公约》所禁止的改变环境的技术。

3. 对其缔约国而言，违反 1980 年《特定常规武器公约》第一议定书的规定，使用其主要作用在于以碎片伤人而其碎片在人体内无法用 X 射线检测的武器。

4. 对其缔约国而言，违反《特定常规武器公约》第二议定书的规定，使用地雷、诱杀装置和其他装置。

5. 对其缔约国（不包括美国）而言，以违反《特定常规武器公约》第三议定书的方式使用燃烧武器。

Compare Hampson, Belligerent Reprisals and the 1977 Protocols to the Geneva Conventions of 1949, 37 Int'l & Comp. L. Q. 818 (1988). See also Aldrich, Compliance with International Huamnitarian Law, 1991 Int'l Rev. Red Cross 294, 301-03. 该文分析了考虑批准《第一附加议定书》的国家，无论是否接受实况调查委员会的管辖权，都有保留一项或多项关于报复之规定的需求。

因，美国在历史上很少诉诸报复措施。

（五）相互性

武装冲突法项下的某些义务具有相互性，因为它们只有在双方继续遵守时才会约束各方。[1]一方的重大违法行为会免除另一方遵守该义务的所有进一步责任。相互性的概念不适用于保护武装冲突受难者（也就是 1949 年《日内瓦公约》保护的那些人）的人道规则。[2]由于敌方的重大违法行为而考虑美国免于履行特定义务的决定应由总统作出。

（六）国际法上的战争罪

虽然没有一个穷尽的战争罪列表，但它们是由国际性或非国际性武装冲突期间实施的严重且故意违反武装冲突法的行为构成的。战斗员、非战斗员或平民均有可能实施构成战争罪的行为。[3]根据国际法，国家有义务惩治犯

---

〔1〕　大多数的停战和休战都是这种性质的。

〔2〕　《维也纳条约法公约》第 60 条第 5 款。De Preux, The Geneva Conventions and Reciprocity, 1985 Int'l Rev. Red Cross 25.《第一附加议定书》和《第二附加议定书》中补充 1949 年《日内瓦公约》的那些部分也不受相互性原则的制约。

〔3〕　本章第二节第六小节定义的"战争罪"，不同于"破坏和平罪"和"危害人类（反人道罪）"。从《纽伦堡国际军事法庭宪章》第 6 条可以看出这种区别，它将法庭的管辖权界定如下：

对下列表现为犯罪的各种行为，或其中的任何一种行为，法庭均有权进行审判和惩处。犯有此类罪行者均应负个人责任：

（1）破坏和平罪：系指策划、准备、发动或进行侵略战争或违反国际条约、协定或保证的战争，或为实现上述行为而参与共同计划或密谋；

（2）战争罪：系指违反战争法规或战争习惯的罪行。这种违反行为包括（但并不限于）：屠杀或虐待占领区平民，或以奴隶劳动为目的，或为其他任何某种目的而将平民从被占领区或在被占领区内放逐，屠杀或虐待战俘或海上人员，杀害人质，掠夺公私财产，恣意破坏城镇乡村，或任何非属军事必要而进行破坏；

（3）违反人道罪：系指在战争爆发以前或在战争期间对平民进行的屠杀、灭绝、奴役、放逐或其他非人道行为，或借口政治、种族或宗教的理由而犯的属于法庭有权受理的业已构成犯罪或与犯罪有关的迫害行为，不管该行为是否触犯进行此类活动的所在国的法律。

U. S. Naval War College, International Law Documents 1944-45, at 254（1946）；AFP 110-20, at 3-183.

尽管破坏和平罪与战争罪之间的区别显而易见，但区分战争罪与危害人类罪就有一定困难。从《纽伦堡国际军事法庭宪章》第 6 条给出的定义来看，各个类型的危害人类罪中所涵盖的行为的确切范围并不完全清楚。通过调查各个法庭在审判第二次世界大战期间犯有危害人类罪的个人时作出的判决，可以总结归纳为如下方式：

1. 某些行为同时构成战争罪和危害人类罪，可根据其中任何一项指控进行审判。

2. 一般来说，危害人类罪是以一种大规模和有系统的方式侵犯个人人权。因此，孤立的犯罪行为不被视为危害人类罪，法院通常会坚持要求提供证据，证明被指控为危害人类罪的行为是政府有组织

（接上页）行动的结果。

3. 危害人类罪的受害者阶层可能比能够成为战争罪对象的人更加广泛，可能包括犯罪人所属国的国民以及无国籍人。

4. 构成危害人类罪的行为，必须在犯破坏和平罪或战争罪时实施，或与之有联系。

SeeSchwelb, Crimes Against Humanity, 23 Brit. Y. B. Int'l L (1946) 178; Dinstein, Crimes Against Humanity, in Theory of International Law at the Threshold of the 21st Century (Makarczyk ed. 1996); Levie, Violation of Human Rights as War Crimes, 1995 Isr. Y. B. Human Rights 119.

1947 年 11 月 21 日，联合国大会通过第 177（II）号决议，重申 "纽伦堡法庭宪章及法庭判决中所确认的国际法原则"，并指示联合国国际法委员会：

（1）编订纽伦堡法庭宪章和法庭判决中所确认的国际法原则；并

（2）拟具危害人类和平及安全治罪法草案一件……

The text of the principles formulated by the United Nations International Law Commission, with a commentary, is*reprinted in* Report of the International Law Commission Covering its Second Session, General Assembly Official Records: Fifth Session, Supp. No. 12 (A/1316), Pt. III, pp. 11–14 (1950); Yearbook of the International Law Commission 1950, at 374–80; and Schindler & Toman 923–24. 联合国国际法委员会编订的原则如下：

原则一：从事构成违反国际法的犯罪行为的人承担个人责任，并因而应受惩罚。

原则二：国内法不处罚违反国际法的罪行的事实，不能作为实施该行为的人免除国际法责任的理由。

原则三：以国家元首或负有责任的政府官员身份行事，实施了违反国际法的犯罪行为的人，其官方地位不能作为免除国际法责任的理由。

原则四：依据政府或其上级命令行事的人，假如他能够进行道德选择的话，不能免除其国际法上的责任。

原则五：被控有违反国际法罪行的人有权在事实和法律上得到公平的审判。

原则六：违反国际法应受处罚的罪行是：破坏和平罪、战争罪和反人道罪，遵循了与本注释开头引用的《纽伦堡国际军事法庭宪章》第 6 条的规定实质上相似的定义。

原则七：共谋犯下原则六所述的破坏和平罪、战争罪或反人道罪是国际法上的罪行。

关于惩治非国际性武装冲突中的战争罪面临困难的讨论，参见 Platmer, The Penal Repression of Violations of International Humanitarian Law Applicable in Non-International Armed Conflicts, 1990 Int'l Rev. Red Cross 409. See also Meron, International Criminalization of Internal Atrocities, 89 Am. J. Int'l L. 554 (1995); Bothe, War Crimes in Non-International Conflicts in War Crimes in International Law (Dinstein & Tabory eds. 1996) at 293–306. 对政府针对本国居民犯下危害人类罪的全面且令人生畏的分析，参见 Rummel, Death by Government (1994).

1993 年，根据联合国安理会第 827 号决议建立的前南斯拉夫问题国际刑事法庭，有权起诉实施下列行为的人员：

（1）严重破坏 1949 年《日内瓦公约》；

（2）违反战争法和惯例；

（3）灭绝种族；和

（4）危害人类罪。

相比之下，由于发生在前南斯拉夫和卢旺达的冲突有不同的事实和法律背景，1994 年根据联合国安理会第 955 号决议建立的卢旺达问题国际刑事法庭，有权起诉实施下列行为的人员：

（1）灭绝种族；

（2）危害人类罪；

（3）违反《日内瓦公约》共同第 3 条和《第二附加议定书》。

有战争罪的本国国民，无论其是武装部队人员抑或平民。[1] 国际法还规定，

（接上页）《前南斯拉夫问题国际刑事法庭规约》第5条和《卢旺达问题国际刑事法庭规约》第3条对危害人类罪的定义完全相同：

……国际或国内武装冲突中犯下下列针对平民的罪行：

（1）谋杀；

（2）灭绝；

（3）奴役；

（4）驱逐出境；

（5）监禁；

（6）酷刑；

（7）强奸；

（8）基于政治、种族和宗教原因而进行迫害；

（9）其他不人道行为。

把强奸列入危害人类罪的这个清单背离了纽伦堡审判，因为《纽伦堡国际军事法庭宪章》既没有提到强奸，法庭也没有将其作为战争罪起诉。然而，《日内瓦第四公约》第27条规定：

妇女应受特别保护以免其荣誉受辱，尤须防止强奸……

美国认为《日内瓦第四公约》第27条和《日内瓦第三公约》的对应规定（第13条和第14条）使强奸确立为战争罪。See Meron, Comment: Rape as a Crime Under International Humanitarian Law, 87 Am. J. Int'l L. 425 (1993).

两个国际刑事法庭规约（《前南斯拉夫问题国际刑事法庭规约》第4条和《卢旺达问题国际刑事法庭规约》第2条）都将灭绝种族定义为：

……蓄意全部或局部消灭某一民族、人种、种族或宗教团体，犯有下列行为之一：

（1）杀害该团体的成员；

（2）致使该团体的成员在身体上或精神上遭受严重伤害；

（3）故意使该团体处于某种生活状况下，以毁灭其全部或局部的生命；

（4）强制施行办法，意图防止该团体内的生育；

（5）强迫转移该团体的儿童至另一团体。

该定义与《防止及惩治灭绝种族罪公约》第2条的规定完全相同。该公约于1948年12月9日通过，1951年1月12日生效，1989年2月23日对美国生效。The Genocide Convention Implementation Act of 1987, Pub. L. 100-606 of Nov. 4, 1988, with commentary, is reprinted in 28 Int'l Leg. Mat'ls 754 (1989). 需要着重指出的是，灭绝种族行为"不论发生于平时或战时，均系国际法上的一种罪行"（公约第1条）。

[1]　美国最近就这项义务采取的措施发生在1996年8月21日，当时克林顿总统签署了1996年《战争罪行法案》，使之成为法律。Pub. L. 104-192, 110 Stat. 2184, 18 U. S. C. 2401 reprinted in 35 Int'l Leg. Mat'ls 1539 (1996). 该法案规定：

第2401条：战争罪

（1）无论在美国境内还是境外，任何人在第2款所述的任一情况下犯有严重破坏日内瓦公约的行为，应根据本章处以罚金、终身监禁或有期徒刑，或两者兼有，如果导致被害人死亡，则应处以死刑。

（2）情况——第1款所指的情况是，犯有严重破坏公约之行为的人或这种违法行为的受害者是美国武装部队人员或美国国民（定义见《移民和国籍法》第101条）。

（3）定义——本条所指"严重破坏日内瓦公约的行为"，系指严重破坏美国为缔约国的1949年8月12日在日内瓦签署的有关战争法的任一国际公约或任何此种公约的任何议定书的行为。

对外国国民犯下战争罪行之军事管辖权的全面讨论，参见 Newton, Continuum Crimes: Military Jurisdiction Over Foreign Nationals Who Commit International Crimes, 153 Mil. L. Rev. 1 (Summer 1996).

国家有权惩治落于其控制之下的犯有此类罪行的敌方武装部队人员和敌方平民。[1]

严重破坏《日内瓦公约》的行为是一种特殊类型的战争罪。[2]《日内瓦公

---

[1] 关于"严重破坏公约行为",1949年《日内瓦公约》各缔约国均有义务搜捕被控为曾犯或曾令人犯此种严重破坏公约行为之人,并应将此种人,不分国籍,交付审判并予以惩罚。《日内瓦第一公约》第49条第2款;《日内瓦第二公约》第50条第2款;《日内瓦第三公约》第129条第2款;《日内瓦第四公约》第146条第2款。See Flores, Repression of Breaches of the Law of War Committed by Individuals, 1991 Int'l Rev. Red Cross 247. See Parks, Crimes in Hostilities, Marine Corps Gazette, Aug. 1976, at 16–22 & Sep. 1976, at 33–39. 该文通过仔细研究军事法院的定罪判决,分析了美国战斗员在越战中不法行为的案例。

[2] 尽管任何违反武装冲突法的行为都构成战争罪,但某些犯罪如果针对各公约保护的人员或财产实施,则属于各公约(《日内瓦第一公约》第50条、《日内瓦第二公约》第51条、《日内瓦第三公约》第130条、《日内瓦第四公约》第147条)定义的"严重破坏公约行为"。严重破坏公约行为包括:

1. 故意杀害,酷刑及不人道待遇;

2. 故意使身体及健康遭受重大痛苦或严重伤害;

3. 以不为质以及非军事上的必要而以非法与暴乱的方式对财产进行大规模的破坏与征收;

4. 将被保护人非法驱逐出境或移送或非法禁闭;

5. 强迫战俘或其他被保护人在敌国军队中服务;以及

6. 故意剥夺战俘或其他被保护人各公约规定应享的公正及正规审判的权利。

《第一附加议定书》第11条第4款和第85条第2-4款更详细地编纂了两类单独的严重破坏公约行为。第一类涉及战斗活动和医学实验,并首次规定了判断此类行为的有意义的标准。此类严重破坏公约行为要求(1)故意和(2)造成死亡或者对身体或健康的严重伤害(第85条定3款)。

《第一附加议定书》规定下列行为构成严重破坏公约行为:

1. 使平民居民或平民个人成为攻击的对象;

2. 知悉攻击将造成第57条第2款第1项第3目所规定的过分的平民生命损失、平民伤害或民用物体损害,却发动使平民居民或民用物体受影响的不分皂白的攻击;

3. 知悉攻击将造成第57条第2款第1项第3目所规定的过分的平民生命损失、平民伤害或民用物体损害,却发动对含有危险力量的工程或装置的攻击;

4. 使不设防地方和非军事化地带成为攻击的对象;

5. 知悉为失去战斗力的人而使其成为攻击的对象;

6. 违反第37条的规定背信弃义地使用红十字、红新月或红狮与太阳的特殊标志或各公约或本议定书所承认的其他保护记号;

7. 残伤肢体;

8. 医疗或科学实验;

9. 除符合该人的健康状况或符合公约规定的医疗实践或条件外,为移植而取去组织或器官。

(1) 只有献血以供输血或献皮以供移植的情形除外,但献血或献皮均应自愿,而不加任何胁迫或劝诱,而且,只限于治疗目的,并在与公认医疗标准相符的条件下和在旨在使捐献者和领受者双方共同受益的控制下。

约》定义了严重破坏公约行为并为国家施加了如下义务：搜捕被控曾犯严重破约行为之人，将他们送交法庭审判，如定罪则施以惩罚。不论犯罪人的国籍为何，该义务都存在，并且包括惩治敌方武装部队人员和平民的权利。

《日内瓦公约》将严重破坏公约行为定义为对于受公约保护的人或财产所犯的任何下列行为：

（1）故意杀害；

（2）酷刑或不人道待遇，包括生物学实验；

（3）故意使身体及健康遭受重大痛苦或严重伤害；

（4）无军事上之必要，而以非法与暴乱之方式，对财产之大规模的破坏与征收；

（5）强迫战俘或被保护人在敌国部队中服务；

（6）故意剥夺战俘或被保护人应享之公允及合法的审判之权利；

（7）故意攻击医疗处所、医院船、医务飞机、医务车辆或医务人员；[1]

（8）伤害或虐待海上失事船舶和飞机的幸存者；军事状况允许时没有保证

（接上页）（2）对于在所依附的一方以外冲突一方权力下的任何人，严重危害其身心健全，并违反上述任何禁止性规定，或不遵守这些要求的任何故意行为或不作为，是严重破坏本议定书的行为。《第一附加议定书》定义的第二类严重破坏公约行为规定在第85条第4款。这些犯罪需要满足的唯一条件就是故意。

1. 占领国违反《日内瓦第四公约》第49条的规定，将其本国平民居民的一部分迁往其所占领的领土，或将被占领土的全部或部分居民驱逐或移送到被占领土内的地方或将其驱逐或移送到被占领土以外；

2. 对遣返战俘或平民的无理延迟；

3. 以种族歧视为依据侵犯人身尊严的种族隔离和其他不人道和侮辱性办法；

4. 如果没有证据证明敌方违反第53条第2款的规定，并在历史纪念物、艺术品和礼拜场所不紧靠军事目标的情形下，使特别安排、例如在主管国际组织范围内的安排所保护的、构成各国人民文化或精神遗产的公认历史纪念物、艺术品或礼拜场所成为攻击的对象，其结果使该历史纪念物、艺术品或礼拜场所遭到广泛的毁坏；

5. 剥夺各公约所保护或第85条第2款所指的人受公正和正规审判的权利。

See also Levie, 2 The Code of International Armed Conflict 857-71; Burgos, The Taking of Hostages and International Humanitarian Law, 1989 Int'l Rev. Red Cross 196; and International Convention Against the Taking of Hostages, New York, December 17, 1979, 1316 U. N. T. S. 205, T. I. A. S. 11081.

〔1〕《日内瓦第　公约》第19条第1款、第20条和第36条第1款；《日内瓦第二公约》第22~27条和第39条第1款；《日内瓦第四公约》第18条第1款、第21条、第22条第1款；《第一附加议定书》第12条和第22条；《第二附加议定书》第11条。Llmdovery Castle Case of Dithmur and Boldf, German Reichgericht, 16 July 1921, 16 Am. J. Int'l L. 708 (1922).

幸存者的安全;[1]

(9) 将被保护人非法驱逐出境或移送,或非法禁闭;

(10) 以人为质。

对于没有达到严重破坏公约行为之程度的违反《日内瓦公约》的行为,国家有义务采取必要措施予以制止。如果故意实施下列行为,也会被视为战争罪,但不属于严重破坏公约行为:

(1) 劫掠公私财产;[2]

---

[1] 1950 年《纽伦堡原则》原则 6 第 2 项;《日内瓦第二公约》第 12 条第 2 款和第 51 条。This rule was applied in the 1921 case of the *Llandovery* Castle, 16 Am. J. Int'l L. 708 (1922); and in a number of World War II cases, including *The PELEUS* Trial, 1 LRTWC 1 (British Military Court, Hamburg, 1945), *The Trial of Moehle*, 9 LRTWC 75 (British Military Court, Hamburg, 1946) and in the Trial of *Helmuth Von Ruchteschell*, 9 LRTWC 92 (1949). The PELEUS and Von Ruchteschell cases are *summarized in* Mallison 133–43 and in Jacobsen, A Juridical Examination of the Israeli Attack on the U. S. S. Liberty, 36 Nav. L. Rev. 48 & 50 (1986). 雅各布森认为,对"自由号"技术研究船的攻击完成后,以色列又用机枪扫射船上的救生筏并将其扔入海中,属于这项禁止性规定的范畴(Jacobsen 45–51)。1943 年 3 月,在俾斯麦海的战斗中,美国和澳大利亚部队系统地杀戮在救生筏上或紧紧抓住军舰残骸的日军幸存者,事后并未受到起诉。See 6 Morison, History of the United States Naval Operations in World War II, 62 *et seq.* (1950); Spector, Eagle Against the Sun 227–28 (1985); Dower, War Without Mercy: Race & Power in the Pacific War 67 (1986). 1943 年 1 月美国"竖头鲣号"潜艇(USS WAHOO)在巡航的过程中,用鱼雷击沉了两艘货船和一艘大型运输船,尽管该潜艇的指挥官下令屠杀了所有的幸存者,但事实上他仍被授予海军十字勋章和陆军杰出服役十字勋章。2 Blair, Silent Victory 357–60 (1975); Dower 66–67 & n.94. 布莱尔(Blair)指出,尽管该指挥官:

描述杀害了数以百计(或千计)运输船上的幸存者……在通常会阐明政策的夸赞巡航报告的背书中,没有提出这个问题。许多潜艇人员将这一点(对船长莫顿和"竖头鲣号"的表彰和宣传)解释为来自潜艇最高指挥部的默许。事实上,无论是洛克伍德(太平洋潜艇部队指挥官),还是克里斯帝(五十一特遣部队指挥官),抑或是和法伊夫(四十二特遣部队指挥官),都未曾就这个问题发表过政策声明。其他船长是否应以莫顿为榜样,基本取决于个人。不过很少有人这样做。

Blair 359–60. 自 1949 年《日内瓦公约》生效以来,《日内瓦第二公约》第 12 条已阐明,这种行为是非法的:

第 12 条

在海上……遇船难之……武装部队人员……,在一切情况下,应受尊重与保护,而"船难"一词应了解为系指任何原因之船难……

See Doswald-Beck at 136. See *also* Hastings & Jenkins, The Battle for the Falklands 204 (1983); Middlebrook, Operation Corporate: The Falklands War, 1982, at 214 (1982); Middlebrook, The Fight for the 'Malvinas' 147 (1989)(1982 年 5 月 21 日在圣卡洛斯港射击失事的英国飞行员)。

[2] 《海牙章程》第 28 条、第 47 条和第 56 条;《海牙第九公约》第 7 条;1950 年《纽伦堡原则》原则 6 第 2 项;《日内瓦第一公约》第 15 条第 1 款;《日内瓦第二公约》第 18 条第 1 款;《日内瓦第四公约》第 16 条第 2 款和第 33 条第 2 款;《第二附加议定书》第 4 条第 2 款第 7 项和第 8 条。

（2）毁损或其他对死者遗体的虐待；[1]

（3）使用违禁武器或弹药；[2]

（4）误用、滥用休战旗、红十字设施以及类似的保护性标志、符号和信号或向其开火；[3]

（5）诈降（即假装投降以获取军事优势）。[4]

此外，违反一国参加的条约还为个人刑事责任创设了基础。例如，1996年《战争罪行法案》把违反美国参加的《禁止或限制使用地雷、诱杀装置和其他装置议定书》而故意杀害或严重伤害平民的行为定为战争罪。

在一缔约国之领土内发生非国际性武装冲突之场合，四个《日内瓦公约》共同第 3 条规定了冲突的国家当事方一定要适用的最低限度的标准。尽管共同第 3 条没有涉及违反这些最低限度标准的个人刑事责任，但美国国会已于1996 年制定了《战争罪行法案》[5]，该法案经过多次修订，允许在美国联邦法院起诉像《罗马规约》中定义的明确违反《日内瓦公约》共同第 3 条的行为。

《国际刑事法院罗马规约》第 8 条包含迄今为止最全面的战争罪清单，共划分为四类：

（1）严重破坏 1949 年《日内瓦公约》的行为；

（2）严重违反适用于国际性武装冲突的法规和惯例的其他行为；

（3）严重违反关于非国际性武装冲突的共同第 3 条的行为；

（4）严重违反适用于非国际性武装冲突的法规和惯例的其他行为。

尽管美国不是《罗马规约》的缔约国，但美国的很多盟国和伙伴是《罗马规约》的缔约国，犯有战争罪可能会受到起诉。

---

〔1〕《日内瓦第一公约》第 15 条第 1 款；《日内瓦第二公约》第 18 条第 1 款；《日内瓦第四公约》第 16 条第 2 款；《第一附加议定书》第 34 条第 1 款；《第二附加议定书》第 8 条。

〔2〕《海牙章程》第 23 条第 1 项和第 5 项；《第一附加议定书》第 35 条第 2 款。

〔3〕《海牙章程》第 23 条第 6 项和第 32~34 条；《日内瓦第一公约》第 53 条和 54 条；《日内瓦第二公约》第 43 条和 45 条；《第一附加议定书》第 18 条第 8 款、第 37 条第 1 款、第 38 条和第 85 条第 3 款第 6 项。1923 Radio Rules, art. 10〔reprinted in 32 Am. J. Int'l L. Suppl. 10, (1938)〕；Levie, 2 The Code of International Armed Conflict 871（遇险信号）；*Trial of Heinz Hagendorf*, 11 LRTWC 146（U. S. military court at Dachau, 1946）. See 10 Whiteman 398（朝鲜战争期间合法地向白旗开火）；Higginbotham, Case Studies in the Law of Land Warfare II：The Campaign in the Falklands, Military Rev., Oct. 1984, at 53.

〔4〕《海牙章程》第 23 条第 2 项；《第一附加议定书》第 40 条。

〔5〕See 18 U. S. C. sec. 2441 (1996).

1. 起诉战争罪

对敌方军事人员和平民所犯战争罪和其他违法行为的审判通常会在战事结束后进行。[1]战事期间的审判可能会激起敌方逆反行为，使对其本国战斗员和其他国民的人道保护变得复杂化。[2]《日内瓦第三公约》并不禁止此类审判，但要求战俘即使已定罪，仍保留该公约之利益（参见第 85 条）。

第二次世界大战后，对犯有战争罪的纳粹和日本人曾进行了数以千计的审判。但是，第二次世界大战后的数十年里，冲突结束后一般却很少进行此类审判。[3]随着前南斯拉夫境内爆发武装冲突以及卢旺达境内发生灭绝种族行为，这种情况开始改变，联合国安理会分别于 1993 年和 1994 年建立了两个特设国际法庭，起诉在前南斯拉夫和卢旺达境内犯有的战争罪、危害人类罪和灭绝种族罪。

为起诉战争罪，还建立了许多国际/国内混合型的法院/法庭。例如在 2000 年 8 月，根据联合国安理会第 1315 号决议，联合国与塞拉利昂政府签订协议，建立了塞拉利昂特别法庭。这个国际/国内的混合法庭有权起诉自 1996 年以来对塞拉利昂境内严重违反武装冲突法（包括危害人类罪）、共同第 3

---

〔1〕 例外情况包括 1943 年俄罗斯进行的有限的审判（McDougal & Feliciano 704）和日本对突袭东京的杜立特所属人员的审判 [Glines, Doolittle's Raiders (1964); Schultz, The Doolittle Raid 30517, 347-48 (1988); and Spaight 58]。这并不是否认它们对战俘实施的暴行，而只是表明这种审判方式对合法战斗员并不常用。

〔2〕《日内瓦第三公约》第 85 条并不禁止这种审判，但要求战俘即使被判有罪，也保留根据公约享有的利益。许多社会主义国家以各种形式对第 85 条提出保留，例如：

苏联认为自己不受第 85 条所规定的义务的约束，而该条将公约扩大适用于依拘留国法律被判有罪的战俘。根据纽伦堡审判的原则，对于战争罪和危害人类罪，应理解为被判犯有此种罪行的人必须服从有关国家为受惩罚者设定的条件。

美国明确拒绝接受这些保留，但接受与保留国就其余未保留条款建立条约关系。The reservations are quoted in Schindler & Toman 563-94. The reservations to art. 85 are analyzed in Pilloud, Reservations to the Geneva Conventions of 1949, 1976 Int'l Rev. Red Cross 170-80. 关于美国对越南政府威胁审判美国战俘的反应，参见 The 13 July 1966 memorandum of the Assistant Legal Adviser, Department of State, reprinted in 10 Whiteman 231 and Moore, Law and The Indo-China War 635 (1972).

〔3〕 作为一个例证，参见 Agreement on the Repatriation of Prisoners of War and Civilian Internees, para. 15, signed by Bangladesh, India and Pakistan 9 April 1974, in 13 Int'l Leg. Mat'ls 505 (1974). 尽管美国和其他国家依据联合国安理会 1990 年第 674 号决议收集了大量伊拉克在 1990—1991 年海湾战争期间犯有战争罪的证据，但这一努力没有导致任何起诉。See McNeill, Panel Discussion, in Grunawalt, King & McClain at 619-20. 他简要介绍了表面上搁置这一努力的政治难题。但是，国际社会对冲突后审判这一概念的支持再度凸显，前南斯拉夫问题国际刑事法庭和卢旺达问题国际刑事法庭的建立就是明证。

条、《第二附加议定书》和塞拉利昂法律的行为负有最大责任的那些人。

此外，1998 年《国际刑事法院罗马规约》建立了常设国际刑事法院。《国际刑事法院罗马规约》于 2002 年生效。尽管美国不是该条约的缔约国，但国际刑事法院称在某些情况下对非缔约国（如美国）也有管辖权。这些情况包括：如果联合国安理会提交情势交由国际刑事法院调查，该法院就对卷入该情势的任何国民实施的法院管辖内的犯罪拥有管辖权；如果一非缔约国国民在一缔约国领土上犯有法院管辖内的犯罪，那么国际刑事法院就可以主张管辖权；如果一非缔约国国民在另一非缔约国领土上犯有法院管辖内的犯罪，而该非缔约国给予国际刑事法院调查第三国国民的特别同意。

美国根据《国际刑事法院罗马规约》第 98 条签订了 100 多份双边不移交协定，排除协定另一方未经美国政府同意而向国际刑事法院移交起诉美国公民的可能性。

2. 美国对犯罪及个人的国内管辖〔1〕

《日内瓦公约》赋予所有缔约国对严重破坏公约行为的普遍管辖权。每一缔约国可自行决定如何行使该管辖权。大多数对违反武装冲突法的起诉已包括一国对自身部队违反军事纪律的审判。受美国军事法律管辖的人违反武装冲突法通常会构成违反《统一军事司法典》，如果是这样，犯罪人会依该法典而受到起诉。〔2〕在国会宣布的战争或应急行动期间，《统一军事司法典》适用于战场上伴随部队的平民，包括承包商。2008 年，美国国防部颁布了经过宣战的战争和应急行动期间对国防部文职雇员、国防部承包商和战场上其他服务于或伴随武装部队的人员行使《统一军事司法典》管辖权的具体指南。

此外，曾于 1997 年和 2006 年两次修订的 1996 年《战争罪法案》，授权美国法院起诉如下战争罪案件——在美国境内外实施的犯罪，且仅在该犯罪

〔1〕 参见《日内瓦第一公约》第 49 条；《日内瓦第二公约》第 50 条；《日内瓦第三公约》第 129 条；《日内瓦第四公约》第 146 条。关于美国对敌国国民的管辖权，参见《统一军事司法典》第 18 条（为普通军事法庭创设了审判依据武装冲突法应受军事法庭审判之"任何人"的管辖权）。R. C. M. 201 (f) (1) (B)，MCM, 1984; FM 27-10, para. 505d; and AFP 110-31, para. 154a. See *also* Newton.

〔2〕 美军人员因构成战争罪的罪行受军事法庭审判，要么被指控犯有与此种罪行相当的在美国国内法上的罪行，如谋杀（第 118 条）、强奸（第 120 条）、故意伤害（第 128 条）、虐待（第 93 条），要么被指控犯有战争法上的特定罪行，如掠夺和抢劫（第 103 条），要么被指控行为有损良好秩序和纪律（第 134 条），要么被指控不遵守合法的一般命令（第 92 条），例如 1990 年《美国海军条例》第 705 条。See *also* Solis, Marines and Military Law in Vietnam: Trial by Fire 32-33 (1989).

由或针对美国武装部队人员或美国国民实施。该法案给予法院对下列行为的管辖权：

（1）严重破坏 1949 年《日内瓦公约》的行为；

（2）违反《海牙公约》某些条款的行为；

（3）某些违反 1949 年《日内瓦公约》共同第 3 条的行为；

（4）违反《特定常规武器公约》经修正的第二议定书的行为。

对于未达到战争罪程度的案件，2000 年《域外军事管辖权法案》规定联邦法院可对美国境外由武装部队雇佣或伴随武装部队的人员所犯的可判处一年以上监禁的在美国特别海上管辖和属地管辖范围内的犯罪行使刑事管辖权。这些人员包括国防部文职雇员、承包商、国防部从属人员、与不受《统一军事司法典》约束的人共同犯罪的武装部队人员或者不再受《统一军事司法典》约束的武装部队退役人员。受《统一军事司法典》约束的武装部队人员以及属于犯罪发生地国"常住居民"的人员，不受《域外军事管辖权法案》的管辖。有权领取报酬的现役部队退休人员，仍属于受《统一军事司法典》约束的武装部队人员，因此不受《域外军事管辖权法案》的管辖。该法案于 2004 年修订，将管辖权扩大为包括来自其他联邦机构或任何临时当局的平民和承包商，但仅在其所支持的国防部海外行动的范围内。2005 年，国防部颁布第 5525.11 号指令，涉及《域外军事管辖权法案》的执行政策和程序以及责任分配。所有《域外军事管辖权法案》项下的提案都要发送给司法部的人权和特别检控科。

国会还在 2001 年《爱国者法案》中制定了一项规定，即修正了《美国法典》第 18 章第 7 条的第 804 条，扩大了美国《特别海上和属地管辖权法案》的范围，赋予联邦法院对美国公民在美国海外运营的设施中实施的刑事犯罪以管辖权。这为司法部提供了对个人提起指控的额外权源，倘若该犯行构成法案规定的犯罪（即重伤、攻击、绑架、谋杀和过失杀人）并且是在美国的海外设施中实施的。

拥有最宽泛管辖范围的联邦制定法是美国为履行其所参加的《禁止酷刑和其他残忍、不人道或有辱人格的待遇或处罚公约》项下的义务而通过的《域外酷刑法案》。该法案禁止美国公民以及美国境内的非美国公民实施酷刑。

对于在美国实施的犯罪，无论在其领土还是领地内，管辖权都不限于美国国民实施的犯罪，还扩及于其他国籍的人实施的犯罪。敌方国民所犯战争罪可作为违反国际法的罪行进行审判，而国际法也构成美国法的一部分。对敌方人员的审判可在美国联邦法院、军事法庭或军事委员会中进行。

军事委员会、军事法庭或宪兵法庭与普通军事法庭享有并行管辖权，可以审判被控犯有战争罪的个人。最近，在 2001 年 11 月，美国总统签署命令，授权军事委员会审判曾为基地组织成员，或者帮助、教唆或共谋实施针对美国及其公民之恐怖行为的非美国公民。2006 年，美国最高法院在 "哈姆丹诉拉姆斯菲尔德" 案中，质疑总统根据《美国宪法》第 2 款第 1 项召集军事委员会的单方面权力。国会随后履行了其根据《美国宪法》第 1 条第 8 款第 14 项所享有的权力，制定了 2006 年《军事委员会法案》。该法案于 2009 年修订，为军事委员会提供了管辖权框架。

2009 年《军事委员会法案》允许军事委员会对属于 "无特权战斗员" 的下列外国人行使管辖权：参与了针对美国或其盟友的敌对行动；坚定且从物质上支持针对美国及其盟友的敌对行动；在实施被指控犯罪时属于基地组织的一部分。该法案不仅授权对构成违反战争法规和惯例以及违反共同《日内瓦公约》第 3 条的行为行使管辖权，还授权对违反国内反恐禁令的行为行使管辖权。但该法案没有给予属无特权敌方战斗员的外国人援引《日内瓦公约》以作为私人诉权基础的权利。

在被占领土的审判通常依据占领法。对此类人员的审判曾在军事法院、军事委员会、宪兵法庭、军政府法庭或其他军事法庭中进行。[1] 起诉战争罪没有诉讼时效。[2]

---

〔1〕　尽管《统一军事司法典》第 21 条建立了普通军事法庭与军事委员会、宪兵法庭或其他军事法庭的并行管辖权，审判依武装冲突法应由此种委员会或法庭审判的罪行，但《日内瓦第三公约》第 85 条规定，战俘之因被俘前所犯之行为而依据拘留国法律被追诉者，即令已定罪，应仍享有本公约之利益。《日内瓦第三公约》提供的利益之一体现在第 102 条，该条规定对于战俘之判决只有经审判拘留国武装部队人员之同一法院，按照同样程序而宣布，始属有效。在美国羁押下的战俘，对其被俘之前或之后所犯的罪行，享有《统一军事司法典》赋予美国武装部队人员的相同的程序保障。这些规定似乎排除了今后再次使用审判山下奉文的那种类型军事委员会的可能性。See McDougal & Feliciano 730-31.

〔2〕　1977 Digest of United States Practice in International Law 927；联合国《战争罪及危害人类罪不适用法定时效公约》，1968 年 11 月 26 日通过，1970 年 11 月 11 日生效（未对美国生效）。美国虽然不反对这项公约的基本宗旨，但投票反对通过这项公约，因为它以一种在法律上不能令人满意的方式重新定义了危害人类罪，并在现有时效已过的国家溯及适用。Dep't St. Bull., 17 Feb. 1969, at 153. Miller, The Convention on the Non-Applicability of Statutory Limitations to War Crimes and Crimes against Humanity, 65 Am. J. Int'l L. 476 (1971). 该文分析了这项公约的缔约准备资料。

3. 公平审判标准

武装冲突法为审判被控犯有战争罪的个人确立了最低标准。[1]对被控实施战争罪的行为不提供公平审判本身就是一项战争罪。[2]

4. 辩护

被指控犯有战争罪的个人可提出许多辩护理由，这些辩护理由可分为两类：一类辩护理由通常是根据国内刑法的一般原则否认刑事责任，例如精神不健全、自卫、事实认识错误、法律认识错误和胁迫；另一类辩护理由则属战争罪审判所特有，例如上级命令、军事必要以及根据国内法实施行为。国际法的晚近实践已在建立特设法院/法庭、国际—国内混合法院/法庭或常设法院/法庭的规约中列举并定义了辩护理由。

（1）上级命令。一个人根据其军职或文职上级的命令犯有战争罪的事实本身不免除该人依国际法应承担的刑事责任。但该事实可以作为减轻量刑的情节加以考虑。[3]若要定责，该人必须知道或者有理由知道他被命令实施的

---

〔1〕《日内瓦第三公约》第82~108条；《日内瓦第四公约》第64~75条和第117~126条；《第二附加议定书》第6条；以及对缔约国而言，《第一附加议定书》第75条。美国特别支持《第一附加议定书》第75条规定的基本保证，即使这些规定尚未获得习惯法地位，也应予以遵守并在适当时候被承认为习惯法。Matheson, Remarks, at 422 & 427.

〔2〕《日内瓦第一公约》第50条；《日内瓦第二公约》第51条；《日内瓦第三公约》第130条；《日内瓦第四公约》第147条；《第一附加议定书》第85条第4款第5项（仅约束缔约国）。

〔3〕《纽伦堡国际军事法庭宪章》第8条规定：

被告遵照其政府或上级官员的命令行事的事实不能作为免刑的理由，但如按法庭的观点该行动具有充分根据者，可考虑作为减刑的理由。

U. S. Naval War College, International Law Documents, 194445, 255 (1946).

尽管曾有在1949年《日内瓦公约》和《第一附加议定书》中纳入一条关于上级命令作为辩护事由之规定的努力，但各国无法就平衡军事纪律和人道法要求达成一致，因此在上级命令作为辩护事由的问题上没有改变国际法。Levie, Protection of War Victims: Protocol I to the 1949 Geneva Conventions: Supplement (1985). 该书提供了努力在《第一附加议定书》中纳入一条关于上级命令作为辩护事由之规定的谈判历史。See also Levie, The Rise and Fall of an Internationally Codified Denial of the Defense of Superior Orders, 30 Revue De Droit Militaire Et De Droit De La Guerre 183 (1991), *reprinted in* Schmitt & Green at chap. XV. 需要注意的是，《前南斯拉夫问题国际刑事法庭规约》和《卢旺达问题国际刑事法庭规约》均规定（分别是第7条第4款和第6条第4款）：

被告人按照政府或上级命令而犯罪不得免除他的刑事责任，但是如果国际法庭裁定合乎法理则可以考虑减刑。

行为依国际法属于非法。[1]这样的命令必须明显非法。[2]标准就是在相同或类似的情况下，一个具备常识和理解力的人能否知道该命令为非法。[3]如果该人知道行为非法，但只是在胁迫之下实施了行为，这种情况可作为一种辩护的方式或者减轻量刑的情节而加以考虑。[4]

---

[1] 下面的声明指出了上级命令可以作为辩护事由的情况：毫无疑问，法院在面对为战争罪辩解而提出上级命令作为抗辩时，必须考虑到这样的事实：服从并非明显违法的军事命令，是每一个武装部队人员的义务，而且在有战争纪律的条件下，不能奢望武装部队人员可以谨慎地权衡所接到的命令在法律上的是非曲直；作战规则往往是有争议性的；构成战争罪的行为可能是因服从被视为报复措施的命令而实施的。这种情况本身可能就足以为该行为消除战争罪的污名。2 Oppenheim-Lauterpacht 568-69. 军事法庭对于上级命令这一抗辩所采取的一般态度，以下陈述很具代表性：战时在敌方军事权威下实施的行为，如果不为条约或习惯战争规则所禁止，则不涉及军官或士兵的任何刑事责任，这一点毋庸置疑。服从上级军官的命令对每一种军事制度几乎都不可或缺。但这意味着仅服从合法的命令。如果根据上级命令实施的行为是谋杀，有这种命令也不会使其非法性减轻分毫。它可能会减轻刑责，但不是犯罪的正当理由。但我们认为，如果下级不知道该命令的非法性，而且也不能合理地期望他知道该命令的非法性，那就不存在实施犯罪所必需的非法意图，下级就要受到保护。但一般规则是，武装部队人员只有义务服从指挥官的合法命令，他们不能因服从违反国际法和践踏基本正义观念的命令而逃避刑事责任。*The Hostage Case* (*United States v. Wilhelm List et al.*), 11 TWC 1236.

[2] See *U. S. v. Galley*, 46 CMR 1131, 48 CMR 19 (1969, 1971).《统一军事司法典》第92条要求武装部队人员只遵守合法的命令。一个指示实施犯罪的命令显然是非法命令。Para. 14c (2) (a) (i), Part IV, MCM, 1984.

[3] R. C. M. 916 (d); *U. S. v. Galley*, 48 CMR 29 (opinion of J. Quinn), 30 (concurring opinion of J. Duncan); Green, Superior Orders in National and International Law 142 (1976).《军事法庭手册》(R. C. M.) 第916条第4款规定：服从命令。这是被告人按照命令实施任何犯罪的辩护理由，除非被告人知道该命令是非法的，或者一个具备常识和理解力的人本应知道该命令是非法的。See Green, Superior Orders and the Reasonable Man, in Essays on the Modern Law of War (1985) at chap. Ⅲ.

[4] 一个人如果能够证明他只是在紧迫威胁之下行事，例如，不遵守上级命令就会受到紧迫的人身威胁，就可以胁迫作为抗辩事由。在一个法庭的判决中，法庭宣称：必须显示出这样一种情况，一个理性的人担心自己正处于紧迫的人身危险之中以至于剥夺了他择善而避错的自由。*The High Command Case* (*United States v. Wilhelm vonLeeb et al.*), 11 TWC 509. 纽伦堡国际军事法庭在其判决中宣称，因上级命令而承担责任的检验标准"不在于命令的存在，而在于当事人事实上是否有道德选择的可能性"。1 Trial of Major War Criminals before the International Military Tribunal, Nuremberg 14 November 1945 1 October 1946, at 224 (1947), *excerpted in* U. S. Naval War College, International Law Documents, 1946-1947, at 260 (1948). 以下事例阐明了这些原则：案例一：故意选择受《日内瓦公约》保护的医院作为空中轰炸的目标是违法的。虽然作出选择的人要承担刑事责任，但拿到这一坐标的飞行员无需承担刑事责任，除非他知道被攻击的应受保护之目标的性质，并且相关情况无法证明攻击的正当性。案例二：错误的情报可能导致攻击了事实上不是军事目标的目标。除非在收到正确情报并传达给攻击部队后，攻击仍然实施了，否则在这种情况下不会产生任何刑事责任。案例三：一名海军飞行员实施攻击时，确实因为疏忽大意而偏离预定目标（军事目标）几英里。炸弹落在飞行员不知道的民用物体上。没有发生故意违反国际法的情况。然而，根据其本国的刑法典，他可能会因玩忽职守而受到刑事处罚。他被指控违反武装冲突法则欠妥。

（2）军事必要。武装冲突法规定，只有在最短的时间内，以最少的生命和财产代价使敌方部分或全部屈服，且不为武装冲突法所禁止的武力的程度和种类才可以适用。该原则通常被称为"军事必要"，是一个基本的限制理念，旨在将武装冲突中使用的武力限制在实现合法军事目的事实所需的范围内。该原则经常被误解和误用来支持军事力量的过度和非法使用，而在这种误解之下，完成任务的"军事必要"成了证明结果之正当性的理由。军事必要不能证明军事指挥官不顾武装冲突法和国际法或者超出武装冲突法明确规定的限制而实施的行为是正当的。如果指挥官基于军事必要行事，其行为的正当性只能依据行事当时他所能获得的情报加以判断。

（3）依据国内法属合法或强制行为。一国国内法不禁止一项构成国际法上战争罪的行为的事实，不免除行为人依据国际法应承担的责任。[1]但是，一项国际法上的战争罪依据一国国内法属于合法甚至属于强制措施的事实可以作为减轻量刑的情节加以考虑。[2]

5. 制裁

根据国际法，可以对确定犯有战争罪的任何人施加包括死刑在内的任何刑罚。[3]美国的政策要求刑罚是威慑性的并且要与罪行的严重性相适应。[4]

三、需报告的违法行为

国防部战争法计划是国防部战争法报告要求的渊源。这项指令将需报告事件定义为"可能、疑似或被控违反战争法，对此有可靠的情报，或者属于非战争军事行动期间的行为，如果该行为发生在武装冲突期间就构成违反战争法"。这类事件必须"迅速报告，全面调查，并且在适当时通过矫正措施加以救济"。

所有军事人员和被指派到国防部单位或伴随国防部单位的美国平民雇员和承包商，应通过指挥系统报告突发事件。获得需报告事件之情报的任何部

---

〔1〕　Principle II; FM 27-10, para. 511.

〔2〕　DA Pam 27-161-2, at 249, and sources cited therein.

〔3〕　Levie, 2 The Code of International Armed Conflict 907.

〔4〕　FM 27-10 para. 508. 最近与战争罪审判、辩护和国际法庭的其他发展有关之问题的一般讨论，See Albany Law Review Annual Symposium: Conceptualizing Violence: Present and Future Developments in International Law, in 60 Albany L. Rev. 565-1079 (1997).

队的指挥官应立即通过指挥渠道向作战和军事部门的更高一级机关报告该事件。报告的各项要求必须同时满足。

以下是需报告事件的实例：

（1）对伤者、病者、船难幸存者、战俘、被占领土或盟国领土的平民居民（包括被拘禁和拘留的平民）实施的犯罪行为：无正当理由的攻击；故意杀害；酷刑或不人道待遇，包括生物、医学或科学实验；残伤肢体；为移植的目的去除组织或器官；非该人健康所需的或者与公认的医学标准不一致的任何医疗程序；故意使身体或健康遭受重大痛苦或严重伤害，或者严重危及身心健康；劫为人质。

（2）针对被拘留人和战俘实施的其他犯罪行为：强迫战俘在敌国部队中服役；使其从事有害健康、危险或其他被禁止的劳动；侵犯宗教权利；剥夺获得公平和正规审判的权利。

（3）针对船难幸存者、伤者、病者实施的其他犯罪行为：军事利益确实允许时，未搜寻、收集、照顾船难幸存者或保证其人身安全，或者未照顾因伤、病、放下武器和投降而失去战斗力的战地武装部队人员；

（4）针对平民居民，包括被占领土或盟国领土内被拘禁和拘留的平民、难民和无国籍人，实施的其他犯罪行为：非法驱逐出境或迁移，非法禁闭，强迫劳动，强迫平民居民在敌国部队中服役或参加军事行动，拒绝给予宗教权利，剥夺国籍，侵犯财产权和拒绝公平和正规审判。

（5）明知攻击会使平民生命受损失、平民受伤害或平民财产受损害，而且与预期的具体和直接军事利益相比损害过分，明知攻击会造成死亡或者对身体或健康的严重伤害，仍攻击平民个人或平民居民，或者不分皂白地攻击平民居民和平民财产。

（6）故意攻击：包括医院船、沿岸救护艇、其救生艇或小艇在内的医务运输工具；医务车辆；医务飞机；包括医院在内的医疗设施；医疗队；医务人员或船员（包括船难幸存者）；从遇难飞机跳伞并在降落期间的人员。

（7）对间谍和其他涉嫌敌对行为的人员，在他们拘留期间未经公平审判就杀害或施加其他刑罚。

（8）虐待或残伤尸体。

（9）无军事上的必要，故意或恣意地破坏城市、城镇或乡村，或广泛破坏；以攻击和恐吓平民居民或者毁坏受保护的地区、建筑物或物体（例如用于宗教、慈善或医疗目的的建筑物、历史纪念碑或艺术品）为唯一目的的空中或海军轰炸；攻击不设防、开放给敌军占领以及没有军事重要性的处所；违反建立非军事地带的协议而攻击此类地带。

（10）为军事目的不当利用享有特权的建筑物或处所。

（11）无军事上的必要，攻击堤坝等设施，而此种堤坝一旦被破坏，就会向平民居民释放危险力量。

（12）劫掠公私财产。

（13）故意滥用红十字、红新月（白底加红）等特殊标志或其他国际法承认的保护性标志、符号或信号。

（14）假装因伤/病而无能力，以杀死或伤害敌人；假装有在休战旗下谈判或投降的意图，以杀死、俘获或伤害敌人；使用休战旗赢取撤退或增援的时间。

（15）向休战旗开火。

（16）拒绝纳降，除非合理地怀疑敌人有不良企图。

（17）违反投降或停战协定。

（18）使用有毒或其他违禁武器或弹药。

（19）在水井、溪流或其他水源处投毒。

（20）违反规范作战行为之公认规则的其他类似行为。[1]

---

〔1〕 See SECNAVINST 3300. 1C, The Department of the Navy Law of War Program. Enclosure 1.

第七章 | 中立法

一、导言

中立法规定了交战国与中立国之间的法律关系。交战国是那些参与国际性武装冲突的国家，无论是否进行了正式宣战，[1]而中立是那些没有参与武装冲突的国家。[2]第三个术语——"非交战国"，有时也用来形容没有参与武装冲突的国家。

中立法允许国家避免在武装冲突中选边站队，力求保持交战国和中立国之间的友好关系。中立法还在交战国和中立国之间建立了清晰的界线，旨在防止更多的国家被卷入武装冲突。特别是，中立法努力将武装冲突对非交战国的影响降低到最低程度，包括减轻战争对中立贸易的影响。

中立国不得向交战国提供某类支持的义务，仅在达到一定激烈程度和持续期间的国际性武装冲突中才会产生。但是，交战国在所有国际性武装冲突中都负有尊重中立国主权的基本义务。此外，中立法的某些义务还可以在国际性武装冲突以外适用，特别是在友好国家发生的非国际性武装冲突中不干涉和中立的义务。

---

〔1〕 See Greenwood, at 295-96. 对比《日内瓦公约》共同第 2 条，该条"适用于两个或两个以上缔约国间所产生之一切经过宣战的战争或任何其他武装冲突，即使其中一国不承认有战争状态"。

〔2〕 NWIP 10-2, para. 230a; Kelsen 141-44; Tucker 196-197. 格林伍德（Greenwood）极为正确地言明"是中立国的行为而非交战国的行为将中立法付诸实施"。Greenwood at 301. 例如，美国一直宣称它在 1980~1988 年的两伊战争中保持中立。President Carter, Remarks, 24 Sep. 1980, 16 Weekly Comp. Pres. Dots. 1922 (1980); President Reagan, Written Responses to Questions, 23 Weekly Comp. Pres. Dots. 556 (19 May 1987); U. S. Dep't of State, U. S. Policy in the Persian Gulf, Special Report No. 166, July 1987, at 8-11.《圣雷莫海战法手册》第 13 条第 4 项只是规定"'中立国'是指任何一个不参与冲突的国家"。See *also* Doswald-Beck at 87-88 for commentary on this definition.

现代中立法可能很难分辨。某些规则形成的年代久远，因此要小心求证。与中立法有关的条约可能只适用于有限范围的国际性武装冲突；可能反映或没有反映出习惯法；可能在具体问题上已被取代。特别是，尽管《联合国宪章》在某些方面与中立法是一致的，但在其他情况下它可能被理解为修正了某些传统的中立规则。尽管存在这些不确定性，但中立法仍然发挥着重要作用。

二、中立地位

习惯国际法考虑到，所有国家都可以通过宣布或采取中立地位的方式，选择不参加某一武装冲突。[1]尽管传统的实践是在武装冲突爆发时不参战的国家发布中立声明，但并不要求不参战的国家要特别宣告其采取中立地位的意图。

武装冲突法在相互性的基础上为中立国和交战国施加了义务并赋予了权利。中立国的主要权利就是其领土的不可侵犯性；其主要义务是不作为和不偏不倚。"不偏不倚"要求中立国以一种对所有交战国都平等（即公正或不歧视）的方式履行其义务并行使其权利，不考虑对个别交战国的不同影响。[2]"不作为"是指不向交战国提供与战争有关的货物或服务（包括资金或贷款）的中立义务。[3]中立义务还包括"防止"和"容忍"。中立国有义务防止在其管辖范围内违反中立（例如，防止在中立水域的交战行为，或利用中立港口或水域作为作战基地）。[4]在交战国针对中立国商船采取合法措施时，中立

---

〔1〕 选择是一项政治决定。同样，承认这种不参与也是一项政治决定。NWIP 10-2, para. 230a. 虽然在武装冲突爆发时不参与的国家通常会发表中立声明，但并不要求不参与的国家必须发表特别声明来表明它们采取中立地位的意图。NWIP 10-2, para. 231.《海牙第三公约》第 2 条规定，交战国有义务将战争状态的存在通知中立国：

战争状态的存在必须毫不延迟地通知各中立国，并且只有在中立国接到通知之后，对它们才发生效力。通知可采用电报方式。但如事实足资证明中立国确实知道战争状态的存在，则它们不得以未得到通知作为借口。

第 2 条在都是《海牙第三公约》缔约国的交战国和同样是公约缔约国的中立国之间具有拘束力。缔约国包括美国及其许多盟国、苏联以及奥地利、芬兰、爱尔兰、瑞典和瑞士等五个国际承认或自称的永久中立国。

〔2〕 Tucker 203-05.《海牙第十三公约》序言和第 9 条。

〔3〕 Tucker 206-18.《海牙第十三公约》第 6 条。

〔4〕 Tucker 218-53.《海牙第十三公约》第 8 条。

国还负有容忍的义务，例如中立国商船从事运输禁运品，破坏或企图破坏封锁，或者提供非中立服务。[1]反过来说，交战国有义务尊重中立国的不可侵犯性，尊重中立国坚持履行其不作为和不偏不倚之义务的权利。[2]

中立地位一旦确立即生效，除非且直至中立国放弃其中立地位并参与冲突。[3]中立国违反其中立义务有丧失其中立地位的风险。另一方面，中立国使用武力抵抗侵犯其中立的企图不构成参加敌对行动。

(一) 有限中立

美国所持的立场是，根据有限中立原则，中立国的某些义务可能不适用。中立法传统上要求中立国在冲突各方之间严守公正性，无论哪个国家被视为侵略国。但是，在条约将战争作为一种国家政策非法化之后，有人主张中立国可以区别对待，以支持侵略战争的受害国。因此，在参加第二次世界大战之前，美国采取"有限中立"的立场，即中立国有权支持作为公然违法的侵略战争之受害者的交战国。这一立场过去以及现在都是有争议的。

(二) 《联合国宪章》下的中立

中立的习惯法在某种程度上已被《联合国宪章》所修正。《联合国宪章》第2条第4款规定"各会员国在其国际关系上不得使用威胁或武力，或以与联合国宗旨不符之任何其他方法，侵害任何会员国或国家之领土完整或政治

---

〔1〕　Tucker 252-58；Green 260-62.

〔2〕　一个国家只要不参与敌对行动，就可以成为中立国，即使它对交战国的态度可能并非不偏不倚。在不可能完全不偏不倚的情况下，不参与的立场能否得以维持，取决于权利受侵害的交战国的反应。NWIP 10-2, para. 230b n. 14；Tucker 197（中立地位的唯一必要条件是不参与敌对行动）. 但是，《巴黎非战公约》被解释为允许以侵略受害国的名义保持善意中立。另一方面，中立国使用武力抵制破坏其中立地位的企图这一事实不构成参与敌对行动（《海牙第十三公约》第26条）. Levie, 2 The Code of International Armed Conflict 788；11 Whiteman 18590. 两伊战争期间，中立国在波斯湾为中立国船舶护航的行动，包括美国应其他中立国船舶的请求对即将遭受的交战国船舶或飞机的非法攻击提供援助的政策，表明中立国保留维持其中立地位的自卫权。See Dep't St. Bull. , July 1988, at 61；McNeill, at 638；and De Guttry & Ronzitti, The Iran-Iraq War（1980-1988）and the Law of Naval Warfare（1993）at 173-209.

〔3〕　Tucker 202. NWIP 10-2, para. 231, n. 16. 如果美国是交战国，第三国中立地位的认定通常要由适当的指令予以公布。为了区别于自称的中立国（武装冲突期间无论是"永久"的还是暂时的），目前享有国际公认的永久中立地位的只有两个国家·瑞士和奥地利。1 Whiteman 342-64. 自称的（不结盟的）中立国包括芬兰、爱尔兰、瑞典和梵蒂冈（罗马教廷）. See Wachtmeister, Neutrality and International Order, Nav. War C. Rev. , Spring 1990, at 105. 1983年9月15日，哥斯达黎加宣布了"永久、积极且解除武装的中立"政策，但保持其作为美洲国家组织成员国和1974年《里约条约》缔约国的地位。N. Y. Times, 18 Nov. 1983, at A12.

独立".[1]在发生对和平的威胁或破坏或者侵略行为时，安理会有权代表所有会员国依据第39条、第41条和第42条采取执行措施，包括使用武力，以维持或恢复国际和平及安全。[2]当联合国授权采取集体措施对抗侵略国时，传统的中立权利和义务的概念就可能被修正。《联合国宪章》第2条第5款规定"各会员国对于联合国依本宪章规定而采取之行动，应尽力予以协助，联合国对于任何国家正在采取防止或执行行动时，各会员国对该国不得给予协助".[3]宪章义务应当优先于其他国际义务。因此，所有会员国都必须遵守安理会根据宪章第七章作出的决定。因此，会员国可能有义务放弃纯粹的中立，从而支持联合国的行动。[4]尽管如此，《联合国宪章》第50条确实承认，一国采取安理会授权的防止或执行措施而引起特殊经济问题时，有权与安理会协商解决此项问题。不过，如果不存在有拘束力的安理会决议，每个国家都可自行决定是否支持武力攻击的受害国（援引集体自卫权）或保持中立。[5]因此，尽管在安理会没有任何行动时会员国可以差别对待侵略国，但它们不是必须这样做。在这些情况下，保持中立仍然是有可能的。

---

〔1〕《联合国宪章》第2条第3款和第4款。

〔2〕《联合国宪章》第39条、第41-42条。截至1997年7月，安理会只有5次通过了强制制裁决议：对南罗得西亚（1966年第232号决议，根据宪章第41条实施贸易禁运，12 Whiteman 394-95；1968年第253号决议，根据宪章第七章扩大贸易禁运，12 Whiteman 403-07）；对南非（1977年第418号决议，根据宪章第七章实施武器禁运，1977 Digest 934-36）；对伊拉克（1990年第661号决议，根据宪章第七章实施全面禁运）；对南斯拉夫（1991年第713号决议，根据宪章第七章实施武器和军事装备禁运）；对海地（1993年第841号决议，贸易禁运）。

〔3〕《联合国宪章》第2条第5款、第25条、第43条和第49条。对这一概念的精彩讨论，See Title V Report, App. 0, pp. 626-29.

〔4〕《联合国宪章》第43条和第45条。See also Doswald-Beck at 155-56. 海湾战争期间，一些国家（例如约旦）继续宣称中立，甚至还与伊拉克进行贸易。

〔5〕 如果联合国授权对侵略者采取集体行动，中立权利和义务的传统概念就被实质修改。对实施非法武力攻击的国家，如果安理会没有相反的决议，各国可以排斥甚至诉诸武装冲突进行自卫。这源于《联合国宪章》第51条，该条承认"联合国任何会员国受武力攻击时，……行使单独或集体自卫之自然权利"。根据题为"联合一致共策和平"的决议（1950年联合国大会第377号决议），联合国大会可在遇有破坏和平及安理会因否决权而不能履行责任时，"俾得向会员国提出集体办法之妥当建议，包括……必要时使用武力……"与安全理事会具有拘束力的决定相反，大会的建议不构成会员国的法律义务。总而言之，尽管成员国可以排斥侵略者，但即使安理会没有采取任何行动，它们也没有义务这样做。在这种情况下，保持中立仍然具有明显的可能性。NWIP 10-2, para. 232 n. 17; Tucker 13-20, 171-80; Schindler, Neutral Powers in Naval War, Commentary, in Ronzitti at 211.

（三）区域性和集体自卫协议下的中立

《联合国宪章》规定的会员国不得使用威胁或武力侵害任何国家的领土完整或政治独立的义务受到单独和集体自卫权的限制，会员国可行使自卫权直至安理会采取必要的措施恢复国际和平及安全。自卫这项自然权利可单独或集体行使，可在临时的基础上也可以通过书面的区域性和集体安全协议。[1]根据此项协议主张并维持中立地位的可能性取决于协议各方在多大程度上有义务在区域性行动中或集体自卫的情况下提供协助，以帮助武力攻击的受害国。此类条约的实际效果可能是将缔约国受攻击时相互援助的权利转变为一项义务。这项义务可能体现为从经济援助到承诺动武等多种形式。[2]

三、中立国领土[3]

作为一项国际法一般规则，禁止在包括中立国的陆地、领水和领空在内的中立国领土内进行任何敌对行为。[4]中立国领水包括中立国的领海、群岛水域、港口、锚地和内水。无论是毗连区、专属经济区还是公海，都不得被视为中立国领水。中立国有义务防止其领土（包括其领水）被任何一方的作战部队用作避难所或作战基地。[5]中立国诉诸武力防止交战国侵犯其领土不构成敌对行为。如果中立国不能够或不愿意有效执行其不可侵犯权，受损害的交战国可在中立国领土采取此类必要的行为以对抗敌军的活动（包括军舰和军用飞机非法利用该领土）。[6]如在中立国领土时被攻击或受到攻击之威胁，

---

〔1〕 See Kelsen generally.《联合国宪章》第八章"区域办法"承认区域性集体安全办法。美国参加的每一项集体安全条约都提到并表示承认联合国的原则、宗旨和/或管辖权。《联合国宪章》第103条规定：

联合国会员国在本宪章下之义务与其依任何其他国际协定所负之义务有冲突时，其在本宪章下之义务应居优先。

〔2〕 See NWIP 10-2, para. 233 n. 20.

〔3〕 本节所述的关于中立国领土的规则具有习惯法性质并编纂于《海牙第十三公约》。NWIP 10-2, para. 441 & no. 26.

〔4〕《海牙第五公约》第1条；《海牙第十三公约》第2条。See Green 265-66.

〔5〕 Tucker 260-61；《海牙第五公约》第5条。对比《海牙第十三公约》第25条。中立国为防止交战国侵犯其领土而诉诸武力并不构成敌对行为。《海牙第五公约》第10条。

〔6〕 McDougal & Feliciano 406-07；NWIP 10-2, para. 441 & n. 27；Tucker 220-26, 256, 261-62；Harlow, UNCLOS III and Conflict Management in Straits, 15 Ocean Dev. & Int'l L. 197, 204（1985）；Robertson, The "New" Law of the Sea and the Law of Armed Conflict at Sea, in Moore & Turner at 304.

或者攻击或攻击之威胁来自中立国领土，交战国还有权进行自卫。[1]

（一）中立国的领陆

禁止交战国的部队或作战物资和供应品通过中立国陆地领土。[2]中立国必须动员足够的部队，以确保履行其防止交战国部队越过中立国边境的职责。[3]对于是否允许交战国部队为寻求避难而进入其领土，中立国有自由裁量权。不过，进入中立国领土的交战国部队必须解除武装并被拘禁，直至武装冲突结束。[4]

中立国可准许任何一方武装部队的伤病员过境，但以运载他们的车辆不运送军事人员和作战物资为条件。如果允许伤病员过境，中立国就承担提供安全和管控措施的责任。从中立领土脱逃的战俘应被视为成功从拘留国脱逃。中立国既可拒绝脱逃战俘入境也可收容他们。中立国应给其所收容的脱逃战俘以自由。中立国如允许他们留在其领土内，可以为他们指定居住的地点。

（二）中立国的港口和锚地

尽管中立国可在不歧视的基础上禁止交战国军舰进入其港口和锚地，但它们并无义务这样做。[5]不管怎样，《海牙第十三公约》都要求向武装冲突爆发时停留在中立国港口或锚地的交战国军舰发出 24 小时内（或在当地法律所规定的其他期限内）驶离的通知。[6]此后，交战国的军舰只能造访中立国特意选择为其开放的港口和锚地。[7]包括军舰在内的交战国船舶，保留遇险时进入中立国港口和锚地的权利，无论遇险是因为不可抗力还是敌军行动造成的

---

〔1〕 Ibid. *Compare* San Remo Manual paras. 22 & 30, and commentary *in* Doswald-Beck at 101-02 & 106-07.

〔2〕 《海牙第五公约》第 2 条；FM 27-10，paras. 516-17. 1941 年，德国要求通过瑞典领土向挪威运送部队和补给，瑞典以各种方式应付了这一要求，有关情况的摘要，See Levie，1 The Code of International Armed Conflict 156.

〔3〕 《海牙第五公约》第 5 条；FM 27-10，para. 519b.

〔4〕 《海牙第五公约》第 11 条；FM 27-10，paras. 532-36.

〔5〕 NWIP 10-2，para. 443b（1）n. 29；Tucker 240. 对比《海牙第十三公约》第 9 条。

〔6〕 《海牙第十三公约》第 13 条。在大多数情况下，《海牙第十三公约》被认为宣告了明确限制交战国使用中立国港口和水域的习惯规则。Tucker 219. 即使就中立国水域和港口而言，《海牙第十三公约》也没有被认为是详尽无遗的。参见《海牙第十三公约》第 13 条；Tucker 219 n. 52.

〔7〕 11 Whiteman 265-69. 对比《海牙第十三公约》第 9 条。

损害引起的。[1]遇险时的入境权不妨碍中立国在同意入境后所采取的措施。

1. 对停留和驶离的限制

如中立国的法律没有其他相反的特别规定，[2]交战国军舰在该中立国的港口、锚地或领水内停留时间一般不得超过 24 小时。[3]这项限制不适用于专用于慈善、宗教或非军事性的科学目的的交战国军舰。[4]从事收集具有潜在军事用途的科学数据的军舰不在豁免之列。[5]交战国军舰非因损坏或恶劣气候不得在中立国港口延长其法定的停泊时间。[6]延迟的原因一经消失，该军舰应立即离开。中立国有义务防止交战国军舰在其港口、锚地或领水内停留超过法定时间。虽经中立国通知，如果交战国军舰仍不从它无权停泊的港口离开时，中立国则有权扣留该军舰，拘留船上军官和船员。[7]

中立国可制定法律或规章来规范停泊在其领水的交战国军舰，倘若这些法律和规章不歧视地公平适用于所有交战。除非中立国制定了相反的法律或规章，[8]则同时停泊在同一中立国港口或锚地的任何一个交战国的军舰最多不得超过 3 艘。[9]当敌国的军舰也同时出现在一个中立国港口或锚地时，各方船舶的启航时间彼此至少应相隔 24 小时。[10]启航的次序按照到达的次序决定，除非首先到达的军舰已被准许延长停留的时间。[11]一交战国军舰不得在悬挂敌国国旗的商船启航不到 24 小时内离开中立国港口或锚地。

---

〔1〕　NWIP 10-2，第 443b（1）n. 29，*quoting* Naval War College, International Law Situations 1939, No. 39, at 43~44（1940）；Tucker 240 & 252. 遇险时的入境权不妨碍中立国在获准入境后可能采取的措施。根据《海牙第十三公约》第 24 条第 1 款的规定，如果交战国船舶一俟入港原因消失仍未能尽快离港，中立国有权采取它认为必要的措施，务使该船舶在战争进行期间无法出海，也就是扣留该船舶。Levie, 2 The Code of International Armed Conflict 816-17.

〔2〕　大多数中立国的惯例是采用 24 小时的时限作为给予交战国军舰的正常停留时间。NWIP 10-2, para. 443b（1）n. 29；Tucker 241 & n. 93.

〔3〕　《海牙第十三公约》第 12~13 条；Tucker 241；San Remo Manual, para. 21. 本部分仅指交战国军舰停留在中立国港口、锚地或领海，而不是通过中立国领海。

〔4〕　参见《海牙第十三公约》第 14 条第 2 款。

〔5〕　这一对豁免于停留和驶离之限制的例外，承认了海洋科学研究与军事活动的区别。

〔6〕　《海牙第十三公约》第 14 条第 1 款。

〔7〕　《海牙第十三公约》第 24 条。Tucker 242.

〔8〕　《海牙第十三公约》第 15 条。NWIP 10-2. art. 443b（2）.

〔9〕　《海牙第十三公约》第 15 条。

〔10〕　《海牙第十三公约》第 16 条第 1 款。

〔11〕　《海牙第十三公约》第 16 条第 2 款。

2. 作战物资、供应品、通讯和修理

交战国军舰不得利用中立国港口或锚地补充或增加武器或军需品，也不得安装或使用任何与交战国部队通讯的仪器。[1]尽管交战国军舰可以补充食品和燃料，但对允许补充的数量法律却未作规定。实践中，一般由中立国根据不歧视和禁止利用中立国领土作为作战基地的原则，确定交战国军舰补给食品和燃料的条件。《海牙第十三公约》第 19 条将军舰的食品补给限定为"平时正常标准"。但是，第 19 条却为燃料的补给建立了两个不同的标准。军舰增添的燃料以足够"到达本国最近的港口为度"，或者"如中立国有供应燃料至装满煤仓的限制规定，则以燃料增添至煤仓贮满为度"。第 20 条禁止军舰在三个月以内在同一中立国的港口补充燃料。

在中立国港口和锚地的交战国军舰只能在对航行安全绝对必要的限度内进行修理。如果 1928 年《海上中立公约》适用，发现是由于敌方炮火造成的损坏，无论如何不得修理。但是，习惯国际法是否禁止此类修理还不是很清晰。一些国家允许此类修理，但要在使船舶充分适航以继续安全航行的限度内。至于根据该原则是否允许修理战斗损伤，即使是为了适航的目的，法律也还尚未解决。一些国家已将中立义务解释为，在任何情况下都禁止修理战斗中导致的损坏。因此，被敌方炮火损坏的交战国军舰一旦超过合法停泊的时间仍没有或无法出海，就应当被扣留。其他国家则将中立义务解释为，不禁止修理被敌方炮火损坏的军舰，如果修理是在使船舶充分适航以继续安全航行的限度内。无论如何，交战国军舰不得增加或修理武器系统或提升任何其他方面的作战能力。中立国有义务核定修理项目并令其从速完工。[2]

---

〔1〕《海牙第十三公约》第 5 条和第 18 条。尽管《海牙第十三公约》第 5 条涉及通讯设备的设置，但在第二次世界大战期间，实际上所有中立国都禁止交战国在其领海内使用无线电报和无线电话设备。NWIP 10-2, para. 443c, n. 31.

〔2〕 NWIP 10-2, para. 443e n. 33；Tucker 244-45. 这些观点在德国"施佩伯爵海军上将号"重巡洋舰的案例中得到阐明：

1939 年 12 月 13 日，"施佩伯爵海军上将号"重巡洋舰在与英国海军交战后进入乌拉圭港口蒙得维的亚。德国请求乌拉圭当局允许"施佩伯爵海军上将号"在港口停留 15 天，以修理战斗损伤，恢复该船的航行能力。乌拉圭当局批准了 72 小时的停留时间。就在这段时间届满前不久，"施佩伯爵海军上将号"离开了蒙得维的亚港，在拉普拉塔河口被其自身的船员捣毁。英国政府虽然没有坚持《海牙第十三公约》第 17 条明确禁止修理战斗损伤，但确实指出了各国普遍的做法，当时中立国禁止在其港口修理战斗损伤。根据这一惯例，有人曾建议将"施佩伯爵海军上将号"的停留时间缩短为 24 小时。然而，乌拉圭坚持认为，中立国义务的范围只要求它防止那些有助于增强船舶战斗力的修理，而

3. 捕获

除非因失去航行能力、气候恶劣或缺乏燃料与粮食，不得将捕获物（即被拿捕的中立国或敌国商船）带进中立国港口或锚地，并且一俟上述原因消失，被捕船舶必须立即离开。[1]中立国有义务释放被捕船舶连同船上的军官和船员，如果被捕船舶是被非法带进中立国港口或锚地，或者虽合法进入，一俟入港原因不复存在，在接到命令时未驶离，中立国还有义务拘留交战国负责押解的船长和船员。[2]

（接上页）不是航行安全所必需的修理。Tucker 245 n. 2. 塔克（Tucker）评论这一事件是"值得注意的例子，在此范围内交战国似乎可以使用中立国港口而不违反不得将中立国领土用作海军作战基地这一禁止性规定"。*Ibid.* See O'Connell, The Influence of Law on Sea Power（1975）at 27–30; Pope, The Battle of the River Plate（1956）; and Bennett, Battle of the River Plate（1972）for more detailed discussions of this and other aspects of the Battle of the River Plate. See also Churchill, The Second World War（1948）at 7–5.

[1]《海牙第十三公约》第21~22条。捕获物是否可以保存在中立国港口等待捕获法院的判决，还存在意见分歧。《海牙第十三公约》第23条中允许中立国让捕获物进入其港口，"当它们被押解至那里等待捕获法院的判决时"。但美国（以及英国和日本）不遵守第23条，并坚持相反的立场。1916年，被德国突袭扣押的英国蒸汽船"阿帕姆号"（APPAM），在捕获船员带领下驶入汉普顿锚地。美国最高法院判令将这艘船归还给船主并释放了所有船员，理由是美国不允许其港口被用作保存捕获物的安全港。*The Steamship Appam*, 243 U. S. 124（1917）. NWIP 10-2, para. 443f n. 34; Tucker 246–47.

[2]《海牙第十三公约》第21~22条；NWIP 10-2, para. 443f. 第二次世界大战中的"弗林特城市号"蒸汽机船事件就是这些规则的例证：

1939年10月9日，一艘德国巡洋舰在距离纽约大概1250英里处登临并搜查了美国商船"弗林特城市号"。"弗林特城市号"装载着一批运往英国港口的混合货物，被德国巡洋舰以禁运品为由予以扣押，德国捕获者还向船上派驻了船员。10月9日至11月4日期间，这艘美国船先被带到挪威的特罗姆瑟港，然后到达俄国城市摩尔曼斯克，两天后从最后提到的港口，沿着挪威海岸返回，最远到达了挪威城市海于格松，在那里挪威当局根据1907年《海牙第十三公约》第21条和第22条所载明的国际法规则，于11月4日释放了"弗林特城市号"。被捕船舶只能因为"没有航行能力，海上的恶劣天气，或者缺少锚或补给品"而被带到一个中立国港口。11月3日"弗林特城市号"进入海于格松，不符合这些条件中的任何一项。德国军舰最初对"弗林特城市号"的登临、搜查、扣押以及将捕获者的船员派驻在船上和船员的行为显然都是合法的。然而，在摩尔曼斯克港停留的合法性令人怀疑。从对事实的分析来看，显然没有真正的遇险或正当理由可以让其在所谓的中立国港口避难。也许德国人和俄国人希望援引《海牙第十三公约》第23条的规定，该条授权一个中立国允许"被捕船舶进入其港口或锚地……如果是为了等待捕获法院的判决"。这一条款从来没有被普遍接受为国际法的一部分，而且在批准公约时美国予以明确拒绝。在欧洲战争中，苏联并非传统意义上的中立国，其模棱两可的立场使局势变得更加复杂。根据严格的国际法规则，苏联在履行中立国职责方面是失职的，本来不应该允许"弗林特城市号"进入摩尔曼斯克或在那里找到任何形式的避难所。

U. S. Naval War College, International Law Situations 1939, No. 39 at 24–25（1940）, *quoted in* NWIP 10-2, para. 443f n. 35. See also Tucker 246 n. 5; Hyde 2277–82.

(三) 中立国的内水

中立国的内水包括中立国领海基线向陆地一侧的水域，或者对群岛国来说，划定内水界限的封闭线以内的水域。涉及中立国港口和锚地的规则同样适用于中立国的内水。

(四) 中立国的领海

中立国的领海，一般像中立国的领土一样，不得被交战国部队用作避难所或作战基地。[1] 交战国有义务在中立国领海内停止一切敌对行为，除非为自卫所必需或者是在中立国不能或不愿维护其不可侵犯性时针对侵犯那些水域中立地位的敌军所采取的自助性执行措施。[2]

中立国在不歧视的基础上可以停止交战国军舰和被捕船舶通过其领海，除非属于国际海峡和群岛海道。在接到关闭领海的适当通知后，交战国不得进入中立国的领海，除非是过境国际海峡、群岛海道或者因遇险所必需。[3]但是，中立国可以允许交战国军舰和被捕船舶通过其领海。[4] 交战国军舰不

---

〔1〕《海牙第十三公约》第 5 条；NWIP 10-2, para. 442；Tucker 226-31. 在 1940 年 2 月的 "阿尔特马克号" 事件中，禁止使用中立国领水作为避难所就存在争议，当时一艘将英国战俘运往德国的德国军舰试图逃避英国军舰的拿捕，选择向南穿过挪威西部领海，最终又一个英国海军舰队追赶进入挪威内水戈斯兴湾。不顾挪威反对，英国皇家海军 "哥萨克号" 驱逐舰进入该峡湾，登上 "阿尔特马克号" 并释放了战俘。O'Connell, The Influence of Law on Sea Power 40-44 and sources listed at 195；Tucker 234-39；7 Hackworth 568-75；3 Hyde 2339-40；MacChesney 6-48. See also His Majesty's Stationery Office (H. M. S. O.) Cmd. 8012 (1950).

〔2〕《海牙第十三公约》第 1 条；NWIP 10-2, para. 441 & n. 27；Tucker 219-20. 上述例外反映了这样一个现实，即一些中立国不能或不愿意实施其领土的不可侵犯性。

〔3〕《领海及毗连区公约》第 16 条第 3 款；《联合国海洋法公约》第 25 条第 3 款和第 45 条第 2 款；Scott, Reports 847-48 (尽管留给国际法解决这一问题，但 "中立国似乎可以禁止即使是无害通过其领海的有限部分，只要看起来对其保持中立有此必要，但这种禁止不能延伸至连接公海两个部分的海峡")；NWIP 10-2, para. 443a n. 28.

〔4〕《海牙第十三公约》第 10 条；NWIP 10-2, para. 443a. 塔克 (Tucker) 建议，《海牙第十三公约》第 10 条中出现的 "仅仅通过" 这一短语，应参照《海牙第十三公约》第 5 条来解释，后者禁止交战国使用中立国水域作为作战基地。Tucker 232-39. 然而，这种解释没有被普遍适用。Tucker 235 n. 84. 麦克切斯尼 (MacChesney) 分析了 "仅仅通过" 的含义并提供了如下看法：

立法过程没有提供确定的解释。将这一短语引入 (第 10 条) 草案的英国人表示，他们考虑的是和平时期的无害通过……平时规则的类推适用可用以表明交战国愿意允许中立国予以同意的通过类型。设想中的通过类型受两个基本标准的限制。它必须是出于真实航行目的的无害通过，而不是为了逃跑或避难。通过还必须是无害的，既不得妨害沿海国的安全利益，也不得损害敌对交战国在阻止超出第 10 条所认定类型之通过方面的利益。

MacChesney 18-19.《圣雷莫海战法手册》第 19 条在表述交战国军舰通过中立国领水时没有使用 "无害" 和 "仅仅"，就只用了 "通过" 一词。See also the amplifying discussion in Doswald-Beck at 98 & 99.

得在中立国领海增加或修理其武器或者补充作战物资。[1]尽管一般的实践是中立国的领海对交战国潜艇关闭，但中立国可以选择允许潜艇通过。[2]根据习惯法，中立国应准许运送伤者、病者和遇船难者的船舶通过其领海，无论那些水域是否已对交战国船舶关闭。[3]

（五）12 海里领海

在中立法被编纂入 1907 年《海牙公约》时，3 海里领海还是公认的规则，航空还处于起步阶段，潜艇还不是一个重要的武器平台。适用于领海的中立规则主要还是为了规范在中立国沿岸狭长水域内的水面舰艇的行为。[4]《联合国海洋法公约》规定，沿海国可以合法地将领海宽度扩大到 12 海里。[5]美国宣布了 12 海里领海并且承认所有沿海国都有此相同的权利。中立法仍然适用于 12 海里领海及其上覆空域。交战国仍然不得在中立国的领水内进行敌对行为，并且不得利用中立国的领海作为避难所或作战基地。[6]如果交战国部队侵犯了那些水域的中立性并且中立国表示没有能力或没有意愿发现并驱逐侵害国，则其他交战国保留采取必要的自助性执行行动的权利，以确保敌国和中立国遵守中立法。[7]

（六）国际海峡

同时也反映在《联合国海洋法公约》的习惯国际法规定，交战国和中立国的水面舰艇、潜艇及航空器，有通过一切用于国际航行的海峡的过境通行权。中立国不得停止、妨碍或阻止这种通过国际海峡的过境通行权。[8]交战国部队过境与中立国领水重叠的国际海峡时应毫不迟延地行进，不得对中立国使用武力或以武力相威胁，不得从事敌对行为和其他与过境通行无关的活

---

〔1〕《海牙第十三公约》第 18 条；Tucker 234 n. 81.

〔2〕 Tucker 240 n. 89.

〔3〕《海牙第十三公约》第 14 条第 2 款；Tucker 242.

〔4〕 Swarztrauber 32 & 116.

〔5〕《联合国海洋法公约》第 3 条。

〔6〕 See Robertson, at 278–80.

〔7〕 2 O'Connell 1156；NWIP 10–2, para. 441 & n. 27；Waldock, The Release of the *Altmurk's* Prisoners, 24 Brit. Y. B. Int'l L. 216, 235–36（1947）（自助）. Tucker 262 n. 40. 塔克（Tucker）认为英国在"阿尔特马克号"事件中作为"对挪威拒绝履行中立义务的报复措施"而采取的行动是正当的。

〔8〕《联合国海洋法公约》第 44 条；Tucker 232 & n. 80；San Remo Manual, para. 29.

动。[1]但是，过境的交战国部队可采取符合其安全需求的防卫措施，包括起降飞机、发射和回收军事装置、掩蔽式编队航行、声电监视，也可以针对敌对行为或明显敌意进行自卫。[2]交战国不得利用中立海峡作为避难所或作战基地，交战国也不得在上述水域行使登临和搜查的交战权。[3]

小贴士

土耳其海峡受1936年《蒙特勒公约》规定的特殊规则的规制，即在平时和战时都限制使用海峡的军舰的数量和类型。1881年阿根廷和智利签订的边界条约的第5条保证麦哲伦海峡中的自由航行（1984年阿根廷和智利签订的和平友好条约的第10条再次予以确认），1857年美国和丹麦签订的《松德海峡费用清偿条约》和《松德海峡终止付费条约》保证波罗的海海峡中的自由航行。特殊的制度还适用于苏伊士运河、巴拿马运河和基尔运河，它们不构成国际海峡，但武装冲突期间始终开放给中立船舶通过。[4]

（七）中立国的群岛水域

美国承认符合条件的岛屿国家有划定包围群岛水域的群岛基线的权利，但基线的划定要遵照1982年《联合国海洋法公约》。[5]交战国部队不得在中立国的群岛水域进行敌对行为，也不得将其用作避难所或作战基地。[6]交战国的船舶或飞机，包括水面舰艇、潜艇和军用飞机，在中立国的群岛海道中间、水下和上空，保留不受妨碍的群岛海道通过权。[7]行使群岛海道通过权的交战国部队可以从事继续不停和迅速通过的正常模式下所附带的且与其安

---

〔1〕《联合国海洋法公约》第39条第1款。中立国军队在行使通过海峡的过境通行权时同样也必须遵守这些要求。

〔2〕See Harlow, UNCLOS III and Conflict Management in Straits, 15 Ocean Dev. & Int'l L. 197, 206 (1985)（关于在中立海峡实施自卫的讨论）. 另见《圣雷莫海战法手册》第30条。中立国军队在中立海峡同样有权采取这种防御性措施。

〔3〕See NWIP 10-2, para. 441. 对比《海牙第十三公约》第5条。当然，交战国的登临和搜查权不同于和平时期军舰的抵近和登临权以及在禁毒工作中登船的权利。

〔4〕《关于海峡制度的公约》（《蒙特勒公约》），1936年7月20日通过（173 L. N. T. S. 213, 31 Am. J. Int'l L. Supp. 4）。特殊制度还适用于苏伊士运河、巴拿马运河和基尔运河，所有这些运河在武装冲突期间都对中立的过境开放。

〔5〕White House Fact Sheet, United States Oceans Policy, March 10, 1983.

〔6〕See NWIP 10-2, para. 441; San Remo Manual, paras. 16 & 17; *compare* Hague XIII, arts. 1, 2 & 5.

〔7〕《联合国海洋法公约》第53~54条和第44条。

全相符的那些活动，包括编队航行、声电监视以及飞行器和军事装置的发射与回收。[1]在中立国的群岛水域，不得授权进行登临和搜查。[2]

中立国可以关闭除群岛海道（无论正式指定与否）外的群岛水域，不让交战国船舶通过，但没有义务这样做。[3]中立的群岛国负有管治其群岛水域的坚实义务，以确保其中立水域的不可侵犯性得到尊重。[4]如果中立国不能够或不愿意有效地查明并驱逐在其群岛水域侵犯其中立地位的交战国部队，则敌对的交战国可采取必要的自助式执行措施来终止对中立国的侵犯。此类自助式执行措施可包括从水面、水下和空中侵入群岛水域及其上覆空域，并在必要时使用相称性武力。[5]

（八）专属经济区

美国承认《联合国海洋法公约》包含的专属经济区概念。但是，中立国的专属经济区并非中立水域，《联合国海洋法公约》确立的沿海国在专属经济区的权利和管辖权也没有修改海战法。因此，交战国可以在中立国的专属经济区进行敌对行动。

（九）中立国的领空和义务

中立国的领土延伸至中立国的领陆、内水、群岛水域（如果有的话）和领海的上覆空域。[6]交战国的军用飞机不得进入中立国领空，[7]但以下情况除外：

（1）中立的国际海峡和群岛海道（无论指定与否）的上覆空域始终开放给交战国的飞机过境通行或群岛海道通过，包括武装的军用飞机。这种通过

---

〔1〕《联合国海洋法公约》第53条第3款；《圣雷莫海战法手册》第30条。

〔2〕既然登临和搜查是一项与航行通过无关的交战活动，就不能在中立国领土上合法行使登临和搜查权；《圣雷莫海战法手册》第16条第4项。对比《海牙第十三公约》第1条和第2条。See NWIP 10-2, para. 441. 当然，交战国的登临和搜查权不同于和平时期军舰的抵近和登临权以及在禁毒工作中登船的权利。

〔3〕《圣雷莫海战法手册》第19条。对比《联合国海洋法公约》第52条第2款和第54条；《海牙第十三公约》第9条。

〔4〕《圣雷莫海战法手册》第22条；对比《海牙第十三公约》第25条。

〔5〕See NWIP 10-2, para. 441 n. 27.

〔6〕参见《圣雷莫海战法手册》第14条。

〔7〕《空战规则草案》，海牙，1923年2月19日，第40条（尽管从未生效，但该规则草案通常被认为是习惯法的宣告）；NWIP 10-2, para. 444a；Tucker 251；Spaight 420-460. 第一次和第二次世界大战中的实践基本上符合本小节所述的规则。Spaight 424. 另见《圣雷莫海战法手册》第181条。

必须是继续不停和迅速的，并且必须在相关飞机的正常飞行模式下进行。交战国的飞机在过境时不得进行敌对行为，但可以从事符合其自身安全以及伴随的水面舰艇和潜艇部队的安全需求的活动。

（2）在事先通知的情况下，医务飞机可以飞越中立国的领土，必要时可以降落在中立国领土上，并可使用中立国的机场设施作为停靠港，但须遵守中立国认为适合于公平适用于所有交战国的规章和限制措施。[1]

（3）明显遇险的交战国飞机可被允许进入中立国领空，并在中立国希望施加的防卫措施下降落在中立国领土。中立国必须要求这种飞机降落并扣留飞机和机组人员。[2]

中立国负有防止交战国的军用飞机侵犯中立国领空，迫使来犯飞机降落，扣留来犯飞机及其机组人员的坚实义务。[3]如果中立国不能够或不愿意阻止交战国的军用飞机非法进入或使用其领空，敌对交战国的部队可以采取自助式执行措施，包括视情况由其军用飞机进入中立国领空。[4]

四、中立贸易

中立法的主要目的是规范与中立贸易有关的交战活动。就本出版物而言，中立贸易包括一个中立国与另一中立国之间进行的不涉及最终运往交战国的战争或军备物资的所有贸易，以及在一个中立国与一个交战国之间进行的不涉及运输禁运品或以其他方式有助于交战国的作战/战争维持能力的所有贸易。战争维持贸易虽没有准确的定义，不过间接但有效地支持和维持交战国作战能力的贸易恰好属于该术语的范畴。战争维持贸易的例子包括进口原材料用于军备生产以及出口产品，其收益被交战国用于购买武器和军备。从事合法中立贸易的中立商船和民用飞机得接受交战国部队的登临和搜查，但不

---

〔1〕《日内瓦第二公约》第40条；《第一附加议定书》第31条；NWIP 10-2, para. 444a（1）；Tucker 130-31；Spaight 443-44. 另见《圣雷莫海战法手册》第182~183条。

〔2〕《海牙第五公约》第11条；《第一附加议定书》第31条第4款；《圣雷莫海战法手册》第18条；Spaight 436-37；Tucker 252；AFP 110-31, para. 2-6c. NWP 9, para. 7.3.74）；NWP 9（Rev. A），para. 7.3.7（4）and NWIP 10-2, para. 444b. 其中规定，尽管在这种情况下中立国可以扣留交战国的飞机和机组人员，但鉴于第二次世界大战中各种不同的实践，它们也没有义务这样做。

〔3〕 NWIP 10-2, para. 444b；Tucker 251.《圣雷莫海战法手册》第18条。

〔4〕 AFP 110-31, para. 2-6c.

得予以拿捕或摧毁。中立法并不禁止中立国与交战国进行贸易；[1]但是，中立国政府本身不得向交战国提供战争或军备物资，不得违反其不作为和不偏不倚的中立义务并冒丧失其中立地位的风险。[2]尽管中立国政府可以禁止其公民与交战国进行非中立贸易，但它没有义务这样做。[3]但是，如果这样做，它必须不偏不倚地对待所有交战国。实际上，中立法建立了利益平衡标准，一方面保护中立贸易不受不合理的干扰，另一方面维护交战国禁止战争物资流向敌人的权利。[4]

（一）禁运品

禁运品包括最终运往敌对交战国的物品和可能被怀疑用于武装冲突的物品。传统上，禁运品分为两类：绝对禁运品和有条件的禁运品。绝对禁运品包括从性质上看很明显注定用于武装冲突的物品，例如弹药、武器、制服以及类似物资。有条件的禁运品包括被怀疑既可用于和平目的又可用于战争目的的物品，例如食品、建筑材料和燃料。[5]交战国可在敌对行动开始时公布禁运品清单，通知中立国哪些类型的物品会被视为绝对禁运品或者有条件的

---

〔1〕《海牙第十三公约》第7条。

〔2〕参见《海牙第十三公约》第6条。Tucker 206-18.

〔3〕《海牙第五公约》第7条。For example, see the U. S. Neutrality Act, 18 U. S. Code 963 *et seq.*, and the Arms Export Control Act, 22 U. S. C. 2271 et seq. See *also* Green 262-63.

〔4〕 10 Whiteman 792, *quoting* an unofftcial translation of Rousseau, Droit International Public 700-01 (1953). 两伊战争期间，伊朗攻击进行中立贸易的中立国船舶，就是这里所说的打破了平衡，因此是非法的。Roach, Missiles on Target: The Law of Targeting and The Tanker War, 82 Proc. Am. Sot. Int'l L. 154 (1988). See *also* De Guttry & Ronzitti, at 128-29.

〔5〕 NWIP 10-2, art. 631a; Tucker 263. 这种区别扩大到以下几个方面：
首先，有些物品就其本身的性质而言，注定要用于战争。在这类物品中，不仅包括武器和弹药，还包括军需品、海军储备等用途模糊的物品。这些被称为绝对禁运品。其次，有些物品就其本身的性质而言，不一定会用于战争，但在某些情况和条件下，对交战国继续战争发挥着最大作用。这类物品包括如粮食、煤、黄金和白银。这些物品被称为有条件的禁运品或相对禁运品。虽然交战国有权自行考虑某一战争的情况，但只要坚持绝对禁运品和有条件的禁运品之间的区分，就不应完全由它们自行决定宣布它们所想的任何物品为绝对禁运品。适用的检验标准是，在某一战争的特殊情况下，有关物品就其性质而言是否注定要用于军事、海战或空战目的，因为其对这些目的至关重要。如果不是，就不应该被宣布为绝对禁运品。然而很可能发生的情况是，一件就其性质而言并非注定要用于战争的物品，在某一战争中并在特定的情况下获得了这种性质；在这种情况下，它可被宣布为绝对禁运品。因此，例如，食品通常不能被宣布为绝对禁运品；但是，如果敌人为了确保其部队获得充足的食品而占有了全国所有食品，并对全体居民实施粮食配给，食品就获得了绝对禁运品所必需的性质，因此可以这样宣布。

2 Oppenheim-Lauterpacht 801 & 803. See also Green 158.

禁运品，以及哪些类型的物品根本不会被视为禁运品（即豁免物品或"自由物品"）。交战国禁运品清单的确切性质可根据武装冲突的环境而有新变化。[1]

第二次世界大战期间，交战国的实践打破了绝对禁运品和有条件的禁运品之间的传统区分。[2]由于实际上全体居民都被卷入支援战争努力，交战双方倾向于对所有进口商品实行政府控制。因此，在必然用于敌国政府及其武装部队的物品和注定由平民百姓消费的商品之间进行有意义的区分已变得越来越困难。结果，交战国将所有直接或间接地维持战争努力的进口商品均视为禁运品，而不区分绝对禁运品和有条件的禁运品。[3]尽管自第二次世界大战以来再未发生过类似规模和广度的冲突，但战后的实践表明，在国际法可能继续要求公布禁运品清单的范围内，满足这一要求的同时可以列明豁免物品。[4]

1. 禁运品的例外——自由物品

某些物品即使运往敌国领土，也可免于作为禁运品而被拿捕。[5]其中之一就是自由物品，[6]例如：

（1）专为治疗武装部队的伤病员和预防疾病用的物品。有关运输此类物品的详情必须转发给交战国并得到其批准。[7]

---

〔1〕 NWIP 10-2, art. 631b, *quoted with approval* in McDougal & Feliciano 482-83; Green 158.

〔2〕 NWIP 10-2 art. 63 lb n. 18; Tucker 266-67. 奥康奈尔（O'Connell）正确地指出："核心原则是物品对从事战争的实际投入，很明显，这一原则在不同情况下的适用是有差别的……在未来的有限战争中，在有关禁运品的法律复兴时可能发生的情况是各种清单上物项的重新调整。" 2 O'Connell 1144. 1971 年 12 月，巴基斯坦和印度各自公布了包含传统上被视为绝对禁运品之物项的禁运品清单 [*reprinted in* 66 Am. J. Int'l L. 386-87（1972）]。虽然伊朗和伊拉克在两伊战争期间都没有公布禁运品清单，但两国攻击满载和空载的中立国原油运输船这一事实表明，伊朗和伊拉克都将（作为出口商品的）石油视为禁运品，因为石油以及在国际市场上出售石油或其易货交易所获得的军备，是波斯湾交战各国维持战争绝对不可或缺的。See Viorst, Iraq at War, 65 Foreign Affairs 349, 350（Winter 1986187）; Bruce, U. S. Request Stretches Iraq's Patience, 8 Jane's Defence Weekly 363（29 Aug. 1987）; N. Y. Times, 4 Sep. 1986, at Al & All.

〔3〕 《圣雷莫海战法手册》中并没有将禁运品定义为绝对的还是有条件的。参见《圣雷莫海战法手册》第 148 条。另见关于该条的评注（Doswald-Beck at 215-16）。

〔4〕 但是参见《圣雷莫海战法手册》第 149 条和第 150 条，要求公布禁运品清单，未列入清单的所有其他物品都是"自由物品"，不受拿捕。

〔5〕 See Tucker 263.

〔6〕 NWIP 10-2, para. 631e（1）& n. 17.

〔7〕 《日内瓦第二公约》第 38 条；NWIP 10-2, 第 631e（2）.

（2）为一般平民百姓，特别是妇女、儿童所用的医疗与医院供应品、宗教物品、衣物、被褥、必不可少的食品及掩护器材，只要没有重大理由相信这些物品会被转用于其他目的，或者相信这些物品可代替军用品使敌方获得明确的军事利益。[1]

（3）指定运给战俘的物品，包括个人包裹和食品、衣物、医疗供应品、宗教物品、文教娱乐用品等集体救济物品。[2]

（4）按国际公约或交战国之间的特别安排免遭拿捕的其他物品。[3]

中立国应向交战双方提供有关构成禁运品之例外的货物的性质、时间和运输路线的情报，并获准安全通行以及进入交战国拥有或占领的领土，这是一项习惯法义务。[4]

2. 敌方目的地

如果禁运品的目的地是属于敌国或被敌国占领的领土，则其有可能在中立国领土以外的任何地方遭到拿捕。根据"连续航程"理论，禁运品的运输是直接运抵目的地、涉及转运还是需要经过陆运，这一点无关紧要。[5]在以下情况中，可以推定敌国拥有或占领的领土为最终目的地：

---

〔1〕《日内瓦第四公约》第 23 条和第 59 条；Tucker 265 n. 4. 对缔约国而言，《第一附加议定书》第 70 条修改了《日内瓦第四公约》第 23 条所规定的、一国在允许这些救济品自由通过之前可施加的条件。美国支持《第一附加议定书》第 70 条所载的原则。The Sixth Annual American Red Cross-Washington College of Law Conference on International Humanitarian Law: A Workshop on Customary International Law and the 1977 Protocols Additional to the 1949 Geneva Conventions, 2 Am. U. J. Int'l L. & Policy 426 (1987). 美国国务院副法律顾问马瑟森（Matheson）评论称：美国支持《第一附加议定书》第 54 条和第 70 条所体现的原则，即"在服从迫切的军事必要的前提下，允许和鼓励进行平民居民生存所必需的公正的救济行动"。

〔2〕《日内瓦第三公约》第 72~75 条和附件三规定了可对这些装运物资设置的条件。

〔3〕 NWIP 10-2, para. 631e（3）. 参见《日内瓦第四公约》第 23 条和第 59 条。

〔4〕 Compare GC, art. 23（4）and 4 Pictet 184.

〔5〕 Tucker 267-68. 斯通（stone）对这条规则解释如下：
"连续航程"是指，为了在部分航程去往敌方港口期间获得豁免，船舶在中立国的转运港中断航行，禁运品表面上以那里为目的地。在中立国港口，从表面上看，它可能卸载又重新装载了相同的禁运品，但无论如何，它都会载运着这些货物继续已缩短的航程，驶往敌方港口。连续航程理论则规定，这种船舶及其所载货物从离开母港开始，就要被认为是驶往敌方目的地的（因此很可能被扣押）。同样，"连续运输"是指，违禁货物在中立国港口被卸下，然后由另一艘船舶或车辆运往敌方港口或目的地。对应的连续运输理论适用时会有类似的效果，使货物离开母港后很可能被扣押。
Stone 486. 构成所谓的"连续航程""连续运输"或"最终目的地"理论之基础的原则，在第一次和第二次世界大战期间都得到了捕获法院的适用。NWIP 10-2, para. 631c（1）n. 19. 关于连续航程理论之发展的简要讨论，参见 2 O'Connell 1146-47.

（1）中立国船舶在抵达货物已被记录在案的中立国港口之前先停靠于敌国港口；

（2）货物被记录在案的中立国港口被用作转运港最终运输至交战国，尽管货物被交付给中立国；

（3）货物"凭指示"交付或未指定收货人，但运往敌国领土附近的中立国。[1]

从中立国商船离开本国或其他中立国领土时起，直至其再次抵达中立国领土，这些关于禁运品被运往敌方目的地的推定，会使违规货物很可能被交战国扣押。

（二）非禁运品运输证

非禁运品运输证是交战国领事或其他指定官员向中立国船舶签发的文件（航运执照）或向中立国飞机签发的文件（空运执照），用以证明所载货物通常在始发地已被检查过，未发现有禁运品。这种航运执照或空运执照的目的是方便交战国对禁运品实施控制，同时尽量减少对中立贸易的干扰和拖延。该证书不保证船舶或飞机不会受到登临和搜查，也不保证货物不会受到扣押（若情况发生变化，例如在签发证书后和实施海上拦截前，中立国船舶的地位发生改变，则可能会使该证书失效）。反之，没有航运证书或空运证书本身也不是扣押货物的有效依据。一个交战国签发的航运证书和空运证书对敌对交战国的登临和搜查权没有任何影响。[2]中立国的船舶或飞机接受航运证书或空运证书并不构成"非中立的服务"。

五、获得敌性

所有悬挂敌国旗帜的船舶以及所有涂装敌方标记的飞机，均具有敌性。

[1] NWIP 10-2, art. 631c（1）. 这里列举的可推定绝对禁运品最终目的地的情况是作战指挥官的关注点，因为据以推定敌方目的地的情况构成了拿捕的充分理由。在送交捕获法院后，这些推定中的每一个都是可以辩驳的，捕获法院是否会实际上征收被拿捕的货物和船舶（或飞机），取决于许多指挥官无需关心的复杂因素。NWIP 10-2, para. 631c（1）n. 20. See also Green 158.

[2] See NWIP 10-2, para. 631d n. 22 and sources cited therein; 1 Medlicott, The Economic Blockade（United Kingdom Official History of the Second World War, Civil Series）94 & 95（1952）; Tucker 280-82, 312-15 & 322-23; McDougal & Feliciano 509-13; 2 O'Connell 1147-48; Green 164. 在古巴导弹危机期间使用了类似的程序，当时美国签发了"清关证书"。Dep't St. Bull., 12 Nov. 1962, at 747; and Mallison, Limited Naval Blockade or Quarantine-Interdiction: National and Collective Defense Claims Valid Under International Law, 31 Geo. Wash. L. Rev. 389-90（1962）. See also San Remo Manual, paras. 122-124.

但是，商船悬挂中立国旗帜或飞机涂装中立国标记的事实，并不必然确立其中立性。中立国可给予商船或飞机悬挂或涂装其旗帜进行活动的权利，即使该船舶或飞机实质上由敌方企业拥有或控制。但是，交战国拥有或控制的任何商船或民用飞机均具有敌性，无论其进行活动时是否悬挂中立国旗帜或涂装中立国标记。[1]敌对交战国可将获得敌性的船舶和飞机视同事实上的敌方船舶和民用飞机对待。

（一）获得敌方军舰或军用飞机的性质

中立国商船和民用飞机在从事下列行为之一时获得敌性，[2]可被交战国视为敌方军舰和军用飞机：

（1）站在敌人一方直接参加敌对行动；

（2）以任何能力为敌方武装力量担任海军或军事辅助船。

---

〔1〕　See NWIP 10-2, para. 501；Tucker 76-86；Green 162-63. 中立国可赋予商船或飞机悬挂其旗帜进行活动的权利，即使该船舶或飞机实质上为敌方企业拥有或控制。依据国际捕获法，这种船舶或飞机依然具有敌性，可被有关交战国视为敌人。考虑到目前的商业实践，可能很难确定真正的所有权人或控制权人。关于在何种条件下可以合法地将敌方商船（或许还有飞机）转而悬挂中立国旗帜，各国之间尚无成例。尽管各国一致认为，为逃避交战国的拿捕或摧毁而以欺诈手段进行的这种转换不予承认，但真实的转换需要满足哪些具体条件，各国的规定也有所不同。但公认的是，所有这种转换至少应完全剥夺敌人的所有权和控制权。转换问题主要是捕获法院适当关注的事项，而非海军作战指挥官，但如果这种转换是在临近战事之前或战争期间进行的，海军作战指挥官就有权扣押任何从敌方转换到中立国的船舶。NWIP 10-2, para. 501 n. 5. Compare San Remo Manual, paras. 112-117. See also Doswald-Beck at 187-95. 1987年年中，11艘科威特油轮将注册地改为美国，相关情况参见 Weinberger, A Report to the Congress on Security Arrangements in the Persian Gulf, 26 Int'l Leg. Mat'ls 1450-51（1987）；De Guttry & Ronzitti, at 121-23.

〔2〕　NWIP 10-2, para. 501a；Tucker 319-21. 对比《圣雷莫海战法手册》第67条（中立国商船）和第68条（中立国民用飞机）。除了可拒绝登临和搜查的例外以外，这里定义的行为传统上被认为属于"非中立的服务"这一主题。尽管最初只是制定并适用于中立国船舶的行为，但关于非中立服务的规则目前也普遍被认为适用于中立国飞机。"非中立的服务"一词并非指由中立国本身实施的或可归因于中立国的行为。相反，它是指对中立国商船和民用飞机来说，禁止实施的某些行为。尝试定义构成非中立服务的行为所共有的基本特征的努力并不十分令人满意。但很显然，中立国商船或民用飞机可实施的非中立服务的类型各不相同；因此，对构成非中立服务的行为可适用的具体制裁也就各不相同。本小节所列举的服务具有这样的性质，以致可将中立国商船或民用飞机等同于这些服务所面向的敌对交战国的武装部队，并且由于这个原因，这种船舶或飞机可能会遭受和敌方军舰或军用飞机相同的对待。下一小节所指的行为涉及在交战国指示或控制下活动的中立国商船和飞机，但没有直接支援交战国的武装部队。这种船舶和飞机会被视同具有敌方商船和飞机的地位，并可能遭受与之相同的对待。第十节引用的构成非中立服务的行为，既不意味着中立国商船和飞机受到交战国直接控制，也不意味着二者存在密切关系。根据习惯，实施这些行为的船舶，虽然没有获得敌性，但也很可能被拿捕。NWIP 10-2, para. 501a n. 6；Tucker 318-21 & 355-56.

（二）获得敌方商船或民用飞机的性质

中立国商船和民用飞机在从事下列行为之一时获得敌性，可被交战国视为敌方商船或民用飞机：

（1）直接在敌方控制、命令、租赁、雇佣或指示下活动；[1]

（2）拒绝表明身份，包括拒绝登临和搜查。[2]

六、登临和搜查

登临和搜查是交战国军舰或交战国军用飞机确认在中立国领土以外遇到的商船的真实性质（敌对抑或中立）、所载货物的性质（禁运品抑或豁免的"自由物品"）、使用方式（无害抑或敌对）以及其他与武装冲突相关的事实的手段。[3]

军舰不受登临和搜查。[4]从事政府非商业服务的中立国船舶不受登临和搜查。[5]在其本国军舰护航下的中立国商船也免于登临和搜查，但护航舰队指挥官必须向实施拦截的交战国军舰指挥官书面提供该船舶及其所载货物之性质的信息，否则交战国可以通过登临和搜查获得。[6]如果护航舰队指挥官确定由他负责的船舶具有敌性或载有禁运品，他有义务撤回对违规船舶的保护，使其应受交战国军舰的登临和搜查以及可能的拿捕。[7]禁止在中立国领土上进行登临和搜查[8]的范围扩大到与中立国领海重叠的国际海峡以及中立国的群岛水域，包括群岛海道（无论是否指定）。[9]

---

[1] 包括交战国船队中的中立国商船。参见《圣雷莫海战法手册》第67条第5项。

[2] NWIP 10-2, para. 501b; Tucker 322-23.

[3] 《海牙第十三公约》第2条；《圣雷莫海战法手册》第118条；Tucker 332-33; Green 163.

[4] Stone 591-92; 11 Whiteman 3.

[5] 《牛津手册》第32条；Schindler & Toman 862; but see Tucker 335-36 & n. 10.

[6] 这是美国的一贯立场，虽然以前没有得到普遍接受（NWIP 10-2, para. 502a & n. 10, Tucker 334-35），但最近似乎已经被接受了。参见《圣雷莫海战法手册》第120条第2项。当然，在两伊战争期间，波斯湾几个国家的护航经验支持了美国的立场。See De Guttry & Ronzitti, at 105, 188-89 & 197. 至于这一规则是否也适用于在另一中立国军舰护航下的中立国商船，目前尚无定论。如果商船的船旗国和护航军舰的船旗国达成诸如此类的协议，《圣雷莫海战法手册》就适用。《圣雷莫海战法手册》第120条第2项。

[7] NWIP 10-2, para. 502a n. 10, *quoting* paras. 58-59 of the 1941 Tentative Instructions for the Navy of the United States Governing Maritime and Aerial Warfare.

[8] 《海牙第十三公约》第2条；NWIP 10-2, para. 441.

[9] Harlow, at 205-06. 《联合国海洋法公约》第39条和第54条。

（一）登临并搜查商船的程序

在武装冲突期间，如果没有作战指挥系统颁布的具体交战规则或其他特殊指示，[1] 例如非禁运品运输证，则美国军舰应执行下列程序以行使登临和搜查商船的交战权利：

（1）应尽可能老练和审慎地实施登临和搜查。

（2）在命令船舶靠近前，军舰应升起其国旗。命令应以发射空爆弹、国际信号旗（SN 或 SQ）或其他公认的方式发出。被命令的船舶，如果是中立国的商船，必须停止前进，靠近并展示自己的颜色，不得抵抗（如果被命令的船舶是敌方船舶，则不受此约束，可以合法地抵抗，甚至使用武力，但由此造成的损害或破坏的所有风险都由其承担）。

（3）遵守指示的商船或民用飞机不得成为攻击的对象；拒绝遵守的商船或民用飞机可使用武力进行截停。对抗登临和搜查的商船或民用飞机承担由此造成损害的风险。此种船舶或飞机也可能被视为获得了敌方商船或民用飞机的性质。

（4）接到命令的船舶停驶后，军舰应派遣一名军官乘坐小艇实施登临和搜查。如果实际情况允许，还应派遣一名军官负责盘问。军官和小艇船员是否配备武器，由军舰指挥官自行决定。

（5）如果海上登临和搜查很危险或不可行，中立国船舶可由发出命令的美国军舰或另一艘美国军舰或者美国的军用飞机护航至可以便利且安全地实施登临和搜查的（中立国领土以外的）最近地方。中立国船舶没有义务降下国旗（因为尚未被拿捕），但必须根据护航军舰或飞机的命令前进。[2]

（6）登船军官应首先检查船舶证件以确认其性质、出发港和目的港、货物的性质、雇用方式以及被认为相关的其他事实。通常，要检查的证件包括船舶注册证书、全体船员名册、乘客名册、航海日志、健康证明、租船合同（如果是租赁船舶的话）、货物发票或货物清单、提单，有时还包括领事声明或证明货物合法的其他非禁运品运输证明。

（7）正规的证件以及船舶提供的货物、雇用方式或目的地合法的证据不

---

〔1〕 签发非禁运品运输证就是特殊指示的一个例子。The Visit and Search Bill, contained in paragraph 630. 23. 5 of OPNAVINST 3120. 32 (series), Standard Organization and Regulations of the U. S. Navy. 其中规定了应结合本手册规定的指南予以执行的指示。See also Tucker 336-38.

〔2〕 See Tucker 338-44.

一定是决定性的,如果存在疑问,可盘问全体船员并搜查船舶和货物。

(8)除非军事安全不允许,否则登船军官应在被登临船舶的航海日志上记录与这次登临和搜查有关的事实,包括拦截的日期和位置。该条目应由登船军官签署姓名和军衔进行认证,但不应透露实施登临的军舰名称及其指挥官的身份。[1]

(二)军用飞机登临并搜查商船

尽管军用飞机有登临和搜查的权利,但如何行使这一权利,尚无公认的国际惯例。[2]通常,飞机就是将船舶引导并护航至交战国军舰附近,由该军舰进行登临和搜查,或引导并护航至交战国港口,然后对船舶进行登临和搜查。[3]

(三)军用飞机登临并搜查民用飞机

交战国军用飞机登临和搜查民用飞机以确定其真实身份(敌对抑或中立)、所载货物的性质(禁运品抑或豁免的"自由物品")、使用方式(无害抑或敌对),这项权利在武装冲突法中是确定无疑的。在中立国领空之外实施拦截时,可以指示被拦截的民用飞机继续飞行至交战国的机场以便登临和搜查,该机场应相对易于抵达同时又适合相关机型。[4]如果没有这样的机场,被拦截的民用飞机可从其声明的目的地改变航向。如果中立国的军用飞机保证中立国的民用飞机未载有禁运品,并应要求向实施拦截的交战国军用飞机提供了本来要通过登临和搜查才能获得的中立国民用飞机的性质和货物的信息,那么由本国军用飞机伴飞的中立国民用飞机可免受登临和搜查。

七、封锁

(一)概述

封锁是一种交战行动,目的是防止所有国家(无论敌国还是中立国)的船舶和/或飞机进出属于敌国、被敌国占领或在敌国控制下的特定港口、机场或沿海地区。[5]登临和搜查的交战权利旨在禁止禁运品的流动,而封锁这一

---

〔1〕 See OPNAVINST 3120.32 (series).

〔2〕 NWIP 10-2, para. 502 n. 8, 502b (S) & nn. 14-15; Tucker 333, 355 & n. 62; 11 Whiteman 3-5.

〔3〕 NWIP 10-2, para. 502 n. 8, 502b (S) & nn. 14-15; Tucker 333, 355 & n. 62; 11 Whiteman 3-5.

〔4〕 NWIP 10-2, para. 502b (5) & nn. 14-15; Tucker 333 & 342.

〔5〕 NWIP 10-2, para. 502 n. 8; Tucker 354-55; Green 170-72.

交战权利则是为了防止船舶和飞机穿越已经建立并公布的将敌方与国际水域和/或空域分隔开的封锁线，无论其所载货物为何。[1]

（二）封锁的标准

有效的封锁必须符合以下各部分所述的标准。[2]

1. 封锁的建立

封锁必须由交战国政府建立。封锁的建立通常通过交战国政府的声明或以交战国名义之封锁部队的指挥官来完成。[3]声明至少应包括封锁开始的日期、地理范围以及允许中立国船舶和飞机离开即将封锁地区的宽限期。[4]只有总统或国防部长才能指示美军建立封锁。尽管各国的习惯做法是在宣布封锁状态时限定一个中立国船舶和飞机可离开封锁区的期限，但宽限期的长短各不相同。宣布封锁的交战国可以自行决定在当时情况下其认为合理的宽限期长度。

2. 封锁的通知

按照惯例，建立封锁的交战国要将封锁的情况通知所有受影响的国家。由于知道封锁的存在是构成破坏和企图破坏封锁之犯罪的基本要件，中立国的船舶和飞机始终有权获得通知。封锁部队的指挥官通常还会通知被封锁地区的地方当局。通知的形式无关紧要，只要有效即可。[5]

3. 封锁的有效性

有效力的封锁必须有效果——也就是说，必须通过水面、空中或水下的武力或者足以使出入被封锁地区变得危险的其他合法的作战方法和手段加以维持。有效性的要求并不禁止暂时缺失封锁力量，如果这种缺失是由于恶劣

---

〔1〕　10 Whiteman 861–64.

〔2〕　这些标准的简明陈述及其发展起来的基本原因，参见 ICRC, Commentary（GP I）654, para. 2094, and 2 O'Connell 1150–51. See also Mallison & Mallison, A Survey of the International Law of Naval Blockade, U. S. Naval Inst. Proc. , Feb. 1976, at 44–53.

〔3〕　《伦敦海战法规宣言》（《伦敦宣言》），1909 年 2 月 26 日（*reprinted in* Schindler & Toman at 846），第 9 条；NWIP 10–2, para. 632b; Tucker 287. 根据《联合国宪章》第 42 条使用的具体措辞，联合国安理会也可指令实施封锁。但不太好说联合国的封锁是否或者在多大程度上受传统规则的规制。NWIP 10–2, para. 632b, at n. 30. 关于《伦敦宣言》仍具重要意义的讨论，参见 Kalshoven, Commentary on the Declaration of London, in Ronzitti at 257, 259–62, 274.

〔4〕　《伦敦宣言》第 9 条。NWIP 10–2, para. 632b n. 31; Tucker 287; Alford, Modern Economic Warfare（Law and the Naval Participant）345–51（U. S. Naval War College, International Law Studies 1963, No. 61, 1967）.

〔5〕　《伦敦宣言》第 11 条和第 16 条；NWIP 10–2, para. 632c & n. 32; Tucker 288. 另见《圣雷莫海战法手册》第 93 条。

天气或与封锁有关的某些其他原因（例如追逐破坏封锁者）而造成的。有效性无需涵盖接近被封锁地区的所有可能途径。[1]实施有效封锁所需的部队要视具体的军事情况而定。封锁可由离海岸有一定距离的部队来维持。

4. 不偏不倚

封锁必须不偏不倚地适用于所有国家的船舶和飞机。实施封锁的交战国对特定国家的船舶和飞机作出有利或不利的区别对待，包括本国或盟国的船舶和飞机，都会使封锁在法律上无效。[2]

5. 封锁的限制

封锁不得禁止进入或离开中立国港口和海岸。[3]中立国保留从事中立贸易的权利，但不包括来自或去往被封锁地区的贸易或交通。这意味着封锁不得阻止去往或来自中立国港口或海岸的贸易和交通，前提是这种贸易和交通既不是去往也不是来自被封锁地区。如果封锁的唯一目的是使平民居民陷于饥饿，或者不让其获得生存所必需的其他物体，则禁止封锁，而且封锁对平民居民可能造成的附带损害与实施封锁获得的预期军事利益相比不得过分。

（二）特别出入许可

尽管中立国军舰和军用飞机没有进入被封锁地区的当然权利，但实施封锁的交战国可以许可它们进出该地区。这种特别许可可以在封锁部队认为必

---

〔1〕《伦敦宣言》第 2 条和第 3 条；NWIP 10-2, para. 632d & n. 33; Tucker 288-89. 一位评论家指出：

"有效"，简而言之，意味着足以使拿捕在正常天气状况或其他类似条件下成为可能。但即使依此观点，毫无疑问由于争议的方向出现在蒸汽动力、水雷、潜艇、飞机和无线通讯兴起之前这一事实，现场至少应有一艘军舰。但是，飞机和潜艇，以及水雷、混凝土块或其他沉没的障碍物，可用来辅助实施封锁的水面舰艇。需要多少水面舰艇，配以何种速度和火力连同辅助手段，以及考虑到进入被封锁港口之途径的性质必须在多近的距离活动才具备有效性，在每个案例中这些都是航海专门知识的问题。

Stone 496, *quoted in* NWIP 10-2, para. 6324 n. 33. 只要有其他充分的手段可以采用，现场至少有一艘水面舰艇已不再是合法有效的封锁需要满足的绝对要求. 参见《圣雷莫海战法手册》第 95～97 条；Doswald-Beck, at 177-78.

〔2〕《伦敦宣言》第 5 条；《圣雷莫海战法手册》第 100 条；NWIP 10-2, para. 632f & n. 35; Tucker 288 & 291.

〔3〕《伦敦宣言》第 18 条；NWIP 10-2, para. 632e; Tucker 289-90. 这项规则意味着，封锁不得阻止往来中立国港口或海岸的贸易和通信，只要这种贸易和通信既不以被封锁地区为目的地，也不来自被封锁地区。至于规定在国际河流上或通过国际运河时自由航行的公约（2 Oppenheim-Lauterpacht 771-75），封锁国要在多大程度上尊重这些公约，也没有定论。各国在这个问题上的做法目前还不是很清晰。NWIP 10-2, para. 632e, at n. 34.

要且适当的条件下作出。明显遇险的中立国船舶和飞机应准许其进入被封锁地区，其后也应准许其离开，但应遵从指挥封锁部队或负责维护封锁工具（如水雷）的军官所规定的条件。同样，为平民居民和伤病员运送合格救济物资的中立国船舶和飞机应准许其通过封锁线，[1]但封锁部队有权规定包括搜查在内的技术性安排，在此条件下方可允许通过。

（四）破坏和企图破坏封锁

破坏封锁是指船舶或飞机未经实施封锁的交战国作出特别出入许可即通过被封锁地区。船舶或飞机出于规避封锁的目的离开港口或机场，企图破坏封锁即告发生，且对于离开被封锁地区的船舶来说，这种企图会一直存续至航程结束。[2]知道封锁的存在是构成破坏和企图破坏封锁之犯罪的必要条件。封锁一经宣布并适当通知了受影响的政府，就可以推定知道。[3]如果船舶或飞机的最终目的地是被封锁地区，则在拦截发生时其正驶向或飞向中立国领土这一点就无关紧要。[4]如果船舶或飞机驶向或飞向一个中立国港口或机场，而该港口或机场被用作通往被封锁地区的中转站，则可推定其企图破坏封锁。在没有其他理由的情况下，在实施封锁的船舶所占领的水域内临时下锚不构成拿捕的正当理由。

（五）当代实践

正如本节第二小节所述，有效封锁的标准在很大程度上构成习惯法，它们通过19世纪海上列强的实践衍生出最终形态。这些规则反映了交战国有效控制海洋以封闭敌方国际贸易港口和海岸线的权利与中立国尽可能不受交战国部队干扰地进行中立贸易的权利之间的平衡。因此，有关封锁的法律以旨在对中立贸易仅施加有限干扰的控制制度为前提。传统上，通过紧邻被封锁地区驻扎的水面舰艇建立的相对"封闭"的警戒线就可以实现这一点。

现代战争越来越强调以敌方商船和军舰为攻击目标，试图以此将敌人与外界的援助和资源完全隔离，越来越强调禁止与敌方进行的一切中立贸易，

---

〔1〕《伦敦宣言》第6条；NWIP 10-2, para. 632h; Tucker 291-92; ICRC, Commentary（GP I）654, paras. 2095-96; Matheson, Remarks. 对比《圣雷莫海战法手册》第103条。

〔2〕 Hall, Law of Naval Warfare 205-06 (1921).

〔3〕《伦敦宣言》第14条和第15条；NWIP 10-2, para. 6323 & n. 36; Tucker 292-93.

〔4〕 NWIP 10-2, para. 632g（3）; 2 O'Connell 1157. 各国的实践使《伦敦宣言》的相反规定（第17条和第19条）过时了。

但严格遵守传统规则建立的封锁并未大幅增进这种关注。在第一次和第二次世界大战期间，交战双方诉诸的方法，虽然经常被称为封锁措施，但却与传统的包围式封锁的概念并不一致。两次世界大战中的所谓远距离封锁与那些传统的规则大相径庭，在很大程度上以针对敌方非法战争行为实施报复的交战权利为前提。此外，武器系统和平台的发展，特别是潜艇、超音速飞机和巡航导弹的发展，使得在局部或有限武装冲突以外的任何其他情况下维持近海封锁，即使有可能性的话也极为困难。[1]因此，现代武器系统的特征将成为分析当代封锁有效性的一个因素。

尽管交战实践中的趋势已经背离建立符合传统规则的封锁，但封锁仍然是在更有限的武装冲突中调整交战国和中立国之间利益冲突的有用手段。

八、对海战场周围地区和海上中立通讯的交战控制

在海战场的周围地区内，例如在海军部队附近，为确保适当的战场管理和自卫目标，交战国可对中立国船舶和飞机的活动设置特别限制，[2]可以完全禁止此类船舶和飞机进入该地区。海战场周围地区是指敌对行动发生或交战国部队实际活动的地区。[3]在海战场周围地区内对中立国船舶和飞机实施交战控制是基于交战国攻击和消灭敌人的权利、保卫自身不受中立国干扰的权利以及保证自身部队安全的权利。但是，交战国不得根据这一权利声称，禁止进出中立国或针对中立国航运关闭国际海峡，除非有另一条同样便利的航线对中立国的运输保持开放。[4]如果出现在海战场周围地区的任何中立国的商船或民用飞机可能危及或妨碍作战，交战国军舰的指挥官可对其通讯实施控制。如果该地区内的中立国商船或民用飞机不遵守交战国关于通讯的指示，则可能因此被假定具有敌性，从而有被射击或拿捕的风险。在不妨碍作战的范围内，应允许进行合法的遇险通报。向敌对交战国传递有关军事行动或军事力量的任何情报，均违背不作为和不偏不倚的中立义务，使中立国船

---

[1] 2 O'Connell 1151-56; NWIP 10-2, para. 632a n. 28; Tucker 305-15. See also Goldie, Maritime War Zones & Exclusion Zones, *in* Robertson at 168-71.

[2] 参见《圣雷莫海战法手册》第 146 条；Doswald-Beck, at 214.

[3] NWIP 10-2 9 para. 430b & n. 17; Tucker 300-01.

[4] 参见《巴黎海战宣言》第 4 条；《伦敦宣言》第 1 条；《牛津手册》第 30 条；NWIP 10-2, para. 632a.

舶或飞机可能遭遇拿捕或摧毁。[1]

九、禁区和战区

对海战场周围地区的交战控制要明显区别于第一次和第二次世界大战、马岛战争和两伊战争期间的交战实践，这些实践是将广阔的海洋地区确立为"禁区"或"战区"，中立国在这些地区的航运要么被禁止，要么会遭遇特殊风险。第一次和第二次世界大战期间最广泛地使用了这类区域。交战国最初建立这些区域是基于对敌方被指控之违法行为的交战报复权建立的，并用作不为海战规则所允许的控制、拿捕和摧毁中立国船舶的正当理由。[2]

以第二次世界大战后的海上交战为特征的有限战争中，交战国建立的禁区或战区尽管是强迫性的，但已经被证明，为了控制冲突的地理区域或者使中立国航运与实际或潜在的敌对行动地区保持安全距离，这至少在一定程度上是合理的措施。此类区域用于警告中立国船舶和飞机远离交战活动，从而降低其遭受附带损害和伤害的风险，并且禁止不合理地干扰合法的中立贸易，在这一范围内，这些区域无疑是合法的；但是，建立这样一种安全地带并不免除交战国不得攻击不构成合法目标的船舶和飞机的武装冲突法义务。[3]简言之，原本受保护的平台不会因为穿越了交战国在海洋上划出的一条假想线就失去保护。[4]

---

〔1〕 NWIP 10-2, para. 520a；Tucker 300；1923 Hague Radio Rules, art. 6, 17 Am. J. Int'l L. Supp. 242-45（1923）（text），32 id. 2-l 1（1938）（text and commentary），Schindler & Toman 208（text）.

〔2〕 See Tucker 301-17.

〔3〕 参见《圣雷莫海战法手册》第105~108条。关于两伊战争以及交战双方宣布战区的讨论，参见 De Guttry & Ronzitti, at 133-38.

〔4〕 在评估两伊战争期间伊朗宣布的"禁区"时，麦克尼尔（McNeill）表示：

国际法从来没有仅仅因为中立国商船冒险进入公海的特定区域而使它们的攻击合法化……"商船未遵守（伊朗宣布的禁区）的责任"不能成为伊朗逃避其法律义务（不得攻击受保护的船舶，无论其位于何处）的借口，伊朗企图否认这一点。

McNeill, Neutral Rights and Maritime Sanctions：The Effect of Two Gulf Wars, 3 1 Va. J. Int'l L. 63 1, 636（1991）. 对这个主题的详尽分析，参见 Fenrick, The Exclusion Zone Device in the Law of Naval Warfare, 24 Can. Y. B. Int'l L. 91（1986）and Goldie, Maritime War Zones & Exclusion Zones, in Robertson at 156-204. See also Russo, Neutrality at Sea in Transition：State Practice in the Gulf War as Emerging International Law, 19 Ocean Dev. & Int'l L. 381, 389-92, 396（1988）and Leckow, The Iran-Iraq Conflict in the Gulf：The Law of War Zones, 37 Int'l & Comp. L. Q. 629（1988）. Compare San Remo Manual, paras. 105 & 106；Doswald-Beck, at 181-83.

由于禁区和战区对交战国的军舰来说并非只是自由开火区，所以建立此类区域的交战国也对进入该区域的中立国船舶承担着某些义务。除非军事上的要求不允许，建立此类区域的交战国应为中立国船舶和飞机提供通过该区域的安全通道，倘若该区域的地理范围明显地阻碍了它们自由且安全地进入中立国的港口和沿岸地区以及在其他情况下正常的航行路线受到影响。出于这一原因，在马岛战争期间，英国宣布建立全禁区而阿根廷则宣布南大西洋为战区，这两个都是有问题的，因为它们将未经许可出现在该区域内的任何中立国船舶都视为敌对，从而可能加以攻击。同样，在 20 世纪 80 年代的两伊战争期间，伊朗和伊拉克宣布建立的这种区域似乎也非法地作为针对进入该区域所有船舶的"自由开火区"。

十、拿捕中立国船舶和飞机

中立国的商船和民用飞机如果从事下列任何活动，就有可能被交战国军舰和军用飞机拿捕：

（1）拒绝表明身份；[1]

（2）对抗登临和搜查；[2]

（3）运载禁运品；[3]

（4）破坏或企图破坏封锁；[4]

（5）出示不正规或欺诈性的证件，缺少必要的证件，或者销毁、涂改或隐匿证件；[5]

（6）在海战场周围地区内违反交战国制定的规章；[6]

（7）运载敌方的军事或公务人员；[7]

---

〔1〕 NWIP 10-2, para. 5034（5）；Tucker 336. See *also* 11 Whiteman 30-38.

〔2〕 NWIP 10-2, para. 5034（5）.

〔3〕 NWIP 10-2, para. 503d（1）. 例外的情况是，船舶所有人不知道其船舶上载运的部分或全部货物是禁运品。Tucker 295；2 O'Connell 1148-49.

〔4〕 NWIP 10-2, para. 503d（2）.

〔5〕 NWIP 10-2, para. 503d（6）；Tucker 338 n. 14.

〔6〕 NWIP 10-2, para. 503d（7）.

〔7〕 NWIP 10-2, para. 503d（3）；Tucker 325-30.

（8）向敌方传递情报。[1]

通常在海上相遇时，如果中立国商船未意识到战事开始，或者船长意识到战事开始后一直未能有机会让交战国的军事和公务人员下船，即使其实施了第 7 项和第 8 项列举的行为，也不得认为其应受拿捕。如果一艘船舶在战事开始后离开敌国港口，或者在关于战事开始的通知已在充足的时间内通知了港口所属国后离开该中立国港口，则该船舶被视为知道武装冲突的状态。但是，实际的知晓经常很难或者不可能。由于现代通讯手段的出现，在所有可疑的情况下都可能会适用推定知道。这个问题的最终决定权理所当然地可交给捕获法院。[2]

被拿捕的商船和民用飞机可作为捕获物移送交战国管辖权的港口或机场，由捕获法院进行裁决。为此目的，交战国军舰通常会在被拿捕的船舶上安排押解的船长和船员。如果不能实行，则由交战国的军舰或军用飞机将被捕船舶或飞机押解到港口。在后一种情况下，被捕船舶或飞机必须服从押解船舶或飞机的指示，并有遭受强制措施的风险。[3]

企图对抗正当拿捕的中立国船舶或飞机可能遭受交战国军舰和军用飞机采取的强制措施，并要承担因此造成的损害的一切风险。[4]

（一）破坏中立的被捕船舶或飞机

应尽一切合理的努力避免破坏被拿捕的中立国船舶和飞机。因此，除非被捕船舶或飞机既无法移送交战国港口或机场，根据其意见也无法妥为释放，否则负责拿捕的军官不应下令破坏被捕船舶或飞机。[5]如果确有必要破坏被捕船舶或飞机，负责拿捕的军官必须保证乘客和全体船员或机组人

---

〔1〕　NWIP 10-2, para. 503d（4）; Tucker 321 n. 5 & 330-31; 1923 Hague Rules for Control of Radio in Time of War, art. 6.

〔2〕　NWIP 10-2, para. 503d n. 25; Tucker 13, 263 & 325.

〔3〕　Tucker 345 n. 36 and accompanying text. 与被拿捕船舶有关的指挥官和押解船长的职责与责任，参见 OPNAVINST 3120. 32D, Standard Organization and Regulations of the U. S. Navy, Article 630. 23（Visit and Search, Boarding and Search, and Prize Crew Bill）.

〔4〕　Tucker 336-37 & n. 11.

〔5〕　对比《圣雷莫海战法手册》第 151 条。应当指出的是，本小节是指破坏因实施上文所述的任何行为已被拿捕的中立国商船。本小节不涉及只是被扣留并被指示进港停靠以接受登临和搜查的中立国商船；这种船舶不属于被捕船舶。

员的安全。[1]在这种情况下，应保存与被捕船舶或飞机有关的所有文件和证件。[2]可能的情况下，还应保存乘客的个人财物。[3]

（二）被拿捕的中立国船舶和飞机上的人员

被拿捕的中立国商船和民用飞机上属于中立国国民的军官和船员或机组人员，不得成为战俘，应在环境允许时尽快予以遣返。该规则同样适用于由于在敌方控制下活动或者对抗登临和搜查而被推定具有敌方商船或飞机之性质的中立国船舶和飞机上的军官和船员或机组人员。但是，如果中立国船舶或飞机站在敌人一方直接参加敌对行动，或者作为海军或军事辅助船以任何方式为敌方服务，它们就会因此被推定具有敌方军舰或军用飞机的性质，一经拿捕，其军官和船员或机组人员即可作为战俘关押。[4]

在中立国商船和民用飞机上发现的作为乘客的敌国国民，如果实际上是敌方部队人员，或者正在赴敌方武装部队服役的途中，或者是敌方公务人员，或者从事或涉嫌为敌国服务，可一直予以拘禁直至确认其身份。所有这种敌国国民都要从中立国的船舶或飞机上撤离，无论是否有理由将被拿捕的船舶或飞机视为中立的捕获物。不属于上述任一类别的敌国国民不受拿捕或拘留。[5]

十一、中立国拘禁的交战国人员

国际法承认，中立国领土在战区之外为交战国部队人员提供了一个避难

---

[1] 1936年《伦敦议定书》规定的义务，只要适用于中立国商船和飞机，就仍然有效，只有那些从事第五节第一小节和第二小节以及第八节所列之任何行为的中立国商船和飞机可以例外。纽伦堡国际军事法庭在对德国海军元帅邓尼茨的判决中，因其宣布"作战地带"并击沉进入这些区域的中立国商船违反了《伦敦议定书》的规定而被判有罪。法庭指出：

该议定书没有为作战地带规定任何例外。因此法庭认为，邓尼茨下令在这些区域发现中立国船舶时可不加警告即予以击沉，违反了该议定书的规定。

U. S. Naval War College, International Law Documents 1946-1947, No. 45, at 300 (1948). 《圣雷莫海战法手册》第140条禁止在这种情况下击沉一艘仅仅载有乘客的客轮。

[2] 《伦敦议定书》第22条；《圣雷莫海战法手册》第151条第2项；Tucker 325.

[3] 《圣雷莫海战法手册》第151条第3项；NWIP 10-2, para. 503e.

[4] 《海牙第十一公约》第5条和第8条；NWIP 10-2, art. 513a & n. 40. 另见《圣雷莫海战法手册》第166条。

[5] 《日内瓦第三公约》第4条第1项；《海牙第十一公约》第6条；NWIP 10-2, art. 513b & n. 41.

所，而且通常要求有关的中立国政府要防止此类人员返回自己的部队。中立国必须给予所有交战国部队的人员同等待遇。[1]

在中立水域外登上中立国军舰或军用飞机的交战国战斗员，中立国应予以扣留。[2]在这种情况下登上中立国军舰或军用飞机的属于交战国国民的平民，要予以遣返。

交战国的非医务军用飞机的机组人员，无论是有意还是无意地降落在中立国领土，中立国应予以扣留。[3]

---

〔1〕《海牙第五公约》第 11 条；《海牙第十三公约》第 9 条和第 24 条；Tucker 242 & n. 97.

〔2〕 两伊战争期间，伊朗的布雷艇"伊朗航空号"于 1987 年 9 月 21 日在巴林外海的国际水域布设水雷时遭到美军 160 特遣部队 MH-60A 直升机的攻击，随后美军救起 26 名弃船的船员。五天后，他们被移交给阿曼红新月会官员，不久之后又被移交给伊朗官员，同时移交的还有在"伊朗航空号"遇袭中丧生的另外三人的遗体。See De Guttry & Ronzitte note. 1987 年 10 月 8 日，一艘伊朗小艇在法尔西岛西南月 15 海里处向三架殿后的美国陆军直升机开火，随后遭到美军反击，美国海军海豹突击队从救起 6 名落水的伊斯兰革命卫队成员，其中 2 人随后在美国"罗利号"驱逐舰上死亡。这些人及死者遗体同样被送回了伊朗。1987 Int'l Rev. Red Cross 650. 尚不知道伊拉克是否同意《日内瓦第二公约》第 17 条第 1 款中设想的这些安排；但无论如何，伊拉克似乎并不反对这些看起来并不符合《日内瓦第二公约》第 15 条、《海牙第十三公约》第 24 条及《海牙第五公约》第 11 条之要求（冲突期间要扣留这些人）的措施。

〔3〕《海牙第五公约》第 11 条；《空战规则草案》第 42 条；AFP 110-31, para. 2-6c; Tucker 251-52; 2 Levie, The Code of International Armed Conflict 807. 1987 年 8 月 31 日，在为美国油轮护航的过程中，美国"瓜达尔卡纳尔号"航空母舰救起 1 名在波斯湾国际水域上空被伊朗空对空导弹击落的伊拉克战斗机飞行员。尽管明显不符合《日内瓦第二公约》第 15 条的规定，但他还是通过沙特阿拉伯红新月会的官员被遣返回国。N. Y. Times, 2 Sep. 1987, at A6; Washington Post, 2 Sep. 1987, at A18. 虽然这种情况从未发生，但在 1991 年海湾战争期间美国曾向伊朗提出建议，因为联合国安理会第 678 号决议吁请所有联合国成员国为联军行动"提供适当支援"，尽管伊朗在冲突中宣布"中立"，但伊朗有义务送回可能被击落在伊朗领土上的联军飞机和机组人员（而不是扣留他们）。Title V Report, App. 0, p. 628. 这再次表明，在安理会作出有拘束力的决议的情况下，中立的性质已有所改变。

第八章

目标识别和攻击法

一、合法攻击目标的原则

构成武装冲突法基础的法律原则——军事必要、区分、比例、不必要痛苦和荣誉——是目标识别和攻击规则的基础。武装冲突法要求只能攻击军事目标，但允许使用足够的武力摧毁那些目标。与此同时，应在可能的范围内避免过分的附带损害，并在不影响完成任务和部队安全的前提下，尽可能减少对平民和民用物体的不必要损害。[1]因此，目标识别和攻击法要求采取一切可能的预防措施来确保只攻击军事目标，使非战斗员、平民和民用物体尽可能免遭战火蹂躏。[2]信息战，包括使用非致命武力打击目标，例如军事情报支援行动和网络行动，将在本章第十一节予以讨论。

二、军事目标

"军事目标"是指可作为攻击对象的人员和物体，因此是合法的攻击目标。[3]军事目标包括战斗员、军事装备和设施（医疗与宗教装备和设施除外），以及由于其性质、位置、目的或用途对敌方的作战能力、战争支援和维持能力有实际贡献，而且在攻击当时的情况下其全部或部分毁坏、缴获或失去效用为攻击方提供明确的军事利益的那些物体。[4]军事利益包含许多考量

---

〔1〕 Bothe, Partsch & Solf 299, 309 & 359-61.

〔2〕 这一习惯国际法规则首次被编纂于《第一附加议定书》第 57 条第 4 款。Bothe, Partsch & Solf 369; Green, 168. 对比《圣雷莫海战法手册》第 46 条，其中使用了"可能的"一词而不是"合理的"。

〔3〕 这一习惯国际法规则被编纂于《第一附加议定书》第 52 条第 2 款。

〔4〕 美国认为这一定义是习惯法规则的宣告。对比《第一附加议定书》第 52 条第 2 款和《圣雷莫海战法手册》第 40 条，后者使用了"对敌军行动有实际贡献"一语。See *also* Doswald-Beck at 117.

因素，包括攻击一方部队的安全。

（一）战斗员

敌对行动期间的任何时候均可攻击战斗员，除非其失去战斗力（即因被敌军拘留而"退出战斗"；因丧失意识、遇船难、受伤或疾病而无自卫能力；明确表示投降的意图；完全放弃敌对行为且没有企图脱逃）。

（二）无特权交战者

无特权交战者是作为有组织武装团体成员或直接参加敌对行动的平民，参加民众抵抗者除外。武装冲突期间的任何时候均可攻击作为有组织武装团体成员的无特权交战者，除非其失去战斗。不是有组织武装团体成员但直接参加敌对行动的无特权交战者，仅在其直接参加敌对行动时方可予以攻击。

武装冲突法没有明确禁止平民直接参加敌对行动，但只要其直接参加，在这段时间就可能成为被攻击目标。国际法上没有"直接参加敌对行动"的定义。至少，它包括本质上就是敌对性质的行动，目的在于给敌人造成实际伤害。直接参加敌对行动的一些例子包括拿起武器，或者试图杀死、伤害或俘获敌方人员或摧毁敌方财产。它还包括构成作战行动不可或缺的一部分，或者对敌方实施、支援或维持作战行动的能力有实质且有效的贡献的某些行动。一些例子包括担任哨兵、守卫军事目标或者为敌军收集情报。直接参加敌对行动不包括那些为一国战争努力提供一般支持的行动，例如进行宣传。

一般情况下，某项行为被界定为直接参加敌对行动是一种基于事实的分析，也就是在当时的情况下综合所有可获得的相关事实作出的分析。战场上的战斗员应基于一个人的行为、位置、穿着以及其他当时可用的情报，诚实地确定该人是否直接参加了敌对行动。与作战活动在时间上、功能上及地理上的接近都是应当考虑的因素，但不一定是决定性的因素。

重要的是应注意，平民不享受战斗员特权——也就是说，他们没有武装冲突期间从事暴力行为免于刑事起诉的战斗员豁免。一旦被俘，拘留国可依国内法对其交战行为进行起诉。参与交战行为的平民使军事人员适用区分原则变得更加困难，从而会将所有平民置于更大的风险中。

（三）失去战斗力

无论合法还是非法的战斗员，失去战斗力是指因受伤、生病、遇船难、投降或被俘而不能、无法或停止参加敌对行动。他们可以被拘留，但不得被故意或不分皂白地攻击。故意攻击明显失去战斗力的战斗员构成严重破坏武装冲突法的行为。

1. 遇船难者

遇船难者不包括从岸上实施对海攻击的作战人员，除非他们显然遭遇船难并要求援助。仅在他们停止一切实际的战斗活动时方可被界定为遇船难者。

2. 投降

无论合法还是非法的战斗员，在其停止战斗并明确表达了投降的意愿后，不得再进行攻击。武装冲突法没有准确定义投降何时生效或者在实践中怎样完成投降。投降包括投降一方（部队或战斗员个人）表达投降意愿以及受降一方的纳降能力。后者在接获通知时不得拒绝纳降，但通知应在能够收到且能适当响应时作出——正在进行的战斗的时候企图投降既难以作出通知也难以收到。这是一个合理性的问题。仅仅有战斗员或敌军正在撤退或逃离战场的事实，但没有投降意图的一些其他确定迹象，不构成企图投降，即使这些战斗员或敌军已放下了自己的武器和装备。

3. 空降部队/遇难跳伞人员

从失事飞机跳伞的人员仍在空中时不得加以攻击，除非其在降落时参与作战行为。一旦跳伞人员到达地面，应给予其投降的机会。跳伞进入战区或敌后的空降部队、特战队员和情报人员不受此种保护，可在空中和地面予以攻击。但是，如果上述人员及时、清楚地表明投降意图，则不得攻击。

（四）非战斗员

不得故意或不分皂白地攻击非战斗员，除非他们因直接参加敌对行动失去受保护地位。

1. 医务人员

武装部队的医务人员，包括军医和牙医、技术人员和医护兵、护士以及医务部门的工作人员，在专门履行医疗职责时享有特殊的受保护地位。作为享受这项保护的交换条件，医务人员不得从事害敌行为。如果从事了这种行为，他们就会失去非战斗员享受的保护并且可以成为攻击的对象。医务人员在从事医疗活动时应展示红十字、红新月或红水晶特殊标志。未佩戴特殊标志本身并不导致其丧失保护（注意，例如在海军陆战队医疗队中服役的海军医护兵就不佩戴特殊标志）。医务人员可配有小型武器，用于自卫或保护在其照顾下的伤病员免遭攻击和其他违反武装冲突法的行为。医务人员不得使用此种武器攻击依武装冲突法行事的敌军部队。医务人员可被拘留。

2. 宗教人员

随军牧师是非战斗员，不得成为攻击的对象。随军牧师在从事各自的宗教活动时应展示红十字、红新月或红水晶特殊标志。未佩戴特殊标志本身不能成为攻击随军牧师的理由，这已得到公认。随军牧师可被拘留。随军牧师的助手，例如海军征募的宗教项目专家，是战斗员。

（五）物体

军事目标包括由于其性质、位置、目的或用途对敌方的作战能力、战争支援和维持能力有实际贡献，而且在攻击当时的情况下其全部或部分毁坏、缴获或失去效用为攻击方提供明确的军事利益的那些物体。

由于其性质对敌方的作战能力、战争支援和维持能力有实际贡献的物体，例如军舰、军用飞机、海军辅助船、军事基地和司令部、军舰建造和维修设施、军用仓库和堆栈、军用机场、军用车辆、装甲车、火炮、弹药工厂和军火库，在任何时候都可以对其进行攻击。

由于其位置、目的或用途对敌方的作战能力、战争支援和维持能力有实际贡献的物体，例如油料储存区、船坞、港口设施、海港、桥梁、隘口、铁路场站、铁道机车、驳船、工业生产设备和发电厂，仅在其位置、目的或用途的外部情况将其转变为可予攻击的军事目标时方可进行攻击。[1]

---

〔1〕 美国认为这是习惯法的声明。General Counsel, Department of Defense, letter of 22 Sept. 1972, reprinted in 67 Am. J. Int'l L. 123-24 (1973). 1871年美英求偿委员会承认，美国内战期间北方联邦销毁南方邦联领土内原棉的行为是正当的，因为出售棉花为邦联提供了几乎是购买所有武器和弹药的资金。6 Papers Relating to the Treaty of Washington 52-57 (1874) (Report of U. S. Agent); 7 Moore 693-94; Carnahan, Protecting Civilians Under the Draft Geneva Protocol: A Preliminary Inquiry, 18 A. F. L. Rev. 4748 (1976);《保护文化财产海牙公约》第8条第3款。该规则是否允许攻击海上中立国货船载运的用于维持战争的货物，例如两伊战争期间伊拉克对伊朗载运出口石油的运输船的攻击，目前尚无定论。攻击这种目标可能需要上级机关授权。为"沙漠风暴行动"这一进攻性空袭行动提供的目标集阐明了可予攻击的军事和经济目标的范围。这12个目标集为：领导指挥设施；发电设施；电信和指挥、控制及通信节点（包括微波中继塔、电话交换台、配电室、光纤节点、承载同轴通信电缆的桥梁、民用电视和无线电装置，因为它们很容易被用于为了军事目的的指挥、控制及通信备份，并被用作伊拉克宣传的主要媒介）；一体化战略防空系统；空军和机场；核生化武器的研究、生产和储存设施；飞毛腿导弹发射器以及生产和储存设施；海军和港口设施；炼油和输油设施；铁路和桥梁；伊拉克陆军；军需品储存和生产场地。Title V Report, 125-130. 如果民用飞机构成敌方通信线路的一部分，就是合法的军事目标。民用船舶、飞机、车辆和建筑物如果用于军事目的，包括掩蔽军事人员、装备或补给，或者在其他方面与不符合其平民地位的战斗活动有关，以及如果在这种情况下附带损害和伤害并不过分，就可以成为合法的攻击目标。医院船、医疗队、医务车辆和飞机、未介入冲突的中立国船舶、民用及军用的教堂和礼拜堂、民用教育机构以及（尤其是）文物，当然不得攻击，除非它们正被敌方用于违禁目的。

三、平民和民用物体

平民和民用物体不得成为故意或不分皂白攻击的对象。[1]平民享有不受故意攻击之保护的条件是不参加敌对行动。禁止出于拒绝平民居民使用的特定目的，故意破坏食物、庄稼、牲畜、饮用水和其他平民居民生存必不可少的物体。[2]民用物体由一切不属于军事目标的物体组成。[3]满足军事目标定义的物体可予攻击，即使该物体也有民用功能（例如发电厂），但必须避免过分的附带伤害和损害，并在攻击时采取预防措施。

（一）附带损害和攻击时预防措施

攻击一个合法的军事目标时附带使平民受伤害或民用物体受损害并不违法。[4]比例原则要求可能的附带伤害或损害与预期可获得的军事利益相比不得过分。[5]海军指挥官应采取一切合理的预防措施，同时考虑军事和人道要

---

　　[1]《第一附加议定书》第51条第1款，编纂了习惯国际法。See Bothe, Partsch & Solf 299; Green 151. 但是，第52条第1款中关于民用物体不应成为报复的对象这一部分，为《第一附加议定书》的缔约国创设了新的法律。

　　[2] 这项习惯规则编纂于《第一附加议定书》第54条第2款，美国接受这一规则。Letter from DOD General Counsel to Chairman, Sen. Comm. on For. Rel., 5 April 1971, *reprinted in* 10 Int'l Leg. Mat'ls 1301 (1971).《第一附加议定书》第54条第1款创设了一个新规定——禁止作为作战方法使平民陷于饥饿 [Bathe, Partsch & Solf 336-38; Solf, Protection of Civilians Against the Effects of Hostilities Under Customary International Law and Under Protocol I, 1 A. U. J. Int'l L. & Pol'y 117, 133 (1986)]，美国认为应予遵守并在适当的时候认可为习惯法（Matheson, Remarks, at 426）。See also, Allen, Civilian Starvation and Relief During Armed Conflict: the Modern Humanitarian Law, 19 Ga. J. Int'l & Comp. L. 1 (1989); Green 135-36. 作为作战方法使平民陷于饥饿对封锁规则和禁运品的种类也有潜在影响，相关讨论参见 Bothe, Partsch & Solf at 338-39 & 433-35, and ICRC, Commentary (GP I) 653-54.

　　[3]《第一附加议定书》第52条第1款将民用物体定义为"所有不是第二款所规定的军事目标的物体"。第二节中军事目标的定义尽管与《第一附加议定书》第52条第2款不完全相同，但是类似。

　　[4] Lieber Code, art. 15; AFP 110-31, para. 5-3c. (2) (b), at 5-10. Accord, An Introduction to Air Force Targeting, AFP 200-17, attach. 2, para. A2-3a (2) (1989); AFP 110-34, para. 3-8.

　　[5] 这一比例原则，是构成武装冲突法基石的人道原则和军事必要原则所固有的，编纂于《第一附加议定书》第51条第5款第2项和第57条第2款第2项及第3项。Bathe, Partsch and Solf 309-11 & 359-67; Matheson, Remarks, at 426. 芬里克（Fenrick）认为有待进一步讨论的比例原则构成习惯法，同时也认为在武装冲突期间协调人道需求和军事必要的要求已得到广泛承认。Fenrick, The Rule of Proportionality and Protocol I in Conventional Warfare, 98 Mil. L. Rev. 91, 125 (1982). *Cf.* FM 27-10, para. 41 (ch. 1, 15 July 1976); Green 120-21, 330-32. 一些国家曾主张，预期的军事利益必须将攻击作为一个整体加以考虑，而不只是攻击孤立的或特定的部分：在批准《第一附加议定书》时提出该主张的国家包括比利时（1986 Int'l Rev. Red Cross 174）、荷兰（1987 id. 426）、意大利（1986 id. 113）；在签署时提出该主张的国家是英国（Schindler & Toman 717）。关于这些以及其他细微差异的分析，参见 ICRC, Commentary (GP I) 683-85, and Kalshoven, Constraints on the Waging of War 99-100 (1987).

求，在不妨碍完成任务和部队自身安全的情况下，尽可能减少平民的伤亡和损害。[1]在每种情况下，指挥官都应基于诚信和对当时可用事实的合理估计，确定可能的附带伤害和损害是否过分。同样，指挥官应根据已知或合理获得的一切事实，[2]包括节约资源和成功完成任务的需要，决定是否采取可合理获得的替代攻击方法（即战术）或手段（即武器），以减少平民伤亡和损害。[3]

（二）军事目标内或附近的平民

禁止故意利用平民保卫军事目标免受敌方攻击。尽管作为附带损害概念之基础的比例原则仍然适用于此种情况，但合法的军事目标内或附近出现平民并不妨碍它成为攻击的对象。出于完成任务的需要，美军可以合法地攻击并摧毁这种军事目标。在这种情况下，平民受伤和/或死亡的责任，如果有的话，由利用这些平民的交战国承担。

军事目标内或附近出现平民工作人员，例如军舰上的技术代表或军火工厂的员工，不改变其作为军事目标的地位。倘若此类平民工作人员没有直接参加敌对行动，指挥官依据比例原则进行分析时应予以考虑，并采取可能的预防措施降低他们受伤害的风险。

为了阻止合法的攻击而自愿作为"人盾"置身于军事目标内或附近的平民，不改变军事目标本身的地位。基于具体案件的事实和情况，自愿成为人盾的平民个人可被视为直接参加敌对行动，指挥官依据比例原则进行分析时无须予以考虑，也不必在攻击时采取预防措施避免他们受伤害。在这种情况下进行攻击可能带来政治、战略和作战上的问题，指挥官在作出攻击决定时应予以识别和考量。

---

〔1〕　这项原则体现于《第一附加议定书》第57条第4款，美国支持该原则作为习惯法。Bothe, Partsch & Solf 359. See also Title V Report, App. 0, at O-13. 比较《第一附加议定书》第56~58条关于采取"可能的"预防措施的要求，北约和其他国家将其理解为"考虑到当时所有情况，包括与军事行动的成功有关的情况，采取切实可行或有实际可能的预防措施"。Bothe, Partsch & Solf 373；比利时、荷兰、意大利在批准《第一附加议定书》时所作的声明以及英国在签署时所作的声明。

〔2〕《第一附加议定书》第57条第2款第3项，比利时、荷兰、意大利在批准时所作的解释；英国在签署时所作的解释。Bothe, Partsch and Solf 279-80, 310 & 363. Cf. FM 27-10, para. 41（ch. 1, 15 July 1976）.

〔3〕《第一附加议定书》第57条第3款，见前注所引各国政府和评论家所作的解释。See Green 147-48. 改变攻击方法可能涉及如下因素，如攻击平台的选择、确定使用武器之数量、弹药的引信类型、攻击的时间和接近目标的角度。

四、环境考量

在不妨碍完成任务的情况下，指挥官有在实际可行的范围内避免对环境造成不必要损害的确定义务。为此目的并且只要军事需求允许，应使用适当顾及自然环境保护的作战方法或手段。禁止非完成任务所必需地和恣意地破坏自然环境。[1]因此，指挥官应将攻击一个合法军事目标带来的环境损害作

---

〔1〕 这项规定是对联合国大会第 A/47/37 号和第 A/49/50 号决议作出的回应，这两个决议以协商一致的方式分别于 1992 年 11 月 25 日和 1994 年 12 月 9 日通过，呼吁各国在其军事手册中纳入适用于武装冲突中环境保护的国际法准则。I. C. R. C. compiled "Guidance for Military Manuals and Instructions on the Protection of the Environment in Times of Armed Conflict," which were annexed to U. N. Dot. A/49/323 (1994). See Gasser, The Debate to Assess the Need for New International Accords, in Grunawalt, King & Mc-Clain at 521. 《圣雷莫海战法手册》第 44 条规定：

使用的作战方法与手段须根据国际法有关规定适当顾及自然环境。禁止对自然环境进行并非军事必要性的肆无忌惮的破坏和摧毁。

关于《圣雷莫海战法手册》这一规定的评论，See Doswald-Beck at 119-21.

海湾战争期间，伊拉克故意向波斯湾倾倒了 700 万至 900 万桶石油。科威特的 590 口油井的井口装置被蓄意损坏或破坏。其中 508 口油井被点燃，82 口油井受损，以致石油大量外泄。1991 年 7 月，在加拿大渥太华召开了一次国际专家会议，审查这些行动对战争法的影响。会议得出的结论是，这些行为违反战争法，即：

《海牙章程》第 23 条第 7 项，禁止"毁灭……敌人财产，除非……出于不得已的战争需要"；

《日内瓦第四公约》第 147 条，属于严重破坏公约行为的"无军事上之必要而以非法与暴乱之方式对财产之大规模的破坏"。

See Title V Report, App. 0 at O-26.

1995 年 9 月，美国海军战争学院主办了一场关于在武装冲突和其他军事行动期间保护环境的海战法专题研讨会。来自美国、英国、澳大利亚、阿根廷、加拿大、德国、荷兰和瑞士的 40 位杰出的政府官员、法律学者、科学家、环境学家和军事指挥官参加了这次研讨会。会议的论文和记录已刊出（Grunawalt, King & McClain）。专题讨论会与会者的普遍共识是，一般而言国际法，尤其是武装冲突法的这个领域的主要缺陷是没有对违反现有规范的行为采取强制执行措施，而不是缺乏保护环境的标准。See Grunawalt, King & McClain at XIX. See also Green, The Environment and the Law of Conventional Warfare, 29 Can. Y. B. Int'l L. 222-37 (1991); and Baker, Legal Protections for the Environment in Times of Armed Conflict, 33 Va. J. Int'l L. 351 (1993).

美国是 1977 年《禁止为军事或任何其他敌对目的使用改变环境的技术的公约》（《改变环境技术公约》）的缔约国。该公约规定，禁止为军事或任何其他敌对目的使用具有广泛、持久或严重后果的改变环境的技术作为摧毁、破坏或伤害任何其他缔约国的手段。公约将"改变环境的技术"定义为通过蓄意操纵自然过程改变地球（包括其生物群、岩石圈、地水层和大气层）或外层空间的动态、组成或结构的技术。同时通过的"谅解"将"广泛"定义为包括数百平方公里范围的地区；将"持久"定义为持续数月或者大约一个季度；以及将"严重"定义为包括对人命、自然和经济资源或其他资产造成严重或显著的破坏或伤害。See Bothe, Partsch & Solf at 347.

为作出攻击决定的考虑因素之一。[1]

五、区分军事目标和受保护的人员及物体

为了帮助战斗员区分军事目标和受保护的人员及物体，已就符号、标志和信号达成许多共识。

（一）保护性符号和标志

1. 红十字、红新月和红水晶

白底红十字是国际公认的保护医务和宗教人员及活动的标志（图 8-1）。一些国家将白底红新月用作同样的目的（图 8-2）。[2]《日内瓦四公约第三附加议定书》批准了一个额外的保护性标志——红水晶（图 8-3）。使用和尊重《第三附加议定书》确定之标志的条件与红十字和红新月相同。白底红狮日（图 8-4）最初由伊朗创造。1980 年，伊朗宣布不再使用红狮日标志，转而使用红新月。[3]但在 2000 年，伊朗表达了保留再次使用红狮日标志的权利的愿望。以色列使用红色大卫盾标志，并在批准 1949 年《日内瓦公约》时保留使用该标志的权利（图 8-5）。美国不同意以色列的红色大卫盾是保护性标志。[4]

（接上页）《改变环境技术公约》是一项军控措施，旨在防止将环境用作战争工具。公约不限制和平的活动或者除改变环境的技术外的敌对活动，也从未打算这样做。因此，《改变环境技术公约》不适用于伊拉克的行动，因为它采用的不是改变环境的技术，单纯是肆无忌惮的破坏行为。See McNeill, Protection of the Environment in Time of Armed Conflict：Environmental Protection in Military Practice, in Grunawalt, King & McClain at 538；Green 131-32.

〔1〕 See NWP 4-11, Environment Protection, for specific guidance on environmental protection.

〔2〕《海牙章程》第 23 条第 6 款；《日内瓦第一公约》第 23 条；《日内瓦第二公约》第 41 条；《日内瓦第四公约》第 18 条。1864 年 8 月 22 日《改善战地陆军伤者境遇的日内瓦公约》第 7 条首次采用了白底红十字标志，系将瑞士联邦国旗颜色翻转而成，以示对瑞士的敬意。关于这些标志优缺点的讨论，参见 1989 年《红十字国际评论》中的系列文章（1989 Int'l Rev. Red Cross 405-64）。See also Cauderay, Visibility of the Distinctive Emblem on Medical Establishments, Units and Transports, 1990 Int'l Rev. Red Cross 295.

〔3〕 从 1980 年 7 月 4 日至今。1980 Int'l Rev. Red Cross 316-17.

〔4〕 以色列对《日内瓦第一公约》《日内瓦第二公约》和《日内瓦第四公约》的保留十分相似。对《日内瓦第一公约》的保留如下：

以色列尊重本公约规定的特殊记号和标志的不可侵犯性，但使用红色大卫盾作为本国武装部队医务部门的标志和特殊符号。

以色列对《日内瓦第二公约》的保留如下：

……以色列在医务部门使用的旗帜、臂章和所有装备（包括医院船）上使用红色大卫盾。

尽管如此，所有医务和宗教人员或物体同样应受到照顾和保护。[1]

红十字

医务和宗教活动标志

图 8-1　红十字

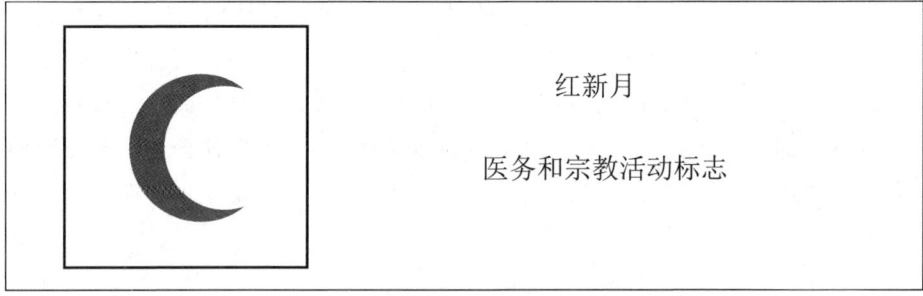

红新月

医务和宗教活动标志

图 8-2　红新月

（接上页）Schindler & Toman 576. 红十字国际委员会主席认为，以色列的保留仅构成一个单方面声明。See Pilloud, Reservations to the Geneva Conventions of 1949, 1976 Int'l Rev. Red Cross 121-22. 以色列继续使用红色大卫盾（六芒星）作为其保护性标志。CDDHBR. 37 Annex, 6 Official Records 78-79, Levie, 1 Protection of War Victims 309, 4 id. 161.

美国反对以色列的保留，甚至反对所有对 1949 年《日内瓦公约》的保留，但接受与所有缔约国建立条约关系，"这种保留变更的条款除外"。Schindler & Toman 590. 因此，在数次中东战争中，与以色列进行武装冲突的任何其他当事方都承认以色列使用红色大卫盾（大卫王之星）作为保护性标志。Bothe, Partsch & Solf 103；《维也纳条约法公约》第 20 条第 5 款。虽然如此，但付出艰苦努力后，红色大卫盾仍然没有被相关条约正式承认为保护性标志。Rosenne, The Red Cross, Red Crescent, Red Lion and Sun and the Red Shield of David, 5 Israel Y. B. Human Rights 1 (1975). 保护性标志的多样性无助于其在战斗激烈时进行识别。Gasser, The Protection of Journalists Engaged in Dangerous Professional Missions, 1983 Int'l Rev. Red Cross 10.

[1]　Pilloud, note 79, at 122; Levie, 2 The Code of International Armed Conflict, art. 1011. 1. 2, at 651.

红水晶

医务和宗教活动标志

图 8-3 红水晶

红狮日

医务和宗教活动标志。该标志本由伊朗使用，1980年停用。1980年，新成立的伊朗伊斯兰共和国开始使用红新月标志；但2000年，伊朗保留再次使用红狮日标志的权利。

图 8-4 红狮日

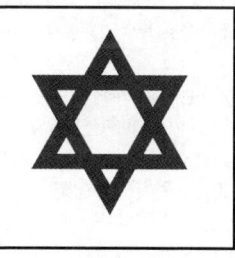

红色大卫盾（六芒星）

以色列的医务和宗教活动标志。以色列批准1949年《日内瓦公约》时保留使用红色大卫盾标志的权利。

图 8-5 红色大卫盾

2. 其他保护性标志

国际法特别承认的其他保护性标志还包括白底红斜带，用以指明医院地带和非战斗员的安全港（图8-6）。[1]战俘营用字母"PW"或"PG"来标记（图8-7）；[2]平民拘留营使用字母"IC"（图8-8）。[3]白色盾状底上一个纯蓝色菱形和三角形标志被用于指明文化建筑、博物馆、历史纪念碑和其他免受攻击的文化财产（图8-9）。[4]在西半球，白底上一个红色圆环内三个红球（《洛里奇协定》确定的标志）也被用于上述目的（图8-10）。[5]

红斜带

供平民、伤者和病者（非战斗员）使用的医院及安全地带标志。

图8-6　红斜带

---

〔1〕《日内瓦第四公约》第14条和附件第6条。关于医院地带和安全地带的历史，参见4 Pictet 121-24. 为伤病战斗员建立的医院地带用红十字进行标记。《日内瓦第一公约》第23条和附件第6条；1 Pictet 422；4 Pictet 634.

〔2〕《日内瓦第三公约》第23条第4款；3 Pictet 190. 战俘营在白天应标明自高空清晰可见之PW（prisoners of war）或PG（prisonniers de guerre）字母。如果根据《日内瓦第三公约》第23条第3款的要求提供了战俘营的确切位置，这种标记的必要性就可能有所减少。Levie, Prisoners of War 123-24；Levie, 2 The Code of International Armed Conflict 689. 有关各国可商定一些其他的标记方案。但战俘营以外的区域不得使用这些标记（《日内瓦第三公约》第23条第4款）。

〔3〕《日内瓦第四公约》第83条第3款；4 Pictet 383-84. 字母IC仅在军事考虑许可时使用，应标于白天可自高空清晰望见之处。如果根据《日内瓦第四公约》第83条第2款的要求提供了拘禁营的确切位置，这种标记的必要性就可能有所减少。有关各国可商定一些其他的标记方案。但拘禁营以外的区域不得使用这些标记（《日内瓦第四公约》第83条第3款）。

〔4〕1954年《保护文化财产海牙公约》第16条。

〔5〕《关于保护艺术和科学机构及历史古迹的条约》（Treaty on the Protection of Artistic and Scientific Institutions and Historic Monuments），1935年4月15日在华盛顿通过，第3条。该条约又被称为《洛里奇协定》，其缔约国包括巴西、智利、哥伦比亚、古巴、多米尼加、萨尔瓦多、危地马拉、墨西哥、美国和委内瑞拉。

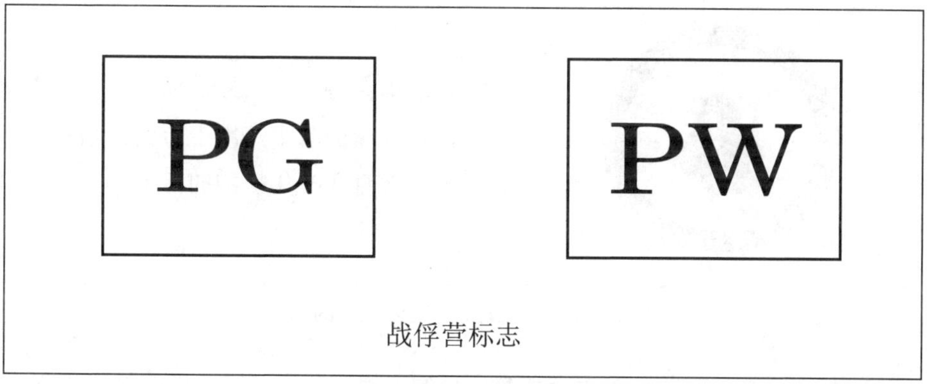

战俘营标志

图 8-7　战俘营标志

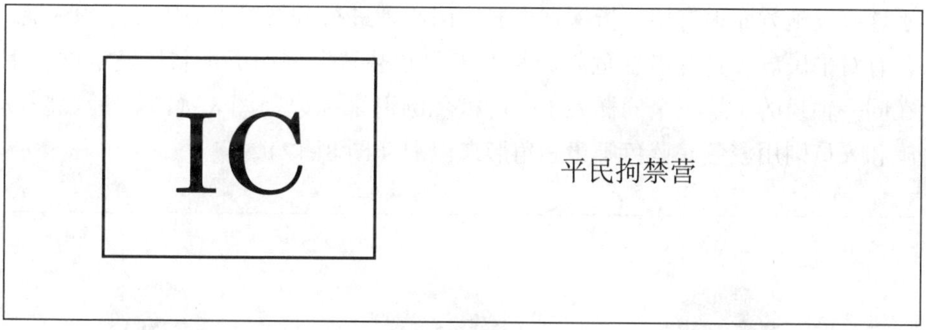

平民拘禁营

图 8-8　平民拘禁营

1954年《海牙公约》项下的文化财产标志（蓝白标志）

（也可以三个一组使用来表示特别保护）

图 8-9　1954 年《海牙公约》项下的文化财产

《洛里奇协定》（红白标志）
在西半球国家中，用于历史、艺术、教育和文化机构的标志

图 8-10　《洛里奇协定》项下的标志

　　《第一附加议定书》为含有危险力量的工程和装置及民防设施规定了保护性标志。尽管美国不是《第一附加议定书》的缔约国，但由于这些标志在识别这些设施方面很有用，指挥官依据比例原则进行分析时也应需要予以考虑。含有对平民居民具有潜在危险力量的工程和装置，例如堤坝和核发电站，用在同一轴线的一组三个同样大小的鲜橙色圆形来标记（图 8-11）。[1] 民防设施和人员则用橙色底蓝色等边三角形来识别（图 8-12）。[2]

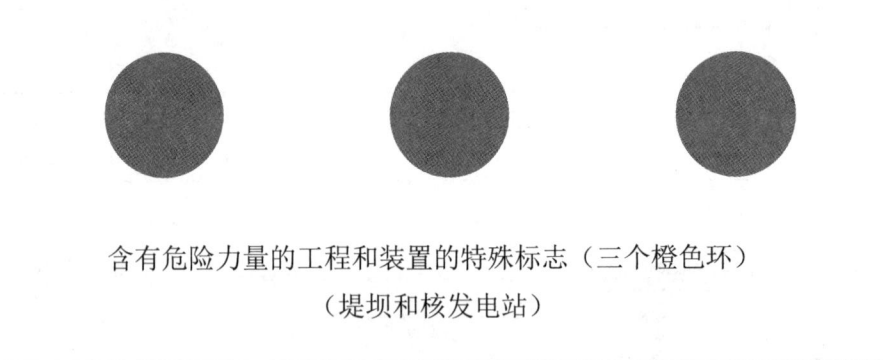

含有危险力量的工程和装置的特殊标志（三个橙色环）
（堤坝和核发电站）

第 8-11　含有危险力量的工程和装置

─────────────

〔1〕《第一附加议定书》第 56 条第 7 款。
〔2〕《第一附加议定书》第 66 条第 4 款。

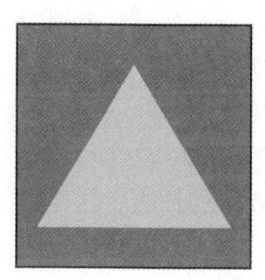

民防活动标志

（橙色正方形里的蓝色等边三角形）

图 8-12　民防活动

3. 1907 年《海牙第九公约》确定的标志

海军军官需特别关注的保护性标志是 1907 年《关于战时海军轰击公约》（《海牙第九公约》）确定的标志。1907 年的海牙标志被用于标记宗教建筑、医院、历史纪念碑、文化建筑物和其他免受海军轰击的建筑物。该标志由一个沿对角线被分成上黑下白的两个三角形的矩形组成（图 8-13）。[1]

1907年海牙标志

旨在保护文化、医疗和宗教设施免受海军轰击的标志

图 8-13　《海牙第九公约》项下的标志

4. 1954 年《保护文化财产海牙公约》确定的标志

关于文化财产的保护性标志由 1954 年《关于发生武装冲突时保护文化财产公约》亦称《保护文化财产海牙公约》确立。具有艺术、历史或考古价值

---

〔1〕《海牙第九公约》第 5 条。医院应以红十字标记。

的文化遗址，不论其是宗教的还是非宗教的，可用标志加以标记以便于识别。该标志可单独使用，或呈三角形重复三次。该标志采取盾状，下端尖，其组成为：一纯蓝色正方形，其一角作为盾尖，正方形之上为一纯蓝色三角形，两边的空间各为一白色三角形（图8-9）。

5. 白旗

习惯国际法承认白旗作为请求停火、谈判或投降的标志。悬挂白旗的敌军应获准有投降的机会或者送达停火或谈判的请求。[1]悬挂休战旗的士兵或部队有责任清晰且明确地传达自身的意图。

6. 获准的用途

保护性符号和标志只能用于识别其所指明的享有受保护地位的人员、物体和活动。[2]国际法禁止任何其他用途。[3]

7. 未展示标志

当有权享有受保护地位的物体或人员很容易被识别时，没有保护性符号和标志并不会使受保护的物体或人员成为合法的目标。不过，未使用国际公认的保护性符号和标志可能会使受保护的人员和物体承受其受保护地位无法被敌方识别的风险。[4]

---

〔1〕《利伯守则》第111~114条；《海牙章程》第23条第6款和第32条；《第一附加议定书》第38条第1款；FM 27-10, paras. 53, 458, 460 & 467.

〔2〕《日内瓦第一公约》第44条第1款；《日内瓦第二公约》第44条；《保护文化财产海牙公约》第17条。参见《第一附加议定书》第66条第8款（民防）。美国保留其一些企业继续在商业上使用红十字的权利，前提是它在1905年之前就如此使用。Schindler & Toman 590；1 Pictet 387；Pilloud, at 123.

〔3〕《海牙章程》第23条第6款；《日内瓦第一公约》第53条；《第一附加议定书》第38条；implemented in 18 U. S. C. sec. 706 (1982). 对于使用《洛里奇协定》、1907年《海牙第九公约》或者《第一附加议定书》第56条第7款为堤坝和核发电站确立的特殊记号，没有明确的限制。但是，用于堤坝和核发电站之特殊记号的监督和控制依赖《第一附加议定书》第80条这项更一般的规定，而且该议定书第38条一般性地禁止不正当使用公认标志。Bothe, Partsch & Solf 357. 作者们认为，在某些（不特定的）情况下，"故意滥用特殊记号可能构成"《第一附加议定书》第85条第3款第6项规定的严重破坏公约行为。同样的原理也适用于滥用《洛里奇协定》和《海牙第九公约》规定的特殊记号的行为。不正当使用受保护的记号和标志构成背信弃义行为。

〔4〕皮克泰（1 Pictet 307）承认存在这样的情况，展示特殊标志会不必要地使非战斗员承受侵犯其豁免之攻击的风险或者损害作战的完整性。在美国陆军中，"主要战术指挥官"掌握着出于战术和作战原因指示不得使用保护性标志的权力。AR 750-1, Subj：Maintenance of Supplies and Equipment：Army Materiel Maintenance Policy and Retail Maintenance Operations（ch. I），paras. 4-4ld（6）&（7）.

（二）保护性信号

国际上有三种使用保护性信号识别医疗队和医务运输工具的方法可供选择。[1]美国的医院船和医务飞机不使用这些信号，但其他国家可能会用。

1. 无线电信号

为了通过无线电话识别医务运输工具，应将单词"PAN PAN"重复三次，然后说出英文单词"medical"或者法语"MAY-DEE-CAL"。用无线电报识别医务运输工具是重复三次"XXX"，然后一次"YYY"。[2]

2. 视觉信号

对飞机来说，蓝色闪光信号灯只能用于医务飞机。医院船、沿岸救护艇和医务车辆也可使用蓝色闪光信号灯。冲突各方只有缔结特别协定，才能将其专用于水面医务运输工具。[3]

3. 电子识别

冲突各方可缔结特别协定，装备合适的标准海上雷达应答器，并以此对医疗舰艇进行识别和定位。对医务飞机的识别和定位，可使用《芝加哥公约》附件十中规定的次级监视雷达。次级监视雷达模式和代码应专用于医务飞机。[4]

〔1〕《第一附加议定书》第18条第5~6款和附件一第5条。

〔2〕《无线电规则》（Mob-83）第40条；《第一附加议定书》附件一第7条；International Code of Signals, H-0. Pub. 102, at 137 (rev. 1981)；Bothe, Partsch & Solf 586-88；Levie, 2 The Code of International Armed Conflict 704-06；Eberlin, Protective Signs 12-16；ICRC, Commentary (GP I) 1216-45.

〔3〕《第一附加议定书》附件一第6条；International Code of Signals, H. O. Pub. 102 (rev. 1981), change 136A, Notice to Mariners 52/85, at II-2.5. See Bothe, Partsch & Solf 585；Levie, 2 The Code of International Armed Conflict 703-04；Eberlin, The Identification of Medical Aircraft in Periods of Armed Conflict, 1982 Int'l Rev. Red Cross 207-09；Eberlin, Identification of Hospital Ships and Ships Protected by the Geneva Conventions of 12 August 1949, 1982 id. 315；Eberlin, The Protection of Rescue Craft in Periods of Armed Conflict, 1985 id. 140；ICRC, Commentary (GP I) 1206-11. 英国在马岛战争期间进行的实验发现，闪烁的蓝光的能见度为7海里，而海上的正常能见度为1海里。Junod, Protection of the Victims of Armed Conflict Falkland-Malvinas Islands (1982), at 25. Similar results are reported in Cauderay, Visibility of the Distinctive Emblem on Medical Establishments, Units, and Transports, 1990 Int'l Rev. Red Cross 295. 它在岸上的使用有难度，因为许多欧洲和亚洲的警察、消防和应急车辆广泛使用闪烁的蓝光。

〔4〕Radio Regulations (Mob 1983), arts. 3219A & B；International Code of Signals, H. O. Pub. 102 (rev. 1981), change 136A. Notice to Mariners 52/85, at II-2.5；Eberlin, Amendments to the Radio Regulations Concerning Medical Means of Transport and Neutral Means of Transport, 1984 Int'l Rev. Red Cross 51. Eberlin, Underwater Acoustic Identification of Hospital Ships, 1988 Int'l Rev. Red Cross 505；GP I, Annex I, art. 8；Bothe, Partsch & Solf 589；Levie, 2 The Code of International Armed Conflict 706-07；ICRC, Commentary (GP I) 1248-55. 次级监视雷达也被称为敌我识别器。

（三）中立平台的识别

非交战国的船舶和航空器可采用特殊信号进行自我识别、定位及建立通讯。使用这些信号不给予或相当于默示承认中立国或交战国的任何特殊权利或义务，它们之间另有约定除外。[1]

六、水面战

作为一项一般规则，水面舰艇可攻击位于中立国领土以外[2]的敌方水面、水下和空中目标。涉及水面战的武装冲突法通过确认合法攻击目标的规则，主要关注对非战斗员和平民的保护。为此目的，敌方所有船舶和飞机一般可分为三类：军舰和军用飞机（包括军事辅助船）；商船和民用飞机；有豁免权的船舶和飞机。

（一）敌方军舰和军用飞机

敌方的军舰和军用飞机，包括海军辅助船，可在中立国领土以外的任何地方予以攻击、破坏或拿捕。[3]但是，禁止攻击已真诚、明确、有效、及时地提出投降的敌方军舰和军用飞机。[4] 且敌方军舰明确表达了投降意愿，例如降下本国旗帜、升起白旗、潜艇浮出水面、关闭引擎并回应攻击方的信号或者登上救生艇，攻击必须停止。[5]空战中失事的敌机经常被摧毁，因为

---

〔1〕 Resolution No. 18 （Mob 1983），World Administrative Radio Conference for Mobile Services，Geneva 1983，reprinted in 1984 Int'l Rev. Red Cross 58；ICRC，Commentary （GP I） 124445. See Eberlin，Amendments to the Radio Regulations Concerning Medical Means of Transport and Neutral Means of Transport，1984 Int'l Rev. Red Cross 52.

〔2〕 中立国领土由中立国的领陆、内水、群岛水域、领海和领空组成。因此，"中立国领土以外"是指 12 海里领海外缘以外的所有水域、空域和海底。

〔3〕 虽然这一习惯规则没有被编纂进任何海战法条约，但它出现在：《牛津手册》第 1 条和第 31 条；《圣雷莫海战法手册》第 10 条；NWIP 10-2，arts. 430a，441 & 503a. 马岛战争期间，在英国宣布的福克兰（马尔维纳斯）群岛周围 200 海里的"完全禁区"外，英国"征服者号"潜艇击沉阿根廷"贝尔格拉诺将军号"巡洋舰，是合法的战争行为。有关这一事件的讨论，参见 Woodward，One Hundred Days 149-63 （1992）.

〔4〕《海牙章程》第 23 条第 3 项，《第一附加议定书》第 41 条则用更为现代的语言予以重申。另见《圣雷莫海战法手册》第 47 条第 9 项。《第一附加议定书》第 40 条和《第二附加议定书》第 4 条第 1 款中重申《海牙章程》第 23 条第 4 项禁止下令杀无赦。Matheson，Remarks，at 425；Green 166-67.

〔5〕 NWIP 10-2，para. 51 lc and nn. 35-37，and Mallison 134 （summarizing customary practice described in the Trial of Von Ruchteschell，1 Reps. U. N. Comm. 89 （1947），9 LRTWC 89 （1949））. See also Robertson，The Obligation to Accept Surrender，Nav. War Coll. Rev.，Spring 1993，102.

没有核查其真实地位的可能性和执行投降的能力。[1]尽管失事，但飞机既可能失去也可能没失去战斗手段。此外，它也仍然是一个有价值的军事资产。因此，空战中一般很难主动提出投降。[2]但是，如果投降是真诚地提出以致情况不妨碍执行，就必须予以尊重。[3]被拿捕或摧毁的敌方军舰和军用飞机上的军官、船员和机组成员应予拘留。[4]只要军事要求允许，每次交火之后都应毫不迟延地采取一切可能的措施搜寻并收集遇船难者、伤者和病者以及寻找死者。[5]

捕获程序不得用于捕获敌方军舰，因为捕获的事实已将其所有权直接赋予了捕获国政府。[6]

（二）敌方商船和民用飞机

1. 拿捕

敌方商船和民用飞机可在中立国领土以外的任何地方予以拿捕。[7]如果能通过其他手段完全确定其敌性，就不必事先予以登临和搜查。[8]当军事环

---

[1] AFP 110-31, para. 4-2d, at 4-1: Spaight 125-27. 书中还描述了第一次世界大战期间几个在空中投降的例子（Spaight, at 128-30）。

[2] AFP 110-31, para. 4-2d.

[3] Ibid；AFP 110-34, para. 3-3b, at 3-2.

[4] 《日内瓦第二公约》第 16 条。

[5] 《海牙第十公约》第 16 条；《日内瓦第二公约》第 18 条；NWIP 10-2, para. 511b. 陆战的相应规定载于《日内瓦第一公约》第 15 条；《日内瓦第四公约》没有相应要求。《第一附加议定书》第33 条规定了寻找失踪人员的新义务，美国对此表示支持。Matheson, Remarks, at 424. 《战斗搜救程序》（NWP 19-2/AFDD-34/AR 525-90）《联合战斗搜救准则》（Joint Pub 3-50.2）和《搜救》（ATP 10）中规定的程序，旨在用于自己和盟军的搜救。不过，为符合各公约文本中规定的要求，在可适用的范围内，应遵循这些程序。

[6] NWIP 10-2, art. 503a（2）.

[7] Previously set forth in NWIP 10-2, para. 503b（1）（1956）, Tentative Instructions for the Navy of the United States Governing Maritime and Aerial Warfare, May 1941, para. 67, and Instructions for the Navy of the United States Governing Maritime Warfare, June 1917, para. 62. 这条规则反映出美国对《海牙第六公约》的抵制态度，尤其是敌对行动开始时停泊于对手港口的敌国商船免于拿捕的相关规定。尽管日本、法国、英国和苏联最初都是《海牙第六公约》的缔约国，但随后均宣布退出，它没有表达任何习惯国际法规范。Green 76-7; Ronzitti, 102 & 108. See also Tucker 74-75, 102-03 & 108-09, and U. S. Naval War College, International Law Topics and Discussions 1905, at 9-20（1906）. 这些均讨论了这项与陆战法相反的规则，而在陆战法中，敌方居民的私人财产通常不得予以扣押和没收。See also Mallison 101.

[8] 《圣雷莫海战法手册》第 135 条；NWIP 10-2, para. 502a & n. 9; Tucker 103-04 & n. 31; Mallison 101 & n. 19.

境不允许将捕获的敌方商船和民用飞机作为捕获物扣押或送交判决时，在采取一切可能的措施保障乘客与船员的安全后，才可将其摧毁。[1]无论对被拿捕的船舶或飞机，还是对货物（正常情况下，被拿捕的敌方船舶上运载的属于非禁运品的中立国货物不得没收），中立国均可提出索赔要求。因此，如果实际可行，应始终优先将被捕船舶或飞机送交港口判决而非摧毁。每一次摧毁被捕船舶或飞机，都应迅速向更高一级指挥官报告。[2]

应保护好被捕船舶或飞机的有关文件和证件，且如果实际可行，保存好乘客的个人财产。[3]根据美国法律，实施拿捕的舰艇指挥官应：

（1）获得被捕船舶或飞机的文件，包括日志和货运单据，连同船上找到的所有其他文件和证件，包括信件在内。

（2）清点并封存所有文件和证件。

（3）将详细目录以及文件和证件送交有管辖权的法院，并附一份书面说明：

1）送交的文件和证件是能找到的全部文件，或者解释文件有遗失的原因；

2）送交的文件和证件均是找到时的状态，或者解释与找到时有所不同的原因。

（4）将下列人员作为证人呈报捕获法院，即被捕船舶或飞机押解军官、一个或多个其他军官、货物押运员、船员事务长、被捕船舶或飞机代理人和船上发现的据信知道被捕船舶或飞机的名称、国籍或目的地或者对此感兴趣的任何其他人，如果无法正常提出证人，则向法院说明原因。

（5）向被捕船舶或飞机派驻主管押解军官和船员，并将被捕船舶或飞机、证人以及所有文件和证件，在被捕船舶或飞机押解军官负责之下，送交港口判决。

1）更高一级机关未指示被捕船舶或飞机送交哪一港口判决时，捕获船指挥官应选择他认为最方便的港口。

2）如果被捕船舶或飞机或者被捕获财产的任何部分，因状况不佳而

---

[1]《圣雷莫海战法手册》第139条；NWIP 10-2, para. 502b（2）& nn. 18, 19 & 21；Tucker 106-08 & n. 40. 就像对敌人一样，被捕敌方商船的所有权因拿捕的事实而归于捕获者的政府。

[2] NWIP 10-2, para. 503b（2）.

[3]《圣雷莫海战法手册》第139条；NWIP 10-2, para. 503b（2）& n. 20.

无法送交判决，捕获船的指挥官应让有资质且公正的人员进行调查和评估。

被捕获的敌方商船和民用飞机上的军官、船员和机组人员可予拘留。[1]被捕获的船舶和飞机上作为普通乘客的其他敌国国民应遵守捕获国的纪律。[2]如果有必要，被俘获的敌方商船上的敌国国民，尤其是敌国公共服务部门的人，应被视为战俘。被俘获的敌方商船和民用飞机上的中立国国民不应予以拘留，除非他们参加了针对捕获国的敌对或抵抗行为或者为敌国服务。[3]

2. 摧毁

第二次世界大战以前，无论习惯国际法还是国际公约都禁止水面舰艇摧毁敌方商船，除非乘客和船员的安全得到了优先保障。但是，如果商船积极对抗拿捕或接到命令时仍拒绝停驶，该要求就不适用。[4]具体而言，几乎所有第二次世界大战的参战国都明确加入的1936年《伦敦议定书》，[5]部分规定：

> 特别是，除经适当召唤而仍坚持拒绝停驶或积极抗拒临检搜索外，军舰无论为水面船舰或潜水艇，不得在预先安置旅客、船员和船舶文书于安全地

---

〔1〕《日内瓦第三公约》第4条第1项第5目；NWIP 10-2, para. 512 and n. 38. 对于在被捕敌方商船和飞机上发现的人员，关于其待遇的法律发展演变的描述，参见：Tucker 112-15. 另见《圣雷莫海战法手册》第165条。

〔2〕NWIP 10-2, para. 512. 另见《日内瓦第四公约》第4条和第41条。如有必要，在被捕敌方商船上发现的敌国国民，特别是那些敌方公务人员，可作为战俘对待。NWIP 10-2, para. 512, and n. 39.

〔3〕《海牙十一公约》第5条和第8条；《日内瓦第三公约》第5条；NWIP 10-2, para. 512; Tucker 113-14 & n. 60 & n. 62. 如果对这种被拘留的中立国民有权享有战俘待遇存在疑问，在"主管法庭"作出相反决定之前，仍应给予该存在疑问的利益。《日内瓦第三公约》第5条第2款；《第一附加议定书》第45条第1款。未曾参与敌对行为或抵抗行为的中立国国民应予释放。参见《圣雷莫海战法手册》第166条。

〔4〕NWIP 10-2 para. 503b (3) and n. 22. 《关于在战争中使用潜水艇和有毒气体的条约》，1922年2月6日在华盛顿通过，但从未生效，序言和第1条；《限制和裁减海军军备的国际条约》（《伦敦条约》），1930年4月22日在伦敦通过，1930年12月31日对美国生效，第22条；《限制和裁减海军军备的国际条约第四部分关于潜艇作战的规则》（1936年《伦敦议定书》），1936年11月6日通过。相关发展，详见 Tucker 55-70 and Mallison 106-23. See also Levie, Submarine Warfare: With Emphasis on the 1936 London Protocol, in Grunawalt at 28-71.

〔5〕中国和罗马尼亚是第二次世界大战的交战国，但没有加入1936年《伦敦议定书》。

方以前击沉商船或使其不能航行。就这一目的而言，船舶的小艇不得视为安全地方，除非在当时海上和气候情况下，由于接近陆地或者有另一船舶在场，可以将他们带上该船，因此旅客和船员的安全获得保障。

第二次世界大战期间，水面舰艇和潜艇不经事先警告，也不首先考虑乘客和船员的安全，就攻击甚至击沉敌方商船，这种实践在交战双方之间都很普遍。[1]这些明显背离1936年《伦敦议定书》协定规则的行为，其理论依据各不相同。最初，此类行为的正当性来源于对敌方非法行为的报复。但随着战争的演进，商船经常被武装和护卫，参与情报收集，以及直接或间接地成为敌方作战行动/战争支援/战争维持等努力的一部分。因此，敌方商船被普遍认为是合法的军事目标，遇见即可摧毁。[2]

尽管1936年《伦敦议定书》的规则继续适用于水面舰艇，但必须根据当前的技术（包括卫星通讯、超视距武器和反舰导弹系统）以及第二次世界大战期间和之后不断演进的交战国的习惯做法加以解释。[3]因此，在下列任何一种情况下，水面舰艇可攻击并摧毁敌方商船，有无事先警告均可：[4]

---

〔1〕 See Mallison & Mallison, The Naval Practices of Belligerents in World War Ⅱ: Legal Criteria and Development, in Grunawalt at 87-103. 军用飞机也不经事先警告，也不首先考虑乘客和船员的安全，就摧毁敌方商船。然而，这种做法并不违背1936年《伦敦议定书》，因为该议定书没有涉及飞机破坏商业航运问题。

〔2〕 Mallison & Mallison, id. at 90-91.

〔3〕 Nwogugu, Commentary on the 1936 London Proces-Verbal, in Ronzitti at 353.

〔4〕 1936年《伦敦议定书》的目的只是保护那些"当时"没有"以使其失去商船豁免权的方式参与敌对行动"的商船 Report of the Committee of Jurists, 3 April 1930, which drafted article 22, reprinted in Dep't of State, Proceedings of the London Naval Conference of 1930 and Supplementary Documents 189 (Dep't of State Conf. Ser. No. 6, 1931), and quoted in U. S. Naval War College, International Law Situations 1930, at 5 (1931), Mallison 120, and Tucker 63. 遗憾的是，与会代表未能就可能导致商船失去豁免权的情况达成一致意见。本小节所列的情况反映了国家实践和国际军事法庭对海军元帅邓尼茨的判决。1 TWC 313, 40 U. S. Naval War College, International Law Documents 1946-47, at 300-301 (1948); Levie, 1 The Code of International Armed Conflict 162-63; and Jacobson, The Law of Submarine Warfare Today, in Robertson at 205. Contra, Parks, Conventional Aerial Bombing and the Law of War, U. S. Naval Inst. Proc., May 1982, at 106 (the London Protocol is "of historical interest only"), and O'Connell, International Law and Contemporary Naval Operations, 44 Br. Y. B. Int'l L. 52 (1970) (战时的潜艇活动现在也没有成文的国际公约加以规制). See also Green 163.

（1）接到正式通告仍拒绝停驶；[1]

（2）积极抗拒临检和搜查或拿捕；[2]

（3）在敌方军舰或军用飞机的护航下航行；[3]

（4）装备的系统或武器超出了防卫恐怖分子、海盗或类似威胁之所需；[4]

（5）参加或以任何方式协助敌方武装部队的情报系统；[5]

（6）以任何能力为敌方武装力量担任海军或军事辅助船；[6]

（7）如果构成敌方作战行动/战争支援/战争维持努力的一部分，并且在特定遭遇的情况下，遵守 1936 年《伦敦议定书》的规则会使水面舰艇面临迫在眉睫的危险或妨碍任务的完成。[7]

涉及投降的规则以及涉及搜寻并收集遇船难者、伤者和病者及寻找死者的规则，也适用于可构成攻击和摧毁之目标的敌方商船和民用飞机。

（三）免遭摧毁或拿捕的敌方船舶和飞机

根据海战法，某些种类的敌方船舶和飞机免遭拿捕或摧毁，倘若它们在享

---

[1]　拒绝必须是持续的，才符合 1936 年《伦敦议定书》中一般规则第一个例外的标准。

[2]　1936 年《伦敦议定书》中一般规则的第二个例外。

[3]　这"准确地反映了传统法律以及两次世界大战的一致实践"。Mallison 122；Jacobson, at 231.

[4]　就现代武器而言，不可能确定（如果曾经有可能）商船上的军火要用于进攻敌人还是仅仅用于防卫目的。期望敌军能够作出这种决定是不切实际的。因此本手册修改了原先 1955 年版《海战法手册》中的规则 [NWIP 10-2, para. 503b（3）（4）]。关于各国早期对武装商船相互对立之观点的讨论，See U. S. Naval War College, International Law Situations 1930, at 9–19 & 21–25. See also Levie, Submarine Warfare: With Emphasis on the 1936 London Protocol, in Grunawalt at 36–41；Fenrick, Comments, in Grunawalt at 113–18. 就本小节所列情况而言，携带随身武器用以保护自身免遭海盗和其他劫匪侵害的船员，不会使商船变成"武装的"。尽管在船上出现肩扛式导弹和火箭可能使其构成武装商船，但装备有"干扰箔条"发射器则不会。参见《圣雷莫海战法手册》第 60 条第 6 项；Doswald-Beck at 151.

[5]　这反映了两次世界大战期间得以发展的传统法律。

[6]　设计用于载运普通货物但实际载运了具有重大军事意义的货物的敌方商船，不属于"军事或海军辅助船"，除非该船为武装部队所有或完全由武装部队控制。Mallison 123. 除非该船在其他方面属于本小节所列的其他情况之一，否则不得予以摧毁。

[7]　这一点涉及前面注释中描述的情况，反映了各国至少在一般的战争中的实际做法。See Mallison 120–21 & 123. 尽管"战争维持"一词没有精确的定义，但间接但有效地支持并维持交战国作战能力的"努力"恰恰属于这个术语的范畴。对比《圣雷莫海战法手册》第 60 条第 7 项。See Doswald-Beck at 150.

受豁免的情况中被无害地使用。[1]这些受到特别保护的船舶和飞机不得参加敌对行动，不得阻碍战斗员的行动，服从识别与检查程序，并且要服从让出航道的命令。[2]这些特定的豁免船舶和飞机包括：

1. 医院船、医务运输工具和医务飞机

适当指定和标记的医院船、医务运输工具和医务飞机以及沿岸救护艇免遭摧毁或拿捕。[3]即使船上没有伤病员，医院船的医务人员和船员也不得被攻击或拿捕。医院船应于首次使用前十日内，将该船的名称及其说明通知冲突各方。[4]此后，医院船应专用于协助、治疗和运送伤者、病者及遇船难者。[5]医院船的一切外表应漆成白色，并在船身两侧及平面展示红十字或红

---

〔1〕 给予这种保护与"保持军事效率"是一致的。Mallson 16. 关于这些豁免船舶的种类的讨论，参见：Tucker 86~98 and Mallison 123-29.

〔2〕 法律以这种方式公平地平衡了敌对双方的权利。正如下面的注释所反映出的，各国的实践大体上与这种平衡是一致的。另见《圣雷莫海战法手册》第48条和第137条。

〔3〕 《日内瓦第二公约》第22条和第29条（医院船）以及第39条（医务飞机）；《圣雷莫海战法手册》第47条第1项；Tucker 97 & 123-34；Mallison 124-25；NWIP lo-2, para 503c（2）. 沿岸救护艇也免遭拿捕和摧毁。《日内瓦第二公约》第27条，《圣雷莫海战法手册》第47条第2项；Eberlin The Protection of Rescue Craft in Periods of Armed Conflict, 1985 Int'l Rev. Red Cross 140. 《第一附加议定书》第23条给予临时医务船的保护程度相对较低。《日内瓦第二公约》第14条允许军舰要求交出医院船或其他船只上的敌军伤者、病者，或遇船难者，"但须伤者与病者处于适合移动之情状，而该军舰具有必要的医治之适当设备"。《日内瓦第二公约》第36条规定，医院船上的医务人员以及其船员，不论船上有无伤者及病者，不得被攻击或被俘。这种广泛的保护反映了如下事实，医院船没有船员无法运作，没有医务人员就不可能保护和照顾伤者和病者。但在冲突期间，他们不得被用于任何其他目的，特别是企图保护军事目标不受攻击。为确保这一点，敌对部队可以登临和搜查医疗船，派员暂时驻在船上或在其船上安置中立国视察员（就像1982年马岛战争中那样），扣留该船不超过7日（情况之严重性有此必要时），并控制该船的通信手段。敌对部队也可以命令医院船离开，为其指定某一航线或拒绝对其协助。《日内瓦第二公约》第30~31条。其他海军舰艇上的病室及其医务人员也必须得到登船一方的尊重，并尽可能予以保全。病室及其人员应受战争法规之限制，在伤者与病者需要期中不得改作其他用途。如果海军指挥官能保证对伤者和病者予以适当照顾，于紧急军事需要时，可将病室改作他用。《日内瓦第二公约》第28条。凡泊于陷落敌方手中之港口的任何医院船，应准其离去。医院船在中立国港口停留期间，不得归类为军舰。《日内瓦第二公约》第29条和第32条。See generally, Green 215-18.

〔4〕 《日内瓦第二公约》第22条规定，医院船须于使用前十日，将该船的名称及其特征通知冲突各方。特征至少应包括注册之总吨位、长度以及桅杆、烟囱之数目，还可包括如船舶之轮廓（另见《圣雷莫海战法手册》第169条）。通知可于和平时期在船舶接近完工时，甚或在敌对行动发生后，向（1949年《日内瓦公约》的其他缔约国）发出。作为一项预防措施，建议在敌对行动开始时再次确认早先的通知。2 Pictet, Commentary 161. See also the useful summary provided in Smith, Safeguarding the Hospital Ships, U. S. Naval Inst. Proc. , Nov. 1988, at 56.

〔5〕 《日内瓦第二公约》第22条。

新月特殊标志。[1]

　　实际使用医院船时，一些先前确立的原则的适用已作调整，从而反映现代环境的现实。传统上，医院船不能装备武器，尽管船员可以携带个人轻武器，以维持秩序、自卫或保护伤者、病者和遇船难者。[2]但是，由于当前充满威胁的环境，各种敌对团体和个人不承认红十字标志表明了受保护地位，美国认为给医院船配备防御性武器系统，例如反导防御系统或防御小艇威胁的班用武器，是谨慎的反恐/部队保护措施，类似于给船员配备小武器，符合医院船的人道目的及保护伤者和病者的职责。此外，由伤者、病者及遇船难者身上所解除的武器和弹药也可以保留在船上，以便最终移交给主管机关。

　　此外，1949年《日内瓦第二公约》第34条规定，医院船不得使用或备

---

　　[1]《日内瓦第二公约》第43条。为了最大限度地保护医疗船，美国的做法是将它们标记和装饰如下：

　　1. 除指定用于识别标志的区域外，外表应为白色。

　　2. 除特殊标志（即红十字）周围漆成白色的正方形区域外，木头覆盖的露天甲板不得涂漆。

　　3. 步行区外的钢制露天甲板应漆成白色，其上的步行区应漆成灰色。

　　4. 除在烟囱顶部周围涂漆黑色条纹外，外排烟管、下桁、桅杆和小艇均应为白色。

　　5. 在船身的每一侧（船头、中心和船尾），涂漆三个尽可能大的红十字。

　　6. 在船楼顶部（头和尾）涂漆两个尽可能大的红十字，同时在船楼前部额外涂漆一个尽可能大的红十字。

　　7. 在船尾两侧和救生筏两侧各涂漆一个尽可能大的红十字。每艘小艇亦可装备一个桅杆，以悬挂一面至少6英尺见方的红十字旗帜。

　　8. 在使用红外仪器和红外胶片的地方，为提供所需的对比度，可在黑十字上漆涂红十字。

　　9. 可选择安装蓝色闪光灯。

　　10. 整艘船，特别是红十字标志，在夜间应灯火通明。

　　See International Code of Signals, Pub. No. 102, at 136（Notice to Mariners 52/85, at B-2.4）. See also Eberlin, Identification of Hospital ships and Ships Protected by the Geneva Conventions of 12 August 1949, 1982 It-0 Rev. Red Cross 315; and Eberlin, Underwater acoustic identification of hospital ships, 1988 id. 505. 《日内瓦第二公约》第27条将这些规则"在行动需要之许可范围内"扩大适用至救生艇。

　　[2]《日内瓦第二公约》第35条。See 2 Pictet 194. 有人建议采取其他有限的自卫措施应对反舰导弹攻击，例如在医院船上装备干扰箔条、电子干扰系统和红外诱饵发射器。See Oreck, Hospital Ships: The Right of Limited Self Defense, U. S. Naval Inst. Proc., Nov. 1988, at 65. 《圣雷莫海战法手册》第170条也规定了类似措施，这些不会影响其受保护地位。然而，同样是根据《圣雷莫海战法手册》的规定，此种船舶如装备密集阵近程武器防御系统（CIWS）就不符合其受保护地位。See Doswald-Beck at 235. 由伤者、病者及遇船难者身上所解除的随身武器及弹药，可留在船上以缴送主管部门；同样，病室之船员为维持秩序，自卫或保护伤者、病者而配有个人轻武器，并不得剥夺军舰上病室应得之保护，不得予以攻击。《日内瓦第二公约》第35条。

有"密码"作为通讯方法，以便交战国核实医院船的通讯系统只用于支持其人道职责而非发送害敌情报的一种手段。[1]但是，随后在加密和卫星导航领域的技术进步，尽管公认有法律上的问题，但尚未有条约专门加以解决。实际上，现代导航技术需要传统的禁止"密码"的规则被理解为不包括现代通讯密码系统。但是，这类系统无论如何不得用于伤害潜在对手的军事目的。

医务飞机，无论军用还是民用，无论是永久性的还是临时征用，应专用于搬移和运送伤者、病者及遇船难者，或者运送医务人员或医疗设备。[2]医务飞机不得装备武器，也不得加以配置用于侦察。[3]医务飞机不应携带任何武器，但属于伤病员的小武器及弹药，或者保卫伤病员和医务人员所需的小武器和弹药除外。既然医务飞机不得被用于从事其人道职责以外的害敌行为，那么它们也就不得被用于收集或传送情报数据。但这项禁止性规定不妨碍医务飞机上存在或使用专为便利导航、识别或通讯以支持医疗活动的通讯设备和密码材料。医务飞机应明显标有红十字、红新月或红水晶标志。[4]未如此标记的医务飞机有不被承认为受保护平台的风险。

---

〔1〕《日内瓦第二公约》第35条第2款授权医院船携带和使用航行和移动所必需的通讯设备。《日内瓦第二公约》第34条。但是，《日内瓦第二公约》第34条限制使用密码通讯手段。第34条的英文文本隐含着禁止备有和使用这种手段发送和接收密码通信。但同样作准的西班牙文和法文文本的第34条第2款只禁止发送（*pour leurs emissions*）密码信息。See Revision of Annex I to Protocol I, 1983 Int'l Rev. Red Cross, 22 at 26. 医院船必须明码传送信息的要求正在各种国际场合受到批判性的审查，预计这一规定最终会松动或被废止。事实上，《圣雷莫海战法手册》第171条允许在医院船上使用密码设备以"最有效地完成人道使命"。

〔2〕《日内瓦第一公约》第36条；《日内瓦第二公约》第39条；《日内瓦第三公约》第22条；以及《第一附加议定书》第8条。医务飞机不得用于收集或传递情报数据，因为它们不得用于从事人道职务以外的害敌行为。这一禁止性规定不排除在医务飞机上存在和使用仅为方便飞行、身份识别及支援医疗行动之通信的通讯设备和密码资料。

〔3〕 See Pictet, Vol. I, 289;《圣雷莫海战法手册》第178条。战斗员的敌对行为可能危及医务飞机的安全，在实际可行的情况下，医务飞机执行医疗任务的地点和方式应尽可能减少上述风险。See generally, AFR 160-4, Medical Service under the 1949 Geneva Convention [sic] on Protection of War Victims. 另见《第一附加议定书》第28条。当然，航空医疗后送也可由作战直升机和飞机执行。但是，它们不豁免于攻击，飞行时要自行承担遭受攻击的风险。

〔4〕 AFP 110-31. 医务飞机的机身上方、下方和两侧应清楚标明尽可能大的白底红十字/红新月标志，同时配以国家代表色。医务飞机也可以全部漆成白色。See International Code of Signals, Pub. No. 102, at 136 (Notice to Mariners 52/85, at 11-2.2). 另见《圣雷莫海战法手册》第175条。

专用于医疗目的且获得承认的医院船、医务运输工具和医务飞机，无论是否标记了适当的标志，都不得被故意攻击。[1]在医务飞机进入敌方地对空武器系统的射程之前，应通知敌方以确保此种飞机不受攻击。当然，航空医疗救援任务也可能由武装直升机和作战飞机执行。但是，它们不能豁免于攻击，飞行时自行承担遭受攻击的风险。

即使港口落入敌手，医院船亦可离港。就停泊在中立港口的时间长短而言，医院船不得被归类为军舰。

医院船在冲突期间不得被用于任何其他目的，尤其是企图保卫军事目标

---

[1]　医务飞机通常公认为不应受到故意攻击。AFP 110-34，para. 3-2c. 但是，在美国作为缔约国的条约中，没有哪个条约提供这种保护（倘若"在当时的情况下存在紧迫的军事威胁且其他控制方法均不可行"，早期的空军手册允许这种攻击。AFP 110-31，para. 4-2f.）。医务飞机无论往哪里，在交战各方所特别约定之高度、时间及航线飞行时，享有免受攻击之保护。《日内瓦第一公约》第36条；《日内瓦第二公约》第39条；《日内瓦第四公约》第22条。因此，美国的医务飞机不得飞越敌方控制的领土，也不用期待未经敌方事先同意就可免受攻击。

在友方部队所实际控制的陆地地区内或其上空，或在敌方所未实际控制的海域内或其上空，医务飞机不会遭受攻击。不过，在飞机飞行进入敌方地对空武器系统的射程之前应通知敌方，旨在确保此种飞机不会受到攻击（《第一附加议定书》第25条）。在友方部队所实际控制的接触地带的一些部分内和其上空，以及在实际控制权未充分确立的地区内或其上空飞行时，为了给予医务飞机免受攻击的保护，无论冲突各方是否受《第一附加议定书》的约束，它们之间事先达成协议都是有必要的。在没有这种协议的情形下，医务飞机之操纵须自冒风险。尽管如此，在其已被认出是医务飞机后，仍应受尊重（《第一附加议定书》第26条第1款；Green 216-18）。在1982年马岛战争中，虽然交战双方都不是《第一附加议定书》的缔约国，但双方都遵循了这些程序。另见《圣雷莫海战法手册》第180条。

"接触地带"是指敌对部队的先头部队彼此接触，特别是该部分已直接暴露于地面火力下的任何陆地地区。接触地带的宽度依战术形势而各不相同（《第一附加议定书》第26条第2款）。

"友军"是指操控飞机的国家、其盟国或共同作战国的部队。

医务飞机应遵守降落接受检查的要求（《日内瓦第一公约》第36条、《日内瓦第二公约》第39条；《日内瓦第四公约》第22条）。根据《第一附加议定书》第30条之规定，这些要求要根据国际民用航空组织民用飞机拦截标准程序给出。参见 Section D of the DOD Flight Information Publication（FLIP）（Enroute）IFR Supplement. 如果检查未发现医务飞机正从事害敌行为或在其他方面违反1949年《日内瓦公约》，遵守这种降落要求的医务飞机应准其继续飞行，连同属于其部队、中立国或非冲突一方之国家的所有机上人员。机上如发现有检查国国籍的人员，可带走并扣留。Bothe, Partsch & Solf 163. 另见《第一附加议定书》第30条。在武装冲突中，无论医务飞机的标志多么清晰，都很难保证其安全。因此如有可能，冲突各方应达成一项协议以便利对医务飞机的保护。尽管过去很少达成这种协议，但缔结协议的提议应说明医务飞机的建议数量、飞行计划和识别手段。收到提议应予承认并尽速给出明确答复。任何提议的实质内容、答复及同意（包括要使用的识别手段）都应迅速分发给有关军事单位。See AFP 110-3 1, para. 2-6e.

免遭攻击。为保证这一点，敌方部队可登临并搜查医院船，派员暂时驻在船上或安置中立国视察员，扣留船舶不超过 7 日（如因情况之严重性有此必要时），以及控制船舶的通讯工具。敌方部队还可以命令医院船驶离、指定其航线或拒绝予以协助。

军舰可要求医院船和其他救护艇上的敌军伤病员及遇船难者投降，倘若他们的状态适合搬移并且军舰可以提供医疗所必需的充足设施。

其他海军船舶上的病室及其医务人员也应受到登舰当事方的尊重且并尽可能予以保全。它们虽受战争法规制约，但如果出于照顾伤病员之需要，则不得由医疗目的改作其他用途。如果海军指挥官能保证适当照顾伤病员，并且有紧急的军事必要，则病室可改作他用。

医务飞机应服从降落接受检查的要求。这些要求应根据国际民用航空组织关于拦截民用飞机的标准程序作出。服从此种降落要求的医务飞机应获准继续飞行，如果机上所有人员都属于该国部队、中立国或者非冲突之一方的国家，且检查未发现该飞机从事了危害检查一方部队的行为或违反了 1949 年《日内瓦公约》。机上拥有检查一方国籍的人员可以带走并留用。

2. 免遭摧毁或拿捕的其他船舶和飞机

（1）用于并从事交换战俘的船舶和飞机（交换战俘船和飞机）；[1]

（2）承担宗教、非军事科学或慈善使命的船舶（从事收集具有潜在军事用途的科学数据的船舶不受保护）；[2]

---

〔1〕 Tucker 97-98; Mallison 126; NWIP 10-2, para. 503c（1）;《圣雷莫海战法手册》第47条第3项和第136条第3项。马岛战争结束时，战俘交换运送船被用来遣返大约 10 000 名阿根廷战俘。英国使用了三艘征用的商船，阿根廷使用了两艘医院船。每艘船依靠悬挂的休战旗以及两个国家的代表色来识别。Junod, Protection of the Victims of Armed Conflict Falkland-Malvinas Islands（1982），at 31. 第二次世界大战期间，至少 15 000 名战俘和被拘禁的平民因载运他们的非战俘交换运送船受到攻击而在海上失踪。Report of the ICRC on its Activities During the Second World War 319.

〔2〕《海牙第十一公约》第4条；NWIP 10-2, para. 503c（3）. 正如塔克（Tucker 96-97）和马里森（Mallison 128）所指出的，实践已将这种豁免做了十分狭义的解释，只能根据交战方之间的明示协议给予这种豁免。已经被添加到括号里面的豁免例外反映了在勘探海洋和海底方面的现代实践。See Mallison 128 and Levie, 1 The Code of International Armed Conflict 186.《圣雷莫海战法手册》第47条第6项和第136条第5项也体现了这一例外。

（3）由交战国事先签订的协议保障其安全通行的船舶和飞机；〔1〕

（4）从事当地沿海贸易的小型沿海（非深海）捕鱼船和小船。此种船舶和小船应遵守在该地区活动的交战国海军指挥官制定的章程；〔2〕

（5）海上的民用客轮和空中的民航客机可予拿捕但不得摧毁。尽管在现代战争中敌方的交通线一般是合法的军事目标，但海上的民用客轮和空中的民航客机应免遭摧毁，除非相遇时它们正被敌方用于军事目的（例如运送部队或军用货物）或者拒绝响应拦截军舰或军用飞机的指令。停泊在港口的此种客轮和地面上的此种客机不受免遭摧毁的保护。〔3〕

---

〔1〕　NWIP 10-2, para. 503c（4）；《圣雷莫海战法手册》第47条第3项和第136条第3项。1945年4月1日，一艘这样的船舶，也就是日本商船"阿波丸号"，在浓雾中独自航行，被美军"皇后鱼号"潜艇误以为是日军驱逐舰而发射鱼雷予以击沉。虽然"皇后鱼号"在三个星期前收到了一份来自太平洋潜艇部队司令部的明文消息，里面通知要保证安全通行，但潜艇上的军官尚未查看这份通知。For details see Dep't St. Bull. , 3 June, 15 July & 12 August 1945, *reprinted in* U. S. Naval War College, International Law Documents 1944-45, at 125-38（1946）；Voge, Too much Accuracy, Naval Inst. Proc. , March 1950, at 256；Speer, Let Pass Safely the *Awu Muru*, *id.* , April 1964, at 69；Lowman, Treasure of the Awa Matu, *id.* , Aug. 1982, 45；Loughlin, As I Recall "Damned if I Did；Damned if I Didn't," *id.* Aug. 1982, at 49；and Innis, In Pursuit of the Awa Maru（1980）（描述了该事件以及后续普通军事法庭对"皇后鱼号"指挥官的定罪判决）. See also Green 166. 1943年10月，两艘美国海军驱逐舰在海上截停了已适当标记的日本医疗船"立花丸号"，发现船上载有700桶石油、1500名身体健康的作战部队人员（穿着白色医院服装）和1500箱标有红十字标志的弹药，这些都明显违反了《海牙第十公约》第4条第2款的规定。See *The trial of Takaji Wachi*, recounted in Levie, Terrorism in War：The Law of War Crimes, at 374（1993）. 只有在交战双方事先商定航行细节的情况下，被租赁来运送医疗设备和伤病员所需药品的船舶，才免于拿捕和摧毁。《日内瓦第二公约》第38条。

〔2〕　*The Paquete Habana*, 175 U. S. 677（1900）；Tuckert 95-96；Mallison 15-16 & 126-28；NWIP 10-2, para. 503c（6）；《海牙第十一公约》第3条；《圣雷莫海战法手册》第47条第7项和第136条第6项。See Cagle & Manson, The Sea War in Korea 296-97（1957）. 有必要强调，小型近岸渔船和小船的豁免权完全取决于它们的"无害使用"。如果被发现以任何方式协助交战国（如若被纳入交战国海军情报网），就可予以拿捕或摧毁。1982年5月9日，英国攻击阿根廷渔船"独角鲸号"就是完全正当的，因为这艘渔船被用来跟踪英国舰队并报告其位置。在"独角鲸号"沉没之前，英国登船搜查人员在船上发现了一名阿根廷海军军官，身上携带着指示他进行侦察以及发现并报告英国部队位置的命令。London Times, 11 May 1982, at 1 & 6；Hastings & Jenkins, The Battle of the Falklands 158（1983）；Middleton, Operation Corporate 186-87（1985）；Woodward, One Hundred Days 191-5, 197-8（1992）. See also Levie, 1 The Code of International Armed Conflict at 186. 拒绝应要求立即表明身份足以构成拿捕或摧毁这种船舶和小艇的依据。

〔3〕　AFP 110-31, para. 4-3, AFP 110-34, para. 2.3b. 美国《海战法手册》（NWIP 10-2, para. 503c）没有涉及民用客船和民用飞机。由于构成敌方通讯线路的一部分而成为军事目标的海上民用客船和飞行中的民用客机不得予以摧毁，这条规则的前提是评估：在本手册第六章描述的情况下其正常载运的大量无辜平民不可避免的死亡，与攻击这种船舶或飞机所预期获得的无论何种军事利益相比，显然不成比例。港口中的客船和着陆的客机不受摧毁，能够否定这一点的规则是假定它们在攻击

如果敌方船舶或飞机以任何方式协助敌方的军事努力，都可予以拿捕或摧毁。经要求仍拒绝立即表明身份，通常已在法律上构成了拿捕或摧毁的正当理由。[1]所有国家都有义务不利用豁免船舶和飞机的无害性，不在保持其无害的表象的同时将其用于军事目的。[2]

七、潜艇战

适用于水面舰艇的武装冲突法规则本质上也适用于潜艇。[3]潜艇可利用其武器系统在中立国领土外的任何地方攻击敌方的水面、水下或空中目标。敌方军舰和军用飞机，包括海军和军事辅助船在内，可予攻击并摧毁而无需事先警告。[4]适用于诚心投降或明确表达了投降意图的水面舰艇的规则，同样也适用于潜艇。在军事要求允许的范围内，潜艇也必须在交战之后搜寻并收集伤者、病者和遇船难者。[5]如果这种人道工作会使潜艇面临过分的额外危险或者妨碍其完成军事任务，就应将可能有幸存者的位置尽快发送给水面舰艇、飞机或能够提供救助的海岸设施。[6]

(接上页) 发生时没有载运乘客。Green 180-81. 对比《圣雷莫海战法手册》第47条第5项、第53条第3项和第56条中规定的更具限制性的方法。本小节所列的豁免清单遗漏了"美国或盟国之声明、作战计划、命令或其他指令给予豁免的船舶和飞机"[NWIP 10-2, para. 503c (5)]，这属于单方面给予豁免。See Tucker 98 n. 14.

[1] 特别是鉴于现代通讯能力，豁免的船舶或飞机拒绝立即表明身份被认为是一种拒绝应要求停驶的行为。

[2] 《海牙第十一公约》第3条。另见《圣雷莫海战法手册》第49~51条（医院船丧失豁免）、第52条（其他受保护的船舶丧失豁免）和第57条（受保护的飞机丧失豁免）。

[3] 关于规制现代潜艇战之法律原则的讨论，参见 Gilliland, Submarines and Targets: Suggestions for New Codified Rules of Submarine Warfare, 73 Geo. L. J. 975 (1985). See also Jacobson, at 205.

[4] Mallison 105-06.

[5] Id., 134-39.

[6] 每次战斗之后，包括潜艇在内的所有船舶，应"采取一切可能之措施"搜寻并收集幸存者（《日内瓦第二公约》第18条）。在纽伦堡国际军事法庭审判德国潜艇指挥官邓尼茨元帅时，美国海军五星上将尼米兹表示，第二次世界大战期间美国在太平洋的政策是，如果搜寻幸存者会给潜艇造成过分的额外危险或者会阻止潜艇完成其军事任务，就不开展此种行动。第二次世界大战中其他交战国的行为也类似。Mallison 134-39. See also Doenitz, Memoirs: Ten Years and Twenty Days, 259 (1958). 但是，向水中的船难幸存者开火显然是一种战争罪行。See The Llandovery Castle Case (1921). 2 Ann. Dig. 436. 在该案中，德国法庭就"违反国际法"的行为审判了一名德国U型潜艇军官并判定其有罪，该人在第一次世界大战期间下令开火并杀死被用鱼雷非法击沉的医院船上的幸存者。Levie, Terrorism in War: The Law of War Crimes, 33 (1993); Green 33, n. 90. See also The Peleus Case (1946), 13 Ann. Dig. 248. 在该案中，英国法庭审判了一名德国潜艇指挥官（海因茨·埃克）并判定其有罪，该人在第二次世界大战期间有系统地向被鱼雷击沉的商船上紧紧抓住残骸和救生筏的幸存者开火。Levie, id. at 105.

（一）潜艇对敌方商船运输的拦截

针对敌方商船运输进行潜艇作战的海战法规则是武装冲突法发展最不完善的领域之一。尽管潜艇作为武器系统的有效性依赖其持续下潜的能力（从而不会被发现），而且尽管潜艇在浮出水面后十分脆弱，但1936年《伦敦议定书》在涉及攻击敌方商船运输时并未区分潜艇和水面舰艇。《伦敦议定书》规定，除经命令而仍坚持拒绝停驶或积极抗拒拿捕外，军舰"无论为水面船舰或潜水艇"，不得"在预先安置旅客、船员和船舶文书于安全地方以前"摧毁敌方商船。第二次世界大战期间交战各方的实践表明，给潜艇施加与水面舰艇相同的攻击限制并不现实，当时潜艇在正常情况下不警告即攻击并摧毁敌方商船运输。[1]如果水面舰艇实施此种攻击，这种做法仅在报复敌方的不法行为或作为敌方对商船进行武装、护卫并且将商船运输作为其作战行动/战争支援/战争维持等努力的一部分的必然结果时才是正当的。[2]

美国认为1936年《伦敦议定书》，外加第二次世界大战期间和之后交战国的习惯做法，[3]为潜艇施加了责任，即在摧毁敌方商船前应保障乘客、船员和船舶文书的安全，除非：[4]

（1）敌方商船经适当通告而仍坚持拒绝停驶。

（2）敌方商船积极抗拒登临、搜查或拿捕。

（3）在敌方军舰或军用飞机的护航下航行。

（4）装备的系统或武器超出了防卫恐怖分子、海盗或类似威胁之所需。

（5）参加或以任何方式协助敌方武装部队的情报系统。

（6）以任何能力为敌方武装力量担任海军或军事辅助船。

（7）如果构成敌方作战行动/战争支援/战争维持努力的一部分，并且在特定遭遇的情况下，遵守1936年《伦敦议定书》的规则会使水面舰艇面临迫在眉睫的危险或妨碍任务的完成。

（二）免遭潜艇拦截的敌方船舶和飞机

关于免遭水面舰艇拿捕和/或摧毁的敌方船舶和飞机的海战法规则也适用

---

〔1〕　Mallison 106-22；Mallison & Mallison, The Naval Practices of Belligerents in World War II：Legal Criteria and Developments, in Grunawalt at 89-102. See also Levie, Submarine Warfare：With Emphasis on the 1936 London Protocol, in id. , at 28.

〔2〕　*Compare* Tucker 63-70 with Mallison 119-20.

〔3〕　See Mallison 113-122；Mallison & Mallison, note 87.

〔4〕　这些例外与适用于水面战的那些例外相同。

于潜艇。

八、海上空战

军用飞机可使用武器系统在中立国领土以外的任何地方攻击军舰和军用飞机，包括海军和军事辅助船在内。[1]仅在下列情况下，军用飞机才可以攻击并摧毁敌方商船和民用飞机：[2]

(1) 坚持拒绝遵守拦截飞机发出的指令；

(2) 在敌方军舰或军用飞机的护航下航行；

(3) 装备的系统或武器超出了防卫恐怖分子、海盗或类似威胁之所需；

(4) 参加或以任何方式协助敌方武装部队的情报系统；

(5) 以任何能力为敌方武装力量担任海军或军事辅助船；

(6) 构成敌方作战行动/战争支援/战争维持努力的一部分。

在军事要求允许的范围内，军用飞机必须在海上交战之后搜寻伤者、病者和遇船难者。[3]根据双方协议在敌方控制的接触地带内飞行或飞越该地带的军用飞机不得搜寻伤者、病者和遇船难者，除非与敌方事先有此种协议。应将可能有幸存者的位置尽快发送给水面舰艇、飞机或能够提供救助的海岸设施。

历史上，敌方船舶向飞机投降的情况很罕见。[4]但是，如果敌军真心投降，那么在其能够执行投降或清楚地表明了投降意图的情况下，不得予以攻击。[5]

关于免遭水面舰艇拿捕和/或摧毁的敌方船舶和飞机的海战法规则也适用于军用飞机。

---

〔1〕 除了未提及抗拒登临、搜查或拿捕的商船，这一清单与适用于水面舰艇和潜艇的清单完全相同。如果飞机登临、搜查或拿捕商船是可能的，例如直升机，这项规定适用，就像其适用于水面舰艇和潜艇一样。

〔2〕 AFP 110-31, paras. 4-2a, 4-2c, & 4-4a, at 4-1 & 4-4. See also Green 182.

〔3〕 《日内瓦第一公约》第 15 条；《日内瓦第二公约》第 18 条；《日内瓦第四公约》第 16 条；AFP 110-31, para. 4-2d n. 11, at 4-7（就飞机而言，遗憾的是，往往被要求离开现场）. 根据《第一附加议定书》第 28 条第 4 款的规定，根据冲突各方之间的协议在接触地带或敌方控制区上空飞行的医务飞机，除与敌方事先达成协议外，不应用以搜寻伤者、病者和遇船难者。

〔4〕 斯派特（Spaight 132-134）描述了 1941 年 8 月德国 U570 潜艇的投降，1940 年 5 月英国海豹潜艇的投降和 1945 年 5 月 1 日德国护航队的投降。

〔5〕 AFP 110-31, para. 4-2d, at 4-1.

九、轰击

就本手册而言，"轰击"一词是指使用常规武器，包括舰炮、火箭弹和导弹以及空投武器，对敌方陆上目标进行的海军轰击或空中轰炸。[1]

（一）一般规则

美国是 1907 年《关于战时海军轰击公约》（《海牙第九公约》）的缔约国。该公约确立了海军轰击陆上目标的一般规则。第一次世界大战、第二次世界大战、越南战争、马岛战争、沙漠盾牌/沙漠风暴行动、持久自由行动和自由伊拉克行动中的习惯做法，进一步发展了这些规则。构成这些规则之基础的是禁止交战国直接攻击非战斗员和平民、避免给战斗员造成过分伤害和不必要痛苦、禁止恣意破坏财产[2]等广泛的武装冲突法原则。为了落实这些理念，应遵守下列关于轰击的一般规则：

1. 破坏平民居所

禁止恣意或故意破坏平民聚居的地区，包括城市、城镇和村庄。[3]但是，如果是为了用最短的时间、最少的人员伤亡和最低的物质资源使敌人屈服所必需，就可以攻击城市、城镇或村庄内的军事目标，但攻击必须符合战争法的其他要求。[4]可能的对平民的附带伤害或对民用物体的附带损害，与攻击带来的预期军事利益相比不得过分。

禁止使用任何将平民或民用物体集中的地区内许多分散而独立的军事目标视为单一的军事目标的方法或手段进行轰击的攻击。

---

〔1〕 With regard to aerial bombardment, see *also* AFP 110-31, ch. 5 and para. 6-6a; Parks, Crossing the Line, U. S. Naval Inst. Proc. , Nov. 1986, at 40-52; Parks, Linebacker and the Law of War, Air U. Rev. , Jan. -Feb. 1983, at 2-30; Parks, Rolling Thunder and the Law of War, Air U. Rev. , Jan. -Feb. 1982, at 2-23; Carnahan, "Linebacker Ⅱ" and Protocol I, The Convergence of Law and Professionalism, 31 Am. U. L. Rev. 861 (1982); Greenwood, International Law and the United States' Air Operations Against Libya, 89 W. Va. L. Rev. 933 (1987); and Green, 147-49, 167-68, 183-85.

〔2〕《日内瓦第一公约》第 50 条；《日内瓦第二公约》第 51 条；《日内瓦第四公约》第 147 条；《第一附加议定书》第 85 条第 2 款；《纽伦堡国际军事法庭宪章》第 6 条第 2 项。另见《纽伦堡原则》原则 6 第 2 项。

〔3〕《日内瓦第一公约》第 50 条；《日内瓦第二公约》第 51 条；《日内瓦第四公约》第 147 条；《第一附加议定书》第 85 条第 2 款。

〔4〕《海牙第四公约》第 23（g）条；1923 年《海牙空战规则草案》第 24（4）条；《第一附加议定书》51（5）（b）；Conventional Weapons Convention, Protocol Ⅲ, art. 3.

2. 散布恐怖

禁止以恐吓平民居民为唯一目的的轰击。[1]附带给平民带来恐惧的其他合法行为不受禁止。实际上，平民附近的军事目标无论何时受到攻击，他们都会经历某种害怕和恐惧。

3. 不设防的城市或商定的非军事化地带

交战国不得轰击不设防的或者开放给自己或盟军地面部队直接进入的城市或城镇。[2]敌后的城市或城镇显然既不是不设防的，也不是开放的，位于其中的军事目标可予攻击。[3]商定的非军事化地带也免遭轰击。[4]

4. 医疗设施

不得故意轰击医疗处所和医疗队（无论固定的还是流动的）、医务车辆以及医疗设备和储存处。[5]交战国必须尽可能确保此类医疗设施以这样一种方式布置，即攻击其附近的军事目标时不会危及其安全。[6]如果医疗设施被用于与其人道职责不符的军事目的，如果可能，必须就此不相符的使用予以警

---

〔1〕《第一附加议定书》第 51 条第 2 款；《第二附加议定书》第 13 条第 2 款；《空战规则阜桑》第 22 条；NWIP 10-2, para. 221 b at n. 15；Matheson, Remarks, at 426. 附带给平民带来恐惧的其他合法行为，例如轰炸一座里面的劳动力都是平民的兵工厂，不受禁止。实际上，无论何时军事目标被攻击时，附近的平民都会经历某种害怕和恐惧。Levie, 1 The Code of International Armed Conflict 217-218；Bothe, Partsch & Solf 300-301.

〔2〕《海牙章程》第 25 条；《海牙第九公约》第 1 条；《第一附加议定书》第 59 条。索尔夫认为第 59 条是"已确立的'习惯国际法'的明确宣告"。Solf, Protection of Civilians, at 135. See also Green 97-8, 147-49. 但罗伯逊认为，《海牙第九公约》中的这一规定"已无生命力"，不适合于海军。他认为，检验标准应当是城市或城镇或者其中的一部分，是否属于合法的军事目标（Robertson, in Ronzitti, at 161-171）。美军《陆战法手册》（FM 27-10）给出了一个地方被认为不设防时应符合的下列条件：

（1）武装部队和所有其他战斗员以及机动武器和机动军事设备必须已经撤出以其他方式保持中立；

（2）固定军事装置或设施应不用于敌对目的；

（3）当局或居民均不应从事任何敌对行为；以及

（4）不应从事支持军事行动的任何活动。

在该地方内有医疗队、伤者和病者及以维持法律和秩序的唯一目的而留下的警察部队的存在，不改变这种不设防地方的性质。FM 27-10, para. 39b (Ch. 1, 15 July 1976).

〔3〕 Bothe, Partsch & Solf 382.

〔4〕 美国认为这是习惯法。Matheson, Remarks, at 427. 建立非军事化地带的标准，参见《第一附加议定书》第 60 条。See also Green 96-7.

〔5〕《海牙章程》第 27 条；《海牙第九公约》第 5 条；《日内瓦第一公约》第 19 条和第 35 条；《日内瓦第二公约》第 23 条；《日内瓦第四公约》第 18 条和第 21 条；《第一附加议定书》第 12 条；《第二附加议定书》第 11 条。

〔6〕《日内瓦第一公约》第 19 条；《日内瓦第四公约》第 18 条；《第一附加议定书》第 12 条第 4 款。

告。如果经适当警告仍置之不理，即可攻击这些设施。〔1〕红十字、红新月或红水晶这些特殊的医务标志，应清楚地标记在医疗处所和医疗队上，以表明其享有受保护地位。任何物体若被承认为医疗设施则不得予以攻击，无论是否标记有保护性标志。

5. 特殊医院地带和中立化地带

经交战国协商一致，医院地带和中立化地带可依据有关协议的规定免遭轰击。〔2〕

6. 宗教、文化和慈善建筑物及纪念碑

专用于宗教、艺术或慈善目的的建筑物、历史纪念碑以及其他宗教、文化或慈善设施，倘若未被用于军事目的，则不应予以轰击。〔3〕当地居民负有

---

〔1〕《海牙章程》第 27 条；《海牙第九公约》第 5 条；《日内瓦第一公约》第 21 条；《日内瓦第二公约》第 34 条；《日内瓦第四公约》第 19 条；《第一附加议定书》第 13 条；《第二附加议定书》第 11 条。

〔2〕《日内瓦第一公约》第 23 条；《日内瓦第四公约》第 14~15 条。其中每个公约的附件都提供了建立这些地带的协定样本。1982 年 6 月 13 日，英国和阿根廷当局在红十字国际委员会驻福克兰群岛/马尔维纳斯群岛现场之代表的建议下，同意在斯坦利的市中心设立一个中立化地带，包括圣公会大教堂及其周围明确界定的 5 英亩范围。不过，由于 1982 年 6 月 14 日晚上 9 点英军接受阿根廷的投降，所以这个地带并未使用。U. N. D o t . S/15215, 14 June 1982；HMSO, The Falklands Campaign: A Digest of De-bates in the House of Commons 2 April to 15 June 1982, at 340-47 (1982)；London Times, 14 June 1982, at 1；London Times, 15 June 1982, at 1 & 8；Junod, Protection of the Victims of Armed Conflict Falkland-Malvi-nas Islands 1982, at 33-34. 同样，马岛战争的冲突各方在海上建立了一个中立化地带，允许医疗船进驻，以便利英国和阿根廷交换伤病人员。这个地带又被称为"红十字区"（Red Cross Box, is discussed in Junod, id. at 26）。关于医院地带、安全地带和中立化地带之区别的讨论，参见 Pictet, Vol. 1, at 206.

〔3〕《海牙章程》第 27 条；《海牙第九公约》第 5 条；《第一附加议定书》第 53 条第 1 项；《关于发生武装冲突时保护文化财产的海牙公约》（1954 年《保护文化财产海牙公约》），1954 年 5 月 14 日通过（249 U. N. T. S. 216），第 4 条。虽然美国不是 1954 年《保护文化财产海牙公约》的缔约国，但认为该公约反映了习惯法。在整个海湾战争中，美国和其他联军部队遵守了该公约。事实上，即使伊拉克部队非法利用这些文化财产来防护军事目标不受攻击，但联军仍继续对这种财产提供保护。See Title V Report, App. 0, at O-2 & O-8. 对 1954 年《保护文化财产海牙公约》的全面评注，参见：Toman, The Protection of Cultural Property in the Event of Armed Conflict (1996).

作为盟军驻欧洲最高司令部司令，艾森豪威尔将军在盟军准备进攻欧洲时，在下面的备忘录中提醒他的部队要遵守这一习惯规则：

1944 年 5 月 26 日

致伯纳德·劳·蒙哥马利，

奥马尔·纳尔逊·布拉德利，

贝特拉姆·霍姆·拉姆齐，

特拉福德·利-马洛里

秘密（现已解密）

责任，确保此类建筑物和纪念碑上清楚地标记此类场所的特殊标志——一个沿对角线被分成上黑下白的两个三角形的矩形（图 8-13），或者 1954 年关于战时保护文化财产的《海牙公约》确定的文化财产标志（图 8-9）。[1]就一切目的和宗旨而言，后者已取代前者。此类建筑物即使标有保护性标志，倘若被用于军事目的，也会丧失免受攻击的保护。

7. 堤坝

堤坝和其他装置，若被破坏或摧毁将释放洪水或其他对平民居民来说危险的力量，如果可能对平民造成的损害与轰击带来的预期军事利益相比过分，则不应予以轰击。[2]

（接上页）主题：保存历史古迹

1. 不久后，我们将打开一条穿过欧洲大陆的出路，进行旨在保护我们文明的战争。在我们前进的道路上，不可避免地会发现历史古迹和文化中心，它们象征着我们为之战斗的世界。

2. 每一位指挥官都有责任，尽可能保护和尊重这些文明的象征。

3. 在某些情况下，如果我们不愿意去破坏这些令人尊崇的物体，可能会妨碍军事行动取得成功。然后，就象在卡希诺一样，敌人凭借我们的这种情感寄托来保护他们自己，但我们士兵的生命是至高无上的。因此，如确有军事上的必要，即使涉及破坏某些我们引以为荣的谴址，指挥官仍可下令采取必要的行动。

4. 但在许多情况下，损害和破坏既无必要性，也无正当性。在这种情况下，通过管束和纪律，指挥官要保护具有重要历史和文化意义的中心和物体。上级的民政参谋会告知指挥官这类历史古迹的位置，包括前线的和被占领土内的。这些情报，连同必要的指令，将通过指挥渠道下达给所有作战梯队。

The Papers of Dwight David Eisenhower: The War Years: II, at 1890 – 91 (Chandler & Ambrose, eds. 1970). See also Schaffer, Wings of Judgment: American Bombing in World War II, at 50 (1985); Hapgood, Monte Cassino 158-59 (1984)（引用了艾森豪威尔将军 1943 年 12 月 29 日致"所有指挥官"的相同意思的电文，Historical Research Center, Maxwell Air Force Base, AL, File 622. 610. 2, Folder 2, 1944-45）; and Blumenson, United States Army in World War II: The Mediterranean Theater of Operations: Salerno to Cassino 397-399 (1969)（引用了联合参谋部 1943 年 6 月 10 日和 6 月 19 日发给艾森豪威尔将军的关于这种影响和已经采取的某些行动的电文）。保护文化财产之规则的发展，参见: Verri, The Condition of Cultural Property in Armed Conflicts, 1985 Int'l Rev. Red Cross 67（拿破仑战争以前）and 127（19 世纪 50 年代至第二次世界大战）。See also, Green 44, 145-46.

〔1〕《海牙第九公约》第 5 条。但是，对于已知用于军事目的的建筑物，则没有要求必须遵守这些标志或任何其他表明不可侵犯性的标志。

〔2〕 比较《第一附加议定书》第 56 条，对缔约国而言，它规定了一个要高得多的标准，来保护这种有限种类的物体以及核发电站。例如，即使堤坝是军事目标，如果攻击可能造成洪水泛滥以及随之而来在平民居民中造成严重损失，第 56 条就禁止这种攻击。第 56 条规定，攻击堤坝附近的军事目标也应遵守同样的高标准。但在第 56 条第 2 款规定的有限的例外情况下，这种物体也可能丧失特别保护。Green 149-50. 第 56 条为何对美国来说在军事上是不可接受的，其原因参见 Remarks of U. S. Department of State Legal Advisor Sofaer in Sixth Annual American Red Cross——Washington College of Law Conference, at 468-9. 其中就包括依据第 56 条给予"现代的一体化电网（在这种电网中不可能确定某一电厂发的电输往哪一个特定的客户）"的保护，以及给予"为制造核武器生产钚"的核发电厂的保护。当然，美国也不认为第 56 条的规定构成习惯法。Matheson, Remarks, at 427.

（二）轰击前警告

如果战况允许，指挥官应尽所有合理的努力，警告位于将予轰击之军事目标附近的平民居民。警告是一般性的而非特定性的，以免危及轰击部队或任务的成功。[1]警告是为了保护平民居民，如果平民不可能会受攻击影响，则不必给予警告。

十、陆战

本节中的指南提供了一个关于陆战法基本原则的概览。[2]

（一）陆战中的目标识别和攻击

陆战中目标识别和攻击的原则与海战相同；但陆战的特点是军事目标、战斗员、平民和民用物体经常混同，这使得作出攻击的决定更加困难。

（二）特殊保护

根据陆战法，某些人员、地方和物体享受免受攻击的特殊保护。保护不可避免地取决于受保护地位的识别。特殊符号和标志即用于此种目的。如果受保护地位是显而易见的，未标记保护性的符号和标志并不会使受保护的人员、地方或物体成为合法的攻击目标。但是，直接参加敌对行动的被保护人会失去受保护地位，在其直接参加敌对行动时可予以攻击。同样，为军事目

---

〔1〕 警告与保护平民居民有关（使平民有机会寻求安全），如果他们不可能受到攻击影响，就不必给予警告。警告的要求长期存在，源于《海牙章程》第 26 条和《海牙第九公约》第 6 条。Green 101, I48, 168 & 183. 在第二次世界大战期间，由于要攻击的目标防御严密，而且试图隐藏，因此在警告方面的做法很懈怠。近年来，甚至面对军事人员也越来越强调预先警告的可取性和必要性。例如，1987 年 10 月 19 日伊朗海军人员收到警告，美国海军即将攻击波斯湾的拉什哈德平台（Rashadat Platform），以回应四天前美国油轮“海岛城号”在科威特领水遭遇的攻击，并准许伊朗海军人员在攻击开始前撤离。Presidential Letter to Congress, 20 Oct. 1987, 23 Weekly Comp. Pres. Dots. , 1206 (1987). 类似的事先警告还有 1988 年 4 月 18 日对萨珊和西里油气分离平台的攻击，作为 1988 年 4 月 14 日美军“塞缪尔·罗伯茨号”导弹护卫舰在穿过中立航道的雷区中被伊朗水雷近乎摧毁的回应。Presidential Letter to Congress, 19 Apr. 1988, 24 Weekly Comp. Pres. Dots. , 25 Apr. 1988, at 493. See also Perkins, The Surface View: Operation Praying Mantis, U. S. Naval Inst. Proc. , May 1989, at 68 & 69. 同样，在海湾战争期间，联军部队经常散发传单，警告伊拉克地面部队即将到来的攻击并鼓励他们投降。Title V Report, at O-618. 尽管如此，国家实践承认并非总是需要给予警告。作为一种“攻击时顶防措施”，《第一附加议定书》第 57 条第 2 款第 3 项也包括了相同的要求，美国支持该规定构成习惯法。Matheson, Remarks, at 427.

〔2〕 要全面了解适用于陆战的武装冲突法，参见 DoD Law of War Manual and the Army Field Manual（FM）27-10, The Law of Land Warfare. 要注意，《陆战指挥官法律手册》（FM 6-27）在不久的将来会取代《陆战法手册》（FM 27-10）。

的而滥用受保护的地方和物体，在其被滥用期间可进行合法的攻击。

1. 受保护地位

受保护地位被赋予伤者、病者和遇船难者，某些跳伞人员，[1]以及被拘留人员。不直接参加敌对行动的平民和非战斗员，例如医务人员和随军牧师，以及被拘禁的人员，也享有受保护地位。

2. 受保护的地方和物体

受保护的地方包括不设防的城市、城镇和商定的非军事化地带，以及商定的特殊医院地带和中立化地带。受保护的物体包括历史纪念碑和建筑物、艺术作品、医疗设施以及宗教、文化和慈善建筑物及纪念碑。

3. 环境

本章第四节讨论了武装冲突期间的环境考虑因素。[2]

十一、信息战

信息战是军事行动期间对与信息有关的能力的综合运用，配合其他战线影响、干扰、破坏或篡改敌人和潜在敌人的决策，同时保护我方决策。就讨论攻击的考虑因素而言，有助于信息战的军事能力包括网络行动、信息保障、空间行动、军事信息支援行动（以前被称作心理战）、情报、军事诈术、作业安全、特殊技术作业、联合电磁频谱作业。[3]

（一）对信息战攻击目标的总体考量

对战时预定目标的法律分析需要传统的战争法分析。进攻性信息战以人类决策程序（人类要素）、用于支持决策的信息和信息系统（链路）以及用于处理信息和执行决策的信息和信息系统（节点）为攻击目标。进攻性信息战的努力应审查所有三个攻击领域以尽可能获得成功的机会。人类要素包括国家指挥当局、指挥官、部队、作为一个整体的平民大众和/或平民大众内的团体。在一切情况下，进攻性信息战的目标选择都应符合美国的目标、可适用的国际公约、武装冲突法和交战规则。国防部信息战活动不得针对或者旨在操纵美国境内的受众、公众行为或意见，必须依据一切可适用的美国制定

---

〔1〕 从失事飞机上降落的伞兵受保护，但跳伞参加战斗的空降部队不受保护。

〔2〕 See also ICRC Compiled Guidelines for Military Manuals and Instructions on the Protection of the Environment in Times of Armed Conflict.

〔3〕 See Joint Publication（JP）3-13，Information Operations，for a broader discussion of this subject.

法、法典和法律进行。

（二）物理攻击/破坏

如果查明将予物理攻击/破坏的目标是进攻性信息战计划的一部分，攻击仅限于军事目标并且避免给非战斗员、平民和民用物体附带造成过分的伤害/死亡及损害的法律要求就适用。不会给被保护人带来身体伤害或死亡或者给民用物体带来损害等风险的信息战，可以非战斗员和平民为目标。

（三）军事信息支援行动

军事信息支援行动是指将选定的信息和迹象传达给外国受众，并以有利于实现发起者目标的方式影响其情绪、动机、客观理性以及外国政府、组织、团体和个人的最终行为的有计划行动。军事信息支援行动不得与心理影响相混淆。美国的军事信息支援行动在任何情况下都不会针对美国公民。

（四）进攻性网络行动

进攻性网络行动是旨在于网络空间中或通过网络空间使用武力以投放力量的网络行动。进攻性网络行动可通过致命和非致命的手段来完成。针对一个军事目标使用非致命的进攻性网络行动手段时，衡量可能给被保护人造成附带伤害/死亡的因素，视具体目标而定，可包括间接影响（例如，破坏一个同时向一个军事司令部和一家医院供电的发电站就可能产生附带伤害/死亡）。

国防部准则将网络空间形容为"信息环境中的全球领域，由信息技术基础设施和居民数据相互依存的网络组成，包括互联网、电信网络、计算机系统以及嵌入式处理器和控制器"。

尚不存在直接涉及军事行动背景下网络空间的国际协定，国家实践也只是刚刚开始出现。尽管如此，如果在武装冲突中一个网络行动构成军事行动，那么武装冲突法就适用。尤其是，如果一个网络行动构成武力攻击，那么武装冲突法及其所有原则都适用于该行动。

第九章 常规武器和武器系统

一、导言

本章涉及与使用常规武器和武器系统有关的法律考量。[1]参与武装冲突的国家选择作战方法或手段的权利不是无限制的，这已是武装冲突法的一项基本信条。[2]在性质上不能以特定军事目标为对象，从而使平民和非战斗员

---

[1] DOD Instruction 5500. 15, Subj: Review of Legality of Weapons Under International Law, and DOD Directive 5000. 1, Subj: Defense Acquisition. 该指令要求美国武装部队新发展或新购买的所有武器都要接受审查以符合国际法。这些审查在采购前的工程开发阶段以及首单生产合同签订以前由相关军种的军法署进行。《第一附加议定书》第 36 条首次为各缔约国施加了类似的国际法规则。See Robertson, Modern Technology and the Law of Armed Conflict, 362 at 367-68, in Robertson. See also Green 273-74. For further information see DOD Regulation 5000. 2-R, Subj: Mandatory Procedures for Major Defense Acquisition Programs and Major Automated Information Systems, and SECNAVINST 5000. 2B, Subj: Implementation of Mandatory Procedures for Major and Non-Major Defense Acquisition Programs and Major and Non-Major Information Technology Acquisition Programs. See also Meyrowitz, The Function of the Laws of War in Peacetime, 1986 Int'l Rev. Red Cross 71, 78-81. 非致命的武器系统也需要法律审查。DOD Directive 3000. 3, Subj: Policy for Non-Lethal Weapons, para. E6b. 非致命武器被定义为 "明确设计并主要用于使人员或器材失能的武器，以尽可能降低致死率、对人员的永久伤害以及对财产和环境的意外损害"。Id., para. C. 非致命武器无意取代常规（致命）武器，即使可以使用非致命武器，也不会限制指挥官在自卫时采取一切可用的必要手段并采取一切适当措施的固有权力和义务。Id., para. D4.

[2] 《海牙章程》第 22 条；《利伯守则》第 30 条。《海牙章程》第 22 条涉及武器和作战方法，只是对作战手段应受条约和习惯国际法规则之限制的一种确认。尽管《海牙章程》第 22 条直接指导陆战行为，但其体现的原则也同样适用于进行海战行为。美国认为第 22 条构成习惯国际法的宣告〔General Counsel, Department of Defense letter of 22 Sept. 1972, reprinted in 67 Am. J. Int'l L. 122 (1973)〕。《第一附加议定书》第 35 条第 1 款重申了《海牙章程》第 22 条。美国支持《第一附加议定书》第 35 条第 1 款作为习惯法的声明。The Sixth Annual American Red Cross-Washington College of Law Conference on International Humanitarian Law: A Workshop on Customary International Law and the 1977 Protocols Additional to the 1949 Geneva Conventions, 2 Am. U. J. Int'l L. & Policy 424 (1987) (remarks of U. S. Department of State Deputy Legal Adviser Matheson).

面临同等风险的武器，由于其不分皂白的效果，禁止使用。[1]此外，禁止使用旨在引起过分伤害或不必要痛苦的武器、物质及作战方法。[2]某些武器，例如有毒的弹丸，本身就是非法的。[3]其他武器则可能因为改动而导致非法，例如给弹药涂上毒药。最后，任何合法的武器都能被用于非法目的，如被用于攻击非战斗员、平民以及其他受保护人和财产。

美国有一个正式的武器法律审查项目。就该项目而言，武器和武器系统是指"所有旨在造成人员或财产的伤害、损害、破坏或失能的武器、弹药、物质、仪器、机械、装置及其操作所需的零部件，包括非致命武器"。就该项目而言，武器不包括发射或投送平台，例如船舶或飞机。该项目涉及武器的获得，指令美国武装部队新开发或新购买的一切武器，在获得过程中生产阶段进行工程开发和签订初始合同之前，都要进行审查以确定其符合武装冲突法。这些审查由相关军种的军法署进行；对海军部来说，法律审查由五角大楼的军法署长办公室国际和行动法律司进行。

本章无意个别讨论美国拥有的每种武器和武器系统。本章专注于与海军军官尤其关心的那些武器和武器系统相关的规则，例如水雷、地雷、鱼雷、集束和破片武器、延时爆炸装置、燃烧武器、定向能量装置以及超视距武器系统。每种武器或武器系统只评估其造成不必要痛苦和过分伤害或者不分皂白之效果的可能性。[4]

（一）不必要痛苦

战争法禁止为造成不必要痛苦或过分伤害而设计、使用或更改武器。"不必要痛苦"和"过分伤害"被认为是同义语，可以互换使用。在确定一种作战手段或方法是否会造成不必要痛苦或过分伤害时，战斗员承受的痛苦或损

---

〔1〕这一习惯规则编纂为《第一附加议定书》第51条第4款第2项和第51条第5项。See Green at 151-52；Fleck at 111-14.

〔2〕《海牙章程》第23条第5款禁止交战国"使用足以引起不必要痛苦的武器、投射物或物质"。《第一附加议定书》第35条第2款重申了这些规则，美国认为其构成习惯国际法的宣告。General Counsel letter and Matheson remarks, preceding note.

〔3〕《利伯守则》第16条和第70条；《布鲁塞尔宣言》第13条第1款；1880年《牛津手册》第8条第1款；1913年《牛津海战法手册》第16条第1款。这一习惯规则被编纂为美国是其缔约国的《海牙章程》第23条第1款。See also Green, What One Can Do in Conflict -Then and Now, in International Humanitarian Law: Challenges for the Next Ten Years 269-95 (Delissens & Tanja eds., 1991).

〔4〕关于非致命武器的讨论，参加 Non-Lethal Weapons: Emerging Requirements for Security Strategy, Report Prepared by The Institute for Foreign Policy Analysis (1996).

害与使用该武器获得的军事利益相比不得明显不成比例。严重伤害甚至死亡并不必然被禁止。根据战争法，战斗员可以合法地杀伤敌方战斗员；如果使用合法的手段或方法，此类行为就是合法的。譬如，禁止不必要痛苦并不限制对敌军使用压制性火力以战胜或摧毁对方。相反，评判标准是伤害或痛苦是否明显与军事利益不成比例。因此，某些作战手段被禁止在战场上使用，或者是因为它们被认为造成了不必要痛苦或过分伤害，或者是由于政策原因。这些武器包括毒素武器、[1]化学武器、生物（或细菌）武器以及X光无法检

---

〔1〕《禁止使用在人体内易于膨胀或变形的投射物，如外壳坚硬而未全部包住弹心或外壳上刻有裂纹的子弹的宣言》（1899年《海牙第三宣言》），1899年7月29日在海牙通过，禁止在国际性武装冲突中使用"在人体内易于膨胀或变形的投射物，如外壳坚硬而未全部包住弹心或外壳上刻有裂纹的子弹"。美国不是该条约的缔约国，但美国的立场是在常规军事行动中遵守该条款，只要在其适用符合《海牙章程》第23条第5款（禁止使用"足以引起不必要痛苦的武器、投射物或物质"）目的和宗旨的范围内。See, Army JAG Memo DAJA/IO of 16 Feb 93, Legal Review of USSOCOM Special Operations Offensive Handgun（断定特种部队人员在整个冲突中使用空尖弹或类似膨胀弹药是合法的）；Army JAG Memo DAJA/IA of 12 Oct 90, Sniper Use of Open-Tip Ammunition（断定陆军在平时或战时执行任务时可以合法地使用7.62毫米"空尖"SMK弹药），*reprinted in* The Army Lawyer, Feb 91, at 86；Army JAG Memo DAJA-IO (27-la) of 13 May 1996, Fabrique Nationale 5. / x 28mm Weapon System（断定FN P90冲锋枪及其5.7×28毫米SS 190弹药不会产生引起过分伤害的伤口）. 实质上，前述陆军军法署的意见所表达的观点是，反对空尖弹或膨胀子弹的规则不要机械地予以适用；例如，不禁止设计上带有空尖但为了提升精确度的子弹。对小武器弹药的法律分析也已专注于提高精确度及降低穿透的可能性，这样除了能获得明显的军事优势外，还降低了对非战斗员附带伤害的可能性。最后，陆军军法署的意见断定，1899年《海牙第三宣言》所包含的禁止性规定"几乎没什么价值，因为实际上自1899年以来使用过的所有军用步枪的全金属被甲弹都是'尖'头卵形，都有碎片杀伤的倾向……造成的伤口与1899年《海牙第三宣言》所谴责的那些没有什么不同……真正的检验标准仍然是子弹是否引起了过分伤害……"参与全天候反恐行动的部队使用膨胀弹药不受武装冲突法的制约。Navy JAG ltr of 22 January 1992, Legal Review of the Use of Expanding Ammunition by Marine Corps Units（断定在平时反恐和特种安全任务中使用9毫米空尖弹是合法的）；Army JAG Memo DAJA-IA 1985/7026 of 23 Sep 85, Use of Expanding Ammunition by U. S. Military Forces in Counterterrorist Incidents（断定此种使用是合法的）；Air Force JAG Memo HQ USAF/JAI of 22 Aug 1997, Legal Review of Security Police Use of 9mm Expanding, Hollow Point Bullets (PHOENIX RAVEN Program)（断定此种使用构成平时执法职责所以并不违法）. 没有条约或者习惯国际法规则禁止在武装冲突中使用霰弹枪。DA Pam 27-161-2 at 45, Cutshaw, Ammunition, in 1 International Military and Defense Encyclopedia (Dupuy ed. , 1993) at 127. 作者指出：在丛林战中，霰弹枪尤其有用，因为交火范围很少超过50米（165英尺）。事实上，美军在越南广泛使用了霰弹枪。反对的观点，参见Oeter, Methods and Means of Combat in Fleck at 122. 作者认为：禁止使用在人体内易于膨胀或变形的子弹（如达姆弹）。该规则也适用于霰弹枪，因为击中会引起类似的从军事观点看不合理的痛苦……But see Parks, Joint Service Combat Shotgun Program, in The Army Lawyer (DA Pam 27-50-299), Oct. 1997. 作者尤其断言：铅锑猎鹿弹不"容易膨胀或变形"，因此既不违反1899年《海牙第三宣言》，也不违反美国陆军军法署在先前的意见中明确阐述的合法性标准。战斗用霰弹枪及其铅锑猎鹿弹符合美国承担的战争法义务。

测的碎片的弹药〔1〕和激光致盲武器。

（二）不分皂白的效果

区分原则要求作战手段和方法只能以战斗员和军用物体为对象。平民和民用物体不得作为攻击的目标。禁止不能以军事目标为对象的武器，因为其具有不分皂白的效果。〔2〕不能对目标进行区分的武器包括如自由漂浮水雷、远程非制导导弹（例如第二次世界大战期间德国的 V1 和 V2 火箭以及日本的风船爆弹〔3〕）。仅仅因为某一武器以合法的军事目标为攻击对象时可能造成附带平民伤亡，就不能说该武器是不分皂白的。〔4〕因此，能够以合理的精度攻击军事目标的炮弹，仅仅因为它可能错过标的或造成附带损害就不能说它是不分皂白的武器，倘若这种附带损害与预期可获得的军事利益相比不是可预见的过分。只要所用的武器能够对目标进行区分，国家就没有义务使用其可获得的最精确武器。

（三）比例原则

比例原则要求攻击可能附带造成的生命损失和财产损害与预期可获得的具体和直接军事利益相比不得过分。当以一个合法的军事目标为攻击对象时，对平民和民用物体的影响被认为是附带损害。只有对平民和/或民用物体可能造成的附带影响与攻击军事目标所获得的军事利益相比过分时，某一武器才违反比例原则。

---

〔1〕 1980 年《特定常规武器公约》第一议定书（《关于无法检测的碎片的议定书》）完整的规定是：禁止使用任何其主要作用在于以碎片伤人而其碎片在人体内无法用 X 射线检测的武器。See also Lieber Code, art. 16; Fenrick, New Developments in the Law Concerning the Use of Conventional Weapons in Armed Conflict, 19 Can. Y. B. Int'l L. 229, 242 (1981); Roach, Certain Conventional Weapons Convention: Arms Control or Humanitarian Law? 105 Mil. L. Rev. 3, 69–72 (1984); and Schmidt, The Conventional Weapons Convention: Implications for the American Soldier, 24 A. F. L. Rev. 279, 308–12 (1984).

〔2〕《第一附加议定书》第 51 条第 4 款第 2 项。See also Fleck at 118–20. 这一句中阐述的规则本身不禁止水雷和地雷。

〔3〕 Bothe, Partsch & Solf 305; ICRC, Commentary (GP I) 621. 关于风船爆弹的描述，参见 Mikesh, Japan's World War II Balloon Bomb Attacks on North America, Smithsonian Annals of Flight No. 9 (1973); Webber, The Silent Siege: Japanese Attacks Against North America in World War II (1984); Prioli, The Fu-Go Project, American Heritage, April–May 1982, at 89–92. 同样也具有非法性的可以说是一个夭折的美国计划，即向日本投放携带微型燃烧弹的蝙蝠。Feist, Bats Away, American Heritage, April–May 1982, at 93–94; Lewis, Bats Out of Hell, Soldier of Fortune, Nov. 1987, at 80–81, 112. 这些武器的合法性问题似乎之前并未涉及。

〔4〕 对比《利伯守则》第 15 条。

二、水雷

水雷可被有效用于区域阻绝、海岸和海港防御、反舰和反潜作战以及封锁。水雷是合法的武器，但其潜在的不分皂白的效果使武装冲突法对其部署和使用进行了专门规制。[1]1904 年至 1905 年日俄战争期间，交战双方大范围且无节制地使用水雷，在冲突期间以及冲突后的很长一段时间里给无害航运造成巨大危害，直接导致 1907 年《关于敷设自动触发水雷公约》（《海牙第八公约》）的出台。[2]海牙规则的目的是在切实可行的范围内保证无害航运的安全。这些规则要求水雷在构造上使其在脱锚后成为无害或者使它们于敷设的交战国确定对其失去控制后即为无害。海牙规则还要求一俟军事情况许可时，即将有水雷的情况通知各船主。

尽管海牙规则于 1907 年就已出现，但其至今仍是专门涉及常规水雷布设的唯一法典化的规则。[3]技术的发展已创造出这些规则的起草者明显没有预见到的武器系统。尽管如此，1907 年《海牙第八公约》所包含的法律的一般原则仍然是合法使用水雷的指南。[4]

（一）当前的技术

现代水雷是多功能和可变的武器。其范围从相对不那么复杂且不分皂白的触发水雷到具有最先进的寻的制导能力的高技术性目标选择装置不等。当今的水雷可通过物理接触、声波或磁力信号、对船舶经过时产生的水压变化的敏感度来解除保险和/或引爆，并且可通过空中、水面和水下平台布设。[5]就本手册而言，水雷指的是待发状态水雷或可控的水雷。待发状态水雷可以在布设的同时撤除所有安全装置，也可以在布设后再解除保险，以便在满足

---

〔1〕 See *generally*, Fleck 442–58；Green 168–69.

〔2〕 关于《海牙第八公约》之背景的讨论，参见 Fleck at 442.

〔3〕 36 Stat. 2332；T. S. No. 541；1 Bevans 669；DA Pam 27–161–2；Navy Supplement to Selected International Agreements, AFP 110–20, p. 3–10. 对海牙水雷战规则的精彩分析，参见 Levie, Mine Warfare at Sea 23–63 (1992). See *also* Clingan, Submarine Mines in International Law, 351, *in* Robertson.

〔4〕 *Nicaragua Military Activities Case*, 1986 I. C. J. 14, 111–12, 128–29, 14748；25 Int'l Leg. Mat'ls 1023, 1072, 1080–81, 1090 〔paras. 213–15, 253–54, 292 (7) (14–1)〕 (1986). See *also* dissenting opinion of Judge Schwebel, paras. 234–40, 25 Int'l Leg. Mat'ls 1205–07 (1986), and NWP 27–4 (Rev. B), Mining Operations, at 1–3 to 1–6.

〔5〕 Hartmann, Weapons That Wait 103–05 (1991)；Levie, Mine Warfare at Sea, at 97–133.

预设参数时引爆。可控的水雷直到被某种形式的解除保险指令确定激活时（此后就变成待发状态水雷）才会有毁伤能力。[1]

（二）和平时期布雷

在保证本国公民安全的情况下，一国可在任何时候在其自己的内水布设待发状态的可控水雷，是否作出告知均可。一国还可以在认为保障国家安全所必要时，于和平时期在其自己的群岛水域和领海内布雷。如果待发状态水雷布设在群岛水域或领海内，就必须对此种水雷的存在及其位置作出适当的国际公告。[2]由于无害通过权只能被暂时停止，一俟促使水雷布设的安全威胁消失，就应清除待发状态水雷或使其无害。待发状态水雷在和平时期不得布设在国际海峡或群岛海道内。[3]在一国自己的群岛水域或领海内布设可控水雷不受此种公告或清除要求的制约。[4]

和平时期未经另一国同意，不得在该国内水、领海或群岛水域内布设水雷。[5]但是，如果不是不合理地干涉其他国家合法地利用海洋，就可以在国际水域（即领海以外）布设可控水雷。确定什么是"不合理地干涉"需要平衡许多因素，包括布设水雷的理由（即布雷国的自卫需求）、布雷的范围、对其他国家合法利用海洋造成的危险以及布设的期间。由于可控水雷不构成对航行的危害，就不需要对其布设进行国际公告。

除非满足单独或集体自卫的最严格要求，武装冲突爆发前不得在国际水

---

[1] Joint Pub. l-02, at 35 & 89; Hartmann, at 8 & 9. NWP 27-4 (Rev. B), at l-3 to l-8.

[2] *Corfu Channel Case* (*merits*), 1949 I. C. J. 22, U. S. Naval War College, International Law Documents 1948-49, at 133. 这基于"普遍和公认的原则，即：人性的基本考虑，这在和平时期比在战时更为严格；海上通信自由原则；以及每个国家都有义务不得在明知的情况下允许其领土用来实施侵犯其他国家权利的行为。"

[3] 在评论"科孚海峡案"时，菲茨莫里斯（Fitzmaurice）表示，国际法院的判决授权清除非法布设在国际海峡的水雷，如果扫雷是作为"通过时的部分任务并且是附带完成的"。Fitzmaurice, The Law and Procedures on the International Court of Justice: General Principles and Substantive Law, 28 Brit. Y. B. Int'l L. (1950) 1, 30-31.

[4] 可控水雷处于待发状态时才会对航行构成危险。

[5] 这样做很可能被视为严重侵犯该国领土完整。1984 年年中，一艘利比亚商船被指控在苏伊士湾和红海秘密布雷，关于各国及国际社会反应的分析，参见 Truver, Mines of August: An International Whodunit, U. S. Naval Inst. Proc. , May 1985, at 94; The Gulf of Suez Mining Crisis: Terrorism at Sea, id. , Aug. 1985, at 10-11.

域内布设待发状态水雷。[1]如果在此种情况下于国际水域内布设待发状态水雷，必须事先公告其位置。和平时期在国际水域内布设待发状态水雷的国家，必须在该区域内现场保留足够的部队，以确保对接近该危险地区的船舶发出适当警告。一俟促使水雷布设的迫在眉睫的危险消失，就应迅速清除所有待发状态水雷或使其无害。

（三）武装冲突期间布雷

武装冲突各方可合法地布设水雷，但必须遵从下列限制条件：

（1）一俟军事情况允许，应对水雷布设的位置进行国际公告。[2]

（2）交战国不得在中立水域布设水雷。[3]

---

〔1〕 Thorpe, Mine Warfare at Sea-Some Legal Aspects of the Future, 18 Ocean Dev. & Int'l L. 255, 267 (1987). See also Clingan, paragraph 9. 2, note 15 (pp. 9-5).

〔2〕《海牙第八公约》第 3 条；*Corfu Channel Case*, 1949 I. C. J. 22. 1984 年在红海的秘密布雷或者 1987 年在波斯湾和阿曼湾的布雷，就没有进行这种公告。在 "尼加拉瓜案" 中 [*The Nicaragua Military Activities Case*, 1986 I. C. J. 46-48, 112, 147-48, 25 Int'l Leg. Mat'ls 1039-40, 1072, 1090 (paras. 76-80, 215, 292 (8) (1986)]，国际法院判决美国 "未告知其（在 1984 年）所布设的水雷的存在及位置……违反了其根据习惯国际法所负的义务"。施韦贝尔法官的反对意见认为，在尼加拉瓜港口的布雷对尼加拉瓜来说是合法的，但对第三国来说是非法的，因为美国没有 "就水雷将要或已经在特定水域布设的事实" 作出官方公告。1986 I. C. J. 378-80, 25 Int'l Leg. Mat'ls 1205-06 (paras. 234-240). 詹宁斯法官尽管以其他理由作出反对意见，但通过适用 "科孚海峡案" 判决的逻辑，他赞同国际法院在第 292 段第 8 小段的意见。在 "科孚海峡案" 中，两艘英国驱逐舰触发了在阿尔巴尼亚水域布设的有锚触发水雷，而 "为了一般的航运利益" 通知水雷的存在是一项义务：

不是基于适用于战时的《海牙第八公约》，而是某些普遍公认的原则，即：人性的基本考虑，这在和平时期比在战时更为严格；海上通信自由原则；以及每个国家都有义务不得在明知的情况下允许其领土用来实施侵犯其他国家权利的行为（1949 I. C. J. 22）。

詹宁斯法官不容置疑地将该适用于一国在他国港口或港口航道布设水雷且不通知来往船舶的情况。詹宁斯法官指出，"即使假定美国在进行合法的自卫，对来往船舶不作通知仍然使得布雷变为非法"。1986 I. C. J. 536, 25 Int'l Leg. Mat'ls 1284 (1986).《圣雷莫海战法手册》第 83 条规定：

必须通告待发雷的布设情况或已布水雷的待发情况，除非这些水雷能够只针对军事目标类舰船进行攻击。

关于第 83 条的评注（Doswald-Beck, at 172）指出，删去《海牙第八公约》第 3 条中的 "一俟军事情况许可时" 这一限定语的决定，是以该短语 "依据施加给交战各方的尽可能限制敌对行动之影响的一般要求没有正当性" 这一理念为前提的。不论《圣雷莫海战法手册》的现代起源为何，人们认为《海牙第八公约》第 3 条规定的方式仍继续代表着更现实的可能性和遵守的可能性。因此，本手册坚持使用 "一俟军事情况许可时" 这一限定语。

〔3〕《海牙第十三公约》第 1~2 条。在两伊战争中，交战各国没有始终遵守这一规则。船舶曾在科威特和阿曼的领水内触雷，而这两个国家都宣布自己为中立国。N. Y. Times, 20 July 1987, at A6, & 14 Aug. 1987, at A9. 另见《圣雷莫海战法手册》第 86 条。

（3）有锚水雷应在脱锚后立即成为无害。[1]

（4）没有以其他方式附着或嵌入海底的无锚水雷应在布设者对其失去控制后一小时内成为无害。[2]

（5）应仔细记录雷区的位置以确保准确地公告以及便利后续的清除和/或使其失效。[3]

---

[1]《海牙第八公约》第 1 条第 2 款；Hartmann, at 8 & 84. 对比《圣雷莫海战法手册》第 81 条。美国的水雷全部安装有自毁装置。例如，1972 年布设在海防港的水雷就被设置为 6 个月内自毁。它们爆炸，从而在视觉上提醒雷区的存在以及需要在雷区内重新布雷。另一方面，两伊战争期间伊朗布设的有锚触发水雷经常松脱但又没有必要的内嵌机制使其变为无害，持续对航运构成危险。

[2] 参见《海牙第八公约》第 1 条第 1 款。《海牙第八公约》第 1 条第 1 款规定，"无锚自动触发水雷"应在失去控制后一小时内变为无害，其中没有包含"没有以其他方式附着或嵌入海底"这一限定语。但是，像这样"附着或嵌入海底"的水雷不会像自由漂浮水雷那样对一般航行构成危险。《圣雷莫海战法手册》第 82 条在上下文中使用"自由漂浮"而非"无锚"一词来达到相同的结果。See Doswald-Beck. at 171.

[3] 参见《海牙第八公约》第 5 条；《圣雷莫海战法手册》第 84 条和第 90 条。敌对行动结束时，每个国家都应清除其布设的水雷。但是，每个国家必须在自己的领水内清除水雷，无论布设水雷的实体为何。冲突各方还可以为扫雷制定其他安排。

1918 年德国停战协定曾呼吁德国指出水雷布设的方位。1918 年 11 月 11 日德国停战协定（U. S. Naval War College, International Law Documents, 1918, at 65），第 24 条（协约国和美国有权清除德国水域以外由德国设置的所有水雷和障碍物，德国要给出它们的方位）；1918 年 11 月 3 日奥匈帝国停战协定（id., at 19），第 2 部第 4 条；奥匈帝国停战协定附录（id., at 27-28），第 2 节第 4 条。1918 年 11 月 13 日匈牙利停战协定（id., at 33），第 13 条（布设在多瑙河的水雷）；1918 年 10 月 30 日土耳其停战协定（id., at 160），第 2 条和第 3 条。但是，清除的责任只是根据地理关系或它们各自领土临近所布设的水雷或雷区而由那些国家承担。因此，土耳其要协助（可能是被要求）扫雷或清除土耳其水域的所有水雷和其他障碍物。Id. at 160. 匈牙利承诺阻止布设在匈牙利和奥地利边境多瑙河上游的漂浮水雷通过，并清除所有实际在匈牙利水域的水雷。Id., at 33. 根据 1919 年 6 月 28 日《凡尔赛和约》第 193 条的规定，德国承诺最终按照主要协约国和同盟国的通知，扫除北海东部指定区域的水雷并保持此种区域无水雷，扫除波罗的海指定区域的水雷并保持此种区域无水雷。3 U. S. T. 3410. 美国海军成功地清除了他们布设在北海的水雷。对这项任务的完成颇有启发性的说明，参见 Davis, The Removal of the North Sea Mine Barrage, 38 National Geographic, Feb. 1920, at 103.

根据 1940 年 6 月 22 日法国和德国停战协定（第 9 条，34 Am. J. Int'l L., Official Documents, at 173, 175）以及 1940 年 6 月 24 日法国和意大利停战协定（第 12 条和第 13 条, id., at 178, 181），法国政府不仅承诺向敌方报告其所布设之水雷的方位，如果敌方有此要求还承诺清除这种水雷。3 Hyde 1946-47.

第二次世界大战后，一些同盟国（美国、法国、英国和苏联）同意建立一个欧洲水域国际扫雷组织。Agreement on Mine Clearance in European Waters, London, 22 Nov. 1945, 3 Bevans 1322. 关于在第二次世界大战结束时协助扫雷的其他规定，参见 Instrument of Surrender of Italy, 29 Sep. 1943, 61 Stat. 2742, 2743-44, T. I. A. S. 1604; the Treaty of Peace with Italy, Paris, 10 Feb. 1947, 61 Stat. 1245, 1396, T. I. A. S. 1648, 49 U. N. T. S. 3, 153, and the Declaration Regarding the Defeat of Germany and the Assumption of Supreme Authority by the Allied Powers of 5 June 1945, 60 Stat. 1648, 1654, T. I. A. S. 1520,

（6）水雷可用于引导中立航运，但不得以拒绝此类航运在国际海峡的过境通行或群岛水域的群岛海道通过的方式。

（7）如果布设水雷的唯一目标是为了拦截商业航运，则水雷不得布设在敌方的海岸或港口外，[1] 但可用于战略封锁敌方的海岸、港口和航道。[2]

（8）禁止在国际水域建立不确定范围的雷区。可利用水雷建立有限的禁区，倘若在此种禁区周围或禁区内为中立航运保留了另一条有合理安全保障的航道。[3]

（接上页）68 U. N. T. S. 189，198. 关于在德国水域和北海的扫雷，参见 3 Roskill, The War at Sea, pt. II, at 307 & 308（1961）. 关于在太平洋的扫雷，参见 Morison, Supplement and General Index，15 History of U- nited States Naval Operations In World War II，at 13–14（1962）. The Protocol to the Agreement on Ending the War and Restoring Peace in Viet Nam Concerning the Removal，Permanent Deactivation，or Destruction of Mines in the Territorial Waters，Ports，Harbors，and Waterways of the Democratic Republic of Viet Nam，27 Jan. 1973，24 U. S. T. 133，T. I. A. S. 7542. 该议定书要求美国通过清除、失效或销毁等使之变为无害的方式清除其所布设的所有水雷。关于这次扫雷行动的描述，参见 McCauley，Operation End Sweep，U. S. Naval Inst. Proc.，March 1974，at 18. 美国和埃及通过 1974 年 4 月 13 日和 4 月 15 日的换文，达成一项美国协助清除苏伊士运河的水雷和未爆炸弹药的安排（25 U. S. T. 1474，T. I. A. S. 7882）。这项安排后来又通过 1975 年 7 月 6 日、8 月 20 日和 21 日以及 9 月 25 日的换文修正（26 U. S. T. 2517，T. I. A. S. 8169）。关于苏伊士运河扫雷行动的描述，参见 Boyd，Nimrod Spar：Clearing the Suez Canal，U. S. Naval Inst. Proc.，Feb 1976，at 18.

另一方面，作为自卫措施，美国、英国、比利时、法国、意大利和荷兰从 1987 年 7 月开始在波斯湾的国际和中立水域（在中立国同意的前提下）采取了扩大化的反水雷措施，以消除伊朗非法布设的触发水雷对航行自由造成的干扰。See Friedman，World Naval Developments 1987，U. S. Naval Inst. Proc.，May 1988，at 219–20；and Friedman，Western European and NATO Navies，U. S. Naval Inst. Proc.，March 1988，at 34 & 39. 1991 年海湾战争中的敌对行动停止后，联合国安理会要求"伊拉克提供一切资料并协助查明在科威特和……伊拉克地区以及在附近水域内的伊拉克水雷"。U. N. S. C. R. 686（2 March 1991）S/RES/686（1991）.

〔1〕《海牙第八公约》第 2 条。See also Ronzitti，at 143；Levie，Mine Warfare at Sea，at 32–3. 法国和德国在批准时对这一条款提出保留。

〔2〕《海战法规宣言》（《伦敦宣言》），1909 年 2 月 26 日在伦敦通过，第 1 条、第 4 条和第 5 条。只凭借雷区建立的封锁曾经被认为是非法的，因为国际法要求海军在现场维持有效的封锁。还有人称，只凭借水雷建立的封锁违反了《海牙第八公约》第 2 条，该条禁止以截断商业航运为唯一目的而使用水雷，尽管历史上封锁的主要目的就是为了截断商业航运。

〔3〕《圣雷莫海战法手册》第 80 条规定：

水雷只准许用于合法的军事目的，包括阻止敌方使用海区。关于该条的评注（Doswald-Beck，at 169）指出：

为合法军事目的使用水雷的义务从逻辑上说源自国际人道法规则。（参与起草《圣雷莫海战法手册》）的专家认为重申专门涉及水雷的规则有助于明确地确认在公海上不分皂白布雷的做法是非法的。See also Thorpe，paragraph 9. 2. 3，note 24（pp. 9–7），at 265. 两伊战争期间的 1987 年 9 月 21 日，伊

三、地雷

地雷是指布设在地面或其他表面之下、之上或附近，并设计成在人员或车辆出现、接近或接触时引爆或爆炸的弹药。与所有武器一样，若要合法，地雷应以军事目标为攻击对象。遥控起爆地雷的可控性使其能进行有效的目标区分。但就非遥控起爆地雷而言，则存在不分皂白地伤害平民的可能性。[1]因此，使用地雷时必须特别注意确保平民不会受到无差别的伤害。[2]国际法

(接上页) 朗军舰 "伊朗航空号" 因未作通知即在国际航道布雷的行为而被美军拿捕。Presidential letter of 24 Sep. 1987, 23 Weekly Comp. Pres. Dots. 1066 (1987)；Elliott, The Navy in 1987, U. S. Naval Inst. Proc. , May 1988, at 146−47. See *also* the U. S. response to Iranian mining that severely damaged USS SAMUEL B. ROBERTS on 14 April 1988.

〔1〕 See Arms Project of Human Rights Watch/Physicians for Human Rights, Landmines: A Deadly Legacy (1993).

〔2〕 1980 年《特定常规武器公约》是一个主条约，最初有三个支撑它的议定书：不可检测的碎片（第一议定书）、地雷（水雷）和诱杀装置（第二议定书）和燃烧物器（第三议定书）。1995 年 9 月 24 日，美国成为该公约、第一议定书和第二议定书的缔约国。第二议定书，全称为《禁止或限制使用地雷（水雷）、饵雷和其他装置的议定书》，是第一个专门涉及地雷使用问题的条约。

关于陆战法中地雷使用及其影响的讨论，参见 Fenrick, at 242−45；Schmidt, id. , at 312−22, 329−38；Carnahan, The Law of Land Mine Warfare: Protocol II to the United Nations Convention on Certain Conventional Weapons, 105 Mil. L. Rev. 73 (1984)；Greenspan, The Modern Law of Land Warfare, 362−63 (1959)；Rogers, A Commentary on the Protocol on Prohibitions or Restrictions on the Use of Mines, Booby−Traps and Other Devices, 26 Mil. L. & L. of War Rev. 185 (1987)；Green at 132−34, 186 and 337；and Levie, Prohibitions and Restrictions on the Use of Conventional Weapons, 68 St. Johns L. Rev. 643 (1994)，*reprinted in* Schmitt & Green at chap. XVIII.

陆战法中关于地雷的使用问题现在正经历实质性的发展演变。在《特定常规武器公约》的第一次审议大会上（1995 年 9 月至 1996 年 5 月），第二议定书有了实质性修正，限制使用和转让没有自毁/自失能装置的地雷。

1997 年 1 月 7 日，克林顿总统将修正后的第二议定书提交参议院，征求其意见和批准同意。Letter of Transmittal, 7 Jan. 1997. 修正后的第二议定书实现了六个主要目的：

1. 将第二议定书扩大适用于国内武装冲突（第 1 条第 2 款）；

2. 要求所有遥布杀伤人员地雷装备自毁装置和后备自失能装置（第 6 条第 3 款）；

3. 要求所有没有装备此种装置的非遥布杀伤人员地雷只布设于可控和有标记的标界区内（第 5 条第 2 款第 1 项）；

4. 要求所有杀伤人员地雷至少包含 8 克铁以确保可探测性（第 4 条；技术附件第 2 条）；

5. 布设地雷的缔约国有责任保证地雷不会被不负责任和不分皂白的使用（第 14 条），并且有责任在现行敌对行动停止之后毫不迟延地清除、排除或销毁它们，或者将它们维持在有标记和受监督的区域内（第 10 条）；

6. 提供了人更有效遵守规则的手段（第 14 条）。

（接上页）*See also* the article-by-article analysis of Protocol II, as amended, in the State Department Letter of Submittal of 7 December 1996 *attached to* Senate Treaty Dot. 105-1; Matheson, Current Developments, The Revision of the Mines Protocol, 91 Am. J. Int'l L. 158 (1997).

使用指令引爆模式的克莱莫杀伤地雷不在修正后的第二议定书的限制之列。Letter of Submittal, *id.*, at 7. 如果布设在己方军事单位附近且该布设区域受到监控从而能保证有效禁止平民进入，克莱莫杀伤地雷也可使用绊弦模式。*Id.*, at 23.

1997 年 1 月 7 日的送文函（Letter of Transmittal）还更新了克林顿总统的承诺，即寻求国际社会同意全面禁止杀伤人员地雷。克林顿总统于 1996 年 5 月 16 日首次宣布他对这一目标的承诺。这一声明也构成一个单方面承诺，即立即停止使用一切没有自毁装置的杀伤人员地雷并在 2000 年 1 月 1 日前销毁这种武器的现有库存。目前布设在朝鲜半岛的杀伤人员地雷属于该政策声明的例外。White HousePress Release, May 16, 1996. 随后联合国大会于 1996 年 12 月 10 日通过了一项决议，敦促各国全面禁止所有杀伤人员地雷。U. N. G. A. Res. 51/45S（10 Dec. 1996). 1997 年 1 月 17 日，克林顿总统宣布，美国单方面永久禁止"杀伤人员地雷的出口和转让"（White House Press Release, Jan. 17, 1997）。1997 年 1 月 20 日，在日内瓦举行的 1997 年度裁军会议的开幕仪式上，美国"开始与其他 61 个成员国共同致力于启动关于制定一项禁止杀伤人员地雷的全面性和全球性协定的谈判"（White House Press Release, May 16, 1997）。1997 年 8 月 18 日，克林顿总统宣布美国将参与加拿大主导的一项裁军会议之外的进程（所谓"渥太华进程"），以实现全面禁止杀伤人员地雷的目标，但提议保留继续在朝鲜半岛使用这种地雷以及布设反坦克/反车辆地雷的权利（White House Press Release, Aug. 18, 1997; Graham, U. S. to Join Canadian-Led Talks on Land Mine Ban, With Reservations, Wash. Post, 19 Aug. 1997 at 1/4）。美国提出修正"渥太华进程"条约草案的努力没有成功。Bonner, Land Mine Treaty Takes Final Form Over U. S. Dissent, N. Y. Times, 18 Sep. 1997 at 1. 因此，克林顿总统于 1997 年 9 月 17 日宣布，美国不会签署这项全面禁止杀伤人员地雷的条约。Wilson, Clinton Declines to Sign Treaty to Ban Anti-Personnel Land Mines, Army Times, 6 Oct. 1997 at 32. 美国高级军事领导层曾警告说，美国单方面坚持全面废除杀伤人员地雷"会不必要地危及美国军队并严重制约其成功完成作战行动的能力"。Letter to the Chairman, Senate Armed Services Committee, from the Joint Chiefs/Unified Combatant Commanders, of 14 July 1997. 这封信，是对 2000 年开始的限制为新部署杀伤人员地雷使用资金的立法建议的书面回应，包括下列意见：

我们与世界各国一样关注与不分皂白和不负责任地使用一种合法武器，即不带有自毁装置的杀伤人员地雷相关的日益严重的人道问题。事实上，除了在朝鲜半岛外，我们已经禁止不能自毁的杀伤人员地雷（哑雷）。我们支持总统的杀伤人员地雷政策，该政策使我们慢慢结束对任何杀伤人员地雷的依赖。在朝着消除杀伤人员地雷迈出了一大步之后，我们必须在这个时候保留使用带有自毁装置的杀伤人员地雷，以尽量减少美国士兵和海军陆战队在战斗中的风险。但是，如果主要的生产商和供应商也禁止它们或有替代品可用，我们已准备好禁止所有杀伤人员地雷。

地雷是美国陆军的"战斗倍增器"，尤其是在部队结构大幅精简之后。带自毁装置的地雷极大地提升了塑造战场、保护部队侧翼以及使其他武器系统的效果最大化的能力。带自毁装置的地雷对于保护前期进入战场的部队和轻装部队尤为重要，因为这些部队必须在部署的初始阶段准备好以寡敌众。

…………

我们请求您认真审查新的杀伤人员地雷立法并采取适当措施，以确保最大限度地保护我们的士兵和海军陆战队，他们在冒着巨大的个人风险执行国家的安全政策。在美国有能力替换带有自毁装置的杀伤人员地雷之前，必须为美国作战指挥官保留最大的灵活性和作战能力。在决定是否单方面禁止使用带有自毁装置的杀伤人员地雷时，应将我们的子女们的生命放在首位。

要求交战国尽可能记录所有雷区的位置以便利战事结束后的清除。[1]美国的实践是在一切情况下都记录雷区的位置。

1997年《渥太华禁雷公约》禁止使用、储存、生产和转让杀伤人员地雷，这种地雷被设计成在人员出现、接近或接触时爆炸而使一名或一名以上人员丧失能力、受伤或死亡。这项禁止性规定不适用于遥控起爆地雷（例如无绊线模式的克莱莫杀伤地雷）或反车辆地雷，也就是除了杀伤人员地雷以外的所有地雷。美国不是《渥太华禁雷公约》的缔约国，但许多盟友和伙伴国家是，而取决于当时的情况，这可能会影响与地雷的运输、补给和布设有关的行动计划。

美国是《特定常规武器公约》经修正的第二议定书的缔约国。该议定书不禁止杀伤人员地雷，但在地雷和雷区的使用、维持和清除方面给缔约国施加了要求。总体而言，美国关于地雷使用的政策是将正确使用的杀伤人员地雷和反车辆地雷都视为必要且有效的武器，但承认地雷对平民和非战斗员造成附带或无差别伤害的主要危险是某种地雷（无论是杀伤人员地雷还是反车辆地雷）是否构成"永久"或"非永久"（即设计为可自动失效或自毁，或者可受控制）的一个因素。2014年9月23日，美国宣布了一项关于地雷的新政策，即使其在朝鲜半岛以外地区的杀伤人员地雷政策符合《渥太华禁雷公约》的关键要求。根据该政策，美国将：

（1）不在朝鲜半岛以外的地区使用杀伤人员地雷；

（2）不在朝鲜半岛以外的地区协助、鼓励或诱导任何人参与《渥太华禁雷公约》禁止的活动；

（3）承诺销毁不是防卫韩国所需要的杀伤人员地雷库存。

四、鱼雷

鱼雷应设计成在未击中预定目标时即沉没或变为无害。[2]这项规则基于

---

〔1〕《特定常规武器公约》第二议定书最初文本的第7条和技术附件要求各缔约国记录预先计划的所有雷区的位置并尽力保证记录所有其他雷区的位置。这是许多国家的做法；但对一些国家来说，这一负担是否太过繁重而变得不切实际，尚不得而知。See Levie, The Code of International Armed Conflict, 146-47 (1986). 作者指出，各国能否遵守公约的详细记录要求，仍有待观察。修正后的第二议定书第9条和技术附件延续了这项记录所布地雷之位置的义务。

〔2〕《海牙第八公约》第1条第3款。See also Fleck, at 458.《圣雷莫海战法手册》第79条规定，禁止使用航程结束后仍不下沉或不变为无害的鱼雷。

如下前提，即未击中目标的鱼雷会像自由漂浮水雷一样给无害航运带来危险。

五、集束和破片武器

破片武器是设计成在爆炸时产生破片的投射物、炸弹、导弹、子弹药和手榴弹，从而扩大其致死和毁伤半径的武器。集束弹药是设计成抛散或释放爆炸性子弹药并包含那些子弹药在内的武器。这些武器用于攻击战斗员和军事目标时是合法的。当在平民或民用物体附近使用时，应小心地予以监督以确保附带损害和伤害与获得的合法军事利益相比不会过分。[1]

《集束弹药公约》禁止使用、发展、生产、获取、储存、保留或转让集束弹药。美国不是《集束弹药公约》的缔约国，《集束弹药公约》也不禁止缔约国与非缔约国进行军事合作或开展军事行动。

根据国防部长在 2008 年关于集束弹药的政策，美国在 2018 年后将不再使用未爆炸弹药（UXO）率大于 1% 的集束弹药。直至 2018 年底，未爆炸弹药率超过 1% 这一限制的集束弹药仅在作战指挥官批准时才能使用。这一政策还要求削减过分和过时的集束弹药库存。

六、诱杀装置和其他延时爆炸装置

倘若没有被设计为造成不必要痛苦或以不分皂白的方式使用，诱杀装置和其他延时爆炸装置不一定非法。[2]禁止旨在伪装成有可能吸引并伤害非战斗员（如医疗用品）和平民（如玩具和小饰品）之物品的装置。[3]同样，禁止将诱杀装置附着于受保护的人员或物体，例如伤者和病者、死者、医疗设施和用品，或者标有国际承认的保护性标志、符号或信号的物品。[4]交战国必须像对待地雷一样记录诱杀装置和其他延时爆炸装置的位置。

---

〔1〕 进一步限制使用这类武器的尝试都失败了。See Schmidt, at 294 & n. 96.

〔2〕 《特定常规武器公约》第二议定书，正如其标题《禁止或限制使用地雷（水雷）、饵雷和其他装置的议定书》所述，也规制诱杀装置和其他延时爆炸装置。但是，并不禁止这类装置针对敌方军事人员使用。

〔3〕 《特定常规武器公约》第二议定书最初文本的第 6 条（修订后文本的第 7 条）明确禁止使用此类装置。

〔4〕 Fenrick, at 245; Carnahan, at 89–93; Schmidt, at 323–29; Rogers, at 198–200; and Green 132-33.

七、战争遗留爆炸物

《特定常规武器公约》第五议定书将战争遗留爆炸物定义为未爆炸弹药和被弃置的爆炸性弹药。未爆炸弹药是指已装设起爆炸药、装设引信、进入待发状态或以其他方式准备或实际在武装冲突中使用的爆炸性弹药（即包含炸药的常规弹药，但公约经修正的第二议定书中定义的地雷、诱杀装置和其他装置除外）。它包括已经发射、投放、投掷或射出但未爆炸的弹药。被弃置的爆炸性弹药是指在武装冲突中没有被使用但被一武装冲突当事方留下来或倾弃而且已不再受将之留下来或倾弃的当事方控制的爆炸性弹药。被弃置的弹药有可能已装设起爆炸药、装设引信、进入待发状态或以其他方式准备使用，也可能没有。

批准该议定书的国家，包括美国在内，都同意保存关于使用战争遗留爆炸物的记录，以及在实际敌对行动停止之后并在可行的情况下尽快标示、清除、排除或销毁其控制之下区域内的战争遗留爆炸物。在不受其控制的区域内，使用爆炸性弹药的国家同意协助清除、排除或销毁战争遗留爆炸物。第五议定书适用于领陆和内水。它不适用于该议定书批准之前就已存在的战争遗留爆炸物。

八、燃烧武器

燃烧武器是指任何武器或弹药，其主要目的是使用一种通过化学反应在击中目标时引起火焰、热力或两者兼有的物质，以便使击中的目的物燃烧或引起人员的烧伤。燃烧武器有下列各种形式，例如火焰喷射器、定向地雷、炮弹、火箭、手榴弹、地雷（水雷）、炸弹和其他装有燃烧物质的容器。燃烧武器不包括可引起偶发燃烧效应的弹药，例如照明弹、曳光弹、信号弹等。它也不包括旨在结合贯穿、爆破或破片飞散效果并附带具有燃烧效果的弹药，例如穿甲弹等，它们并非专为烧伤人员而设计，而是用于攻击坦克、飞机等。

燃烧装置是合法的武器，可用于攻击战斗员和军事目标。如果燃烧装置是武器的不二之选，其使用的方式应是造成的附带伤害或损害与攻击预期可获得的军事利益相比不过分。[1]

《特定常规武器公约》第三议定书（《关于禁止或限制使用燃烧武器议定书》）对攻击位于平民聚集地区内的军事目标设置了限制。它完全禁止以空投燃烧武器攻击位于平民聚集地区内的军事目标。它进一步禁止以空投燃烧武器以外的燃烧武器攻击位于平民聚集地区内的军事目标，除非该军事目标与平民聚集点明显分离，并已采取一切可行的预防措施以便使燃烧的效果仅限于军事目标，同时避免并在任何情况下尽可能减少平民生命附带受损失、平民受伤害和民用物体受损害。它还特别禁止以森林或其他植被作为燃烧武器的攻击目标，但当它们被用来掩蔽、隐藏或伪装战斗员或其他军事目标或者它们本身即为军事目标时除外。美国批准了《特定常规武器公约》第三议定书，但保留使用燃烧武器攻击位于平民聚集地区内军事目标的权利，前提是经过判断，使用这种燃烧武器相比其他武器造成的人员伤亡更少和/或附带损害更小。这项保留可能包括的情形例如，燃烧武器是有效摧毁生化武器设施的唯一手段（因为针对此类目标使用高爆炸药可能有大面积释放危险物质的风险）。

九、定向能量装置

武装冲突法不禁止定向能量装置，例如激光、高功率微波、粒子束装置

---

〔1〕《特定常规武器公约》第三议定书适用于燃烧武器，为《第一附加议定书》所重申的一般原则是，平民不应遭受攻击。它严格限制攻击位于平民密集地区的军事目标，特别是完全禁止空投"燃烧弹"，例如第二次世界大战中使用过的铝燃烧弹以及对这种目标使用过的凝固汽油弹。Green, 133-34；Parks, The Protocol on Incendiary Weapons, 279 Int'l Rev. Red Cross 535（1990）；Levie, Prohibitions and Restrictions on the Use of Conventional Weapons, 68 St. Johns L. Rev. 643（1994），reprinted in Schmitt & Green at chap. XVIII. 《特定常规武器公约》第三议定书扩充了传统的比例原则，禁止对任何军事目标使用地对地燃烧武器，除非该目标与平民密集地区明显分开，且采取了一切可能的预防措施来限制对军事目标的燃烧效果，尽量减少附带损害。它还明确禁止对森林或其他植被使用燃烧武器，除非它们被用于隐藏、遮盖或伪装战斗员或其他军事目标，或者它们本身就是军事目标。《特定常规武器公约》第三议定书第 1 条定义的燃烧武器不包括可引起偶发燃烧效应的弹药，如照明弹、曳光弹、信号弹等，或者旨在结合贯穿、爆破或破片飞散效果并附带具有燃烧效果的弹药，如穿甲弹等，这种弹药被设计用于攻击坦克、飞机等，而不是为了对人员造成无价值的伤害。美国在 1995 年成为《特定常规武器公约》第一议定书、第二议定书缔约国的时候，没有批准第三议定书。但是，克林顿总统在其 1997 年 1 月 7 日的送交函中包含了一就批准第三议定书（附有一项保留）征求参议院意见和同意的请求。提议的保留允许对位于平民密集地区的军事目标使用空对地或地对地燃烧武器，只要能断定这种使用相比选择其他武器来说造成的伤亡更少以及附带损害更小即可。例如，燃烧武器是有效摧毁"需要高温才能消除生物毒素的生物武器设施"的唯一手段。对此种目标使用高爆弹药会"冒着危险污染物大范围泄露的风险，从而可能给平民居带来灾难性后果"。State Department Letter of Submittal at 39.

以及使用毫米电磁波的主动拒止系统。激光可用作测距仪或用于目标探测，尽管存在附带伤害敌方人员的可能性。[1] 旨在暂时使人眩晕的激光"致眩"武器也可以使用。[2]

《特定常规武器公约》第四议定书（《关于激光致盲武器议定书》），禁止使用或转让专门设计以对未用增视器材状态下的视觉器官（例如裸眼或戴有视力矫正装置的眼睛）造成永久失明的激光武器。致盲属测距或目标探测等军事上合法使用激光的附带效果时，不在第四议定书禁止之列，但缔约方有义务采取一切可能的预防措施避免此种伤害。针对敌方光学设备使用激光

---

〔1〕 就杀伤人员武器而言，这一表述已不再完全准确。多年以来已有各种努力想禁止使用激光作为杀伤人员武器，例如产生了《第一附加议定书》和《第二附加议定书》的 1974~1977 年日内瓦外交会议，1978~1980 年也在日内瓦举行的联合国特定常规武器会议，以及瑞典和瑞士 1986 年召集的国际红十字大会等。See Robertson, at 374-77. 这些努力在《特定常规武器公约》第一次审议会议上（1995 年 9 月至 1996 年 5 月）到达顶点，除了对第二议定书（地雷、诱杀装置等）进行了实质性修改，还通过了一个新的关于激光的议定书。全称为《关于激光致盲武器的议定书》的第四议定书，禁止使用或转让专门设计以对未用增视器材状态下的视觉器官（例如裸眼或戴有视力矫正装置的眼睛）造成永久失明的激光武器。尽管第四议定书不禁止属"军事上合法使用"测距或目标探测激光的附带效果的致盲（第 3 条），但各缔约国有义务"采取一切可行的预防措施"避免这种伤害（第 2 条）。

克林顿总统将《特定常规武器公约》第四议定书作为 1997 年 1 月 7 日送文函的一部分提交参议院征求意见和批准的同意。See *also* the article-by-article analysis of Protocol IV *in the* State Department Letter of Submittal of 7 December 1996 *attached to* Senate Treaty Dot. 105-l. 对第四议定书的全面讨论，参见 Army JAG Memo, DAJA-IO (27-la) of 20 December 1996, *Travaux Preparatoires* and Legal Analysis of Blinding Laser Weapons Protocol, *reprinted in* The Army Lawyer, Jun 1997, at 33. See also Carnahan, Unnecessary Suffering, The Red Cross and Tactical Laser Weapons, 18 Loy. L. A. Int'l & Comp. L. J. 705 (1996); Camahan & Robertson, Current Development: The Protocol on "Blinding Laser Weapons": A New Direction for International Humanitarian Law, 90 Am. J. Int'l L. 484 (1996).

1997 年 1 月 17 日，美国国防部长颁布了关于激光致盲武器的下列指南：

国防部禁止使用专门设计用于造成永久失明的激光并支持就禁止使用这种武器展开谈判。然而，激光系统对我们的现代军队来说绝对是至关重要的。除其他外，它们目前用于探测、瞄准、测距、通信和目标毁伤。它们为美军提供了关键技术优势，并使我们的部队能够在日益致命的战场上作战、取胜和生存。此外，激光提供了显著的人道利益。它们让武器系统愈发可以区分目标，从而减少对平民生命和财产的附带损害。国防部承认，使用并非专门设计用于造成永久失明的激光，结果可能是在战场上产生偶然或附带的眼部伤害。因此，我们将继续努力，通过训练和准则，尽量减少这些伤害。

SECDEF Memo UOO888/97, DOD Policy on Blinding Lasers, 17 Jan 1997.

〔2〕 在审查激光作为杀伤人员武器的合法性时，陆军军法署长在 1988 年指出，激光对人员产生的最严重影响是暂时性和永久性失明以及严重的皮肤烧伤。他认为，在战场上失明和永久伤残都不是激光武器所独有的，因此断定其使用与其他伤害机制相比"不会造成不必要的痛苦"，因此"使用杀伤人员激光武器是合法的"。Army JAG Memo on Use of Lasers as Antipersonnel Weapons, 29 Sept. 1988, reprinted in The Army Lawyer, Nov. 1988 (DA PAM 27-50-191), at p. 3.

武器附带造成的永久失明也不在禁止之列。美国已批准《特定常规武器公约》
第四议定书。

十、超视距武器系统

具有超视距或超视觉范围能力的导弹或投射物，如果装备有传感器或与
外部的目标识别数据源协作足以保证有效的目标区分时，是合法的。[1]

十一、非致命武器

非致命武器是明确设计成或主要用于使目标人员或物质立即失能的武器、
装置和弹药，以尽可能降低致死率、对人员的永久伤害和对财产及环境的意
外损害。不同于（致命性）常规武器利用爆破、贯穿和破片来摧毁目标，非
致命武器使用严重物理破坏以外的手段使目标失能。非致命武器通常旨在对
人员或物质产生可逆的效果。

非致命武器无需保证零致死或零伤害。如正确使用，与物理上破坏同样

---

〔1〕 拥有超视距武器的国家不需要用它们替换非制导的武器。Parks, Submarine-Launched Cruise Missiles and International Law: A Response, U. S. Naval Inst. Proc. , Sept. 1977, at 122-23; O'Connell, The Legality of Naval Cruise Missiles, 66 Am. J. Int'l L. 785, 793 (1972). *Cf.* Digby, Precision-Guided Weapons, Adelphi Paper No. 118 (International Institute for Strategic Studies 1975); Walker, Precision - Guided Weapons, 245 Scientific American, Aug. 1981, at 37-45; 2 O'Connell 1131. See also Robertson, at pp. 371-72. 1987 年 5 月 17 日，伊拉克一架幻影 F-1 战斗机用两枚飞鱼反舰导弹袭击了位于巴林东北部波斯湾的美国"斯塔克号"导弹护卫舰，而没有首先将这艘船识别为合法目标。显然是由于导航错误，伊拉克飞行员认为"斯塔克号"位于波斯湾伊朗宣布的战区内，一个中立船舶和其他受保护船舶都会避开的区域。伊拉克飞行员遵循标准的伊拉克政策，向据信在提供了最大雷达回波的伊朗战区内的目标开火。House Armed Services Comm. Report on the Staff Investigation into the Iraqi Attack on the USS Stark, 14 June 1907, at 8; Vlahos, The Stark Report, U. S. Naval Inst. Proc. , May 1988, at 64-67. 伊拉克表示对这次错误袭击负责。26 Int'l Leg. Mat'ls 1427-1428 (1987). 1991 年海湾战争期间伊拉克使用的"飞毛腿"导弹是苏联 SS-1"飞毛腿乙型"短程弹道导弹的改型"侯赛因"。这些导弹的最大射程为 650 公里，携带一枚 500 公斤弹头，依赖简单的"捷联式"惯性制导系统。由于缺少主动终端制导雷达，飞毛腿乙型导弹的圆概率误差达到了 500 码。Jane's Strategic Weapon Systems, "Iraq: Offensive Weapons" & "USSR: Offensive Weapons", (Lennox ed. , 1990); The Illustrated Directory of Modern Soviet Weapons, at 89, (Bonds ed. , 1986). 第二次世界大战期间德国的 V1 和 V2 火箭缺乏板载传感器，并且是在没有足够外部目标信息源来保证合理水平的目标区分的情况下使用，而与此不同的是，飞毛腿乙型导弹完全有能力合法地予以使用。但是 1991 年海湾战争期间，伊拉克利用飞毛腿乙型导弹不分皂白地攻击，给沙特阿拉伯和以色列的平民财产造成不必要的破坏，构成违反《海牙章程》第 23 条第 7 项的战争罪。Title V Report, O-623.

的目标相比，非致命武器应可显著降低伤害效果。仅仅是一支部队配备了非致命武器的事实并不意味着法律要求在使用（致命性）常规武器之前先使用此类武器。有非致命武器可供使用也不会限制指挥官如下固有的权利和义务，即行使部队的自卫权以应对敌对行为或敌意的表现，或者主管机关根据常备交战规则或常备使用武力规则授权时使用致命武器。非致命武器只不过是指挥官为行使自卫的权利和义务以及完成指定任务，在适当时可供其使用的另一个选择。根据可适用的法律、交战规则或其他使用武力的规则，有非致命武器可供使用没有为使用武力创造更高的标准。

第十章
生化核辐武器

一、导言

生化核辐武器，经常又被称为大规模杀伤性武器，由于其潜在的不分皂白的效果，对它们的投送系统提出了特殊的武装冲突法问题。本章涉及与这些武器的发展、保有、部署和使用有关的法律考量。

二、核武器

（一）概述

习惯国际法或国际公约都没有禁止在武装冲突中使用核武器。[1]在没有

---

〔1〕 Singh & McWhinney, Nuclear Weapons and Contemporary International Law (1988). 1994 年，联合国大会于 1994 年 12 月 15 日通过第 49/75K 号决议，请国际法院就下述问题发表咨询意见：

国际法是否允许在任何情况下以核武器进行威胁或使用核武器？

包括美国在内的一些国家声称，国际法院应在行使自由裁量权时，不得对"在很多方面都是政治问题的事项"发表意见，国际法院在驳斥这种观点的同时，以如下咨询意见回应了联合国大会的请求：

1. 习惯国际法或协定国际法中没有任何明确规定允许以核武器进行威胁或使用核武器（一致认为）；

2. 习惯国际法或协定国际法中没有任何全面和普遍的禁令禁止以核武器进行威胁或使用核武器（11 票对 3 票）；

3. 违反《联合国宪章》第 2 条第 4 项而且不符合第 51 条各项条件以核武器进行武力威胁或使用武力的行为均为非法（一致认为）；

4. 以核武器进行威胁或使用核武器也应符合武装冲突中适用的国际法的规定，尤其是国际人道法的原则和规则的规定，并且符合具体的条约义务和与核武器明确有关的其他承诺（一致认为）；

5. 认为根据上述规定，以核武器进行威胁或使用核武器一般都是违反武装冲突中适用的国际法规则，特别是人道法的原则和规则；

然而，鉴于国际法的现状及本院所掌握的种种事实，本院无法确实断定，一个国家在生死存亡关头实行自卫的极端情况下以核武器进行威胁或使用核武器，究竟合法还是非法（7 票对 7 票，主席投票）；

这种明确的禁止性规定的情况下，使用核武器攻击敌方战斗员和其他军事目标就不是非法的。但是，使用核武器要遵守下列原则：冲突各方采用伤敌手段的权利不是无限制的；禁止对平民居民本身发动攻击；自始至终都应区分战斗员和平民以便后者尽可能免受伤害。[1]鉴于核武器的破坏性潜力，授权使用核武器的决定应来自政府的最高层级。对美国来说，该权力只赋予了总统。[2]

（二）条约义务

核武器受大量军控协定的规制，限制其发展、保有、部署和使用。有些协定（如 1963 年《部分禁止核试验条约》）可能在战时不适用。[3]

（接上页）6. 有义务真诚地进行并完成谈判，导致在严格和有效国际监督下实行所有方面的核裁军（一致认为）。

I. C. J. *Advisory Opinion on the Legality of the Threat or Use of Nuclear Weapons*, July 8, 1996, reprinted in 35 Int'l Leg. Mat'ls 809 (1996). For commentary on the Court's non-binding advisory opinion see Matheson, The Opinions of the International Court of Justice and the Use of Nuclear Weapons, 91 Am. J. Int'l L. 417 (1997); Schmitt, The International Court of Justice and the Use of Nuclear Weapons, 7 U. S. A. F. A. J, Leg. Studies 57 (1997), revised and scheduled for reprint in Nav. War Coll. Rev. , Spring 1998; McNeill, The International Court of Justice Advisory Opinion in the Nuclear Weapons Cases - a First Appraisal, 316 I. C. R. C. Rev. 103 (1997); Bekker, International Decisions, Legality of the Threat or Use of Nuclear Weapons, Advisory Opinion, 91 Am. J. Int'l L. 126 (1997).

〔1〕 在以核武器相威胁或使用核武器的合法性的咨询意见中，国际法院认为武装冲突法可以规制核武器的使用。这是一个尤其被美国所拥护的立场。See *generally* Written Statement of the Government of the United States of America, June 20, 1995 (Legality of the Threat or Use of Nuclear Weapons). Accord Green, Nuclear Weapons and the Law of Armed Conflict, 17 Denver J. Int'l L. & Policy 1 (1988); Oeter, Methods and Means of Warfare, *in* Fleck, at 141-42. 额外的背景情况，参见 NWIP 10-2, para. 613 & n. 8; FM 27-10, para. 35; AFP 110-31, para. 6-5; AFP 110-34, para. 6-4; ICRC, Commentary (GP I) 593-96. *Cf.* Reisman, Nuclear Weapons in International Law, 4 N. Y. L. Sch. J. Int'l & Comp. L. 339, 340 (1983). 作者指出了实然法和应然法之间的显著区别，并且承认冷战期间的有效决策者，美国和苏联，似乎没有觉得使用核武器本身是非法的。对冷战时代限制核武器的描述，参见 Bunn, U. S. Law of Nuclear Weapons, Nav. War Coll. Rev. , July-Aug. 1984, at 46-62.

《第一附加议定书》确立的与使用武器有关的规则只适用于常规武器，无意对使用核武器或包括化学武器和生物武器在内的其他大规模杀伤性武器产生任何影响，也不规制或禁止使用这类武器。这些问题也已成为军控及裁军谈判和协定的主题。参见批准《第一附加议定书》时比利时、意大利、荷兰所作的声明和英国、美国在签署时所作的声明；Roach, Certain Conventional Weapons Convention: Arms Control or Humanitarian Law? 105 Mil. L. Rev. 1, 31-34 n. 83 (1984); ICRC, Commentary (GP I) 593-94.

〔2〕 Joint Pub. 3-12, Subj: Doctrine for Joint Nuclear Operations, at para. la. 美国对核武器保持威慑重要性的观点，参见 Slocombe, Remarks, in National Sec. L. Rept. , Vol. 19, No. 2, May 1997.

〔3〕 如果一个国家的最高利益处在危急关头，这类条约允许退出；这些条约包括《海底军控条约》（第 8 条）、《外层空间条约》（第 14 条）、《特拉特洛尔科条约》（第 30 条第 1 款）及其两个议定书、《部分禁止核试验条约》（第 4 条）、《不扩散核武器条约》（第 10 条第 1 款），以及双边的核军控协定如《反弹道导弹条约》（第 15 条第 2 款）、《限制地下核武器试验条约》（第 5 条第 2 款）和《限制战略武器条约》（第一阶段）（第 8 条第 3 款）。

1. 海底军控条约

该多边公约禁止在领海基线量起 12 海里以外的海床洋底放置核武器。[1]这项禁止性规定还扩大到专为储存、试验和使用核武器而设计的建筑物、发射装置或其他设备。该条约还禁止在海床洋底或其底土埋设核地雷。但是，如果核武器不附着于海底（例如，核武装的深水炸弹和鱼雷），条约并不禁止在水体使用核武器。

2. 外层空间条约

该多边公约禁止在绕地球轨道放置、在月球和其他天体上配置、以任何其他方式在外层空间部署核武器和其他大规模杀伤性武器。亚轨道导弹系统不在禁止之列。[2]

3. 南极条约

《南极条约》是一项多边公约，旨在保证南极洲，即南纬 60 度以南的地区，仅被用于和平目的。该条约在南极洲禁止"任何军事性措施，如建立军事基地和设防工事，举行军事演习，以及试验任何类型的武器"。核爆炸被明确禁止。在南极洲的货物或人员装卸点的船舶和飞机应接受国际视察。但是，该条约不以任何方式影响在南极地区航行和飞越的公海自由。

4. 特拉特洛尔科条约

该条约是拉丁美洲国家间缔结的不向拉丁美洲引入核武器的协定。但该条约不禁止拉丁美洲国家授权非缔约国的核武装船舶和飞机到访其港口和机场或者通过其领海或领空。条约不适用于任何船舶的推进手段。

《特拉特洛尔科条约》第一议定书是拉丁美洲国家对条约所确定的地区界限内的领土履行国际责任以遵守条约的无核化规定而缔结的协定。法国、荷兰、英国和美国都是第一议定书的缔约国。为了该条约的目的，美国在拉丁美洲的实控领土包括古巴关塔那摩湾、维尔京群岛和波多黎各。因此，美国不能在上述地区保留核武器。但第一议定书的缔约国仍保留授权自己或他国武装部队的船舶和飞机在第一议定书所确定的地区界限内过境和到访港口的

---

〔1〕《禁止在海床、洋底及其底土安置核武器和其他大规模毁灭性武器条约》（《海底军控条约》），1971 年 2 月 11 日在华盛顿、伦敦和莫斯科开放签署。本条约或任何其他军控条约均未对除核武器外的大规模杀伤性武器作出定义。

〔2〕该条约还将月球和其他天体的使用完全限于和平目的，并明确禁止它们用于建立军事基地、设施或防御工事、试验任何类型的武器或进行军事演习。

权限，不论其武器装备、所载货物或推进手段为何。

《特拉特洛尔科条约第二附加议定书》是几个有核武器国家（中国、法国、俄罗斯、英国和美国）为尊重条约的无核化目标而缔结的协定，承诺不对参加该条约的拉丁美洲国家使用核武器，也不帮助缔约国作出违反条约义务的行为。

5. 其他无核武器区

尽管美国目前尚未批准，但还有几项条约力图建立无核武器区。这些条约是：1985 年《拉罗汤加条约》（南太平洋）；1995 年《曼谷条约》（东南亚）；1996 年《佩林达巴条约》（非洲）；2006 年《塞米巴拉金斯克条约》（中亚）。

6. 部分禁止核试验条约

该多边条约禁止在大气层、外层空间和水下进行核武器试验。[1]100 多个国家参加了该条约，包括俄罗斯、英国和美国（法国和中国不是缔约国）。地下核武器试验不在该条约禁止之列。

7. 不扩散核武器条约

该多边条约要求有核武器国家不得向无核武器国家转让核武器或核武器技术，同时要求无核武器国家不得从有核武器国家接受核武器或自行制造核

---

〔1〕 该条约还禁止在这些地区进行"任何其他核爆炸"：

"任何其他核爆炸"这一短语包括用于和平目的的爆炸。这种爆炸为条约所禁止是因为很难区分武器试验爆炸与没有额外管制的和平爆炸。

Statement of State Department Legal Adviser to Senate Foreign Relations Comm. , reprinted in 11 Whiteman 793-96. 包括内陆水在内的所有水体，都包含在"水下"一词的含义内（id. at 790）。条约还禁止在任何其他环境中的核爆炸，如果这种爆炸所产生的放射性尘埃出现于进行这类爆炸的国家领土范围以外。放射性尘埃不会出现于进行这类试验的国家领土范围以外的地下试验不受禁止（id. at 791）。

条约没有对武装冲突各方使用核武器施加任何限制（id. at 793-98）。1995 年 12 月 12 日，联合国大会第 50/165 号决议再次呼吁制定一项能够涵盖所有核爆炸试验的全面禁止核试验的条约，包括地下核试验。1996 年 9 月 17 日，联合国大会通过第 50/245 号决议以及《全面禁止核试验条约》的文本。各国根据《全面禁止核试验条约》承担的基本义务体现在第 1 条：

1. 每一缔约国承诺不进行任何核武器试验爆炸或任何其他核爆炸，并承诺在其管辖或控制下的任何地方禁止和防止任何此种核爆炸。

2. 每一缔约国还承诺不导致、鼓励或以任何方式参与进行任何核武器试验爆炸或任何其他核爆炸。

该条约还建立了一个国际组织确保遵守其各项规定，尤其是公约要求的全面核查程序。美国及其他 146 个国家签署了该公约，但公约尚未生效。没有签字的国家包括印度、伊拉克、朝鲜和巴基斯坦。1997 年 9 月 22 日，克林顿总统将《全面禁止核试验条约》提交给参议院以征求意见并获得批准的同意。

武器。条约不适用于战时，并且如果已"危及其国家的最高利益"时，缔约国可以退出条约。[1]

8. 双边核军控协定

美国和俄罗斯（作为苏联的继承国）签订了大量双边协定，旨在限制核弹头及发射装置数量的增长或削减核弹头及发射装置的数量，降低误判导致核战争的风险。这些协定中包含有 1963 年和 1971 年的《热线协定》[2]，1971 年《减少核事故措施协定》[3]，1973 年《预防核战争协定》[4]，1974 年《限制

---

[1] 《不扩散核武器条约》，1968 年 7 月 1 日在华盛顿、伦敦和莫斯科开放签署（729 U. N. T. S. 161）。该条约旨在防止核武器的扩散；通过国际保障措施保证尚未发展核武器的国家的和平核活动不会转用于制造此类武器；在符合条约其他宗旨的最大范围内，通过充分合作促进和平利用核能，并在适当的国际观察下向无核缔约国提供任何和平应用核爆炸技术的潜在利益；表达缔约国的决心，即该条约应导致在全面军控和核裁军措施方面取得进一步进展。截至 2021 年 5 月 1 日，该条约有 191 个缔约国，包括核武器国家中国、法国、俄罗斯、英国和美国。只有南苏丹、朝鲜、以色列、印度和巴基斯坦不是缔约国：其中后三个国家要么有核武器，要么有生产核武器的技术，而朝鲜于 2003 年 1 月 10 日宣布退出该条约。朝鲜是第一个也是唯一一个退出该条约的国家。根据其条款，《不扩散核武器条约》生效后 25 年"应举行一次会议，以决定本条约是否应无限期地继续有效或应延长一段确定的时期"（第 10 条）。这次会议，名为"《不扩散核武器条约》审查和延期会议"，于 1995 年 5 月 11 日在纽约召开，正式决定"无限期"延长该条约。1995 年的会议还一致通过了一套"核不扩散与核裁军的原则和目标"。Arms Control Reporter, 1996 Annual Report, at chap. VI A. 关于该条约以及呼吁无限期延长的讨论，See Epstein & Szasz, Extension of the Nuclear Non-Proliferation Treaty: A Means of Strengthening the Treaty, 33 Va. J. Int'l L. 735 (1993). 不扩散如证明无效，则强力反扩散，关于这个问题的讨论参见：Gibson, The International Legal Ramifications of United States Counter-Proliferation Strategy: Problems and Prospects, Newport Paper No. 11, U. S. Nav. War Coil. (1997).

[2] Memorandum of Understanding between the United States of America and the Union of Soviet Socialist Republics Regarding the Establishment of a Direct Communications Link, with Annex, Geneva, 20 June 1963, 14 U. S. T. 825, T. I. A. S. 5362, 472 U. N. T. S. 163; Agreement Between the United States of America and the Union of Soviet Socialist Republics on Measures to Improve the USA–USSR Direct Communications Link, with Annex, Washington, 30 September 1971, 22 U. S. T. 1598, T. I. A. S. 7187, 806 U. N. T. S. 402; id. as amended 20 March and 29 April 1975, 26 U. S. T. 564, T. I. A. S. 8059. 在 1992 年 1 月 13 日的照会中，俄罗斯通知美国它"……继续履行苏维埃社会主义共和国联盟签署的国际协议规定的权利和义务……" T. I. F. , 1 Jan. 1994, at 258.

[3] Agreement on Measures to Reduce the Risk of Outbreak of Nuclear War Between the United States of America and the Union of Soviet Socialist Republics, Washington, 30 September 1971, 22 U. S. T. 1590, T. I. A. S. 7186, 807 U. N. T. S. 57. 1987 年 9 月 15 日，美苏《关于建立减少核风险中心的协定》（Agreement Between the United States of America and the Union of Soviet Socialist Republics on the Establishment of Nuclear Risk Reduction Centers）及其两项议定书在华盛顿签署并生效。Dep't St. Bull. , Nov. 1987, at 34; *reprinted in* 27 Int'l Leg. Mat'ls 76 (1988).

[4] Agreement Between the United States of America and the Union of Soviet Socialist Republics on the Prevention of Nuclear War, Washington, 22 June 1973, 24 U. S. T. 1478, T. I. A. S. 7654.

地下核武器试验条约》〔1〕，1976年《和平核爆炸条约》〔2〕，1972年和1977年《限制战略武器条约》〔3〕（第一阶段的过渡协定已失效；第二阶段协定尚未被批准），1988年《中导条约》〔4〕，1991年《第一阶段削减战略武器条约》和1993年《第二阶段削减战略武器条约》。《削减战略武器条约》开启了美国、俄罗斯、乌克兰、白俄罗斯和哈萨克斯坦物理销毁战略核弹头和发射装置的进程（就这一点而言，后面四个国家被认为是苏联的继承国）。〔5〕

---

〔1〕　Treaty Between the United States of America and the Union of Soviet Socialist Republics on the Limitation of Underground Nuclear Weapon Tests, Moscow, 3 July 1974. 该条约及其1990年议定书，于1990年12月11日生效。

〔2〕　Treaty Between the United States of America and the Union of Soviet Socialist Republics on Underground Nuclear Explosions for Peaceful Purposes, Washington, 28 May 1976, Sen. Ex. N, 94th Cong. , 2d Sess. ; Sen. Ex. Rep. 100-l. 该条约及其1990年议定书，于1990年12月11日生效。

〔3〕　《限制战略武器条约（第一阶段）》（SALT I）包括《反弹道导弹条约》和《美利坚合众国和苏维埃社会主义共和国联盟关于限制进攻性战略武器的某些措施的过渡协定》及相关议定书，于1972年10月3日生效（23 U. S. T. 3462, T. I. A. S. 7504, AFP 1l0-20 at 4-35）。过渡协定于1977年10月3日到期。但是，美国和苏联发表了相同的声明，宣布它们会亟需遵守协定中对战略储备的限制措施。77 Dep't St. Bull. 642 (1977).《限制战略武器条约（第二阶段）》（SALT II）的正式名称为《美利坚合众国和苏维埃社会主义共和国联盟关于限制进攻性战略武器条约》，美国于1979年6月18日签署，1979年6月22日提交参议院征求意见和批准的同意，1980年1月应卡特总统的要求从参议院日程中撤销。1977年，两国领导人都曾声明，只要双方都遵守条约，他们绝不会破坏条约。77 Dep't St. Bull. 642 (1977). 1982年，美国宣布，只要苏联保持同等克制，美国不会破坏已到期的《限制战略武器条约》第一阶段过渡协定和尚未得到批准的《限制战略武器条约》第二阶段协定。1 Public Papers of President Reagan 709 (31 May 1982); ACDA, Documents on Disarmament, 1982, at 332. 但是，美国又于1986年5月宣布，今后将根据苏联战略力量构成之威胁的性质和规模来决定其战略力量结构，而非基于已到期的《限制战略武器条约》第一阶段的过渡协定和尚未得到批准的《限制战略武器条约》第二阶段协定中规定的标准。Dep't St. Bull. , Aug. 1986, at 36-43. 根据这一政策，美国于1986年11月28日停止了对《限制战略武器条约》第二阶段协定的技术性遵守。

〔4〕　The Treaty Between the United States of America and the Union of Soviet Socialist Republics on the Elimination of Their Intermediate-Range and Shorter-Range Missiles (INF Treaty), and associated documents, Washington, 8 December 1987, reprinted in 27 Int'l Leg. Mat'ls 84 (1988), entered into force 1 June 1988.

〔5〕　See Treaty Between the United States of America and the Union of Soviet Socialist Republics on the Reduction and Limitation of Strategic Offensive Arms, 31 July 1991 (START I), and accompanying Protocol between the United States and the Republic of Belarus, the Republic of Kazakhstan, the Russian Federation, and Ukraine, 23 May 1992, S. Treaty Dot. 20, 102d Cong. , 1st Sess. (1991); *reprinted in* Dept. of State DISPATCH, Oct. 1991, Vol. 2, Supp. No. 5. The Treaty Between the United States of America and the Russian Federation on Further Reduction and Limitation of Strategic Offensive Arms, 3 January 1993 (START II). 1996年1月26日，美国参议院提供了意见及批准的同意。但是，俄罗斯国家杜马还没有批准。因此，《第二阶段削减战略武器条约》没有生效。关于《第一阶段削减战略武器条约》（START I））和《第二阶段

2002 年 6 月 14 日，俄罗斯宣布退出《第二阶段削减战略武器条约》。
2002 年 5 月 24 日，美国和俄罗斯签署《削减战略进攻武器条约》，同意削减
各自的战略核弹头数量并且每一方都在 2012 年 12 月 31 日前将核弹头总数限
制在 1700 枚至 2000 枚以内。2010 年 4 月，美国和俄罗斯签署《新削减战略
进攻武器条约》，该条约于 2011 年 2 月 5 日生效，有效期 10 年。像之前的《削
减战略进攻武器条约》一样，《新削减战略进攻武器条约》继续努力削减和限
制核弹头及发射装置的数量。

三、化学武器

国际法禁止在任何情况下使用化学武器。[1]

(一) 条约义务

1993 年以前，1925 年《禁止在战争中使用窒息性、毒性或其他气体和细
菌作战方法的议定书》（1925 年《日内瓦毒气议定书》）[2]是在武装冲突中
调整化学武器的现行有效的主要国际协定。更加全面的 1993 年《关于禁止发
展、生产、储存和使用化学武器及销毁化学武器公约》（1993 年《禁止化学
武器公约》）[3]禁止发展、生产、储存和使用化学武器，并强制要求所有缔
约国销毁化学武器及化学武器生产设施。[4]具体的化学品被划分为三个清单，

（接上页）削减战略武器条约》（START II）的讨论，参见 Bunn & Rhinelander, The Arms Control Obliga-
tions of the Former Soviet Union, 33 Va. J. Int'l L. 323 (1993). 1991 年 11 月，国会授权建立合作减少威胁
计划（22 U.S.C. 5952），有时又被称为"纳恩·卢格计划"（Nunn-Lugar Program）。这项立法的目的
是在核武器、化学武器和其他武器（包括战略核运载工具）的安全和销毁方面协助新独立的苏联加盟
共和国。整个 1996 财年，国会批准了大约 15 亿美元用于资助这项工作。See Arms Control Rept., 1996
Annual Report at chap. 6.

〔1〕 Oeter, Methods and Means of Combat, in Fleck at 147-50; Levie, Nuclear, Chemical and Biological
Weapons, in Robertson at 334-41.

〔2〕《日内瓦毒气议定书》，1925 年 6 月 17 日在日内瓦通过，1928 年 2 月 8 日生效，1975 年 4 月
10 日对美国生效。截至 2021 年 5 月 1 日，该议定书共有 145 个缔约国。

〔3〕《禁止化学武器公约》，1993 年 1 月 13 日在巴黎通过，1997 年 4 月 29 日生效。截至 2021 年
5 月 1 日，共有 193 个国家批准或加入该公约。

〔4〕《禁止化学武器公约》第 1 条，标题为"一般义务"，其中规定：

1. 本公约每一缔约国承诺在任何情况下决不：

（1）发展、生产、以其他方式获取、储存或保有化学武器，或者直接或间接向任何一方转让化学
武器；

称之为"附表"。但是,《禁止化学武器公约》没有修改关于除草剂的现行国际法规则。《禁止化学武器公约》还禁止使用控暴剂作为一种"作战方法"。[1]美国是上述两个公约的缔约国。

（二）控暴剂

《禁止化学武器公约》将控暴剂定义为未列于一附表中,可在人体内迅速

（接上页）（2）使用化学武器;

（3）为使用化学武器进行任何军事准备;

（4）以任何方式协助、鼓励或诱使任何一方从事本公约禁止一缔约国从事的任何活动。

2. 每一缔约国承诺按照本公约的规定销毁其所拥有或占有的或位于其管辖或控制下的任何地方的化学武器。

3. 每一缔约国承诺按照本公约的规定销毁其遗留在另一缔约国领土上的所有化学武器。

4. 每一缔约国承诺按照本公约的规定销毁其所拥有或占有的或位于其管辖或控制下的任何地方的任何化学武器生产设施。

5. 每一缔约国承诺不把控暴剂用作战争手段。

该公约的《关于执行和核查的附件》（在公约内成为《核查附件》）为现场视察和现场仪器监测所有储存或销毁化学武器的地点和所有化学武器生产设施建立了详细的核查程序。销毁除"老化学武器"和"遗留的化学武器"以外的化学武器,应至迟于本公约对拥有它们的缔约国生效后2年开始销毁,并应至迟于本公约生效后10年完成销毁（第4条第6款）。如果一缔约国不能在10年的期限内销毁其化学武器,最后期限可以延长,但无论如何不得延长至本公约生效后15年以上［《核查附件》,第四（A）部分,第26段］。"老化学武器"是指1925年以前生产的或1925年至1946年期间生产的已老化到不再能用作化学武器的化学武器（第2条第5款）。"遗留的化学武器"是指1925年1月1日以后一国未经另一国同意而遗留在另一国领土上的化学武器,包括老化学武器（第2条第6款）。"老化学武器"要作为"有毒废物"处理或销毁［《核查附件》,第四（B）部分,第6段］。根据"遗留的化学武器"的销毁制度,遗留缔约国根据与领土缔约国订立的程序,负责予以销毁［《核查附件》,第四（B）部分,第8-18段］。每一缔约国销毁化学武器生产设施应于本公约对其生效后1年内开始,并应于本公约生效后10年内完成（第5条第8款）。关于《禁止化学武器公约》的全面评注,参见 Krutzsch & Trapp, *A Commentary on the Chemical Weapons Convention* (1994). See *also* the article-by-article analysis of the Convention in the State Department Letter of Submittal attached to the President's Letter of Transmittal to the Senate of 23 November 1993.

[1]《禁止化学武器公约》第1条第5款规定:

每一缔约国承诺不把控暴剂用作战争手段。

第2条第7款将"控暴剂"定义为:

未列于一附表（有毒化学品和前体）中、可在人体内迅快产生感觉刺激或失能生理效应而此种刺激或效应在停止接触后不久即消失的任何化学品。

第2条第2款将"有毒化学品"定义为:

通过其对生命过程的化学作用而能够对人类或动物造成死亡、暂时失能或永久伤害的任何化学品……

产生感觉刺激或失能生理效应，而此种刺激或效应在停止接触后不久即消失的任何化学品。各国同意不使用控暴剂作为一种"作战方法"；但公约并未定义该用语。美国批准《禁止化学武器公约》时提出的理解是，公约不禁止根据第 11850 号行政命令使用控暴剂。

1. 武装冲突中使用控暴剂

根据第 11850 号行政命令——《放弃化学除草剂和控暴剂在战争中的某些用途》，美国放弃在武装冲突中首先使用控暴剂，但为挽救生命的防御性军事模式除外，例如在下列情况下：

（1）在美军有效控制的地区控制暴乱，包括控制暴乱的战俘。

（2）平民被用于掩盖或掩护攻击且平民伤亡可以减少或避免。

（3）在偏僻孤立的地区执行营救被困机组成员和乘客或者脱逃战俘的任务。

（4）保护后方纵深地区的车队免受内乱、恐怖活动或准军事行动的影响。[1]

美军在武装冲突中这样利用控暴剂需获得总统批准。[2]

---

[1] See Senate Resolution of Ratification, *reprinted in* Nash, Contemporary Practice of the United States Relating to International Law, Chemical Weapons Convention, 91 Am. J. Int'l L. 499（1997）. 其中，条件 26 规定：(26) 控暴剂

1. 允许使用——在美国交存批准书之前，总统应向国会证明，美国使用控暴剂时不受公约的限制，包括在任何下列情况中对冲突当事方的战斗员使用：

(1) 美国不是冲突一方——在正在进行武装冲突而美国并非冲突之一方的地区内从事平时军事行动（例如最近美国武装部队在索马里、波黑和卢旺达使用控暴剂）。

(2) 经双方同意的维和——接受国授权使用武力的经双方同意的维和行动，包括根据《联合国宪章》第七章从事的行动。

(3) 依据宪章第七章的维和——安理会根据《联合国宪章》第七章授权使用武力的维和行动。

2. 执行——总统不得采取会更改或废除 1975 年 4 月 8 日第 11850 号行政命令的任何措施，也不得为此制定任何规则或规章。

3. 定义——在本条中，"控暴剂"一词的含义与《禁止化学武器公约》第 2 条第 7 款相同。

But see Krutzsch & Trapp, at 36 & 4243. On 25 April 1997, President Clinton certified to the Congress acceptance of the 28 Conditions, including Condition 26 on riot control agents. Cong. Rec. 105th Cong.，1st Sess.，28 Apr 1997, at H 1895.

[2] Exec. Order No. 11，850, 40 Fed. Reg. 16187, 3A C. F. R. 149-50（1975）；FM 27-10, para. 38；reprinted in AFP 1 lo-20, at 4-69. Presidential memorandum to the Secretary of Defense, 10 January 1976, Subj：Use of Riot Control Agents to Protect or Recover Nuclear Weapons. 该总统备忘录将上述清单加入了涉及保护和或回收核武器的安全行动中。

美国认为禁止使用控暴剂作为一种"作战方法"适用于国际性和非国际性武装冲突,〔1〕但不适用于正常的维和行动、执法行动、人道和灾难救援行动、反恐和营救人质行动、非战斗员营救行动以及任何其他不被视为国际性或国内武装冲突的行动。〔2〕

2. 和平时期使用控暴剂

1925 年《日内瓦毒气议定书》或 1993 年《禁止化学武器公约》并不禁止在和平时期使用控暴剂,国防部或者在有限的情况下作战指挥部的指挥官都可以授权使用控暴剂。在和平时期可授权使用控暴剂的情况包括:

(1) 在美国领土和属地内发生的内乱。〔3〕

(2) 美国基地、指挥所、大使馆和海外军事设施的安全和保护,包括为

---

〔1〕 "国际性武装冲突"一词的含义在国际法上十分明确。它涵盖主权国家之间的武装冲突,包括一国对另一国领土的武装占领。"国内武装冲突"的范围就不是十分明确。这种冲突一般包括公认的一国政府与持不同政见的武装集团之间的重大战斗。国内武装冲突一般认为不包括不涉及相对长期和持续敌对行动的内部动乱和紧张局势。暴动和孤立而不时发生的暴力行为不构成国际法意义上的国内武装冲突。

〔2〕 President Clinton's message to the Senate of the United States of 23 June 1994. White House Press Release, Jun. 23, 1994. 该咨文还表示,"根据目前的国际谅解",针对敌方战斗员或者既有敌方战斗员又有非战斗员的混合团体使用控暴剂,即使为了人道目的也予禁止,例如营救空难机组人员或在敌方利用非战斗员掩盖或掩护攻击的情况下。该咨文还表示,"根据目前的国际谅解",针对敌方战斗员或者既有敌方战斗员又有非战斗员的混合团体使用控暴剂,即使为了人道目的也予禁止,例如营救被困机组人员或在敌方利用非战斗员掩盖或掩护攻击的情况下。但是,参议院公约批准决议中的条件 26 要求总统不得采取变更或废除第 11850 号行政命令的任何措施。See CJCSI 3100. 07A, Subj: Nuclear, Biological, and Chemical Defense; Riot Control Agents [RCAs]; and Herbicides, which provides in Enclosure B, para. 2b. 该第 2 条第 2 项规定:

美国放弃在战争中首先使用控暴剂,但在挽救生命的防御性军事模式中除外,例如:

(1) 在美军直接和明确控制的地区使用控暴剂控制暴乱,包括控制暴乱的战俘。

(2) 在平民被用于掩盖或掩护攻击且平民伤亡可以减少或避免的情况下使用控暴剂。

(3) 在偏僻孤立的地区执行营救被困机组成员和乘客以及脱逃战俘的任务中使用控暴剂。

(4) 保护直接战斗地带以外后纵深地区的车队免受内乱、恐怖活动或准军事行动的影响而使用控暴剂。

(5) 涉及保护和或回收核武器的安全行动。

第 4 条第 1 项第 1 目规定,只有总统才可以授权"在战争中,包括在防御性军事模式下,使用控暴剂。但是,战时为了保护或回收核武器,国防部长可预先授权使用控暴剂"。See CJCSI 3110. 07D, Guidance Concerning Employment of Riot Control Agents and Herbicides (U) for further guidance.

〔3〕 Department of Defense Civil Disturbance Plan, GARDEN PLOT, 15 February 1991; DOD Directive 3025. 12, Subj: Military Assistance for Civil Disturbances; DOD Directive 3025. 15, Subj: Military Assistance to Civil Authorities; DOD Directive 5525. 5, Subj: DOD Cooperation with Civilian Law Enforcement Officials; SECNAVINST 5820. 7B, Subj: Cooperation with Civilian Law Enforcement Officials.

了控暴的目的。[1]

（3）执法：①美国领土和属地的基地内外；②海外基地内；③东道国政府特别授权时在海外基地外。[2]

（4）非战斗员撤离行动。[3]

（5）关于核武器的保护或回收的安全行动。

（三）除草剂

除草剂是旨在给树木、灌木去叶，或杀死可以掩护敌军移动的茂盛草丛和其他植被的气体、液体和类似物质。美国认为，无论1925年《日内瓦毒气议定书》还是1993年《禁止化学武器公约》都没有禁止在战时使用除草剂[4]，但第11850号行政命令正式放弃在发生武装冲突时首先使用除草剂，为控制美国基地和军事设施内部或直接防御圈周围的植被除外。武装冲突期间使用除草剂需要总统批准。[5]和平时期使用除草剂可由国防部或者在有限的情况下由作战指挥部的指挥官授权。[6]

---

〔1〕 外国设施在美国控制之下的部分被认为是美国设施，参见 JSCP Annex F.

〔2〕 DEPSECDEF memo for Service Secretaries and Chairman, Joint Chiefs of Staff, Subj: Use of Chemical Irritants in Military Law Enforcement, 19 June 1978.

〔3〕 未被以上情况所涵盖的在和平局势中（如在反恐行动中挽救人命）使用控暴剂的授权应通过指挥系统提交上级核准（CJCSI 3100.07A）。

〔4〕《禁止化学武器公约》的序言规定：

本公约各缔约国，

…………

认识到禁止使用除草剂作为一种作战方法的规定已体现在有关协定以及国际法的有关原则中

…………

兹协议如下。

See alsoKrutzsch & Trapp, at 8-9. 但是，公约第2条第2款从对"人类或动物"的不利影响方面定义了公约禁止的"有毒化学品"。在对公约第2条第2款的评注中（Krutzsch & Trapp, id., at 30），克鲁茨奇和特拉普认为：

另一方面，该定义排除了对植物的毒性。如果使用除草剂来破坏植物，则不会被视为化学武器。如果这种使用（次级）效果是杀死或伤害人员，例如毒副作用或断绝食品供应，甚至也是这种情形。但是，如果使用除草剂是为了通过其毒性直接杀死或伤害人员，则属于有毒化学品。

〔5〕 第11850号行政命令允许根据规范其国内应用的规章进行这种使用。See CJCSI 3100.07A at Encl. B.

〔6〕 JSCP Annex F. See CJCSI 3110.07D, Guidance Concerning Employment of Riot Control Agents and Herbicides (U) for further guidance.

四、生物武器

国际法禁止一切生物武器或作战方法，无论针对人员还是动植物。[1]美国国内法禁止以任何目的使用生物武器，包括反器材的目的。[2]生物武器包括微生物剂或其他生物剂或毒素，不论其来源（即自然的或人工合成的）或生产方法如何。[3]

（一）条约义务

1925年《日内瓦毒气议定书》禁止在武装冲突中使用生物武器。[4]1972年《禁止细菌（生物）及毒素武器的发展、生产及储积以及销毁这类武器的公约》（1972年《禁止生物武器公约》）禁止生产、试验和储存生物武器。[5]该公约要求缔约国不发展、生产、储存或获得"类型和数量不属于预防、保护或其他和平用途所正当需要的"生物制剂或毒素，以及"为了将这类制剂或毒素用于敌对目的或武装冲突而设计的武器、设备或运载工具"。1975年12月26日以前要销毁一切此类物料。美国、俄罗斯、其他大多数北约成员国和前华约成员国都是1925年《日内瓦毒气议定书》和1972年《禁止生物武器公约》的缔约国。

---

〔1〕 Green 47-48；Oeter, Methods and Means of Combat, in Fleck, at 151-52. Compare Levie, Nuclear, Chemical and Biological Weapons, in Robertson, at 342-45.

〔2〕 See 18 U. S. C. sec. 175 et seq (2004).

〔3〕 生物武器是指投射、散布或传播生物制剂（包括以节肢动物为媒介）的物品或材料。它们天生就是不分皂白和不可控的，受到普遍谴责。生物战/生物作战是使用生物制剂来造成人类或动物伤亡并损害植物或材料。生物作战还包括防御此种使用。任何能够引起人类、动物或植物疾病或引起材料变质的微生物都可以用作生物制剂。然而，由于生产、储存和传播困难，而且效果有限，大量疾病几乎没有或根本没有军事效用。即使那些能够产生显著结果的，也会由于潜伏期而产生延迟效应，其结果将取决于多种因素，包括天气、目标特征和反制措施。由于其延迟效应，生物制剂不适合用于战术，而是适合于战略用途，以长期削弱敌人的战争能力。生物制剂也适合秘密投放。生物毒素是生物有机体的有毒化学副产品。它们可以化学合成，并具有化学制剂的许多特性；但根据1972年《禁止生物武器公约》，它们被视为生物制剂。毒素在储存、投放和起效方面优于生物体。有些毒素比最强大的神经毒剂毒性还要大得多。Joint Pub. 1-02 pussim. See also Rose, The Coming Explosion of Silent Weapons, Nav. War COIL Rev. , Summer 1989, at 6-29.

〔4〕 美国已接受这项义务，没有提出保留。对比一下，美国首次对1925年《日内瓦毒气议定书》下的化学武器使用保留。

〔5〕《禁止生物武器公约》于1972年4月10日在华盛顿、伦敦和莫斯科开放签署，1975年3月26日生效。截至2021年5月1日，公约共有183个缔约国。

（二）美国关于生物武器的政策

美国认为，武装冲突中禁止使用生物和毒素武器构成习惯国际法，因此拘束所有国家，无论它们是否为 1925 年《日内瓦毒气议定书》和 1972 年《禁止生物武器公约》的缔约国。[1]

因此，美国已正式放弃在任何情况下使用生物武器。[2]根据其条约义务，美国已销毁所有生物和毒素武器并且限制为发展防卫能力进行的此类研究活动。[3]

五、放射性武器

放射性武器包括放射性扩散装置和放射性照射装置。除核爆炸装置以外，放射性扩散装置被设计用于传播放射性材料以引起恐慌、骚乱和恐惧。放射性照射装置是一种放置在人们可接触到的地点的高放射源。对国家的军队来说，放射性武器并不被认为有军事上的用处，但非国家行为者和恐怖组织可能期望获得这类武器以造成心理损害和经济损失。

---

〔1〕　FP 110-31, para. 6-4b, at 6-4.

〔2〕　5 Weekly Comp. Pres. Dot. 1659-61（25 Nov. 1969）; Dep't St. Bull. 226-27（1970）.

〔3〕　11 Weekly Comp. Pres. Dot. 73-74（White House Press Release, Jan. 22, 1975）; 1976 Digest of U. S. Practice in International Law 732-36. 美国的研究活动主要致力于研发疫苗。

第十一章

被拘留人的待遇

一、引言

武装冲突法要求人道地对待一切被拘留的人。在这个最低标准以上或以外，被拘留人能获得何种待遇取决于其被拘留时的地位。本章将审视战斗员、无特权交战者、非战斗员和平民所需的待遇标准。

二、人道待遇

根据国际法和美国的政策，在任何军事行动期间处于国防部人员（军人、文职人员或承包商雇员）控制下的人，在最后释放、移送或遣返前都应享受人道待遇，免受残忍、不人道或降低身份的待遇。人道待遇的最低限度包括遵守1949年《日内瓦公约》共同第3条。在国际性武装冲突期间，《第一附加议定书》第75条规定了额外的基本保证。美国不是《第一附加议定书》的缔约国，但仍出于一种法律义务遵守第75条。在那些持不同政见的武装部队或其他武装团体像正规武装部队一样有组织和有纪律的非国际性武装冲突的情形中，《第二附加议定书》第4条规定了美国也会遵守的额外人道待遇和公平审判保证。

最低限度的人道待遇是指免受非法的暴行或暴行威胁，免于被剥夺人类的基本生活必需品，并且给予所有被拘留人以人道待遇，不得基于种族、肤色、宗教或信仰、性别、出生或财力、民族或社会出身、政治意见或其他类似标准而有所歧视。具体而言，禁止对国防部羁押和控制下的所有被拘留人实施下列行为：

（1）对生命与人身施以暴力，特别如各种谋杀、残伤肢体、虐待、酷刑和任何形式的体罚。

（2）作为人质。

（3）损害个人尊严，特别如侮辱与降低身份的待遇。

（4）未经具有文明人类所认为必需之司法保障的正规组织之法庭之宣判，而遽行判罪及执行死刑。

（5）强奸、强迫卖淫和其他无礼侵犯。

（6）侮辱与公众好奇心的烦扰。

（7）生物学或医学实验。

（8）威胁实施上述任何一种行为。

严禁任何违反这些规则的行为，战斗的压力或挑衅不能成为违法的正当理由。

所有被拘留人应当：

（1）接受适当的医药照顾和治疗。

（2）接受充足的食物、饮水、避难所和衣服。

（3）获准行使宗教自由，但须符合安全要求。

（4）从被俘地点尽速转移并被运送至被拘留人收集点、拘留中心或者国防部单位运营的其他拘禁设施。

（5）根据可适用的法律、政策和规章，予以登记身份信息、清点财物并保存记录；将其拘留情况通知红十字国际委员会，及时获准红十字国际委员会代表对他们的访问。

（6）作为人被尊重。

在遵从安全措施、实际考虑因素和其他军事必要的情况下，被拘留人可与外界适当联系，包括利用通信、视频和家庭联系的方式。

在本节列明的最底线的人道待遇标准以外，一些被拘留人还可以获得《日内瓦第三公约》意义上的战俘地位。如果对如何对待某一被拘留人有疑问，美国军事人员应通过其指挥系统请求指示。在该疑问解决之前，被拘留人应依据《日内瓦第三公约》享受战俘待遇。

在关于被拘留人的问题上作出任何决定或请求指示时，指挥官要熟悉或应当熟悉下列参考文件。这些文件是对任务导向或战场导向的任何作战命令的补充：

（1）被拘留人计划。[1]

（2）情报讯问和战术审讯。[2]

（3）被拘留人行动。[3]

（4）敌军战俘、留用人员、被拘禁的平民和其他被拘留人（多军种规章）。[4]

（5）人际情报收集行动。[5]

三、战斗员

一般情况下，战斗员就是一国武装部队成员，但医务人员和随军牧师除外。民兵和非正规部队如满足特定条件也可以界定为战斗员。

（一）待遇标准

国际性武装冲突期间被俘或被拘留的战斗员有权获得战俘地位。哪些被拘留人有权获得战俘地位由拘留国适用《日内瓦第三公约》中规定的规则加以确定。由于《日内瓦第三公约》只适用于国际性武装冲突，所以在非国际性武装冲突中不存在战俘地位的法定权利。但是，在非国际性武装冲突中符合战斗员定义的人（如武装部队人员）在某些方面享受相同的保护。

如果对一个人是否有权享受战俘地位有任何疑问，在经拘留国召集的主管法庭确定该人有权享受的地位前，应被给予战俘所享受的保护。这就是众所周知的基于《日内瓦第三公约》第5条规定的"第五条法庭"。另外，一国可以作为一项政策给予法律上不享有战俘地位的人以战俘待遇。不具有战俘地位的被拘留人应予以《日内瓦公约》共同第3条规定的保护。

战俘地位附随有广泛的权利和特权。《日内瓦第三公约》细化了战俘和拘留国双方的权利和义务，如一指挥官负责照料战俘，则应查阅这些规定。如

---

[1] DoDD 2310. 01 (series), DoD Detainee Program.

[2] DoDD 3115. 09, DoD Intelligence Interrogations, Detainee Debriefings, and Tactical Questioning.

[3] JP 3-63, Detainee Operations.

[4] Army Regulation 190-8/OPNAVINST 3461. 6/Air Force Joint Instruction 31-304/Marine Corps Order 3461. 1, Enemy Prisoners of War, Retained Personnel, Civilian Internees and Other Detainees (multi-Service regulation).

[5] FM 2-22. 3, Human Intelligence Collector Operations.

果战俘需要医治，被拘留人之间治疗上的差异应仅基于医学上的理由。如果同美国武装部队人员一起接受治疗，治疗上的差异也应仅基于医学上的理由。战俘被俘时可接受讯问，但只需披露其姓名、等级、出生日期及部队番号。战俘应始终予以人道待遇，禁止酷刑、威胁或其他强迫行为。

（二）审判和惩罚

不同于无特权交战者，被俘的战斗员不得因其被俘前针对敌军的敌对行为而受惩罚，除非那些行为违反武装冲突法。[1]因被俘前所犯战争罪或被俘后实施的严重犯罪而被起诉的战俘，有权受到与审判拘留国本国部队的相同法庭审判，并应给予相同的诉讼权利。[2]这些权利应包括得到战俘同伴、律师、证人以及必要时翻译人员的帮助。[3]

战俘在被俘期间虽然也可因轻微犯罪受到非司法的纪律性处罚，但该处罚最长不得超过30天。[4]战俘不得受到集体处罚，也不得针对他们采取报复措施。[5]

（三）劳动

军人战俘得从事无军事性质或目的的劳动。[6]军士仅须从事监督工作。[7]

---

〔1〕 See *also* Levie, Criminality in the Law of War, in 1 International Criminal Law（Bassiouni ed.，1986），*reprinted in* Schmitt & Green at chap. 11.

〔2〕 《日内瓦第三公约》第84条。这种审判既可以在军事法庭也可以在普通法庭进行。3 Pictet 412；Levie, Documents 372.

〔3〕 《日内瓦第三公约》第105条，详细说明了这些权利和其他权利，包括传唤证人的权利。

〔4〕 《日内瓦第三公约》第89~90条。当然，这一时间限制只适用于"轻微犯罪"。

〔5〕 《日内瓦第三公约》第26条第6款、第87条第3款和第13条第3款。

〔6〕 《日内瓦第三公约》第50条；Levie, Prisoners of War 225-37. 不得强迫战俘清除地雷或类似装置。《日内瓦第三公约》第52条第3款；Levie, id.，238-40；Levie, 1 The Code of International Armed Conflict 356-57.

在马岛战争中，专业是工程类的战俘们自愿参加了英国军官负责的标记雷区外部界限的行动……在探视这些战俘时，红十字国际委员会证实他们在做这项标记工作的时候没有受到强迫。但是，尽管没有强迫，但还是发生了一件与这些行动的危险性相关联的意外事件，此后英国不再要求阿根廷战俘的自愿协助。

Junod, Protection of the Victims of Armed Conflict: Falklands-Malvinas Islands（1982）：International Humanitarian Law and Humanitarian Action 30（1984）. See *also* London Times, 2 June 1982, at 1；id.，3 June 1982, at 1；U. N. Dots. S/15176, 7 June 1982, and S/15182, 8 June 1982（Argentine letters of complaint）；U. N. Dot. S/15198, 11 June 1982（British response）.

〔7〕 《日内瓦第三公约》第49条第2款。

军官无须工作。〔1〕任何从事工作的战俘应享受与当地居民类似的工作条件和保障。

（四）脱逃

战俘不应因企图脱逃过程中实施的行为而受司法处罚，除非其在此过程中伤害或杀害他人。但是，可因其脱逃企图施以本章第三节第二小节描述范围内的纪律性处罚。〔2〕重新加入友军或离开敌方控制领土的成功脱逃的战俘，即使再次被俘也不得受纪律性处罚。但是，若在脱逃过程中造成了人员死亡或受伤，则应受到处罚。〔3〕

（五）在海军舰艇上临时羁押战俘、被拘禁的平民和其他被拘留人

国际条约明确禁止在陆地以外的地方"拘禁"战俘，〔4〕但没有提及船上的临时羁押。〔5〕美国的政策是，为了下列作战或人道需要，允许在海军舰艇上临时羁押战俘、被拘禁的平民和其他被拘留人：〔6〕

（1）从海上救起时，如作战需要有此要求，他们可以被临时关押在船上，直至有合理的机会将他们移送至海岸设施或者准备撤往海岸设施的另一艘船舶。

（2）在两个陆地设施之间运送时，他们可以被临时关押在海军舰艇上。

（3）如果此种羁押将明显改善其安全或健康状况，他们可以被临时关押

---

〔1〕《日内瓦第三公约》第49条第3款。但是，军官可以自愿工作。"实践证明，没有工作可以用来打发时间（不管怎样都过得太慢）的战俘，其身心健康和士气每况愈下。此外，如果他们的时间没有被完全占用，就更容易被诱导从事破坏活动，例如暴动。" Levie, 1 The Code of International Armed Conflict 35 1; Levie, The Employment of Prisoners of War, 57 Am. J. Int'l L. 3 18（1963）*reprinted in* Schmitt & Green at chap. 3.

〔2〕《日内瓦第三公约》第92条和第93条。《行为守则》第3条为所有美国战俘施加了一项脱逃和协助他人脱逃的义务。看管战俘的人员对脱逃或企图脱逃的战俘使用武器，应属最后的手段，并应每次先予以适合于当时情况的警告（《日内瓦第三公约》第42条）。除非战俘在脱逃过程中伤害他们人，否则只能给予纪律处罚。

〔3〕《布鲁塞尔宣言》第28条；《日内瓦第三公约》第91条。

〔4〕《日内瓦第三公约》第22条第1款。《日内瓦第三公约》明确了这一规定，可能是为了回应第二次世界大战期间利用船舶拘禁战俘的情况。这种做法在以前的拿破仑战争中尤为普遍。ICRC, 1 Report on its Activities During the Second World War 248（1948）; Levie, Prisoners of War 121 & n. 84; Levie, 1 The Code of International Armed Conflict 318.

〔5〕1982年马岛战争结束时，这就是一个现实存在的问题，当时有13 000名阿根廷战俘投降，冬天即将到来，但英国运送的帐篷已随着"大西洋搬运者号"的沉没全部灭失。Middlebrook, Task Force：The Falklands War, 1982, at 247, 381, 385（rev. ed. 1987）.

〔6〕AR 190-8.

在海军舰艇上。

羁押在舰艇上应是暂时的，仅限于将这些人从战斗地带撤离或者避免这些人如拘留在陆地上将会面临的严重伤害所必需的最短时间。[1]指挥官应就海军舰艇上的任何临时羁押从指挥系统处请求指示。未经国防部长批准，不得授权使用固定船舶临时羁押战俘、被拘禁的平民或其他被拘留人。[2]

四、无特权交战者

无特权交战者无权参加敌对行动，不因其敌对行为享受战斗员豁免。此外，如果被拘留，他们无权享受战俘地位。但是，与美国拘留的任何人一样，无论从法律上还是从美国的政策上，他们都有权受到人道待遇。

因为无特权交战者没有战斗员豁免，他们可因其敌对行为受到起诉。但是，起诉不是必需的，无特权交战者可能被拘留至战事停止也没有因其行为受到起诉。如果被起诉和定罪，无特权交战者可能要服满整个刑期，即使刑期超出了战事停止的时间。同样，即使刑期届满但战事尚未停止，他们也可被继续拘留至战事结束。即使战事尚未结束或刑期尚未届满，拘留国也可随时释放无特权交战者。例如，如果确定被拘留的无特权交战者不再有威胁，拘留国可决定在战事结束前就终止拘留。

---

〔1〕 战俘应在被俘获后尽速撤退至处于远离战斗地带的安全营地。在等候自战斗地带撤退时，不得令战俘冒不必要之危险。战俘的撤退必须以人道的方式和用于撤退拘留国部队的类似条件予以执行（《日内瓦第三公约》第19~20条）。在特种部队突袭、远程侦察巡逻和空降作战等小部队行动中，从作战地带迅速撤退战俘经常是不切实际的。Bothe, Partsch & Solf 224. 即使战俘的存在阻碍了行动或降低了作战效果，也不得处死。FM 27-10, para. 85, at 35. 正相反，这种战俘应在某个适当的时间予以解除武装后释放，并应采取一切可能的预防措施保证其安全（《第一附加议定书》第41条第3款）。这些预防措施只需要是就战斗情况和当时所有其他情况而言实际可行的措施。当然，不要求俘获者为保障获释后战俘的安全而使自己丧失能力。在有可用资源且不危及己方部队安全的范围内，拘留国应为战俘提供充足且免费的口粮、服装、庇护所和医药照顾以维持其健康（《日内瓦第三公约》第15条和第25~28条）。武器、军事文件和军事财产可予没收。战俘应被允许保留所有个人财产、身份证明文件、为保护个人而发放的军事物品以及制服、等级徽章和勋章。拘留国可出于安全理由限制每一战俘所带货币和其他贵重物品的数量（《日内瓦第三公约》第18条）。

〔2〕 AR 190-8.

五、非战斗员

非战斗员是武装部队中不直接参加敌对行动的医务人员和随军牧师。因为不直接参加敌对行动，非战斗员受到武装冲突法的特别保护。落入敌手的医务人员和随军牧师不是战俘。他们作为留用人员被给予特别保护，除非敌方的留用对于满足战俘的医疗或宗教需求有必要，否则医务人员和随军牧师应尽早予以遣返。

六、平民

在国际性武装冲突和随之而来的任何占领中，《日内瓦第四公约》规制平民待遇问题。如果安全上的考虑使其有绝对必要，可以拘禁落入武装部队控制下的敌方平民。[1]被占领土内因犯罪而被判刑的平民，也可令其以拘禁替代处罚。[2]敌国平民不得作为人质而予拘禁。[3]除因其自身安全或迫切的军事理由而有此必要，不得将被拘禁人移送出其定居的被占领土。[4]所有被拘

---

　　〔1〕　他们还可以被指定居所（《日内瓦第四公约》第 42 条第 1 款和第 78 条）。在美军中，处理被拘禁人问题通常是陆军的职责。See FM 19-40, Enemy Prisoners of War and Civilian Internees; Gasser, Protection of the Civilian Population, in Fleck at 288-96.

　　〔2〕　《日内瓦第四公约》第 68 条第 1 款。适用于被占领土内所有公民或冲突一方领土内所有公民的占领国的普通刑事法律和法规，适用于被拘禁后的个人。被拘禁人只能因违反这些实体法而受司法处罚。被拘禁人所犯之行为应受处罚，而同一行为如为非被拘禁人所犯，则不受处罚，则对被拘禁人之该项行为，应仅予以纪律处罚。对此类行为的惩罚已大幅减轻；被拘禁人不得被处以超过 1 个月工资 50% 的罚款，1 个月内每天疲劳服役不超过两小时，或者监禁不得超过 1 个月。这种纪律处罚仅能由拘禁营之长官，或由其委以纪律权之官员之命令行之。对被拘禁人的纪律处罚与对战俘的纪律处罚相同（《日内瓦第四公约》第 117~126 条）。See also Green 220-23.

　　〔3〕　《日内瓦第四公约》第 34 条；4 Pictet 229-31. Cf. The Hostages Case, U. S. v. Wilhelm List et al., 11 TWC 1230 (1948). 关于伊拉克在两伊战争期间违反这项禁止性规定的讨论，参见 Title V, Report at O-607; Moore, Crisis in the Gulf 86-88 (1992).

　　〔4〕　《日内瓦第四公约》第 49 条第 2 款；4 Pictet 278-83. 这项禁止性规定源于第二次世界大战时的经验，当时：

　　占领国对被占领土的居民进行个别和集体强制移送或驱逐的情况有很多，经常是在可怕的条件下完成的，而且这样做通常只是因为占领国的其他地区想要额外的劳动力（可能是其本国领土内的军工厂，或者同样重要的是，作为农业工人），或者因为它希望为本国国民迁移至被占领土腾出地方。

　　Levie, 2 The Code of International Armed Conflict 720. 《第一附加议定书》第 78 条为缔约国细化了对撤退儿童的限制。美国支持第 78 条中的原则，即除了基于儿童健康或医疗的急迫原因或被占领土以外之儿童的安全有此要求时，一国才可安排撤退儿童。Matheson remarks, at 428. 关于涉及撤退儿童的各种情况时可适用的复杂法律体系，详细解释参见 ICRC, Commentary (GP I) 908-15.

禁人应受人道待遇，不得受到报复措施或集体处罚。[1]

战地记者、供货商人、武装部队福利工作人员和其他伴随武装部队的人，虽是平民，但获得了其所伴随的武装部队的准许。尽管此类人员不是战斗员且单独不能成为攻击的目标，但他们邻近战斗员就意味着他们可以在合法攻击军事目标期间被附带杀伤。如果已经其伴随之武装部队的适当准许，他们被俘时有权享受战俘地位。伴随武装部队的平民拥有《日内瓦公约》规定格式的身份证，就是颁发该证件的国家之武装部队准许的证明。平民海员在辅助船或军舰上服务，也是该国武装部队准许的证明，即使该平民海员没有《日内瓦公约》规定格式的身份证。

七、失去战斗力的人

因受伤、生病、遇船难、投降或被俘而无法再进行战斗（失去战斗力）的战斗员，有权受到特别保护，包括必要时的援助和医药照顾。冲突各方应在每次战斗之后毫不迟延地采取一切可能的措施搜寻和收集战场上的伤者和病者，保护他们免受伤害，确保他们得到照顾。环境许可时，应商定停火办法，以便找到伤者和病者，将其搬运至安全地带并加以治疗。落入敌手的伤病人员应受人道待遇，随同敌方自己的伤病员一并受到照料而不加以任何歧视。治疗的先后顺序只能根据医学上的考虑加以确定。不得毫无理由地危及敌方伤病人员的身心健全，也不得让伤病人员接受非为其健康状况所要求并与公认医疗标准不符的医疗程序。

同样，类似的义务还扩及于遇船难者，无论军人还是平民。遇船难者包括由于所乘船舶沉没、搁浅或受到其他损害，或由于飞机坠毁或遇难，而在海上或在其他水域内遇险的人。遇险是因敌军行动还是因非军事理由并不重要。在海上每次海战之后，交战国有义务采取一切可能的措施，在保证自身

---

[1] 《日内瓦第四公约》第32条和第33条。利维（Levie）教授举了一个非法实施集体惩罚的极端例子：

由于纳粹头目莱因哈德·海德里希（Reinhard Heydrich）……被英国派遣的跳伞进入布拉格的捷克抵抗战士暗杀，1942年6月10日，捷克斯洛伐克利迪策镇的190名男性居民被处决，妇女被驱逐出境，儿童被分离，利迪策镇被夷为平地。

Levie, 1 The Code of International Armed Conflict 444. See Calvocoressi & Wint, Total War 267 (1972); Asprey, the Shadows: The Guerrilla in History 421 (1975); and sources cited therein.

部队安全的前提下，搜寻和援救遇船难者。

被拘留人的地位——战斗员、无特权交战者、非战斗员或平民，不因受伤、生病、遇船难或投降导致的失能而发生改变。因此，继续羁押失去战斗力之人的决定，以及这些被拘留人的地位，将根据其先前所属的人员类别确定。

八、讯问和审讯被拘留人

指挥官可下令对被拘留人进行战术讯问。国防部将战术讯问定义为"在俘获地点或附近并于该人被关押于拘留所之前，为获得具有即时战术价值的情报，对被俘或被拘留的人进行的现场初步（直接）讯问"。[1]战术讯问不是审讯，而是非审讯人员为获得有即时价值的情报使用的一种及时和应急的讯问方法。战术讯问可由受过训练的任何国防部人员根据国防部第 3115.09号条令第 4 条第 1 款进行。任何进行战术讯问的人都必须保证所有被拘留人受到人道待遇。此外，如果被拘留人有权享受战俘地位，对他们的讯问还有额外的限制。

如果有超出战术讯问以外进行讯问的必要，该讯问就被视为审讯，必须由在审问技术方面受过专门训练的国防部认证人员进行。警卫或其他安保人员不得主动参加审讯，因为其职责仅限于安保、羁押和控制被拘留人。审讯可听取警卫或其他安保人员所作的关于其所负责的被拘留人的报告。

如果有审讯的必要，除了由经认证的审讯人员进行外，还应参考下列规则：

（1）1949 年 8 月 12 日《日内瓦第三公约》。

（2）情报讯问和战术审讯。[2]

（3）联合作战中的反情报和人际情报。[3]

（4）人际情报收集行动。[4]

---

〔1〕 See DoDD 3115.09, DoD Intelligence Interrogations, Detainee Debriefings, and Tactical Questioning.

〔2〕 See DoDD 3115.09, DoD Intelligence Interrogations, Detainee Debriefings, and Tactical Questioning.

〔3〕 See JP 2-01.2, Counterintelligence and Human Intelligence in Joint Operations.

〔4〕 See FM 2-22.3, Haman Intelligence Collector Operations.

九、讯问战俘

不得为了获取情报，否定或拒绝给予受《日内瓦第三公约》保护的被拘留人应有的权利。审讯人员可提供超过基本生活需求的奖励来换取合作。战俘只需提供姓名、等级、部队番号（如果有的话）和出生日期。战俘无法提供这些信息不得受到不人道或降低身份的待遇；但拒绝提供这些信息的战俘得被视为拥有其所在部队的最低军衔，并因为受到相应的待遇。拒绝回答问题的战俘不得受到威胁、侮辱，或者令人不愉快的或区别的对待。

第十二章

武装冲突中的欺骗行为

一、概述

武装冲突法允许通过旨在误导敌人、制止其采取行动或诱使其作出轻率行为的战争诈术来欺骗敌人，前提是该诈术不构成背信弃义或以其他方式违反适用于武装冲突的国际法规则。[1]

(一) 允许使用的欺骗行为

战争诈术是用于传递虚假情报或阻止情报传递给敌军的方法、资源和技术。战争诈术可包括物理的、技术的或行政性的手段，例如电子战措施；闪光、烟雾和雷达干扰箔片；伪装；迷惑性灯光；船舶和其他武器模型；诱饵；虚构部队；假装攻击和撤退；伏击；假情报；使用敌方代码、密码和口令。[2]

---

〔1〕《利伯守则》第101条；《海牙章程》第24条；《第一附加议定书》第37条第2款。这些规则被认为适用于海战。Hall, False Colors and Dummy Ships: The Use of Ruse in Naval Warfare, Nav. War Coll. Rev., Summer 1989, at 54-55 (展示了一个有用的流程图来分析提出的各种欺骗行为). See also Green 138, 139, 169 & 170. "适用于武装冲突的国际法规则" 被定义为 "冲突各方作为缔约各方订立的国际协议所载的适用于武装冲突的规则和适用于武装冲突的公认国际法原则和规则"（《第一附加议定书》第2条第2款）。

〔2〕 NWIP 10-2, para. 640 n. 41; AFP 110-34, para. 5-l; AFP 110-31, paras. 8-3b & 8-4; FM 27-10, para. 51; DA Pam 27-161-2, at 57; British Manual of Military Law, Part III, para. 312 (1958); 2 Oppenheim-Lauterpacht 428-30;《第一附加议定书》, art. 37 (2); Green 139. See Hartcup, Camouflage: A History of Concealment and Deception in War (1980) and Glantz, Soviet Military Deception in the Second World War (1989). 这些行为不构成背信弃义，因为它们没有在法律规定的保护方面诱取敌人的信任（《第一附加议定书》第37条第2款）。

其他允许的欺骗行为包括陷阱；假行动；假装撤退或逃跑；突袭；假装没有动静和活动；用小股部队模拟大部队；使用模型飞机、车辆、机场、武器和地雷，创造一支虚构的部队；可移动的地标和路牌；假装与实际上并不存在的部队或增援部队联系；欺骗性的补给行动；让敌人获得假情报。See Montagu, The Man Who Never Was (1954). 这本书描述了第二次世界大战期间英国关于入侵欧洲的一个诈术。尝试挫败目标的情报活动是允许的，例如使用诈术屏蔽、欺骗和迷惑侦察手段。《第一附加议

（接上页）定书》第39条禁止使用敌人的"军事标志、徽章或制服"，只是指具体的可见物体，而非其信号和代码。Bothe, Partsch & Solf 214. 美国不赞成第39条关于在军事行动中使用敌人标志、徽章和制服的禁止性规定，但实际交战时除外。

美国空军颁布的《武装冲突和空中作战国际法手册》（AFP 110-31, para. 8-4b）提供了下列合法诈术的补充例子：

（1）使用飞机诱饵。较慢或较旧的飞机可被用作诱饵来引诱敌方飞机进入战斗，而更快和更新的飞机则作为后备。使用飞机诱饵吸引地面火力来识别地面目标，以便让更先进的飞机进行攻击。

（2）假装空中格斗。另一个合法的诈术是两架适当标记的友军飞机之间进行空中格斗，目的是诱使一架敌机误认为协助战友而进入战斗。

（3）仿冒敌方信号。不反对友军使用敌方信号或代码。敌机或与敌机进行联络的地面设施使用的信号或代码，可以被友军适当地用于欺骗或误导敌机。但是，滥用遇险信号或国际公认的医务飞机专属使用的特殊信号属于背信弃义的行为。

（4）使用照明弹和火焰。在远离真实目标区域的地方点燃大火，目的是误导敌方飞机，使其相信这些大火代表了先前攻击的损害，从而引导它们飞向错误的目标，这是一种合法的诈术。敌人的目标标记照明弹也可以用来标记假目标。但是，向一个不是有效军事目标的城市或城镇的居民区发射假目标照明弹是一种非法的诈术。

（5）使用伪装。使用伪装是一种合法的诱导和欺骗敌方战斗员的诈术。一架飞行中的飞机的伪装不得隐藏该飞机的国家标记，而且伪装不得表现为使用敌方的国家标记或依国际法受保护之物体的国家标记。

（6）作战诈术。"切换式突袭"策略是一种正当的空战方法，即飞机表面上设定飞往某个目标的航线，然后在某一特定时刻突然改变路线，以打击另一个军事目标。第二次世界大战中成功利用这种方法欺骗了敌方战斗拦截机。

在军用飞机和船舶上涂漆国家标记是各国的一种普遍做法，但尚不清楚国际法是否要求各国这样做。在战斗中使用未标记的军用飞机或船舶的合法性尚不确定，因为作战的要求有时会指示不使用标记。Compare Jacobsen, A Juridical Examination of the Israeli Attack on the U. S. S. Liberty, 36 Nav. L. Rev. 41-44（1986）（1967年6月8日，以色列使用没有标记的飞机攻击"自由号"技术研究船）with AFP 110-31, para. 7-4（"除属于单一国家的飞机外没有其他飞机在飞行"时，不需要做多余的标记）. 在和平时期，未清楚标记的船舶和飞机会丧失某些特权和豁免，船员也很可能如此。参见《联合国海洋法公约》第29条和第107条以及《芝加哥公约》第20条和第89条（反映了有关船舶和飞机外部标记重要性的习惯国际法）。

法律上允许使用欺骗性措施来阻挠精确制导武器。照明弹、烟雾弹和气溶胶物质及传播装置可合法地用作视觉制导、激光制导、红外和电视制导导弹的反制措施。干扰箔条是针对主动雷达制导导弹的合法反制措施。红外吸收涂料和耀斑技术是针对红外传感器的合法反制措施。

使用战斗机上的电子应答器以用于识别友方飞机的代码进行响应是一个合法的诈术，但为此目的使用《第一附加议定书》附件一第8条所确立的专供医务飞机使用的电子信号则是背信弃义行为。同样，《第一附加议定书》第38条第1款第2句禁止使用国际电信联盟《无线电规则》确立的遇险信号，这种行为也可能违反第37条。Bothe, Partsch & Solf 207, cifing 10 Whiteman 399. 美国认为《第一附加议定书》第37条和第38条反映了习惯国际法。Matheson, remarks, at 425.

在沙漠风暴行动中，联军部队运用空投传单和无线电广播等心理战瓦解敌方士气，劝诱伊拉克部队投降。Title V Report, at J-536 to 38.

根据《第一附加议定书》中对背信弃义行为的定义，散布虚假情报，旨在诱使敌人误以为平民和民用物体是军事目标而予以攻击是不正当的。另一方面，将军事目标伪装得看起来像民用物体则是一种常见做法，《第一附加议定书》并未予以禁止。例如，第二次世界大战中使用的掩护和欺骗战术，关于对它的描述，参见：Fisher, The War Magician（1983）；Reit, Masquerade：The Amazing Camouflage

（二）禁止使用的欺骗行为

使用非法的欺骗行为被称为"背信弃义"。背信弃义行为是指以背弃敌人的信任为目的而诱取敌人的信任，使敌人相信其有权享受或有义务给予武装冲突法所规定的受保护地位的行为。[1]禁止背信弃义是因为它破坏了战争法给予特定类别人员和物体的保护，减少了依赖敌对双方互信的合法活动，在一方无法完全消灭另一方的情况下损害了恢复和平的基础。背信弃义行为的事例包括：假装投降然后突然攻击；[2]假装有在休战旗下谈判的意图然后突然攻击；假装因伤或因病而无能力然后突然攻击。

二、不当使用保护性记号、信号和标志

不当使用保护性记号、符号和标志以伤害、杀害或俘获敌人构成背信弃义的行为。此外，同样禁止使用保护性记号、符号和标志来阻碍敌方的军事行动或保护己方的军事行动。禁止这类行为是因为它们破坏了保护性记号、符号和标志的有效性，从而危及非战斗员的安全和受保护建筑物及活动享受的豁免。例如，禁止使用标有红十字或红新月的救护车或医务飞机运送全副武装的战斗员和用于攻击的武器弹药或者躲避敌军。[3]同样，使用白旗来赢

（接上页）Deceptions of World War II（1978）；Brown, Bodyguard of Lies（1975）（D-Day, 1944）；Holmes, Double-Edged Secrets：U. S. Naval Intelligence Operations in the Pacific During World War II（1979）；and sources cited therein. 关于第一次世界大战中的例子，参见：AFP 110-31, para. 8-4b n. 5.

使用间谍和秘密特工，鼓励敌人叛变或叛乱，或鼓励敌方战斗员逃跑、投降或反叛，不构成背信弃义行为。Bothe, Partsch & Solf 207. 不得强迫叛逃和投降的敌方人员宣誓效忠他们的俘获者。Green 140-41.

关于现代欺骗理论的发展，参见：Dewar, The Art of Deception in Warfare（1989）. 当然，许多现代欺骗战术是保密的。See OPNAVINST 3070. 1（series），Subj：Operations Security；Joint Pub 18, Subj：Operations Security；and OPNAVINST S3430. 21（series），Subj：Electronics Warfare Operations Security. See also OPNAVINST S3490. 1（series），Subj：Military Deception.

〔1〕这一定义首次出现在《第一附加议定书》第37条第1款；此前在条约中没有定义过背信弃义行为。美国支持该原则，即"战斗员个人不得诉诸背信弃义行为以杀死、伤害或俘获敌人"。Matheson, remarks, at 425. 这一规则的理念是，如果被保护地位或保护性记号、信号、符号和标志被滥用，就会失去作用，使受保护的人员和处所处于额外的风险中。

〔2〕《圣雷莫海战法手册》第111条；2 Oppenheim-Lauterpacht 342.

〔3〕这一习惯规则源自《海牙章程》第23条第6款和第27条；《海牙第五公约》第5条；《日内瓦第二公约》第30条、第34-35条、第41条和第45条；《日内瓦第一公约》第21-22条、第35-36条；《日内瓦第四公约》第18条、第20-22条；《日内瓦第三公约》第23条；《洛里奇协定》第1条和第5条。See FM 27-10, para. 55；DA Pam 27-161-2, at 53；AFP 110-31, paras. 8-3c, 8-6a（1）& 8-6b；AFP 110-34, para. 5-la；Slim, Protection of the Red Cross and Red Crescent Emblems, 1989 Int'l Rev. Red Cross 420；and Green 290-91. 另见《第一附加议定书》第18条第6款和第38条，以及《保护文化财产海牙公约》第17条第3款和第4款。

得针对敌人的军事利益也是非法的。[1]

三、中立国旗帜、徽章和制服

(一) 海战

根据海战的习惯国际法，允许交战国军舰涂装假色和以其他方式伪装外表用以欺骗敌军，使后者相信该船舶具有中立国国籍或者不是一艘军舰。但是，军舰未首先展示真实色彩就投入战斗是非法的。[2]禁止在海上实际战斗

---

〔1〕《海牙章程》第 23 条第 6 款、第 32 条和第 34 条；《第一附加议定书》第 37 条第 1 款第 1 项。See also FM 27-10, paras. 52-53, 458-61 & 504; 2 Oppenheim-Lauterpacht 541; Greenspan 320-21 & 384-85. 白旗象征着请求停火、谈判或投降。《海牙章程》第 23 条第 6 款和第 32 条；FM 27-10, pui- as. 53 & 458; AFP 110-34, para. 5-1b; Greenspan 320-21 & 384-85; 2 Oppenheim-Lauterpacht 541. 禁止在攻击前展示白旗以使敌人停止射击。就像滥用红十字（或红新月）标志可能导致对伤病人员的袭击一样，滥用白旗可能会妨碍就重要事项进行谈判的努力。但是，当白旗升起时，并不要求敌人停止射击。为表明升起白旗是得到其指挥官授权的，伴随白旗的出现或紧随其后的是该方完全停火。此外，授权升起白旗的指挥官还应立即派遣一名或多名军使。FM 27-10, para. 458, at 167; AFP 110-31, para. 8-6a (2). See DA Pam 27-161-2, at 53.（军使是交战国部队的军事指挥官为了与敌方指挥官进行公开和直接的谈判或沟通，用于穿过敌人防线的指定人员。对比《海牙章程》第 32 条；FM 27-10, para. 459, at 167; Levie, 1 The Code of International Armed Conflict 154; Green 88-9.）在马岛战争的戈泽格林（Goose Green）战役中，这些原则的适用得到了阐明，当时一些阿根廷士兵可能举起了白旗，其他人则随后杀死了三名前来受降的英国士兵，他们以为是真的投降。Higgenbotham, Case Studies in the Law of Land Warfare II: The Campaign in the Falklands, 64 Mil. Rev., Oct. 1984, at 53（无论在戈泽格林是什么情况，英国人都不需要暴露自己。举起白旗的人才是要走出来的人，在这种情况下，本来应该是要求阿根廷士兵这样做）; Middlebrook, Operation Corporate: The Falklands War, 1982, at 269-70. But see Middlebrook, The Fight for the 'Malvinas' 189-90 (1989)（尝试与阿根廷部队谈判就地投降问题的英国军官于返回时被杀）. 同样，由于战斗员有义务尊重失去战斗力或已投降的敌方战斗员，所以国际法禁止为攻击敌人而假装投降或要求对方纳降。关于伊拉克部队在两伊战争期间背信弃义地使用白旗的说明，参见：Title V Report, at O-621. 向敌人播放双方已同意停战的虚假广播，被广泛认为是背信弃义行为。

〔2〕2 Oppenheim-Lauterpacht 509.
在海战中最实用的诈术是使用假旗。现在看来，海上习惯法已经相当明确地表明，船舶为了欺骗敌人可以涂装假色，但要以原来的真实涂色作战。1914 年，著名的德国巡洋舰"埃姆登号"使用了这一策略，当时（10 月 28 日）她以时为中立国的日本的涂色并悬挂着日本旗进入马来西亚的槟榔屿港，然后用鱼雷击中停泊在那里的俄罗斯巡洋舰。军舰同样允许以其他方式伪装自己的外表，甚至伪装成商船，但必须在开火前悬挂本国的海军旗帜。商船本身还可以这种方式欺骗敌方巡洋舰。
Smith, The Law and Custom of the Sea 115-16 (3d ed. 1959), citing Corbett, 1 Naval Operations 350 (1920).
关于"埃姆登号"在进入槟榔屿港时实际悬挂的哪一面旗帜，有不同的说法。Van der Vat, Gentlemen of War 86-87 (1983)（英国皇家海军旗）; Lochner, The Last Gentleman-of-War: The Raider Exploits of the Cruiser Emden 151 (1979, Lindauer transl. 1988)〔表示"埃姆登号"进入槟榔屿港时没有

中使用中立国旗帜、徽章或制服。[1]

（二）空战

禁止在战斗中使用虚假或欺骗性的标记将交战国军用飞机伪装成具有中立国国籍。[2]

（三）陆战

适用于陆战的武装冲突法中没有类似于允许交战国军舰展示中立国色彩的法律规则。参与陆上武装冲突的交战国不得使用中立国的旗帜、徽章或制服来欺骗敌人。[3]

四、联合国旗帜和标志

未经联合国授权，联合国的旗帜或字母"UN"[4]在武装冲突中不得以任何目加以使用。[5]

五、敌方旗帜、徽章和制服

（一）海战

海军的水面舰艇和潜艇可涂装敌军色彩并展示敌军标记以欺骗敌人。但

（接上页）悬挂任何旗帜]．科比特（Corbett）表示"埃姆登号"悬挂的似乎是英国皇家海军旗。劳特派特表示"埃姆登号"悬挂的是日本旗（2 Oppenheim-Lauterpacht 510）。《第一附加议定书》第 39 条第 3 款明确指出，议定书第 39 条或第 37 条第 1 款第 4 项的规定，不改变适用于海上战争行为的规则。尽管如此，今天海军部队使用这些诈术可能在政治上十分敏感，因为使用中立国标志可能会导致一方错误地得出结论，认为中立国已经放弃中立地位并加入另一方作战。这可能导致对中立国进行攻击或宣战（AFP 110-34, para. 5-1c; Smith 116-18; Tucker 140-41）。

〔1〕　Lauterpacht-Oppenheim 509；San Remo Manual, paras. 110 & 111；Heinegg, The Law of Armed Conflict at Sea, *in* Fleck at 422.

〔2〕　《圣雷莫海战法手册》第 109 条；AFP 110-31, para. 7-4 & n. 5.

〔3〕　这一习惯规则被编纂为《第一附加议定书》第 39 条第 1 款，既在攻击时适用，也适用于在从事该冲突时促进冲突之一方的利益。CDDH/215/Rev. 1, para. 38；15 Offtcial Records 259；Bothe, Partsch & Solf, para. 2. 2, at 213. 这条规则背后的目的是避免错误地认为中立国已经放弃中立地位从而使武装冲突扩大到中立国。Bothe, Partsch & Solf 213. See *also* Oeter, Methods and Means of Combat, *in* Fleck at 202；Green 138-39.

〔4〕　联合国的旗帜是浅蓝色底上覆白色字母标志"UN"。

〔5〕　《第一附加议定书》第 37 条第 1 款第 4 项将陆战中"使用联合国或中立国家或其他非冲突各方的国家的记号、标志或制服而假装享有被保护的地位"定义为背信弃义行为。另外，《第一附加议定书》第 38 条第 2 款规定："除经联合国核准外，使用联合国的特殊标志，是禁止的。"See AFP 110-34, para. 5ld. 美国同意这一规定，并作为一项美国的政策将其扩大适用于海上行动。

军舰在实际参加战斗前必须展示其真实色彩。[1]

(二) 空战

禁止交战国的军用飞机在战斗中使用敌军标记。[2]

(三) 陆战

陆战法不禁止交战国陆军在实际战斗之前或之后使用敌方旗帜、徽章或制服以欺骗敌人。[3]一旦实际战斗开始,禁止交战人员穿着敌军制服、使用敌军旗帜和徽章来欺骗敌人。在战斗中展示敌军色彩或徽章或者穿着敌军制服的战斗员冒有被俘后受到严厉惩罚的风险。[4]

---

[1] 第一次和第二次世界大战中,在熟练伪装成德国武装突袭者方面,这条关于军舰的规则已有先例。Tucker 140 n. 37; Muggenthaler, German Raiders of World War II (1977); Woodward, The Secret Raiders: The Story of the German Armed Merchant Raiders in the Second World War (1955). 1914 年,为进入槟榔屿港,"埃姆登号"装设了一个假的第四只烟囱,让她看起来很像英国雅茅斯级巡洋舰。1942 年 3 月 27 日至 28 日,拆除了两个烟囱,剩下的两个烟囱又斜着切断,看起来很像德国鱼雷驱逐舰的英国皇家海军"坎贝尔敦号"(美军原"布坎南号"驱逐舰),进入被德国占领的布列塔尼的圣纳泽尔港,并用力撞上外闸,这是唯一一个大到足以容纳德国"提尔皮茨号"战列舰的干船坞。几个小时后,"坎贝尔敦号"被定时炸弹毁毁,也使干船坞报废并退出了战争。("坎贝尔敦号"使用当地舰队中一艘德国舰艇的呼号以闪光延迟信号对德国的盘问和炮火作出回应,并对另一艘德国舰艇发出"等待",随后发出紧急信号"友军正在向我开火",以此协助攻击)Haines, Destroyers at War 73-80 (1982); Calvocoressi & Wint, Total War 450 (1972); Piekalkiewick, Sea War 1939-1945, at 206 (1987); Roskill, 2 The War at Sea 1939-1945, at 168-73 (1956). 敌军在对一交战国进行实际军事行动期间使用该国的军旗、标志或制服的行为,该交战国可以战争罪进行起诉。AFP 110-31, para. 5-le. See also Heinegg, at 422.

[2] Tucker 142 & n. 43; AFP 110-31, paras. 7-4 & 8-4b (5). 下述事实可以解释这项规则,即飞机一旦升空,通常无法像军舰一样在实际攻击之前改变其标记。此外,飞机接近目标的速度(与军舰相比)会使在攻击瞬间展示真实标记的任何尝试都无效。

[3] 《海牙章程》第 23 条第 6 款禁止"不正当使用……国旗或敌军军徽和制服……""不正当使用"敌军旗帜、军徽、国家标志和制服包括在实际攻击中使用。这一澄清很有必要,因为在第二次世界大战期间对"不正当"一词的含义产生了争议。Bothe, Partsch & Solf 212-15. 遵守这条规则,就能获得互惠的利益。但是,本条显然不改变或影响关于战斗员是否有权获得战俘地位的法律。这个问题是由《日内瓦第三公约》和其他可适用的国际法决定的单独事项。AFP 110-3 1, para. 8-6c. See also DA Pam 27-161-2, at 53.

[4] 这是基于维护安全和预防敌人偷袭的必要性。AFP 110-34, para. 5-le (1).《第一附加议定书》第 37 条和第 39 条第 2 款规定,即使在战斗前,使用敌方旗帜、徽章和制服来掩护、便利、保护或阻碍军事行动也予禁止,从而企图扭转来源于"美国诉斯科尔兹内案"的规则。关于该案,参见:U. S. v. Skorzeny, 9 LRTWC 90 (1949), summarized in DA Pam 27-161-2, at 53-56, and reflected in FM 27-10, para. 54. See also 10 Whiteman 395-98. 接受这项规则会阻止在准备陆上或空中袭击的任何军事行动中将它们用作伪装,这似乎是不切实际的。Bothe, Partsch & Solf 214. 美国认为这种背离在军事上是不可接受的,因为"在任何情况下,都会有某些对手的部队在其行动中使用敌军制服,因此从一开始就为美国保留这一选项非常重要"。Matheson remarks, at 425 & 435.

同样，穿着敌军制服在敌后被捕的战斗员冒有被拒绝给予战俘地位或保护的风险，而且历史上这样的人受到了严厉惩罚。[1]但是，失事飞机的机组人员和脱逃的战俘利用敌军制服躲避抓捕是允许的，但不得以这种装扮攻击敌军、收集军事情报或参加类似的军事行动。[2]

缴获的敌军装备和补给可予扣押和使用。但是，缴获的敌军装备应去除敌军标记后才可在战斗中使用。[3]

六、假装遇险

虚假使用诸如 SOS 和 MAYDAY 等国际承认的遇险信号来假装遇险是非法的。[4]但在空战中，允许假装失能或遇到其他险情作为诱使敌人停止攻击的一种手段。因此，在空战中并不存在停止攻击看似失能的交战国军用飞机的义务。[5]但是，如果明知敌方飞机失能以致永久退出冲突（例如重大火灾或结构损坏），就有义务停止攻击以便允许机组人员或乘客撤离。[6]

七、谎称具有非战斗员或平民身份

通过虚假表示投降意图或假装具有遇船难者、病者、伤者、非战斗员或平民身份以攻击敌人违反武装冲突法。[7]一个人假装遇船难、生病或受伤而

---

〔1〕 FM 27-10, paras. 75-78；DA Pam 27-161-2, at 59；AFP 110-31, para. 9-2b.

〔2〕 Bothe, Partsch & Solf 214-15；AFP 110-34, para. 5-1e.

〔3〕 但是，没有标记或伪装过的缴获物资可以直接使用。国际法不禁止在训练中使用外军制服或装备以增强真实感和识别度。Cf. Bothe, Partsch & Solf 214.

〔4〕《第一附加议定书》第38条第1款；AFP 110-34, para. 5-1a；AFP 110-31, para. 8-6a（1）；FM 27-10, para. 55；and Bothe, Partsch & Solf 207 n. 25；Draft Hague Radio Rules, 1923, art. 10；Greenspan 321；10 Whiteman 399. 但是，生病或受伤的战斗员要求并接受医疗救助，即使他可能打算立即恢复战斗，也不是背信弃义行为。

〔5〕 AFP 110-34, para. 5-1g；AFP 110-31, para. 4-2d. 此外，潜艇释放石油和碎片以假装深水炸弹或鱼雷攻击成功的做法从未被认为是非法的。

〔6〕 AFP 110-31 para. 4-2d. 尽管如此，如果失能飞机仍然能够或有意造成破坏，则没有停止攻击的义务，例如第二次世界大战后期的神风特工队飞行员。

〔7〕《海牙章程》第23条第2款；《第一附加议定书》第37条第1款。由于平民本身在武装冲突中不是合法的攻击对象，所以战斗员伪装成平民从事敌对行动就构成背信弃义行为。其他类似情况还包括，战斗员试图用武装冲突法提供的保护来掩饰他们从事敌对行动的意图。ICRC Report, Conference of Government Experts on the Reaffirmation and Development of International Humanitarian Law Applicable in Armed Conflicts, Geneva 24 May - 12 June 197 1, Rules Relative to Behavior of Combatants (1971)；Greenspan 61；Schwarzenberger, International Courts, The Law of Armed Conflict 110 & 114 (1968).

进行攻击会破坏失去战斗力之人的受保护地位。同样，假装是平民去攻击敌军会将所有平民置于危险之中。[1]这种背信弃义的行为会作为战争罪而受到惩罚。

八、间谍

间谍是在敌方控制的领土内或在交战国部队的作战地带内，谎称具有平民或友军身份来获取情报，目的是将该情报传递给本国或盟国的人。[2]以平民装扮或穿着敌军制服深入敌后收集情报的武装部队人员是间谍。[3]反之，穿着己方制服在敌后执行侦察任务的人不是间谍。[4]

在敌方水域或空域执行情报收集任务的军舰、海军辅助船的船员（即使辅助船的船员不穿着制服）和军用飞机的机组人员不是间谍，除非该船舶或飞机展示了虚假的平民、中立国或敌方标记。[5]

武装冲突期间的间谍行为不违反国际法。但被捕的间谍不享受战俘地位。[6]

---

〔1〕 制定这些规则是承认这样一种现实，如果尊重平民和伤病人员以及投降或谈判的提议看起来很危险，敌人就会倾向于攻击这些人并拒绝这些提议。

不禁止装死以避免被俘。战俘和被击落的机组人员可假装成平民逃跑和躲避，即使被俘，也不得以此为由合法地予以惩罚。特别是，《日内瓦第三公约》第83条、第89条和第93条承认，允许战俘脱逃时穿着平民衣服，这一点不违反武装冲突法。但根据《日内瓦第三公约》，这可以导致纪律性处罚。Bothe, Partsch & Solf 214-15；AFP 110-24, para. 5-le. 战俘和被击落的机组人员作平民扮时应避免从事战斗员或间谍活动，以防被俘时丧失战俘地位。AFP 110-31 quotes FM 27-10, para. 7-2（关于地面部队的制服要求）；para. 7-3（讨论了与机组人员有关的政策）.

当然，如果穿着平民衣服被捕，可能很难确认其军人身份。

〔2〕 《利伯守则》第88条第1款；《海牙章程》第29条；《统一军事司法典》第106条；18 U. S. C. sec. 792-99.

〔3〕 《海牙章程》第29条。See *also* Green 116-17, 142-43.

〔4〕 《海牙章程》第29条；《第一附加议定书》第46条第2款。《第一附加议定书》旨在将保护范围扩大到敌对部队作战地带以外敌方控制的任何领土，从而否定这样一种可能性，即武装部队人员，包括侦察机的机组人员，公开地设法在敌方内部区域收集和传递情报信息，可能会受到该国间谍立法的约束。《第一附加议定书》只要求武装部队人员穿着其武装部队的任何惯常制服，包括佩戴任何特殊标志，以便与非武装部队人员清楚地区分，以此表明相关活动没有任何秘密。Bathe, Partsch & Solf 265. 美国尚未表示接受这些新规定。

〔5〕 AFP 110-31, para. 7-4. 关于在公海上收集情报的讨论, See Jacobson, at 21-32.

〔6〕 《海牙章程》第24条；《第一附加议定书》第39条第3款和第46条第1款。这是一个习惯法的声明。Bothe, Partsch & Solf 264-265；Green 190-191.

拘留国可根据自己的国内刑法审判并惩治间谍。[1]如果一名间谍成功躲避了抓捕并回到本国或盟国领土，他就豁免于因此前的间谍活动而受惩罚。如果他随后在某些其他的军事行动中被捕，这位前间谍不得因其早先的间谍行为而受审判或惩罚。[2]

---

[1] 《海牙章程》第 30 条。Baxter, So-Called Unprivileged Belligerency: Spies, Guerrillas and Saboteurs, 28 Brit. Y. B. Int'l L. 325 (1951). 美国将给予这些人符合国际标准的公平审判。Matheson remarks, at 427-28. 美国尤其支持《第一附加议定书》第 75 条所载的基本保证，即给予这些人接受符合国际标准的公平审判的权利。关于《统一军事司法典》和其他联邦制定法 (18 U. S. C. sec. 792-99) 中涉及间谍的讨论，参见：AFP 110-31, para. 9-2b.

[2] 《海牙章程》第 31 条；《第一附加议定书》第 46 条第 4 款。这些规则只适用于武装部队人员，包括依据可适用的国际法有资格假借武装部队人员名义收集情报的抵抗团体和游击队成员。《海牙章程》第 29 条和第 30 条始终涵盖平民的间谍行为，并为《日内瓦第四公约》和《第一附加议定书》以及国家的间谍立法所补充。Bothe, Partsch & Solf 267.

缩略语表

国际条约	
《巴黎海战宣言》 Declaration of Paris	《巴黎会议关于海上若干原则的宣言》，1856 年 4 月 16 日 Declaration Respecting Maritime Law, Paris, 16 April 1856
《海牙第三公约》 Hague III	《关于战争开始的公约》，1907 年 10 月 18 日 Hague Convention No. III Relative to the Opening of Hostilities, The Hague, 18 October 1907
《海牙第四公约》 Hague IV	《陆战法规和惯例公约》，1907 年 10 月 18 日 Hague Convention No. IV Respecting the Laws and Customs of War on Land, The Hague, 18 October 1907
《海牙章程》 HR	《海牙第四公约》附件《陆战法规和惯例章程》，1907 年 10 月 18 日 Regulations Respecting the Laws and Customs of War on Land, annex to Hague IV, The Hague, 18 October 1907
《海牙第五公约》 Hague V	《中立国和人民在陆战中的权利和义务公约》，1907 年 10 月 18 日 Hague Convention No. V Respecting the Rights and Duties of Neutral Powers and Persons in Case of War on Land, The Hague, 18 October 1907
《海牙第七公约》 Hague VII	《关于商船改装为军舰公约》，1907 年 10 月 18 日 Hague Convention No. VII Relative to the Conversion of Merchant Ships into Warships, The Hague, 18 October 1907

《海牙第八公约》 Hague Ⅷ	《关于敷设自动触发水雷公约》，1907 年 10 月 18 日 Hague Convention No. Ⅷ Relative to the Laying of Automatic Submarine Contact Mines，The Hague，18 October 1907
《海牙第九公约》 Hague Ⅸ	《关于战时海军轰击公约》，1907 年 10 月 18 日 Hague Convention No. Ⅸ Concerning Bombardment by Naval Forces in Time of War，The Hague，18 October 1907
《海牙第十公约》 Hague Ⅹ	《关于 1906 年 7 月 6 日日内瓦公约原则适用于海战的公约》，1907 年 10 月 18 日 Hague Convention No. Ⅹ for the Adaptation to Maritime Warfare of the Principles of the GenevaConvention of 1906，The Hague，18 October 1907
《海牙第十一公约》 Hague Ⅺ	《关于海战中限制行使捕获权公约》，1907 年 10 月 18 日 Hague Convention No. Ⅺ Relative to Certain Restrictions with Regard to the Exercise of the Right of Capture in Naval War，The Hague，18 October 1907
《海牙第十三公约》 Hague ⅩⅢ	《关于中立国在海战中的权利和义务公约》，1907 年 10 月 18 日 Hague Convention No. ⅩⅢ Concerning the Rights and Duties of Neutral Powers in Naval War，The Hague，18 October 1907
1929 年《日内瓦伤病员公约》 GWS 1929	《改善战地陆军伤者和病者境遇的日内瓦公约》，1929 年 7 月 27 日 Convention for the Amelioration of the Condition of the Wounded and Sick in Armies in the Field，Geneva，27 July 1929
《洛里奇协定》 Roerich Pact	《关于保护艺术和科学机构及历史古迹的条约》，1935 年 4 月 15 日 Treaty on the Protection of Artistic and Scientific Institutions and Historic Monuments，Washington，15 April 1935

《伦敦议定书》 London Protocol	《限制和裁减海军军备的国际条约第四部分关于潜艇作战的规则》，1936 年 11 月 6 日 Proces-Verbal Relating to the Rules of Submarine Warfare set forth in Part IV of the Treaty of London of 22 April 1930, London, 6 November 1936
《日内瓦第一公约》 GWS	《改善战地武装部队伤者病者境遇之日内瓦公约》，1949 年 8 月 12 日 Convention for the Amelioration of the Condition of the Wounded and Sick in Armed Forces in the Field, Geneva, 12 August 1949
《日内瓦第二公约》 GWS-Sea	《改善海上武装部队伤者病者及遇船难者境遇之日内瓦公约》，1949 年 8 月 12 日 Convention for the Amelioration of the Condition of Wounded, Sick and Shipwrecked Members of Armed Forces at Sea, Geneva, 12 August 1949
《日内瓦第三公约》 GPW	《关于战俘待遇之日内瓦公约》，1949 年 8 月 12 日 Convention Relative to the Treatment of Prisoners of War, Geneva, 12 August 1949
《日内瓦第四公约》 GC	《关于战时保护平民之日内瓦公约》，1949 年 8 月 12 日 Convention Relative to the Protection of CivilianPersons in Time of War, Geneva, 12 August 1949
《第一附加议定书》 GP I	《1949 年 8 月 12 日日内瓦四公约关于保护国际性武装冲突受难者的附加议定书》，1977 年 6 月 8 日 Protocol Additional to the Geneva Conventions of 12 August 1949, and Relating to the Protection of Victims of International Armed Conflicts, 8 June 1977
《第二附加议定书》 GP II	《1949 年 8 月 12 日日内瓦四公约关于保护非国际性武装冲突受难者的附加议定书》，1977 年 6 月 8 日 Protocol Additional to the Geneva Conventions of 12 August 1949, and Relating to the Protection of Victims of Non-International Armed Conflicts, 8 June 1977

其他国际文件以及国际机构	
《布鲁塞尔宣言》 Declaration of Brussels	《关于战争法规和惯例的国际宣言》，1874 年 8 月 27 日 Project of an International Declaration Concerning the Laws and Customs of War, Brussels, 27 August 1874
《牛津手册》 Oxford Manual	《陆战法规手册》，1880 年 9 月 9 日 Institute of International Law, The Laws of War on Land, 9 September 1880
《伦敦宣言》 Declaration of London	《海战法规宣言》，1909 年 2 月 26 日 Declaration Concerning the Laws of Naval War, London, 26 February 1909
《圣雷莫海战法手册》 San Remo Manual	《适用于海上武装冲突的国际法圣雷莫手册》 San Remo Manual on International Law Applicable to Armed Conflicts at Sea（1995）
CDDH	Diplomatic Conference on the Reaffirmation and Development of International Humanitarian Law Applicable in Armed Conflicts, 1974-1977
I. C. J.	International Court of Justice, Reports of Judgments, Advisory Opinions and Orders
L. N. T. S.	League of Nations Treaty Series
LOS	Law of the Sea
LOS Bulletin	United Nations Office for Ocean Affairs and the Law of the Sea, Law of the Sea Bulletin
LOS Glossary	Consolidated Glossary of Technical Terms used in the United Nations Convention on the Law of the Sea, International Hydro-graphic Bureau Special Pub. No. 51, A Manual on Technical Aspects of the United Nations Convention on the Law of the Sea, Part I（1982）
LOS Official Records	Official Records of the Third United Nations Conference on the Law of the Sea（1975-1984）
LRTWC	U. N. War Crimes Commission, Law Reports of Trials of War Criminals, 1948-49

续表

Official Records	Official Records of the Diplomatic Conference on the Reaffirmation and Development of International Humanitarian Law applicable in Armed Conflicts, Geneva, 1974-1977 (1978)
TWC	Trials of War Criminals before the Nuremberg Military Tribunals Under Control Council Law No. 10: Nuremberg, October 1946-April 1949 (1949-53)
美国国内机构、法规和行动指南	
ACDA	U. S. Arms Control and Disarmament Agency
AFP	Air Force Pamphlet
AFP 110-20	U. S. Air Force, Selected International Agreements (AFP 110-20, 1981) (with Navy Supplement)
AFP 110-31	U. S. Air Force, International Law——The Conduct of Armed Conflict and Air Operations (AFP 110-31, 1976)
AFP 110-34	U. S. Air Force, Commander's Handbook on the Law of Armed Conflict (AFP 110-34, 1980)
AR	Army Regulation
ATP	Allied Tactical Publication
C. F. R.	Code of Federal Regulations
DA Pam	Department of the Army Pamphlet
DA Pam 27-1	Department of the Army, Treaties Governing Land Warfare (DA Pam 27-1, 1956)
DA Pam 27-1-1	Department of the Army, Protocols to the Geneva Conventions of 12 August 1949 (DA Pam 27-1-1, 1979)
DA Pam 27-161-1	Department of the Army, 1 International Law (DA Pam 27-161-1, 1979)
DA Pam 27-161-2	Department of the Army, 2 International Law (DA Pam 27-161-2, 1962)
Fed. Reg.	Federal Register
FM	U. S. Army Field Manual

FM 27-10	U. S. Army Field Manual 27-10, The Law of Land Warfare, 1956
GAOR	United Nations General Assembly, Official Records
JAG Manual	Manual of the Judge Advocate General of the Navy, JAG Instruction 5800. 7C
Joint Pub.	JCS Joint Publication
Joint Pub. 1-02	Dictionary of Military and Associated Terms
JSCP	JCS, Joint Strategic Capabilities Plan
MCM	Manual for Courts-Martial, United States
MCRM	Maritime Claims Reference Manual, DOD 2005. 1-M, 1997
MJCS	Memorandum from the Joint Chiefs of Staff
MLEM	U. S. Coast Guard, Maritime Law Enforcement Manual, COMDTINST M16247. 1D
NWIP	Naval Warfare Information Publication
NWIP 10-2	Law of Naval Warfare (NWIP 10-2, 1955)
NWP	Naval Warfare Publication
NWP 9	The Commander's Handbook on the Law of Naval Operations (NWP 9, 1987)
NWP 9 (Rev. A)	The Commander's Handbook on the Law of Naval Operations (NWP 9 (Rev. A) /FMFM 1-10, 1989)
R. C. M.	Manual for Courts-Martial (MCM), United States (1995 Edition), Part II, Rules for Courts-Martial
Restatement (Third)	Restatement (Third) of The Foreign Relations Law of the United States (1987)
SECNAVINST	Secretary of the Navy instruction
SROE	Joint Chiefs of Staff Standing Rules of Engagement for U. S. Forces, CJCSI 3121. 01 (1994)

SRUF	Standing Rules for the Use of Force, JP 3–28
Stat.	U. S. Statutes at Large
Title VReport	Final Report to the Congress, Conduct of the Persian Gulf War, Pursuant to Title V of the Persian Gulf Conflict Supplemental Authorization and Personnel Benefits Act of 1991 (Pub. L. 102–25 (April 1992)
UNCLOS III	Third United Nations Conference on the Law of the Sea, 1974–198
学术文献	
Alexander	Offshore Consultants Inc. , Navigational Restrictions Within the New LOS Context: Geographical Implications for the United States 8 (Alexander, ed. Final Report under Defense Supply Service Contract 903–84–C–0276, Dec. 1986)
Bevans	Treaties and Other International Agreements of the United States of America, 1776–1949 (Bevans ed. , 1968–76)
Bothe, Partsch & Solf	New Rules for Victims of Armed Conflicts (1982)
Charney & Alexander	International Maritime Boundaries (Charney &Alexander eds. , 1993 (2 Vols.)
DeGuttry & Ronzitti	The Iran–Iraq War (1980–1988) and the Law of Naval Warfare (1993)
Doswald–Beck	San Remo Manual on International Law Applicable to Armed Conflicts at Sea, Prepared by International Lawyers and Naval Experts Convened by the International Institute of Humanitarian Law (Doswald–Beck ed. , 1995)
Fleck	The Handbook of Humanitarian Law in Armed Conflict (Fleck ed. , 1995)
Green	The Contemporary Law of Armed Conflict (1993)
Greenspan	The Modem Law of Land Warfare (1959)

Grunawalt	The Law of Naval Warfare: Targeting Enemy Merchant Shipping (U. S. Naval War College International Law Studies No. 65, Grunawalt ed. , 1993)
Grunawalt, King & McClain	Protection of the Environment During Armed Conflict (U. S. Naval War College International Law Studies No. 69, Grunawalt et al. eds. , 1996)
Hackworth	Digest of International Law (8 vols. , 194044)
Hartmann	Weapons That Wait (1991)
Hyde	International Law Chiefly as Interpreted and Applied by the United States (Hyde ed. , 2d rev. ed. , 1945−47)
ICRC, Commentary ('49 Conventions)	Commentary on the Geneva Conventions of 12 August 1949 (Pictet et al. eds. , 1952)
ICRC, Commentary (GP I & II)	Commentary on the Additional Protocols of 8 June 1977 to the Geneva Conventions of 12 August 1949 (Sandoz et al. eds. , 1987)
Int'l Leg. Mat'ls	International Legal Materials
Jacobson	The Law of Submarine Warfare Today*in* Robertson
Kelsen	Collective Security Under International Law (U. S. Naval War College International Law Studies No. 39, 1954)
Levie, Documents	Documents on Prisoners of War (U. S. Naval War College International Law Studies No. 60, Levie ed. , 1979)
Levie, Prisoners of War	Prisoners of War in International Armed Conflict (U. S. Naval War College International Law Studies No. 59, 1978)
Lillich & Moore	Readings in International Law from the Naval War College Review (U. S. Naval War College International Law Studies Nos. 61 & 62, Lillich & Moore eds. , 1980)
MacChesney	Situation, Documents and Commentary on Recent Developments in the International Law of the Sea (U. S. Naval War College, International Law Studies No. 51 (1956))
Malloy	Treaties, Conventions, International Acts, Protocols and Agreements between the United States of America and Other Powers, 1776−1909 (Malloy camp. , 1910-38)

续表

Mallison	Studies in the Law of Naval Warfare: Submarines in General and Limited War (U. S. Naval War College International Law Studies No. 58, 1966)
McDougal & Burke	The Public Order of the Oceans (1962)
McDougal & Feliciano	Law and Minimum World Public Order: The Legal Regulation of International Coercion (1961)
Moore	A Digest of International Law (1906)
Moore & Turner	Readings on International Law from the Naval War College Review 1978 – 1994 (U. S. Naval War College International Law Studies No. 68, Moore & Turner eds. , 1995)
Nordquist	United Nations Convention on the Law of the Sea, 1982: A Commentary (Nordquist et al. eds. , 1985)
O'Connell	The International Law of the Sea (Shearer ed. , 2d ed. , 2vols. 1982)
1 Oppenheim–Lauterpacht	1 Oppenheim, International Law: A Treatise (Lauterpacht ed. , 8th ed. , 1955)
2 Oppenheim–Lauterpacht	2 Oppenheim, International Law: A Treatise (Lauterpacht ed. , 7th ed. , 1952)
Pictet	The Geneva Conventions of 12 August 1949 (Pictet ed. , 1958)
Roach & Smith	Excessive Maritime Claims (U. S. Naval War College International Law Studies No. 66, 1994)
Robertson	The Law of Naval Operations (U. S. Naval War College International Law Studies No. 64, Robertson ed. , 1991)
Ronzitti	The Law of Naval Warfare (Ronzitti ed. 1988)
Rubin	The Law of Piracy (U. S. Naval War College International Law Studies No. 63, 1988)

Schindler &Toman	The Laws of Armed Conflict: A Collection of Conventions, Resolutions and Other Documents (Schindler & Toman eds., 3rd Rev. ed., 1988)
Schmitt & Green	Levie on the Law of War (U. S. Naval War College International Law Studies No. 70, Schmitt & Green eds., 1998)
Scott, Reports	The Reports to the Hague Conferences of 1899 and 1907 (Scott ed., 1917)
Sohn & Gustafson	The Law of the Sea in a Nutshell (1984)
Spaight	Air Power and War Rights (3d ed., 1947)
Stone	Legal Controls of International Conflict: A Treatise on the Dynamics of Disputes War Law (1954)
Swarztrauber	The Three-Mile Limit of Territorial Seas (1972)
Tucker	The Law of War and Neutrality at Sea (U. S. Naval War College International Law Studies No. 50, 1955)
Whiteman	Digest of International Law (Whiteman ed., 1973)
术语	
CJCS	美国参谋长联席会议主席 (Chairman of the Joint Chiefs of Staff)
CJCSI	美国参谋长联席会议主席指令 (Chairman of the Joint Chiefs of Staff Instruction)
COMDTINST	海岸警卫队指挥官指令 (Coast Guard Commandant Instruction)
DoDD	国防部指示 (Department of Defense Directive)
DoDI	国防部指令 (Department of Defense Instruction)
ICAO	国际民用航空组织 (International Civil Aviation Organization)
ICC	国际刑事法院 (International Criminal Court)

ICRC	红十字国际委员会（International Committee of the Red Cross）
IMO	国际海事组织（International Maritime Organization）
IMT	纽伦堡国际军事法庭（International Military Tribunal, Nuremberg）
IMTFE	远东国际军事法庭（International Military Tribunal for the Far East）
JCS	美国参谋长联席会议（U. S. Joint Chiefs of Staff）
LOAC	武装冲突法（Law of Armed Conflict）
MOU	谅解备忘录（Memorandum of Understanding）
OPNV/CNO	海军作战部长（Chief of Naval Operations）
PSI	防扩散安全倡议（Proliferation Security Initiative）
PW/POW	战俘（Prisoners of War）
ROE	交战规则（Rules of Engagement）
SECNAV	海军部长（Secretary of the Navy）
UCMJ	《统一军事司法典》（Uniform Code of Military Justice）
U. N. G. A	联合国大会（United Nations General Assembly）
U. N. S. C	联合国安理会（United Nations Security Council）
U. N. T. S.	联合国条约集（United Nations Treaty Series）
U. S. C.	美国法典（United States Code）
USCG	美国海岸警卫队（United States Coast Guard）
USS	美国船舶（United States Ship）
USSR	苏维埃社会主义共和国联盟（Union of the Soviet Socialist Republics）
WMD	大规模杀伤性武器（weapons of mass destruction）

美国军事法规和文件

1. Army Regulation 190-8/OPNAVINST 3461. 6/Air Force Joint Instruction 31-304/Marine Corps Order 3461. 1, Enemy Prisoners of War, Retained Personnel, Civilian Internees and Other Detainee.

2. CJCS Instruction 3110. 07D, Guidance Concerning Employment of Riot Control Agents and Herbicides (U).

3. CJCSI 3121. 01B, Standing Rules of Engagement/Standing Rules for the Use of Force for U. S. Forces.

4. CJCSI 3520. 02B, Proliferation Security Initiative (PSI) Activity Program.

5. CNO NAVADMIN 158/16, Sovereign Immunity Policy.

6. COMDTINST M16247. 1D, U. S. Coast Guard Maritime Law Enforcement Manual (MLEM).

7. COMDTINST M16672. 2D, Navigation Rules, International—Inland.

8. COMDTINST M3710. 1G, Coast Guard Air Operations Manual.

9. COMDTINST M5000. 3B, U. S. Coast Guard Regulations.

10. DoDD 2310. 01E, DoD Detainee Program.

11. DoDD 2311. 01, DoD Law of War Program.

12. DoDD 3115. 09, DoD Intelligence Interrogations, Detainee Debriefings, and Tactical Questioning.

13. DoDI S-2005. 01, Freedom of Navigation (FON) Program.

14. DoDI 3025. 21, Defense Support of Civilian Law Enforcement Agencies.

15. DoDI 4540. 01, Use of International Airspace by U. S. Military Aircraft and for Missile and Projectile Firings.

16. DoDI 5525. 11, Criminal Jurisdiction Over Civilians Employed by oraccom-

panying the Armed Forces Outside the United States, Certain Service Members, and Former Service Members.

17. DoD Law of War Manual, 2015.

18. Field Manual 2-22. 3, Human Intelligence Collector Operations.

19. Field Manual 27-10, The Law of Land Warfare.

20. Field Manual 3-63, Detainee Operations.

21. Field Manual 6-27, The Commander's Handbook on the Law of Land Warfare.

22. Joint Publication 3-13, Information Operations.

23. Joint Publication 3-63, Detainee Operations.

24. NTTP 3-07. 2. 1, Antiterrorism.

25. OPNAV Instruction 3120. 32D, Standard Organization and Regulations of the U. S. Navy.

26. OPNAV Instruction 3128. 9F, Diplomatic Clearance for U. S. Navy Marine Data Collection Activities in Foreign Jurisdictions.

27. OPNAV Instruction 3710. 7V, Naval Air Training and Operating Procedures Standardizations (NATOPS) OPNAV Instruction 3770. 2K, Airspace Procedures and Planning Manual.

28. OPNAV Instruction 5711. 96C, United States/Russian Federation Incidents At Sea and Dangerous Military Activities Agreements.

29. SECNAV Instruction 3300. 1C, Department of the Navy Law of War Program.

30. SECNAV Instruction 5710. 22B, Asylum and Temporary Refuge.

31. SECNAV Instruction 5710. 26, Compliance and Implementation of the Treaty on Open Skies SECNAV Instruction 5820. 7C, Cooperation with Civilian Law Enforcement Officials.

32. U. S. Maritime Operational Threat Response (MOTR) Plan, 2006.

33. U. S. Navy Regulations, 1990.